ISBN 978-0-282-64857-2
PIBN 10468872

1 MONTH OF
FREE
READING

at

www.ForgottenBooks.com

By purchasing this book you are eligible for one month membership to ForgottenBooks.com, giving you unlimited access to our entire collection of over 1,000,000 titles via our web site and mobile apps.

To claim your free month visit:

www.forgottenbooks.com/free468872

English
Français
Deutsche
Italiano
Español
Português

www.forgottenbooks.com

Mythology Photography **Fiction**
Fishing Christianity **Art** Cooking
Essays Buddhism Freemasonry
Medicine **Biology** Music **Ancient
Egypt** Evolution Carpentry Physics
Dance Geology **Mathematics** Fitness
Shakespeare **Folklore** Yoga Marketing
Confidence Immortality Biographies
Poetry **Psychology** Witchcraft
Electronics Chemistry History **Law**
Accounting **Philosophy** Anthropology
Alchemy Drama Quantum Mechanics
Atheism Sexual Health **Ancient History**
Entrepreneurship Languages Sport
Paleontology Needlework Islam
Metaphysics Investment Archaeology
Parenting Statistics Criminology
Motivational

Friedrich Schleiermacher's

literarischer Nachlaß.

Zur Philosophie.

Dritter Band.

Berlin,
gedruckt und verlegt bei G. Reimer.
1835.

Vorwort des Herausgebers.

Aus Schleiermachers' schriftlichem Nachlaß wurde die große Menge von Manuscripten über philosophische Sittenlehre dem Herausgeber zugetheilt, der nach Sichtung und Prüfung dieser Papiere sich mit Herrn Prediger Jonas dahin verständigte, daß keineswegs dieselben vollständig für den Druck sich eignen, wohl aber aus ihnen ein durchgeführter Entwurf der Schleiermacherschen Sittenlehre gewonnen werden könne.

Man konnte sich leicht aus der Beschaffenheit dieses Nachlasses überzeugen, daß er nicht bloß zum Behuf akademischer Vorlesungen entstanden war, sondern überwiegend aus der Absicht, einen Entwurf der Ethik für den Druck auszuarbeiten und der Vollendung immer näher zu bringen. Daß Schleiermacher diese Ab-

a 2

ſicht, wenn auch nicht mehr in den lezten Jahren,
doch früher jedenfalls gehabt hat, beweiſen auch äußere
Gründe; theils nämlich ſchrieb Schleiermacher ſelbſt auf
einen Bogen hin, derſelbe „müßte vorangedrukkt
werden, dann aber doch das andre vollſtändig folgen;" *) theils leſen wir 'in ſeiner 1819 in der Akademie der Wiſſenſchaften gehaltenen Vorleſung „über
die wiſſenſchaftliche Behandlung des Tugendbegriffs":
„In meiner Kritik der bisherigen Sittenlehre habe ich
„durch eine vergleichende Zuſammenſtellung zu zeigen
„verſucht, wie wenig bis dahin noch die Sittenlehre
„als Wiſſenſchaft fortgeſchritten geweſen. — — Wie-
„wol ich ſchon ſeit langer Zeit in der Ausar-
„beitung eines Entwurfs der Sittenlehre be-
„griffen bin: ſo verzögert ſich doch die Vollendung
„dieſer Arbeit ſo ſehr über die Gebühr, daß es mir
„wenigſtens angemeſſen ſcheint, endlich einmal, wenn
„auch nur ſoweit es ſich in einer Abhandlung von die-
„ſem Umfang thun läßt, an einem einzelnen Punkte
„eine Probe mitzutheilen von dem Verfahren, welches
„ich einzuſchlagen gedenke — —." Bekanntlich fuhr
er auch ſpäterhin fort, an demſelben Orte einzelne ethiſche Abhandlungen mitzutheilen, 1824 „über die wiſſenſchaftliche Behandlung des Pflichtbegriffs," 1825
„über den Unterſchied zwiſchen Natur- und Sittenge-

---

*) Und zwar ſchrieb er „vorangedrukkt" als Correctur hin für das
durchgeſtrichene „vorangeſchikkt."

sez," 1826 „über den Begriff des erlaubten," 1827
und 1830 zwei Abhandlungen „über den Begriff des
höchsten Gutes."

Je mehr aber Schleiermacher der Ausarbeitung
ethischer Abhandlungen Zeit widmete, desto weniger
scheint er unterdessen seinen Entwurf der Sittenlehre
weiter vervollkommnet zu haben, sei es aus Mangel
an Zeit, sei es, weil er durch jene Arbeiten das, was
er für diese Wissenschaft vorzüglich zu thun wünschte,
ziemlich gesichert glaubte. Auf beides deutete er selbst
hin, als der Herausgeber im Jahr 1832 ihn fragte,
ob er seine Ethik nicht herausgeben wolle. Daher war
denn Schleiermacher in seinen lezten Verfügungen über
den schriftlichen Nachlaß für diesen Theil weniger be=
sorgt als für mehrere andere, indem er seinem Freunde
Jonas sagte, die philosophische Ethik zu geben scheine
ihm überflüssig, denn jeder werde sie sich mit Hülfe
der Grundlinien und aus anderem, was bereits öf=
fentlich vorliege, selbst zu machen im Stande sein.

So viel ist also ausgemacht, daß Schleiermacher
selbst viele Jahre lang beabsichtigte, eine Ethik her=
auszugeben und auch während vieler Jahre darauf
hin gearbeitet hat. Diese Arbeiten nebst dem, was er
niederschrieb als Vorbereitung auf die von Zeit zu Zeit
über philosophische Ethik gehaltenen Collegien an der
Universität, sind nun der zu benutzende Nachlaß, über

fast alle Theile dieser Wissenschaft sich so reichhaltig ver-
breitend, daß als möglich erkannt wurde, einen vollständigen Entwurf der ganzen Sittenlehre daraus zu
gewinnen, ohne zu Quellen Zuflucht zu nehmen, welche
nicht unmittelbar vom Verfasser herrühren, also namentlich ohne aus nachgeschriebenen Collegienheften den
Text schöpfen oder auch nur ergänzen zu müssen. War
aber dies möglich, so konnte nicht zweifelhaft sein, das
Werk werde eine günstige Aufnahme finden und durch
Herausgabe desselben Schleiermachers Einfluß auf diese
Wissenschaft erst recht sicher gestellt werden und zwar
viel besser, als wenn jemand Collegienhefte hätte ab-
drukken lassen. So bescheiden also der Verfasser selbst
diesen Nachlaß taxirte, halten wir es doch für unmöglich, daß jemand aus dem schon gedrukkten Schleiermachers Ethik sicher selbst machen könnte; ein berühmter
Gelehrter sagte noch vor wenig Jahren, als doch alles
ethische von Schleiermacher bis auf das hier gegebene
schon gedrukkt war, er beneide mich, dessen Vorlesungen hören zu können, denn ihm sei es ein Räthsel, wie
der Mann, welcher durch seine Kritik jede Construction
der Ethik vernichtet zu haben scheine, noch im Stande
sei, eine solche positiv aufzubauen.

Diese erfreuliche Aussicht, nur aus des Verfassers
eignen Handschriften den Text dieses Entwurfs schöpfen
zu dürfen, sezte aber den Herausgeber in einige Verle-
genheit, indem er sich für Bearbeitung dieser Ethik be-

rett erklärt hatte besonders nur, weil er in der Aus=
sicht stand, daß Collegienhefte die Hauptquelle sein wür=
den, und in diesem Falle den großen Vortheil genoß,
die lezten Vorträge Schleiermachers im Sommerseme=
ster 1832 selbst sehr genau nachgeschrieben und in Aus=
zug gebracht zu haben. Statt dessen war nun eine
große Menge oft sehr schwer zu lesender Manuscripte
vor mir; ich mußte also zuerst die Ueberzeugung gewin=
nen, daß es möglich sein werde mich durch diese Masse
hindurchzuarbeiten, ehe ich, zum Glükk von wenig amt=
lichen Geschäften in Anspruch genommen, dieser gewiß
nicht geringen Mühe mich unterzog.

Die Manuscripte Schleiermachers über philosophi=
sche Ethik theilen sich hauptsächlich in drei verschiedene
Bearbeitungen derselben: 1) die älteste, Brouillon von
von 1805 betitelt, als fortlaufendes Heft ohne Para=
graphen= oder sonst markirte Abtheilungen; dies Heft
erstrekkt sich fast über die ganze Ethik bis nahe an de=
ren Ende hin, und war ohne Zweifel nur zu Collegien=
vortrag bestimmt, der auch noch 1832 in ähnlicher
Weise ohne äußere Absäze die Form eines solchen Heftes
behalten hat. Dies Heft bezeichne ich mit (d). 2) Die·
mittlere Bearbeitung in Form von lauter Paragraph=
säzen ohne beigegebne Erläuterungen, den Abschnitten
schon eine Ueberschrift gebend, also wahrscheinlich mehr
mit Rükksicht auf eine einstige Herausgabe abgefaßt un=
gefähr 1812; diese Hefte bezeichne ich mit (c). —

3) Die neuern Bearbeitungen, der Form nach schon
auseinandertretend in Paragraphe und Erläuterungen,
deren gegenseitiges Verhältniß was den Umfang betrifft
der Darstellung des theologischen Studiums nahe
kommt, bisweilen aber mehr der Glaubenslehre, wahr=
scheinlich um 1827 verfaßt; ich bezeichne sie mit (a).
— Nun finden sich über einige Abschnitte noch Hefte,
die nach Zeit und Form zwischen (a) und (c) zu stel=
len sind, bald diesem, bald jenem ähnlicher; ich nenne
sie (b). — Eine Behandlung der Tugendlehre, die äl=
ter scheint als (d), bezeichne ich mit (e). — Endlich
hat Schleiermacher noch 1832 für seine damaligen Vor=
lesungen eine durchgehende Reihe von einzelnen oft aus=
führlicheren Erläuterungen auf Papierstreifen niederge=
schrieben mit genauer Angabe, zu welchem Heft und in
der Regel auch zu welchem Abschnitte desselben jede ge=
hören wolle. Als das neuste aber ungleichartige nenne
ich diese (z) und stelle dazu, was sich mit der Jahr=
zahl 1832 versehen sonst an Bemerkungen in andern
Papieren findet.

Aus dieser Beschaffenheit des handschriftlichen Ma=
terials ergaben sich mir, da ich auf keine Weise Fort=
oder Mitarbeiter sein will, sondern bloßer Herausgeber,
folgende Grundsätze, nach denen verfahren werden sollte
weil konnte.

1) Schleiermachers eigne handschriftliche Concepte
können und sollen nicht etwa bloß die Grundlage, son=

dern den ganzen Text dieses Werkes ausschließlich bil=
den, so daß was aus andern Quellen als Ergänzung
oder Erläuterung beizufügen wäre, nur unterhalb des
Textes als Note zulässig ist.

2) Da sich nicht Hefte aller drei Classen über alle
Abschnitte erstrekken: so ist im Text überall das neuste
und am meisten ausgearbeitete zum Grunde zu legen,
aus den frühern aber anzureihen, was zur Ergänzung
oder Erläuterung dienlich ist; denn die Sache stellt sich
ganz und gar nicht so, als ob je die frühere Bearbei=
tung durch die spätere überflüssig geworden wäre. Je
mehr aber die über irgend einen Abschnitt vorhandene
neueste Abfassung vom Verfasser schon in vollendete
Form gebracht war, also sich dem nähert oder das er=
reicht, was er selbst hätte drukken lassen: desto weniger
ist aus ältern Papieren aufzunehmen; je weniger aus=
gearbeitet dagegen das jedesmal neuste vorliegt, desto
mehr hat man sich umzusehen in früherem, damit wo
die Form noch unvollkommen ist, doch der Inhalt ge=
rettet werde.

3) Bei der fortschreitenden Vervollkommnung die=
ses Entwurfs der Sittenlehre in jeder spätern Bearbei=
tung und bei den großen formellen Verschiedenheiten
der verschiedenen Jahrgänge ist es rein unmöglich,
Stükke aus allen oder auch nur aus einigen dieser
Hefte in Einen Guß zusammen zu bringen; wenigstens

könnte dies nur durch eigentliche Ueberarbeitung ver=
sucht werden. Daher wurde durchaus nothwendig,
nicht einen einzigen Saz aufzunehmen, ohne zu bezeich=
nen, welchem Heft er entnommen sei, damit Form und
Alter des ganzen, von dem er ein Theil ist, in An=
schlag gebracht werde. Um dabei jede Weitläufigkeit
und unnöthige Zerstükkelung des Textes zu vermeiden,
mußte ich die schon mitgetheilte Buchstabenbezeichnung
anwenden auch auf Gefahr hin, daß unbillige darin
etwas pedantisches finden möchten.

4) Erläuternde und ergänzende Noten waren zu
schöpfen hauptsächlich aus guten Collegienheften, deren
mir drei aus verschiedenen Jahrgängen zu Gebote
standen, worunter ein treffliches des sel. Saunier.
Am meisten konnte ich mein eignes benuzen, weil
es die lezten und vollendetsten Vorlesungen enthält,
nicht minder jedoch weil mir bei der Vertrautheit
mit diesem Hefte das Auffinden aller Materien
sehr leicht wurde, während in andern, die gar
nicht überall den Stoff im einzelnen an demselben
Orte haben, dieses Aufsuchen eben so mühsam war als
bisweilen das Entziffern der fremden Schrift. Ferner
sind alle Noten, die keine Quellen angeben, als Er=
läuterungen des Herausgebers anzusehen, so wie auch
die eingeklammerten Citate im Texte selbst. Endlich
mußten wegen zu großer Ungleichheit der Darstellung
Schleiermachers akademische Abhandlungen aus dem

Texte gänzlich weggelaſſen und auch in den Noten faſt
nur durch Citate auf dieſelben verwieſen werden.

Mit dieſer Darlegung der objectiven Grundſäze
hoffe ich zweierlei zu erreichen, zunächſt daß weder
Veranlaſſung ſei, den Verfaſſer zu tadeln, wo nur der
Herausgeber zu tadeln wäre, noch dieſen, wo Unvoll=
kommenheiten im Zuſtand der Handſchriften ihren
Grund haben; ſodann, daß dieſen Grundſäzen mehr
als einer bloßen Verſicherung auch die Verbindung
mit den nöthigen ſubjectiven werde zugetraut werden
betreffend Sorgfalt, Fleiß, Treue und Pünktlichkeit.
Gerne geſtehe ich, in der Befolgung dieſer Geſeze, wo
es ſchwierig wurde die parallelen Materien aus ganz
anders angeordneten verſchiedenen Papieren und bei
hin und wieder ſchwer zu entziffernden Stellen der im
allgemeinen zwar deutlich gehaltenen Schriftzüge heraus=
zufinden, bedeutende Erleichterung gefunden zu haben
theils in einer ganz beſondern Vorliebe, welche ich zu
gerade dieſem Werke Schleiermachers hege, theils in
der Pietät gegen den Mann, welcher ſo anregend auf
mich gewirkt hat, theils in der Rükſicht auf den be=
deutenden Kreis von Männern, welche eine ſo treu wie
möglich mitgetheilte Ethik von Schleiermacher freudig
aufnehmen und gründlich prüfen werden.

Bei allem dem würde jedoch meine Arbeit nicht
den vorliegenden Grad von Präciſion und Vollſtän=

digkeit haben, wenn nicht, da der Druk nur in Berlin
veranstaltet werden konnte, Correctur und Revision also
von meiner Seite unmöglich wurde, Herr Prediger
Jonas, der mir durch Rath und That bei der Arbeit
hülfreich gewesen ist, sich hätte bereit finden lassen die
pünktlichste Revision zu übernehmen. Dadurch ist mir
die Beruhigung geworden, daß dieser mit den Hand=
schriften so vertraute Freund des Autors mit mir den
Lesern bürgen kann für jedes aufgenommene Wort, in=
dem bei dieser Revision alles noch einmal verglichen
wurde. Oeffentlich spreche ich gegen ihn meinen herz=
lichen Dank aus für eine so seltene so höchst zeitrau=
bende und mühsame Unterstüzung; besonders auch da=
für, daß von meiner Erlaubniß, aus von mir wegge=
lassenen Stellen noch was zwekmäßig scheine aufzu=
nehmen, ein wohlthätiger Gebrauch ist gemacht worden;
denn so sind theils einige Stellen, die ich nicht entzif=
fern konnte, entziffert, theils einige brauchbare Erläute=
rungen, die ich weniger beachtete, gewonnen, namentlich
die sonst noch kürzere Tugend= und Pflichtenlehre da=
durch erweitert worden, daß bei der Revision für jene
das Manuscript (e), und für diese das Manuscript
(c), welche ich weniger benuzt hatte, ganz eingeschal=
tet worden sind. Hinsichtlich eines einzelnen Punktes
bemerke ich noch, daß wenn es noch möglich wäre,
nach unserm beiderseitigen Dafürhalten §. 91 wieder
so gegeben würde, wie er in (a) sich findet und die cor=
rigende Stelle aus (z) bloß als Anmerkung beigefügt,

denn es ist die Correctur doch nicht durch alle Theile
des Werkes vollständig hindurchzuführen gewesen.

Es ergiebt sich nun aus den obigen Grundsäzen,
was für ein Resultat uns entstehen konnte. Ueber vieles dürfen wir uns freuen, andres freilich nur bedauern. Freuen, daß dieser Entwurf der Sittenlehre
ganz aus des Verfassers Handschriften genommen werden konnte, in so fern also sein Werk ist, welches er
mit vieler Sorgfalt durch Jahre langen Fleiß der Vollendung angenähert hat; daß wir einen bedeutenden
Abschnitt noch so haben, wie der Verfasser selbst ihn
für den Druck abgefaßt hatte; daß wo dies nicht mehr
der Fall ist, dafür dem Leser ein Blikk in die Genesis dieses vom Geiste des Autors nach und nach immer klarer angeschauten und dargestellten Systems ver-
gönnt wird, wobei der Herausgeber am meisten be-
wundern mußte, wie so früh schon Schleiermacher das
wesentliche in seinem Bewußtsein getragen hat. Kurz
als Nachlaß betrachtet, dürfen wir dieses Werk nur
mit Freude begrüßen. — Aber eben als Nachlaß
bleibt es natürlich hinter einem fertigen Werke zurükk.
Wir bedauern zwar keine wesentliche Unvollständigkeit des
Stoffes, aber mancherlei Unvollkommenheiten besonders
der Form, namentlich eine große Ungleichartigkeit der
Mitte gegen das übrige, indem leider für den dritten Abschnitt der Güterlehre und einen Theil auch schon des
zweiten, im ganzen von §. 239 bis §. 291 keine Hand-

b

schrift der 3ten Claffe vorhanden ist, sondern bloß eine
der 2ten Grundlage werden mußte, die nicht nur viel
unvollendeter überhaupt ist, sondern eine ganz andre
Form hat, nämlich bloße Paragraphsäze ohne weitere
Erläuterung. Unmöglich schien hier auf einmal diese
Form eintreten zu können, zumal der Verfaffer felbft
den einzufchlagenden Weg eine Strekke weit noch ge=
zeigt hat, indem er fe zu einer Anzahl folcher Para=
graphen an den Rand hin gleichfam einen Oberpara=
graph anmerkte, deffen Erläuterung nun die anderen
wurden, obgleich freilich die abgefchnittene Paragra=
phenform für Erläuterungen fehr hart und äuffallend
bleibt. Wo nun der Verfaffer aufgehört hat einen
oberften § anzumierken, blieb nur die unvollkommene
Auskunft übrig, aus einer zufammen gehörigen Reihe
von §§ den dazu am beften fich hergebenden über die
andern, welche nun feine Erläuterung wurden hinauf=
zuftellen, aber beim ftrengen Grundfaz nichts aus mir
hineinzufchreiben oder zu ändern, gelang es leider nicht
zu meiner Zufriedenheit, ja wenn fich jezt noch ändern
ließe, würde ich wahrfcheinlich die Gleichmäßigkeit der
Form lieber aufopfern als zugeben, daß wie Herr
Jonas mir fehr wahr bemerkt, hie und da ein § offen=
bar nicht ganz genau zu den Erläuterungen paßt, diefe
felbft aber bisweilen an Zufammenhang möchten ver=
loren haben dadurch, daß ein Stükk aus ihnen als
Paragraph oben an geftellt werden mußte.

Ebenso gestehe ich das ganze betreffend als eine verwandte Unvollkommenheit ein, daß oft Säze aus ältern Heften, die mit dem zu Grunde gelegten gar nicht parallel gehen, nicht mit der wünschbaren Präcission gerade und nur zu dem § passen, an dessen Erläuterung sie angehängt sind; wo sie gleich sehr zwei auf einander folgende §§ erläutern, stellte ich sie in der Regel zum erstern hin als natürliche Uebergänge zum folgenden.

Die Form, wo nicht der Verfasser selbst sie vollendet hat, ist nun einmal doch unvollkommen, daher schien es nothwendiger nach Vollständigkeit des Inhaltes zu streben, (weshalb denn wiederholende Parallelen, die weil anders ausgedrükt darum oft am besten erläutern, gar nicht ausgeschlossen wurden,) als auf Kosten desselben die Form zu verfolgen. Jedenfalls ist das Buch nur für wissenschaftlich gebildete geeignet, folglich kann beim Leser vorausgesezt werden das Vermögen die vollendetere Darstellung, wie die neuern Hefte sie geben, aufzufassen, und das Streben zurükgebliebnere Abschnitte für sich nach jener umzugestalten, damit annähernd wenigstens das Ineinanderaufgehen von Stoff und Form erreicht werde. Die gewünschten Leser werden auch durch die oft in Sprache und Darstellung etwas fremdartigen Anhängsel aus ältern Papieren sich Einheit und Faden der vorzugsweise zum Grunde gelegten Redaction nicht entrükken lassen.

Hauptsache für eine erste Herausgabe schien Treue und Vollständigkeit in Mittheilung des Materials; ist einmal durch diese der Inhalt für immer sicher gestellt: so möchte eher spätern Herausgebern verstattet sein, zugleich bearbeitend und vervollkommnend zu verfahren. Eine solche Vollendung müßte sehr erleichtert werden durch den strengen Organismus des ganzen, der bei Schleiermachers Eintheilungsweise jedem Theile immer zwei auf verschiedene Art parallele gegenüber stellt, die eine gleichmäßige Darstellung fordern. Ich hoffe durch Beifügung eines übersichtlichen Inhaltsverzeichnisses dieses anschaulicher zu machen und das Verständniß des Werks schon von vorn herein zu erleichtern, damit man gleich erkenne, was für ein schönes organisches ganze aus Schleiermachers Geist uns geboren ist.

Zürich im November 1835.

Alex. Schweizer.

Inhalt.

Allgemeine Einleitung. (a.)

**I. Bedingungen für die Darstellung einer bestimm-
ten Wissenschaft *).**

§. 1. Soll irgend eine besondere Wissenschaft vollkommen dargestellt werden: so darf sie nicht rein für
sich anfangen, sondern muß sich auf eine höhere, und
zulezt auf ein höchstes Wissen beziehen, von welchem
alles einzelne ausgeht.

Einer besonderen Wissenschaft sind nothwendig mehrere beigeordnet. Jede sei Entwikkelung einer bestimmten Anschauung:
so gehören diese entweder zusammen als Theile einer größern,
aus welcher allein ihr Zusammengehören kann verstanden werden, und so fort bis zu einer höchsten alles unter sich begreifenden
Anschauung, welche dann der Gegenstand der höchsten Wissenschaft wäre; oder sie gehören auseinander, und auch dann ist

---

*) Ein älteres Manuscript, die drittlezte oder zweite Bearbeitung, die
wir mit (c.) bezeichnen, sezt dafür, Uebergang von der Kritik zur
realen Darstellung. Von hier an bis wir etwas andres anzeigen ist
die vierte also lezte Bearbeitung dieser allgemeinen Einleitung wieder-
gegeben, die wir mit (a) bezeichnen.

Ethik.   U

jede nur vollkommen Wissenschaft, wenn dies Verhältniß mit=
gewußt wird, dessen Erkenntniß dann das höchste Wissen wäre.

Jede besondere Wissenschaft sei ein ganzes von Folgerungen
aus einem bestimmten Punkt: so ist dieser entweder als ein un=
tergeordneter selbst durch Folgerung gefunden bis auf einen höch=
sten, der mit der Art ihn zu finden zugleich nothwendig und
ursprünglich gesezt ist durch das höchste Wissen, ohne welches
dann auch jene Wissenschaft nicht vollkommen ist; oder die An=
fangspunkte aller besondern Wissenschaften sind jeder für sich ur=
sprünglich gesezt, und dann sind sie nur vollkommene Wissen=
schaften, wenn das Verhältniß ihrer Anfänge unter sich gewußt
wird, welches dann das höchste Wissen wäre.

(z.)*) Eine einzelne Wissenschaft kann nicht für sich fertig wer=
den. Kann man von einem höchsten Wissen ausgehen durch Entge=
gensezung: so kann alles einzelne von oben herab als Wissen wer=
den. Aber jenes höchste Wissen kann kein bestimmtes Sein als
Gegenstand außer sich haben, denn diesem müßte anderes coordi=
nirt sein. Es kann also nur selbst sein Gegenstand sein. Sol=
len aber von einem solchen aus die einzelnen Wissenschaften zu
Stande kommen: so müßte es zugleich den Theilungsgrund für
diese in sich enthalten. — Man hat beides nicht immer verbunden.
Seit Aristoteles fast immer Metaphysik und Logik getrennt, erstere
dann selbst wieder mannigfaltiges und nicht die Gesammtconstruc=
tion enthaltend. Neuerlich mehr zur Einheit zurükgekehrt, und
jedes System seine Encyklopädie. Daher mehrere gleichzeitige
Gestaltungen derselben Wissenschaft, Physik mechanische und dyna=
mische, Ethik eudämonistische und imperative. Bei ähnlichem
Verfahren also auch Einseitigkeit zu besorgen.

---

*) Diese als das neuste einzuflechtenden einzelnen Erläuterungen, die S.
zum Behuf seiner Vorlesungen von 1832 niederschrieb, bezeichnen wir
durch (z).

(c.) *) Die Mittheilung einer besondern Wissenschaft für sich kann keinen absoluten Anfang haben. Die einzelne Wissenschaft kann auch nicht einen unmittelbar gewissen Saz an ihrer Spize haben.

§. 2. Auch in ihrer Ableitung vom höchsten Wissen kann eine untergeordnete Wissenschaft nur mit den ihr beigeordneten und entgegengesezten zugleich vollkommen verstanden werden.

Jede sei von den andern verschieden nur durch den Gegenstand: so ist das Herausnehmen eines bestimmten Gebietes aus einer allgemeineren Anschauung nur begriffen, wenn auch das nicht mit eingeschlossene in seinem Verhältniß zur höhern Anschauung ausdrükklich begriffen ist; und eine bestimmte Reihe von Folgerungen aus einem Punkt ist nur begriffen, wenn die übrigen ebenfalls in Absicht auf ihren Ursprung aus demselben Punkt begriffen sind.

Jede sei von den andern verschieden auch durch das Verfahren: so ist auch das bestimmte Verfahren in einer jeden nur vollkommen erkannt, wenn das neben ihm bestehende als solches auch erkannt ist.

§. 3. Außer der Ableitung vom höchsten Wissen betrachtet sind alle besonderen Wissenschaften nur ein Werk der Meinung.

Wenn Gesez der Aussonderung einer Masse des Wissens aus dem ganzen, und Unterschied des eingeschlossenen und nicht eingeschlossenen nicht erkannt ist: so ist es nur willkührlich, daß und wie man einiges Wissen anderem entgegensezt und von dem übrigen gesondert zu einem ganzen bildet. Die Willkühr im Denken aber ist Meinung.

---

*) Mit (c.) bezeichne ich die drittlezte oder der Zeit nach zweite Bearbeitung.

Wesen des nicht ausgesonderten gegeben ist: so ist aus der höch= sten Wissenschaft selbst abgeleitet.

§. 4. In wiefern etwa das höchste Wissen selbst ein mannigfaltiges, Wissenschaft, wäre: so würde von dem einzelnen darin enthaltenen das obige § 2 und 3 ebenfalls gelten.

Denn dieses einzelne wäre eben so nothwendig einander bei= geordnet und entgegengesezt, entweder durch Abstammung von ei= nem höchsten Anfang oder schlechthin, und ist nur vollkommen verstanden, wenn dieses Verhältniß verstanden ist.

(b.) Inwiefern jedes einzelne bestimmte Wissen als solches ein anderem entgegengeseztes sein muß, gilt eben dieses auch von al= lem einzelnen Wissen, das in der obersten Wissenschaft selbst be= griffen wäre, in Beziehung auf den obersten Saz derselben.

§. 5. Das höchste Wissen ist aber auch nur voll= kommen verstanden, wenn das besondere untergeordnete vollkommen verstanden ist.

Denn bildet beides keinen Gegensaz: so ist auch das höchste Wissen nicht das höchste; ist beides entgegengesezt: so ist auch je= des nur verstanden mit seinem Gegensaz zugleich.

(b.) Jedes Auffassen eines Wissens mit seinem Gegensaz sezt voraus ein Wissen dessen, was durch diesen Gegensaz getheilt ist, und jedes Auffassen eines einfachen Wissens ist zugleich ein Wissen dessen, was darin entgegensezbar ist.

§. 6. Alles Wissen kann also nur insgesammt zu= gleich vollendet sein und vollkommen.

Wegen 1, 2, 4 und 5, da alles Wissen entweder schlechthin

*) Mit (b.) bezeichnen wir die vorlezte Bearbeitung, welche wie die ihr ent= nommenen Säze zeigen, nicht schon in §§ und Erläuterungen verar= beitet, sondern bloß in Form von §§ vorliegt gleich der drittlezten c. —

einfach ist und dann das höchste, oder abgeleitet zusammengesezt also entgegengesezt, und dann in ein bestimmtes Gebiet des Wissens, eine Wissenschaft, gehörig.

Anmerkung. Von hier aus kann man 1) alles Interesse am Wissen für Wahn erklären und alle Bearbeitung der Vorstellungen nur auf den Empfindungszustand beziehen, 2) die Wissenschaft aufgeben aber doch eine Läuterung der Meinungen und Ausmerzung des Irrthums anstreben, 3) die Wissenschaft im höchsten Sinn ansehen als das innerlich vollendete, aber zugleich erkennen, daß die wirkliche Wissenschaft sowol als auch die wirkliche Darstellung des höchsten Wissens immer nur Abbild sein kann, in der Annäherung begriffen.

§. 7. Bis dahin ist kein Grund, weshalb nicht das Wissen auf allen Punkten zugleich sollte im Werden begriffen sein*).

Da sowol niederes und höheres als beigeordnetes und entgegengeseztes in der Vollendung gleich sehr durch einander bedingt, und jedes ein gleich nothwendiger Theil des ganzen ist: so kann jeder Punkt gleich gut Anfangspunkt werden durch die Richtung auf das Wissen überhaupt, und jeder Anfang ist gleich unvollkommen.

§. 8.) Die Darstellung einer einzelnen Wissenschaft kann unvollkommen anfangen, entweder indem sie auf kein höchstes Wissen bezogen sondern unabhängig hingestellt wird, oder indem sie von einem höchsten Wissen abgeleitet wird, das aber selbst nirgend vollkommen vorhanden und dargestellt ist.

Im ersten Fall will sie sich innerhalb ihrer Grenzen mög-

---

*) In den Vorlesungen 1832 sagte er in dieser Hinsicht, Man müßte entweder überall zugleich anfangen, oder es sei gleichgültig wo man anfange, aber dann sei alles andre Wissen vorausgesezt. — Darum nennt er hier jeden Anfang gleich unvollkommen.

Vergl. Schleiermacher's Grundlinien zu einer Kritik der bisherigen Sittenlehre 2te Ausg. den Schluß S. 350; auch S. 15.

lichst vollenden, ihre Ableitung aber hinzufügen, wenn das gleich=
zeitig werdende höchste Wissen wird vollendet sein. Im andern
Fall will sie im Zusammenhang mit dem gleichzeitig werdenden
höchsten Wissen selbst werden, und behält sich vor nach allen
Seiten hin sich zu vollenden, indem alles vollendet wird.

(b.) Reißt man die einzelne Wissenschaft von der obersten
völlig los: so eignet man ihr willkührlich eine ihr nicht gebüh=
rende Selbstständigkeit zu; leitet man sie aber von einer noch
nicht anerkannten Darstellung des höchsten Wissens ab: so kann
das was den Grund der Gewißheit der Wissenschaft enthalten
soll selbst nur als Meinung auftreten.

§. 9. Bei der ersten Art des Anfangs ist die
Bestimmung des Gegenstandes der Wissenschaft will=
kührlich, und die ganze Darstellung sinkt in das Ge=
biet der Meinung zurükk.

Denn die Nothwendigkeit kann nicht erkannt sein, daß der
Gegenstand als Gegenstand des Wissens ein besonderes und gan=
zes für sich ist. §. 3. Dies hindert aber nicht, daß nicht alle
Theile der Darstellung vollkommen wahr seien.

(z.) Geschichtlich sind die realen Wissenschaften eher entstan=
den als die dialektischen, und wir sind noch nicht auf dem Punkte
dieses umzukehren. Die Zusammenstellung erscheint hier willkühr=
lich und von fremdem Interesse ausgehend. Wenn aber auch die
Anfänge der einzelnen Wissenschaften von fremdem Interesse
ausgehen können, so hat doch die ächt wissenschaftliche Richtung
immer auch frühzeitig sich geltend gemacht.

§. 10. Die Abgrenzung der Wissenschaft muß
also durch ein dem Wissen fremdes Interesse bestimmt
worden sein.

Denn sie muß einen Grund haben. Von der Richtung auf
das Wissen aber kann nicht die Losreißung aus dem Zusammen=
hang mit der Gesammtheit des Wissens ausgehen. Am besten

noch ist dieses Verfahren, wenn es gegründet ist in dem Interesse an dem Gegenstande an und für sich. Jede andere Entstehungs= art ist noch zufälliger und läßt also noch weniger Wahrheit in der Darstellung erwarten *).

(z.) Denn dieses Wohlgefallen an dem Gegenstand ist eine Wahlverwandtschaft mit dem Gegenstand, eine Vorliebe für die Beschäftigung mit ihm.

(z.) Wenn die Wissenschaften von einem fremden Interesse aus betrieben werden, so entstehen Begriffsbildungen und Ein= theilungen, welche, wenn die wissenschaftliche Grundlage gefun= den ist, wieder aufgehoben werden müssen. Beispiel von Botanik**). Da nun der Inhalt unsrer Wissenschaft (der Ethik) auch in ge= nauer Beziehung auf die Existenz steht: so müssen wir auch hier gegen dasselbe auf unserer Hut sein.

(b.) Die Willkühr ist dabei durch ein dem Wissen fremdes Interesse bestimmt, es sei nun das an der Beschäftigung mit dem Gegenstande, oder das an einer Einwirkung des Gegenstandes oder seiner Erkenntniß.

§. 11. Verschiedene Darstellungen derselben Wis= senschaft können auf diese Art zu Stande kommen bei völlig gleichem Stande des höchsten Wissens.

---

*) S. führte in den Vorlesungen besonders auch das Interesse an der Existenz an als etwas, wodurch der Mensch zur Bearbeitung vieler Wissenschaften getrieben wird. Z. B. die Ethik selbst kann aus diesem Interesse entstehen, wird dann aber eine eudämonistische Richtung er= halten. (S. z)

**) Vorlesg. Z. B. die Botanik konnte betrieben werden aus einem Interesse an der Existenz, welches die Gewächse zum Frommen mensch= licher Nahrung betrachtet. Da entsteht die Eintheilung z. B. in Kraut und Unkraut; oder aus einem Interesse des Wohlgefallens, dann sind es Ziergewächse und andre; oder aus medicinischem Interesse, dann sieht man heilende und nicht heilende Kräuter u. s. w. Alles dieses muß weggeräumt werden, wo die Wissenschaft aus der Richtung auf das Wissen selbst entsteht.

Weil nämlich die willkührliche Bestimmung des Gegenstandes mannigfaltig ist, und das bestimmende Interesse ebenfalls.

(b.) Die sogenannte eudämonistische und rationale Ethik sind verschiedene Darstellungen dieser Art und gründen sich auf eine solche Verschiedenheit des Interesse. Man begreift hieraus, wie verschiedene Darstellungen derselben Wissenschaft von gleichen Voraussezungen anfangend bei ganz verschiedenen Resultaten endigen können, und umgekehrt.

§. 12. Da Gegenstand und Behandlung hier nicht nothwendig durch einander bestimmt sind, so können sich Anfangspunkte und Ergebnisse in diesen Darstellungen ganz verschieden verhalten.

Nicht nur wird bald mehr bald minder aufgenommen und ausgeschlossen werden, sondern auch von gleichen Anfängen aus wird man zu verschiedenen Ergebnissen kommen und von entgegengesezten zu gleichen. Man vergleiche z. B. die verschiedenen Glükseligkeitssittenlehren unter sich, und manche solche mit mancher Gesezsittenlehre.

(b.) Genau betrachtet wird man aber finden, daß bei verschiedenen Darstellungen auch der Gegenstand und Umfang der Wissenschaft nicht ganz gleich bestimmt ist.

§. 13. Die andere Art des Anfangs wird auch verschiedene Darstellungen jeder besondern Wissenschaft zulassen von verschiedenen Anfängen aus.

Nämlich so lange die höchste Wissenschaft noch nicht vollendet ist, wird sie, wie alles unvollkommne vielgestaltig ist, auch in mehrern Gestalten vorhanden sein, und aus jeder jede einzelne Wissenschaft anders abgeleitet. (b.) Es fehlt ihr die Allgemeingültigkeit wegen der Verschiedenheit der theils gleichzeitigen theils auf einander folgenden dialektischen *) Versuche.

---

*) Ein andrer Ausdruck für Versuch das höchste Wissen zu finden.

(z.) Die Mannigfaltigkeit tritt aber auch schon wegen der Verschiedenheit der Sprachen ein, in denen zugleich angefangen wird *).

§. 14. Bestimmung und Begrenzung einer einzelnen Wissenschaft geht hier nicht aus von einem dem Wissen fremden Interesse, sondern von des darstellenden Zusammenstimmung mit einer von den verschiedenen Gestaltungen des noch im Werden begriffenen höchsten Wissens.

Das Interesse am Wissen selbst ist also hier das vorherrschende, und Gegenstand und Behandlung gegenseitig durch einander bedingt, so daß nicht statt findet, was von der andern Art §. 12 bemerkt ist. (z.) Wo der Anfang mit Bezug auf ein wenn auch noch nicht vollendetes höchstes Wissen gemacht wird, entsteht die Identität von Methode und Organisationsprincip. Die Bearbeitung bekommt doch einen wissenschaftlichen Gehalt, wobei die Voraussezung zum Grunde liegt, daß was im Denken zusammengefaßt und getrennt werde auch im Sein sich so verhalte, und umgekehrt.

(b.) Vermöge dieser Art anzufangen entstehen also verschiedene Darstellungen derselben Wissenschaft, ohne daß dazu eine Verschiedenartigkeit des Interesse erfordert würde; denn hier leitet nicht dem Wissen fremdes Interesse sondern sein eigenes.

§. 15. Eine solche Darstellung hat eine bedingte Wissenschaftlichkeit, weil sie sich im Zusammenhange hält mit dem gesammten Wissen und den Gegenstand desselben ausspricht; aber ihre Wahrheit hängt auch ganz

---

*) Nach des Verfassers Ansicht geht keine Sprache völlig in die andere auf; weil Sprechen aber mit Denken identisch ist, so haben also verschiedene Völker auch Verschiedenheiten im Denken. §. 278.

und gar ab von der Wahrheit der vorausgesezten Ge=
staltung des höchsten Wiſſens.

Weil ſie nämlich von dieſer abgeleitet iſt, ſo daß mit ihr
zugleich auch eine beſtimmte Geſtaltung alles andern einzelnen
Wiſſens geſezt iſt, aber auch alle dieſe Beſtimmungen und Ent=
gegenſezungen nur feſtſtehen, wenn und ſo lange jenes höchſte feſtſteht.

(b.) Es iſt immer noch Willkühr dabei, nur daß dieſe be=
ſtimmt erſcheint durch die Zuſammenſtimmung mit einer von den
verſchiedenen im Werden begriffenen Darſtellungen der oberſten
Wiſſenſchaft.

§. 16. Jede Darſtellung einer Wiſſenſchaft nach
der erſten Art wird volle Gültigkeit haben für alle, die
aus gleichem Intereſſe den Gegenſtand auf gleiche Art
auffaſſen, wenn ſie ſich über ihr wiſſenſchaftliches Ver=
fahren verſtändigen können. Jede nach der andern eben
ſo für alle, welche geneigt ſind ſich dieſelbe Geſtaltung
des höchſten Wiſſens vorzubilden und anzueigen, ſo=
fern ſie nämlich bis auf den Punkt getrieben werden,
wo das Gebiet dieſer beſondern Wiſſenſchaft ſich aus=
ſondert.

Das heißt, auf der einen Seite wird faſt jeder geiſtig voll=
kommen freie und eigenthümliche Menſch ſeine eigene Art haben
ſich eine Wiſſenſchaft darzuſtellen; auf der andern Seite aber, wer=
den alle Darſtellungen aller Wiſſenſchaften doch können auf ge=
wiſſe Abtheilungen zurükgebracht werden.

§. 17. Beide Verfahrungsarten werden ſich ne=
ben einander in verſchiedenen Erzeugniſſen erneuern bis
zur gleichzeitigen Vollendung des höchſten Wiſſens und
aller beſonderen Wiſſenſchaften.

Dieſe Vollendung iſt zwar ein nie ſchlechthin zu erreichendes
Ziel, die Annäherung aber ſollte ſich wol zeigen darin, daß beide

Verfahrungsarten in jeder Wiſſenſchaft ſelbſt im Inhalt näher zu=
ſammentreffen, und auch die verſchiedenen Geſtaltungen jeder
Wiſſenſchaft nach einer von beiden ſich einander nähern.

§. 18. Die Mannigfaltigkeit dieſer unvollkommenen
Darſtellungen erzeugt ein jede Wiſſenſchaft in ihrem
Werden begleitendes kritiſches Verfahren, welches ſucht,
indem es dieſe Geſtaltungen in nothwendigen Bezug
auf einander bringt, ſchon im Werden der Wiſſenſchaft
ihre Vollkommenheit aufzufinden.

Nämlich auf geſchichtliche Weiſe, indem die beſchränkenden
Einflüſſe fremder Intereſſen ſich gegenſeitig aufheben, und ſo die
Wiſſenſchaft in ihrer eigenthümlichen Freiheit wirklich vorhanden
iſt, und indem die einſeitigen Verſuche der Ableitung ſich unter
einander ergänzen, und ſo die Wiſſenſchaft ſowol als Erkenntniß
des Gegenſtandes als auch als Glied des geſammten Wiſſens
wirklich vollſtändig vorhanden iſt.

§. 19. Dieſes geſchichtliche Erkennen durch das
kritiſche Verfahren iſt aber ebenfalls nie vollkommen ge=
geben, ſondern nur im Werden begriffen.

Denn die einſeitigen Verſuche müßten alle vorhanden ſein,
um durch Zuſammenſtellung die Vollkommenheit der Wiſſenſchaft
zu erſezen, oder die mangelnden müßten wiſſenſchaftlich können
gefunden werden. Aber das lezte könnte man nur, und das erſte
wüßte man nur, wenn der vollkommene Begriff der Wiſſenſchaft
ſchon anderwärtsher gegeben wäre, und nur aus dieſem Begriff
könnte auch ihre nothwendige Beziehung auf einander erkannt
werden.

(b.) Auch dann aber gelänge es nur, inſofern dieſe Verſuche
in nothwendigem Bezug auf einander ſtehen und in dieſem ge=
ſchichtlich zuſammen begriffen werden.

§. 20. Daher kann auch durch das kritiſche Ver=

fahren nicht ursprünglich und allein die Wissenschaft zur Vollendung gelangen *).

Es ist aber für jeden das beste Verwahrungsmittel nicht in der ihm eigenthümlichen Einseitigkeit befangen zu bleiben; und daher beschleunigt es die Annäherung an das Ziel von allen Seiten.

Auch die größte wissenschaftliche Kraft ohne dieses Talent kann wenig für die wahre geschichtliche Förderung ausrichten, sondern dieser nur einen schwer zu verarbeitenden Stoff mehr liefern.

(b.) Diese Ausmittelung der Wissenschaft an sich aus den verschiedenen unvollkommenen Versuchen kann also nicht die ursprüngliche Art sein zur Wissenschaft an sich zu gelangen, sondern findet nur in unendlicher Annäherung statt und sezt einen andern Weg voraus. (§. 17.)

§. 21. Die gegenwärtige Darstellung der Ethik soll nicht diese Wissenschaft unabhängig für sich hinstellen, sondern ableitend von einem angenommenen höchsten Wissen.

Sie fängt also auch nicht an mit einem sogenannten sittlichen Princip, wie sie bei jener Form aufgestellt werden, alle aber sich als einseitig und unbestimmt zeigen bei der kritischen Behandlung.

---

*) Im Aufstellen einer bestimmten einzelnen Wissenschaft stüzt sich der Verf. also auf zweierlei, eben so sehr auf Kritik aller bisherigen Versuche als auf die Beziehung auf das zu vollendende höchste Wissen. Eines muß das andre ergänzen. Wer dabei die absolute Sicherheit vermißt, bedenke, daß es in Schleiermacher's System liegt, diese nicht haben zu können, bis die Vollendung aller Dinge da wäre, womit zugleich die Nothwendigkeit besondrer Wissenschaften selbst aufhören müßte. Eine besondre Wissenschaft aufstellen, und dieses nicht mit absoluter Sicherheit thun können, sind nothwendig Correlata. (§. 6, 22, 61, 66.)

II. Ableitung des Begriffs der Ethik.

§. 22. Ehe die oberste Wissenschaft vollendet ist, kann auch dem, was behufs der Ableitung einer untergeordneten aus ihr mitgetheilt wird, keine Allgemeingültigkeit zukommen.

Auch nicht, wenn auf eine bereits bekannte Darstellung gebaut wird; denn auch diese ist nur eine von vielen, und nicht allgemein geltend. Gewiß nicht, wenn wie hier nur einzelne Züge ausgehoben werden. Die Ueberzeugung kann hier nur entstehen aus dem Zusammentreffen dieser Züge mit dem, was jeder in seinem eignen Bewußtsein findet.

§. 23.*) Wissen und Sein giebt es für uns nur in Beziehung auf einander. Das Sein ist das gewußte, und das Wissen weiß um das seiende.

Niemand wird sagen, er wisse, was nicht ist; und wenn wir ein Sein annehmen, worauf sich unser Wissen gar nicht bezieht, so sind wir genöthigt mit demselben zugleich ein anderes Wissen zu denken, welches sich darauf bezieht. Es kann nun gefordert werden, daß jeder sich dieses Sazes bewußt werde. Wer die Nothwendigkeit desselben läugnen wollte, für den hätte die ganze folgende Ableitung keine Wahrheit, aber er stände auch überhaupt nicht auf dem Punkte, wo es eine Wahrheit für ihn giebt, sondern nur ein vorläufiges Läugnen aller Wahrheit, auf dem Punkt des allgemeinen Zweifels.

---

*) Die meisten hier folgenden Säze sind in frühern Bearbeitungen Heischesäze und Lehnsäze aus der Dialektik genannt, daher auch mehr in Form entschiedener Behauptungen gegeben.

Diese ganze Partie ist übrigens hier so viel präciser als ältere Handschriften, daß solche fast gar nichts hinzugeben können, besonders da die neuste neben dem Vorzug der Präcision auch den der Vollständigkeit hat und fast nichts älteres wegläßt.

Der einfache Ausdrukk, Das ist so, hat seinen Halt in unserm Saz; ebenso wenn man glaubt, vom einzelnen gebe es kein Wissen, so hält man es eigentlich nicht für ein Sein.

(z.) Sein und Wissen haben wir nur für einander und unterscheiden sie insofern entgegenstellend, worin zugleich liegt, daß sie in einem höhern eins sein müssen, welches wir hier nur voraussezen können, ohne uns zu kümmern, ob es auch nachgewiesen werden kann. Sie sind sich aber nicht ausschließend entgegengesezt, weil das Wissen doch seinen Ort im Sein haben muß. Aber Sein als Gegenstand des Wissens hat das Wissen außer sich und Wissen als solches hat das Sein als Gegenstand außer sich. Sein läßt sich nur durch Worte beschreiben, aber es müssen solche sein, bei denen wir vorher wissen, daß wir dasselbe darunter denken. Also ist es nicht zu erklären als das unmittelbare, ursprüngliche, welches noch dazu bloße Negationen sind.

§. 24. Schon auf dem frühesten Punkt der Besinnung finden wir das Wissen in uns und das Sein für uns als ein vieles.

Wir schließen nur aus der immer mehr hervortretenden Sonderung auf einen früheren verworrenen Zustand, wo die Vielheit nicht gesondert war ohne doch eine wahre Einheit zu sein, und aus der immer mehr sich entwikkelnden Verknüpfung auf einen späteren vollendeten Zustand, wo alles wird zur Einheit verbunden sein, ohne daß doch die Vielheit aufhöre.

§. 25. Inwiefern das Wissen überhaupt dem Sein überhaupt, oder ein einzelnes Wissen einem einzelnen Sein entspricht, ist es der Ausdrukk dieses Seins; und in wiefern das Sein überhaupt dem Wissen überhaupt, oder ein einzelnes einem einzelnen entspricht, ist das Sein die Darstellung des Wissens.

Aus vielen andern sind diese Namen gewählt als bezeichnend die Nothwendigkeit in der Beziehung des Seins und Wissens

ober das entsprechende in beidem, der eine mit der Ursprünglich=
keit des Seins und der Eigenthümlichkeit des Wissens, der an=
dere mit der Ursprünglichkeit des Wissens und der Eigenthümlich=
keit des Seins.

§. 26. Wissen und Sein sind eines des andern
Maaß, so daß ein Wissen eines ist durch die Bestimmt=
heit des Seins, und ein Sein eines durch die Be=
stimmtheit des Wissens, dem es entspricht, und daß ein
Sein vollkommen ist durch die Genauigkeit, mit der es
dem Wissen, und ein Wissen vollkommen durch die Ge=
nauigkeit, mit der es dem Sein entspricht.

Wenn wir ein Ding unvollkommen in seiner Art nennen,
so ist es, weil es dem Begriff nicht entspricht, und eben so um=
gekehrt.

Die Einheit der Erscheinung eines Moments sondert sich
auf eine bestimmte Art nur in mannigfaltiges durch Beziehung
auf verschiedene Begriffe. Und in einem Begriff an sich liegt
kein Grund ihn nicht in eine Vielheit seiner Unterarten zu spal=
ten oder ihn nicht unter seinen höhern zu verbergen: sondern nur
in der Bestimmtheit des Seins, worauf er bezogen wird.

§. 27. Jedes besondere Wissen und somit auch
das Sein, dessen Ausdruck es ist, besteht nur in Ge=
gensäzen und durch solche; und jedes Wissen, das in
Gegensäzen besteht, ist nothwendig ein besonderes, das
neben sich anderes haben muß.

1) Denn es ist nur ein besonderes, insofern etwas darin nicht
gesezt oder verneint ist. Wenn dieses aber nicht anderwärts ge=
sezt wäre: so wäre auch in jenem nichts verneint.

2) Wenn ein Wissen mehreres neben sich hat: so muß es
davon verschieden sein, also in diesem geseztes darin nicht gesezt sein.

§. 28. Jedes Wissen und somit auch das Sein, dessen Ausdruk es ist, ist je kleiner dem Umfange nach durch um so mehrere Gegensäze bestimmt, je größer durch um so wenigere. Und umgekehrt ist jedes Wissen und somit auch das Sein, das seine Darstellung ist, durch je mannigfaltigere Gegensäze gefaßt desto kleiner d. h. desto mehr ein besondres, und durch je wenigere desto größer d. h. desto mehr ein allgemeines *).

Denn jedes einzelne mit mehrerem andern unter demselben allgemeinen zusammengefaßte Wissen hat mehr, dem es entgegengesezt ist, nämlich alles ihm beigeordnete. Und jedes allgemeinere Wissen hat weniger, nämlich alles ihm untergeordnete und unter sich entgegengesezte nicht. Woraus alles andre folgt.

§. 29. Das höchste Wissen, welches wir suchen, ist gar nicht durch Gegensäze bestimmt, sondern der schlechthin einfache Ausdruk des ihm gleichen höchsten Seins; so wie das höchste Sein die schlechthin einfache Darstellung des ihm gleichen höchsten Wissens.

Wenn im Aufsteigen die Gegensäze sich vermindern, so kann man nur zum höchsten aufgestiegen sein, wenn sie ganz verschwunden sind.

Jedes durch einen Gegensaz bestimmte Wissen hat §. 27. ein anderes neben sich und ist also nicht das höchste.

(c.) Das absolute Wissen ist der Ausdruk gar keines Gegensazes sondern des mit ihm selbst identischen absoluten Seins **).

---

*) Nach dem alten Saz in der Logik, Je kleiner der Umfang, desto grö=

§. 30. Das höchste Wissen ist aber auch gar
nicht einen bestimmten Umfang bezeichnend, sondern es
ist der untheilbare und unvermehrbare Ausdruk des
ihm gleichen schlechthin ganzen höchsten Seins; so wie
das höchste Sein die untheilbare und unvermehrbare
Darstellung des ihm gleichen schlechthin ganzen höchsten
Wissens ist.

Wenn man durch Aufsteigen vom besondern zum allgemei=
nen das höchste Wissen erreichen könnte: so hätte es einen Um=
fang, der bestimmbar wäre durch das Verhältniß des niederern
zum höheren. Aber wie vom niedrigsten besondern kein stätiger
Uebergang ist zum unendlich kleinen schlechthin einzelnen: so auch
nicht vom allerallgemeinsten zum schlechthin höchsten.

Die Welt als Inbegriff alles wirklichen mit Ausschluß des
bloß möglichen, und Gott als die Allmacht, aus der alles her=
vorgehen kann mit Ausschluß des unmöglichen, sind Beispiele
hiezu; denn der Form nach ist hier ein Umfang gesezt, und da=
rum sind dies unzureichende immer in Widersprüche verwikkelnde
Ausdrükke des höchsten Seins.

Jeder Umfang ist nur durch Gegensaz bestimmt, und entge=
gengeseztes kann nur in höherem entgegengesezt werden.

§. 31. Das höchste Wissen ist daher nicht in uns
vorhanden in der Gestalt der Verknüpfung, d. h. als
Saz oder als eine Einheit von Subject und Prädicat,
welche aus einem begrenzt gesezten anderes auf bestimmte
Weise ausschließt. Noch ist es in uns unter der Ge=
stalt der Bezeichnung, d. h. als Begriff oder als eine
Einheit des allgemeinen und besonderen, welche mannig=
faltiges also entgegengeseztes einschließt.

Begriff und Saz sind die beiden Grundgestalten, unter de=
nen alles besondere Wissen in uns vorkommt. Das obige läug=

Ethik. B

net nicht, daß das höchste Wissen nicht könnte unter dem Schema des Subjects oder des Prädicats das Sein schlechthin ausdrükken, sondern nur, daß es nicht sein kann die Einheit eines irgend anderen Subjectes und Prädicates. Läugnet auch nicht, daß das höchste Sein könnte ausgedrükkt werden unter dem Schema des allgemeinsten oder besondersten; sondern nur, daß es nicht sein kann ein bestimmtes zwischen dem allgemeinsten und besondersten.

(b) Das höchste Wissen ist nicht als ein einen Gegensaz bestimmendes d. h. als Saz, auch nicht als ein einen Umfang bestimmendes d. h. als Begriff in unserm Bewußtsein *).

§. 32. Daher ist auch das höchste Sein für uns nicht als Ding oder als Thätigkeit vorhanden.

1) Ding entspricht dem Begriff, Thätigkeit entspricht dem Saz; denn wie der Saz Begriffe voraussezt, und der Begriff nur aus einer Reihe von Säzen entsteht: so sezt auch Thätigkeit als Verhalten der Dinge die Dinge voraus, und jedes Ding ist nur als ein aus Thätigkeiten entsprungenes gegeben.

2) Als Thätigkeit allein müßte es in einem andern sein und käme diesem zu, wäre also nicht das höchste. Als Ding wäre es dasselbe mit andern Dingen und müßte von ihnen leiden.

§. 33. Das höchste Wissen zeigt sich daher in unserm Bewußtsein nicht unmittelbar, sondern es ist darin nur als der innerste Grund und Quell alles anderen Wissens, so wie das höchste Sein für unser Bewußtsein nicht unmittelbar vorhanden ist sondern als innerer Grund und Quell alles andern Seins.

Nämlich wenigstens dieses muß das höchste Wissen in uns sein, wenn das besondere Wissen von ihm soll abgeleitet sein.

---

*) In den Monologen sagt Schleiermacher 4te Ausg. S. 18, Der Gedanke, mit dem sie die Gottheit zu denken meinen, welche sie nimmer erreichen, hat doch die Wahrheit eines schönen Sinnbildes von dem was der Mensch sein soll.

Und deshalb auch das höchste Sein dieses für uns. Wir müssen dieses annehmen oder unsre Forderung aufgeben. Ob das höchste Wissen und Sein außer dem noch etwas in uns und für uns ist, bleibt ebenso als was es an sich sein mag, und wie sich beides sonst gegen einander verhält, hier ganz ausgesezt.

(b.) Das höchste Wissen ist daher im wirklichen Bewußtsein nicht als ein auf bestimmte Weise gehaltiges Wissen d. h. nicht als eine aus einem abgegrenzt als allgemeines oder besonderes gesezten etwas als Gegensaz ausschließende Einheit von Subject und Prädicat *).

(c.) Das absolute Wissen ist im wirklichen Bewußtsein kein bestimmtes Wissen, (b. h. kein solches, welches auf eine adäquate Weise in einer Mehrheit von Begriffen oder Säzen ausgedrükkt werden könnte) sondern nur Grund und Quelle alles besondern Wissens.

§. 34. Ein Wissen, welches nur ein Glied eines Gegensazes in sich enthält, kann nicht als ein Wissen für sich, das einem Sein entspräche, gesezt sein, sondern nur in einem andern, welches das andere Glied des Gegensazes mit in sich begreift.

Nämlich wenn alles einzelne Wissen sich vom höchsten dadurch unterscheidet, daß es in Gegensäzen besteht: so könnte deshalb jedes Theile von Gegensäzen enthalten oder Gegensäze ganz. Das erste aber kann kein ganzes Wissen für sich sein. Es kann nicht Subject in einem Saze sein; denn es kann kein Prädicat haben. Wenn das Prädicat nicht das Subject selbst ist, muß ebenso gut das Gegentheil des Prädicats mit dem Subject verbunden werden können, und es schließt dann einen Gegensaz ganz in sich, gegen die Voraussezung. Ein solches kann auch

---

*) Der Unterschied des höchsten Wissens oder der Dialektik von der Weltweisheit oder dem realen Wissen zeigt sich §. 61. — Vergl. übrigens in der Güterlehre die Abschnitte der symbolisirenden Thätigkeit.

nicht selbständiger Begriff sein, denn es müßte ein allgemeiner sein von großem Umfang §. 28, als solcher viele niedere unter sich begreifen, also auch die Entgegensezungen zwischen diesen ganz in sich gebunden enthalten, gegen die Voraussezung.

(b.) Jedes besondere Wissen, so auch das Sein, dessen Ausdruck es ist, besteht nur in Gegensäzen und durch solche; (c.) steht unter der Form des Gegensazes.

§. 35. Nur dasjenige Wissen ist ein für sich sezbares, welches Gegensäze ganz in sich gebunden enthält, mithin auch nur ein solches Sein ist für uns ein (b.) Sein für sich und nicht nur in einem andern, welches Gegensäze ganz in sich gebunden enthält *).

Ein drittes ist für ein Wissen außer und unter dem höchsten nicht denkbar; das Wissen aber ist das Maaß des Seins.

§. 36. Ein Wissen, welches Gegensäze in sich gebunden enthält, ist in sofern das Bild des über alle Gegensäze gestellten höchsten Wissens, und so auch das Sein des Seins **).

Denn inwiefern es einen Gegensaz in sich enthaltend dennoch Eins ist nach der Voraussezung: so ist der Gegensaz als solcher darin verschwunden, und es gleicht dem über allen Gegensaz überhaupt gestellten. Es erzeugt aber aus sich die sich entbindenden Gegensäze und gleicht dem alles bestimmte Wissen aus sich erzeugenden.

Das höchste Wissen in uns erzeugt also unmittelbar ein ihm ähnliches lebendiges Wissen. Jedes Wissen aber, das nur Eine

nicht weiter gehen. So auch das höchste Sein erzeugt unmittel=
bar ein ähnliches lebendiges Sein.

(c.) Jedes endliche Sein im engern Sinn und jedes das=
selbe ausbrükkende Wissen ist als Bild des absoluten ein In=
einander von Gegensäzen.

§. 37. Vollkommnes und beharrliches Gleichge=
wicht beider Glieder eines Gegensazes kann einem be=
stimmten Sein und Wissen nicht zukommen.

Denn es wäre dann ein völlig in sich selbst beschlossenes
und ruhendes. So gewiß ein bestimmtes Wissen und Sein je=
nes nicht ist, sondern mitbestimmt durch das neben ihm gesezte
und abhängig davon, so gewiß ist auch sein Gleichgewicht gestört.

Auch ist jedes bestimmte Sein und Wissen in der Vielheit
gegeben und sich wiederholend. In dieser Wiederholung aber
wäre nichts zu unterscheiden und die Vielheit ein bloßer Schein,
wenn das Wesen eines jeden das unwandelbare Gleichgewicht wäre·

(b.) Ein solches Gleichgewicht wäre ein völliges Erheben
über den Gegensaz und also zum höchsten Sein.

§. 38. Jeder Gegensaz also, in wiefern er in ei=
nem bestimmten Sein und Wissen gegeben ist, muß ge=
geben sein in der Zwiefältigkeit des Uebergewichts hier
seines einen dort seines andern Gliedes.

Denn dasselbe Recht, welches das eine hat als überwiegend
da zu sein, hat auch das andere, und nur in dieser Zwiefältigkeit
ist der Gegensaz vollkommen.

(b.) Es giebt im besondern Sein ein zwiefaches Binden des
Gegensazes, mit einem Uebergewicht nämlich des einen und mit
einem Uebergewicht des andern Gliedes *).

---

*) Man sieht leicht, daß diese Parallele aus der vorlezten Bearbeitung
   (b.) den § selbst, nicht eine Erläuterung giebt, jedoch weil dort kein
   Sondern in §§ und Erläuterungen gegeben ist, so sind jene meistens

§. 39. Dasjenige bestimmte Sein und Wissen, welches als Ein für sich geseztes beide Arten das entgegengesezt zu binden vereinigt, wie jede Gattung, die in der Zwiefältigkeit der Geschlechter besteht, ist höher und vollkommner als dasjenige, was nur als Eine Art den Gegensaz zu binden für sich gesezt ist.

Denn das leztere gleicht mehr jenem für sich todten Sein, welches nur Eine Seite des Gegensazes in sich enthält, da auch die beiden Bindungsweisen entgegengesezt sind; das erstere eben deswegen mehr dem höchsten, welches über den Gegensäzen steht.

Daher ist es uns natürlich und nothwendig in allem bestimmten Sein und Wissen diese Zwiefältigkeit zu suchen, und als das vollkommnere anzusehen, worin sie gefunden ist.

§. 40. Ein bestimmtes Sein oder Wissen, welches nur als ein besonderes oder nur als ein allgemeines gesezt ist, ist sofern nicht für sich bestehend sondern nur willkührlich aus einem andern herausgenommen.

Denn das schlechthin allgemeine müßte kein gleiches neben sich haben, weil es sonst mit diesem ein besonderes ihm und einem höhern entgegengesezt sein müßte. Es müßte also alles andre aus sich entwikkeln und das schlechthin höchste sein, gegen die Voraussezung.

Und das schlechthin besondere dürfte als das kleinste seinem Umfange nach nichts weiter aus sich entwikkeln, und wäre also kein Element in der Entwikkelung.

Beide also, das dem Begriff nach unendlich große und das dem Begriff nach unendlich kleine, sind getrennt und für sich betrachtet nur Grenzpunkte, also in der Wahrheit nichts.

---

etwas ausführlicher als in der neusten Bearbeitung, oder dienen bisweilen weil anders ausgedrükkt zur Erklärung der leztern, obgleich sie nicht parallel und gleich eingetheilt sind.

(z.) Das allgemeine ist als bestimmbar, das besondere ist als Modus des allgemeinen also als mit anderm zusammenfaßbar gesezt. Dieser Gegensaz muß also auch gebunden sein, d. h. jedes allgemeine zugleich ein besonderes und umgekehrt; und eben so auf den Gegensaz von Leiden und Thun bezogen.

§. 41. Ein endliches und bestimmtes kann aber als Wissen in uns und als Sein für uns nicht ein reines Zugleich des allgemeinen und besonderen sein, sondern nur überwiegend ein allgemeines, aber woraus besonderes wird, oder ein besonderes, aber woraus allgemeines wird.

Sonst müßte eines oder jedes der Mittelpunkt des ganzen Systems sein, der aber für uns nirgend ist, weil die Enden nirgend sind.

Das Uebergewicht ist aber hier in nichts anderm zu sezen, als daß das eine aus dem Gesichtspunkte des andern und von ihm abhängig erscheint.

(z.) Wird aus dem allgemeinen ein besonderes: so ist der ganze Proceß unter die Potenz des allgemeinen gestellt; wird aus dem besonderen allgemeines: dann unter die des besondern. Aber das Bewußtsein erwekkende dingliche, ehe einer von beiden Processen angeht, ist als das einzelne gesezt *).

§. 42. Dasjenige bestimmte Sein und Wissen, welches als Ein für sich geseztes beide Arten dieses unvollkommnen Zugleich des allgemeinen und besondern vereinigt, wie die Gattung, die in der Vielheit ihrer Arten besteht, und die Art als Abgestaltung ihrer Gattung, ist das höhere; welches aber als allgemeines zwar

---

*) In den Vorlesungen. Der Gegensaz des allgemeinen und besondern ist natürlich relativ; es kann etwas das eine oder andre sein je nach dem, womit wir es vergleichen; das entgegengesezte liegt nur in der Richtung.

auch besonderes ist aber nicht artend, und als besonde=
res zwar auch allgemein aber nicht gattend, das ist das
niedere.

Denn lezteres gleicht mehr dem, worin eines von beiden
wirklich verschwindet, dem einseitigen tobten; ersteres mehr dem,
worin beides sich völlig durchdringt.

Daher wir auch überall gatten und arten wollen und da=
nach das Sein und Wissen ordnen.

§. 43. Das so gegen das höchste und unter ihm
sich verhaltende Wissen, und so auch das ihm entspre=
chende Sein bildet nur eine Gesammtheit, in der wir
das von uns gesuchte Wissen und seinen bestimmten
Ort finden können, inwiefern alle Gegensäze, in denen
das Wissen besteht, sich auf bestimmte Weise verhalten.

S. §. 1. Denn die Anfangspunkte sind dann die höheren
Gegensäze, aus denen sich die andern entwikkeln.

(b.) Das endliche Wissen als dem Umfang nach bestimmtes,
und so auch das bestimmte Sein überhaupt, dessen Ausdrukk es
ist, bildet nur eine Gesammtheit, inwiefern alles Zugleich des
allgemeinen und besondern als ein höchstes und absolutes Zu=
gleich desselben nämlich ein unendliches bildend angesehen wird.

§. 44. Dieses Verhalten kann aber selbst nur durch
Gegensäze bestimmt sein; daher müssen wir einen höch=
sten Gegensaz suchen.

Indem wir einen höchsten Gegensaz aufstellen wollen, kom=
men wir nothwendig in das Gebiet jener Mannigfaltigkeit von
Darstellungen des höchsten Wissens, die sämmtlich unvollkommen
sind. Die Willkühr beginnt, und die Ueberzeugung, die unser
Verfahren begleitet, kann nur fest werden durch den Erfolg, daß
nämlich eine zusammenhangende Ansicht des Wissens klar und
bestimmt ausgesprochen wird.

(b.) Das besondere Wissen und so auch das besondere Sein überhaupt kann nur eine Gesammtheit bilden, inwiefern die darin enthaltenen Gegensäze als einander untergeordnet und beigeordnet unter einem höchsten können begriffen werden.

(c.) Die Totalität des Seins als endlichen muß ausgedrükkt werden durch einen höchsten Gegensaz, weil es sonst keine Totalität wäre sondern ein Aggregat, und das Wissen davon keine Einheit hätte sondern chaotisch wäre *).

§. 45. Der höchste Gegensaz muß auch in unserm Sein sich finden; und da uns dieses am unmittelbarsten gegeben ist, müssen wir ihn in diesem zunächst suchen.

Denn unser Sein ist als ein einzelnes dem Umfange nach kleinstes durch alle Gegensäze bestimmt. Eben deshalb aber fehlt uns eine Anzeige, welches der höchste sei; und es kann leicht eine Verschiedenheit der Gesinnung bald den einen bald den andern dazu machen. Auf diesem Wege wird unvermeidlich die Gestaltung des höchsten Wissens eine Sache der Gemüthsart und der Willensrichtung.

§. 46. Der höchste Gegensaz, unter dem uns alle andern begriffen vorschweben, ist der des dinglichen und des geistigen Seins.

Dinglich ist das Sein als das gewußte, geistig als das wissende, beides natürlich im weitesten Sinne genommen.

---

*) Auch diese drittlezte der Zeit nach zweite Bearbeitung (c.) der allgemeinen Einleitung ist nur in Form von Hauptsäzen vorhanden, die in Gang und Aussonderung der lezten viel ungleicher sind als die vorlezte (b.) Sie entbehrt wie diese der Theilung in §§ und Erläuterungen. Die frühste Bearbeitung (d.), die sich selbst Brouillon von 1805 betitelt, ist ein ohne solche Sazeintheilung fortlaufendes ganze und kann für Abschnitte, welche später so gänzlich in eine andre Form sorgfältig umgearbeitet und verbessert wurden, nicht benuzt werden. Sie hat völlig die Form von Vorlesungen.

Dieser Gegensaz wird uns wenn wir einmal auf uns selbst sehen hier wenigstens natürlich der höchste, da wir vermöge unsers Zwekks in der Thätigkeit des Wissens sind. Er ist aber der aller Wissensthätigkeit als ihre allgemeinste Bedingung einwohnende.

Jedes Glied dieses Gegensazes getrennt für sich genommen ist nichts im Sein und Wissen sondern bleibt nur ein todtes Zeichen.

(b.) Der allgemeinste Gegensaz des coordinirten endlichen schwebt uns vor als der des idealen und realen.

§. 47. Das Ineinander aller unter diesem höchsten begriffenen Gegensäze auf dingliche Weise angesehen, oder das Ineinander alles dinglichen und geistigen Seins als dingliches d. h. gewußtes ist die Natur. Und das Ineinander alles dinglichen und geistigen als geistiges d. h. wissendes ist die Vernunft.

Zunächst ist also hier die Rede von Einer Natur und Einer Vernunft. Aber jede Einheit des dinglichen und geistigen Seins von ihrer dinglichen Seite, und selbst das Wissen als gewußtes also dinglich angesehen wird Natur. Und ebenso worin noch ein kleinster Antheil des geistigen ist, das ist in diesem Sinne eine Vernunft.

Daß nun Vernunft gleich wieder als Natur gedacht werden muß, wenn sie Gegenstand sein und gewußt werden soll, und ebenso Natur als Vernunft, wenn sie als Ideen Zwekke in sich tragend und vorstellend gedacht wird, leuchtet ein und beweist eben das untergeordnete und unvollkommene der Trennung.

Daß der Gebrauch der Ausdrükke nicht allen gewohnt sein wird, ist natürlich; dies wäre aber bei der ebenso lächerlichen als heilsamen Sprachverwirrung mit allen andern ebenso der Fall gewesen.

(b.) Das Ineinandersein aller unter diesem höchsten (nämlich des idealen und realen) begriffenen Gegensäze auf reale Weise oder mit Uebergewicht des realen ist uns gesezt als Natur, mit dem Uebergewicht des idealen oder auf ideale Weise als Vernunft.

§. 48. Das höchste Bild aber des höchsten Seins, also auch die vollkommenste Auffassung der Gesammtheit alles bestimmten Seins, ist die vollständige Durchdringung und Einheit von Natur und Vernunft.

Ja man kann sagen, wiewol Natur für sich gesezt und Vernunft für sich gesezt eine Fülle von Gegensäzen gebunden enthalten, so verlassen wir doch schon die lebendige Anschauung, wenn wir sie von einander trennen, und müssen wenigstens immer festhalten, daß sie als Bild des höchsten nicht außer einander und ohne einander sind.

(z) Das dingliche Sein hat immer schon von der Identität mit dem Geiste her das in sich, wodurch es erkennbar wird, und das geistige Sein hat immer schon von der Identität mit dem dinglichen her das, wodurch es ihm Gegenstand wird; also getheiltes gestaltetes dingliches und getheiltes bewußtes geistiges Sein sind immer für und mit einander.

§. 49. Im Einzelnen, aber doch in höherm Sinne für sich sezbaren, ist das Ineinander des dinglichen und geistigen ausgedrükt im Zusammensein und Gegensaze von Seele und Leib.

Nur beides zusammen ist Eins. Jeder von beiden Ausdrükken aber bezeichnet die untergeordnete Einheit und Gesammtheit alles dessen, was eines von beiden ist, des wissenden oder des gewußten. Aber was wir Leib nennen ist als solcher überall schon ein Ineinander des dinglichen und geistigen, und was Seele als solche ebenso. Deshalb ist es auch nur die untergeordnete Ansicht unsers Seins, daß wir Seele und Leib als gegenseitig durch einander vermittelt und bedingt betrachten. Eben so ist es mit Natur und Vernunft im allgemeinen.

§. 50. Das Werk, die That des geistigen in der Natur ist überall die Gestalt; das Werk des ding= lichen in der Vernunft ist überall das Bewußtsein.

Ueberall durch die Gestaltung ist der Leib Leib; ohne sie bloß als Stoff wäre er dingliches ohne geistiges. Der Stoff ist also am leiblichen das was leidet, die Gestalt ist das was er er= leidet. Und überall durch das Bewußtsein ist die Seele Seele, ohne dieses bloß als das namenlose Seitenstük des Stoffs, der Ort der Begriffe, wäre sie geistiges ohne dingliches. (Vergl. z) *)

Leib und Seele im Menschen ist die höchste Spannung des Gegensazes ein zwiefaches Ineinander des dinglichen und geisti= gen. Wir sehen sie abnehmen im thierischen uud dem Pflanzen= sein; aber wir sehen sie nirgends verschwinden, als wo uns auch das für sich sezbare verschwindet, und wir also auf ein höheres zurükgetrieben werden. Wo Gestaltung ist, da ist auch ein ihr entsprechendes Bewußtsein, und umgekehrt.

Der Gegensaz, der nur von unserm Sein (§. 45) herge= nommen und nur auf dieses berechnet schien, geht also durch alles für uns wirkliche.

(z.) 1) Die alten sagen, Sein ist gleich Ineinander von Thun und Leiden. Dies sezt getheiltes Sein voraus, welches aber die Beziehung von Wissen und Sein auch schon vorausseIt

---

*) In den Vorlesungen 1832 sagte S., Diesen Stoff, insofern kein geistiges gestaltend auf ihn thätig ist, nannten die Alten Chaos. Ge= genüber liegt bloßes geistiges Sein, insofern kein dingliches auf dasselbe wirkt (es afficirt, ihm Gegenstände bringt, die das Bewußtsein von ihnen hervorrufen), als ein bloßes Schauen, leer, weil ohne gegenständ= liches Bewußtsein, hier ein namenloses genannt. Die Alten bezeichnen es als das geistige, wie es sich schaut an einem über den Dingen ste= henden Orte (d. h. ehe es mit den Dingen in Berührung kommt, von ihnen afficirt wird).

als Subject und Object. Leiden ist das von einem andern her, Thun das auf ein anderes hin. Ein Thun ohne Leiden und umgekehrt wäre außerhalb des Seins gestellt.

2) Gestalt *), gleich Bestimmtheit und Maaß, ist vom Wissen her, nicht in dem Sinne, daß es vom Geiste gemacht wäre; sondern weil nur dadurch das dingliche erkennbar ist: so hat es seinen Grund in der ursprünglichen Identität beider, insofern sie Princip des Geistes ist. Symbolische Darstellung desselben Sazes in dem Bilde des Chaos. Das Bewußtsein ist im Geiste vom dinglichen her, hat den empirischen Werth, daß alles wirkliche Bewußtsein auf einer Affection beruht, wobei es einerle ist, ob wir die Sinne zum dinglichen rechnen oder zum geistigen. Im erstern Falle ist die organische Affection das lezte Glied von der That des dinglichen, aus welcher das Bewußtsein entsteht, im andern Falle ist sie mit lezterem zusammen das Werk des dinglichen. Der speculative Werth aber ist der, daß das Bewußtsein in der ursprünglichen Identität gegründet ist, sofern sie das Princip des dinglichen ist. Diesem scheint am meisten entgegengesezt die Hypothese von angebornen Ideen. Darum ist unser Saz an dieser zu prüfen. Niemand wird behaupten, daß die Ideen als Bewußtsein angeboren wären, sondern nur als Richtungen als Typen desselben. Bestimmtes Bewußtsein aber werden sie nur durch die Beziehung auf das getheilte Sein, d. h. durch das nicht gänzliche Loslassen des idealen und realen wird aus der ursprünglichen Identität oder dem absoluten auf der einen Seite das

---

*) In den Vorlesungen sagte er, Gestalt d. h. überhaupt alles gemessene alle Bestimmtheit, nicht bloß für den Sinn des Gesichtes, ist That des geistigen auf das dingliche; Bewußtsein nämlich gegenständliches oder Bewußtsein von etwas ist That des dinglichen auf das geistige. Der alte Saz, Nur gleiches erkennt das gleiche, ist richtig; denn das geistige erkennt das dingliche nur vermöge dessen, was im dinglichen vom Geiste her ist, d. i. die Gestaltung, sonst bliebe nur Chaos, unerkennbares.

gemeſſene und beſtimmte getheilte Sein, auf der andern der be⸗
wußte Geiſt.

(z.) Anm. Es entſteht die Frage, da von dem Werke des geiſtigen im
dinglichen, und eben ſo von dem Werke des dinglichen im geiſtigen
eine Abſtufung denkbar iſt vom Minimum zum Maximum, worin un⸗
terſcheiden wir dingliches mit einem Maximum von geiſtigem, und gei⸗
ſtiges mit einem Maximum von dinglichem von einander? Nur durch
den Gegenſaz von Thun und Leiden, durch welchen das Sein ein ge⸗
theiltes iſt; denn das leidende ſteht unter der Potenz des thuenden.
Die Geſammtheit aller Gegenſäze unter der Potenz des dinglichen
nennen wir die Natur, des geiſtigen die Vernunft §. 47.

§. 51. Die größte Verſchiedenheit des Umfangs
im wirklichen Sein, unter der uns alle anderen befaßt
vorſchweben, iſt die der Kraft und der Erſcheinung.

Wenn wir das Verhältniß des dinglichen und geiſtigen Ge⸗
genſaz nennen, und das des allgemeinen und beſondern Verſchie⸗
denheit: ſo geſchieht dies, weil jenes gleichſam ſtarrer iſt, dieſes
fließender. Aber der Unterſchied fließt ſelbſt; der Gegenſaz iſt nur
eine erſtarrte Verſchiedenheit, die Verſchiedenheit nur ein flüſſiger
Gegenſaz.

Jedes dieſer beiden für ſich iſt ebenfalls nichts in der gänz⸗
lichen Trennung vom andern. S. §. 40. Das höchſte Sein
kann nicht als Kraft geſezt werden, weil jede Kraft nach der
Geſammtheit ihrer Erſcheinungen gemeſſen wird und alſo noth⸗
wendig von beſtimmtem Umfang iſt; und eine Erſcheinung, die
nicht ſelbſt wieder Kraft wäre, wäre auch nicht das niedrigſte
Sein, denn es erſchiene nichts in ihr, ſondern ein leerer Schein.

§. 52. Das Zugleich von Kraft und Erſcheinung
als Kraft oder auf allgemeine Weiſe geſezt iſt das We⸗
ſen; daſſelbe als beſonderes geſezt iſt das Daſein.

Vom Sprachgebrauch gilt auch hier das obige §. 47. Die
Ausdrükke ſollen uns dieſe Geltung haben für jedes beliebige Ge⸗
biet des Seins, ſofern es nur für ſich kann abgeſchloſſen werden.

(b.) Die Function des allgemeinen in Natur und Vernunft ist die Belebung, die des besondern in beiden ist die Erstarrung. Als beides auf beide Art ausdrükkend im unmittelbaren einzelnen Sein ist es uns angeboren in der Gestalt von Leben und Tod. (Vergl. §. 102.)

§. 53. Das reinste Bild des höchsten Seins in Beziehung auf diese Verschiedenheit ist der Organismus.

Denn in ihm ist eben so sehr die Kraft durch die Erscheinung als die Erscheinung durch die Kraft bedingt, und in der einfachen Anschauung desselben der Gegensaz beider aufgehoben. Ja wenn man sagt, das Sein inwiefern überwiegend als allgemeines gesezt sei das dynamische, und inwiefern überwiegend als einzelnes sei das mechanische: so muß man gestehen, daß beides außerhalb alles organischen gesezt kein für sich bestehendes ist. Nur so weit wir die Sphäre des organischen verfolgen können, dürfen wir für sich bestehendes annehmen.

(b.) Natur und Vernunft in der Totalität aller Abstufungen des allgemeinen und besondern betrachtet ist als das organische Sein derselben schlechthin unter der Form des allgemeinen das dynamische, schlechthin unter der Form des besondern das mechanische.

§. 54. Die vollständige Einheit des endlichen Seins als Ineinander von Natur und Vernunft in einem alles in sich schließenden Organismus ist die Welt.

Bloß dynamisches und bloß mechanisches ist nur zu denken vor der Welt, und reiner Stoff oder reiner Geist nur außer der Welt, welches aber eben so viel ist als nirgend. Wer von einer Vielheit von Welten redet, thut es nur in einem untergeordneten Sinne unter Voraussezung einer diese Vielheit von Theilwelten zusammenfassenden Gesammtwelt.

§. 55. Wenn die Gesammtheit des auf ein durch Gegensäze bestimmtes Gebiet des Seins sich beziehenden Wissens eine Wissenschaft ist: so giebt es nothwendig nur zwei Hauptwissenschaften, die der Natur und die der Vernunft, unter welche alle andern bestimmten und abgeschlossenen Wissenschaften als untergeordnete Disciplinen müssen begriffen sein.

Jede von beiden sezt aber die andere nothwendig voraus, also ist in der Trennung von der andern jede unvollkommen. — Andere Wissenschaften aber können auf ein wahres Sein nicht gehen nach §. 35 und 46.

(z.) Die eine wäre das Wissen um alles Thun der Vernunft in ihrem Zusammensein mit dem dinglichen oder der Natur; die andere von allem Thun des dinglichen im Zusammensein mit dem geistigen.

(b.) Es giebt also nur zwei reale Wissenschaften, unter denen alle anderen als einzelne Disciplinen müssen befaßt sein.

(d.) Alles reale Wissen theilt sich in Ethik und Physik; aus dieser, weil sie alles als Produkt darstellt, gehen alle Wissenschaften hervor, aus jener, weil sie alles als Produciren darstellt, alle Kunstlehren *) (§. 66.) Das Wissen als wirkliches, als Handeln muß auch durch die Ethik entstehen.

§. 56. Wie das Sein so auch das Wissen, das sein Ausdruck ist, muß ein Zugleich des allgemeinen und besonderen, des Denkens und Vorstellens sein. Aber in keinem wirklichen bestimmten Wissen wird ein reines Gleichgewicht von beidem sein.

---

*) Dieses ist wohl zu merken das älteste Heft, und der ihm entnommene interessante Saz jedenfalls nur zu verstehen insofern vorbehalten ist. §. 116.

Es giebt in der Wirklichkeit kein rein besonderes Wissen, das ein Sein ausdrükken könnte, und ebenso wenig ein rein allgemeines. Je mehr aber beides in einander ist, desto vollkommener ist jedes. Denken bezeichnet ein Zugleich des allgemeinen und besondern, in wiefern es als allgemeines gesezt wird, aber kein wahrer Gedanke ist ohne Bildlichkeit, d. h. Ausdrukk des einzelnen. Vorstellen umgekehrt; aber keine wahre Vorstellung ist ohne Schematismus, d. h. Ausdrukk des allgemeinen.

§. 57. In Bezug also auf die Zwiefältigkeit des Seins als Kraft und Erscheinung giebt es auch ein zwiefaches Wissen, ein beschauliches, welches Ausdrukk ist des Wesens, und ein beachtendes *), welches Ausdrukk ist des Daseins.

Im beschaulichen ist dasselbe Sein ausgedrükkt urbildlich, im beachtenden abbildlich. Wenn aber im einen der Gedanke vorherrscht, im andern die Vorstellung: so gilt von beiden das obige. S. §. 56.

(b.) Das Zugleich des Denkens und Vorstellens im Wissen mit dem Uebergewicht des allgemeinen oder des Denkens ist das speculative Wissen; das mit dem Uebergewicht des besonderen oder des Vorstellens ist das empirische Wissen. Im speculativen Wissen wird das allgemeine betrachtet als hervorbringend das besondere oder als Idee, also auch das Vorstellen als hervorgehend aus dem Denken; im empirischen Wissen wird das besondere betrachtet als realisirend das allgemeine, oder als Erscheinung, also auch das Denken als hervorgehend aus dem Vorstellen.

§. 58. Die beiden Hauptwissenschaften zerfallen also in ein zwiefaches, indem die Natur sowol als die

---

*) Zu diesem Worte sezte der Verfasser selbst ein Fragezeichen, war also über dessen Beibehaltung noch unentschieden.

Ethik. C

Vernunft gewußt werden kann auf beschauliche Weise und auf erfahrungsmäßige.

Von ihren etwanigen Unterabtheilungen gilt aber dieses nur auf abnehmende Art, indem das beschauliche für sich gesezt zurükktreten muß, je mehr der Gegenstand nur als Erscheinung gesezt ist. — Verschwinden kann aber der Gegensaz nirgend ganz. Auch das höchste Sein kann erfahrungsmäßig gewußt werden, weil jede Kraft zugleich Erscheinung ist; und auch das niedrigste beschaulich, weil jede Erscheinung zugleich Kraft ist.

§. 59. Der beschauliche Ausdrukk des endlichen Seins, sofern es Natur ist, oder das Erkennen des Wesens der Natur, ist die Physik oder Naturwissenschaft; der beachtliche Ausdrukk desselben Seins, oder das Erkennen des Daseins der Natur, ist Naturkunde.

Daß Wissenschaft mehr das beschauliche, Kunde mehr das erfahrungsmäßige bezeichnet, ist wol auch mit dem Gebrauch des gemeinen Lebens übereinstimmend.

Da übrigens das allgemeine nicht kann rein für sich ein wirkliches Wissen bilden durch bloßes Denken ohne Vorstellen: so kann auch die Naturwissenschaft nicht rein beschaulich sein. Daher verschiedene Stufen in ihrer Bearbeitung. — Zu dem, was hier Naturkunde heißt, gehört nicht nur was gewöhnlich Naturgeschichte oder Naturbeschreibung, sondern auch was gewöhnlich Naturlehre heißt, und beiden muß ebenfalls Denken beigemischt sein; woher auch verschiedene Stufen ihrer Bearbeitung entstehen.

§. 60. Der erfahrungsmäßige Ausdrukk des endlichen Seins, sofern es Vernunft ist, oder das Erkennen des Daseins der Vernunft, ist die Geschichtskunde; der beschauliche Ausdrukk desselben Seins, oder das Erkennen des Wesens der Vernunft, ist die Ethik oder Sittenlehre.

Daß der gewöhnliche Ausdrukk hier die Verhältniſſe nicht
rein darſtellt, kommt daher, weil wir den Ausdrukk Natur ſowol
von den Erſcheinungen brauchen als von den Kräften. Wir
können aber Geſchichte nicht von der Kraft brauchen, und ſtatt
Sittenlehre etwa ſagen Geſchichtswiſſenſchaft *); auch nicht Ver=
nunft für die Erſcheinungen und ſagen Vernunftkunde. Die
Ausdrükke Vernunftwiſſenſchaft und Vernunftlehre ſind aber ſchon
durch ein anderes vorweggenommen. Das Verhältniß iſt aber
kein anderes. Wie die Naturwiſſenſchaft in ſich enthält die Na=
turanfänge, in denen als in ihrem lebendigen allgemeinen alle
Naturerſcheinungen als das beſondere dazu gegründet ſind: ſo
enthält die Sittenlehre die Vernunftanfänge, in denen ebenſo die
Vernunfterſcheinungen, deren ganzer Verlauf die Geſchichte im
weiteſten Umfange bildet, gegründet ſind. Sitte im höhern Sinne
wie ἦϑος iſt nichts anderes als eine beſtimmte über einen ge=
wiſſen Umfang verbreitete Vernunftkraft, aus welcher beſtimmte
Erſcheinungen hervorgehen. Indem aber der Name ein beſonde=
res nothwendig mit ausſagt: ſo ſagt er ſehr richtig aus, daß
kein wirkliches Wiſſen über den Gegenſtand ohne Mitſezen eines
beſonderen ſtatt findet.

(z.) Der Terminologie von Weſen und Daſein habe ich
mich nur nebenbei bedient, aber beſtimmt auseinander geſezt, wie
das empiriſche bedingt ſei durch das ſpeculative, weil man nie
vorſtellt ohne Subſumtion; und das ſpeculative durch das empi=
riſche, weil es nur Wahrheit hat in der Nachweiſung. (S. §. 56.)

Anmerkung. (z.) Was iſt aber für ein Gegenſaz zwiſchen Natur
und Sitte? Es giebt auch Sitten der Thiere und Pflanzen; iſt
nun menſchliche Natur auch nur uneigentlich, wenigſtens vom geiſti=

*) Damit vermeidet alſo S. den Ausdrukk Philoſophie der Geſchichte als
einen unrichtigen, obgleich derſelbe den hier aufgeſtellten Begriff den
meiſten viel näher bringen würde als der Ausdrukk Sittenlehre. Noch
in (b.) ſteht neben Ethik als gleichbedeutend auch Geſchichtswiſſenſchaft.

gen Leben? und ist der Gegensaz eigentlich der von Natur und Geist? *)

§. 61. Die höchste Einheit des Wissens, beide Gebiete des Seins in ihrem Ineinander ausdrükkend, als vollkommene Durchdringung des ethischen und physischen und vollkommenes Zugleich des beschaulichen und erfahrungsmäßigen ist die Idee der Weltweisheit.

Diese ist das volle Abbild der Gesammtheit des Seins, wie dieses selbst das unmittelbare Bild des höchsten Seins ist. Aber sie kann nie fertig sein, so lange Ethik und Physik als gesonderte Wissenschaften bestehen. Sie ist aber in beiden das Bestreben nach Durchdringung, wodurch beide nur wirklich Wissenschaften sind. Der hellenische Name φιλοσοφία bezeichnet mehr, daß dieses nur als Bestreben vorhanden ist, und umfaßte gleichermaßen ihre physischen und ihre ethischen Bemühungen; der deutsche Name Weltweisheit bezeichnet mehr, daß nur vermittelst dieser Durchdringung alles Wissen Ausdrukk der Welt ist. Und wahrhaft philosophisch ist nur jedes ethische Wissen, insofern es zugleich physisch, und jedes physische, insofern es zugleich ethisch ist. Eben so ist alles empirische unphilosophisch, wenn es nicht zugleich speculativ, und alles speculative, wenn es nicht zugleich empirisch ist.

Was aber nicht sowol die Durchdringung ist von ethischem und physischem, beschaulichen und empirischen, als vielmehr keines von beiden, das ist die Dialektik, das (§. 29—31.) gehaltlose Ab-

---

*) Vorlesg. Sitte und Natur schließen einander nicht absolut aus, denn jene sprechen wir in gewissem Sinne auch der animalischen und vegetabilischen Natur zu, und umgekehrt, wo Sitte ist kann auch Natur sein z. B. die menschliche. Sitte sezen wir wo Freiheit ist oder doch ein Schein derselben, Natur wo Geist nicht ist oder doch von ihm abstrahirt wird. Sittenlehre ist also das Gebiet, wo Geist und Freiheit seinen Ort hat (nämlich als thätig), Naturwissenschaft das, wo beide negirt sind.

bild des höchsten Wissens, welches nur Wahrheit hat, inwiefern es in den beiden andern ist. Ihr gegenüber steht die Mathematik, die es nur mit der Form und Bedingung des besonderen als solchen zu thun hat.

(c) In der Vollendung ist Ethik Physik, und Physik Ethik.

Anmerkung *). (z.) Die Erklärung der Ethik als Wissen um das gesammte Thun des geistigen wäre zu weit, weil Logik und Psychologie darunter auch gehören würden. — Die Psychologie entspricht der Naturlehre und Naturbeschreibung, ist also empirisches Wissen um das Thun des geistigen. Die Logik ist, empirisch behandelt, zur Psychologie gehörig, speculativ behandelt gehört sie (nur mit Ausnahme des transcendenten) auf die Naturseite, weil sie die Theorie des Bewußtseins ist. (S. §. 50 besond. (z.) 2.) Die Psychologie aber erschöpft die empirische Seite nicht, sondern das thut die Geschichtskunde. Sittenlehre ist also speculatives Wissen um die Gesammtwirksamkeit der Vernunft auf die Natur.

---

*) Diese Ausscheidung der Logik und Psychologie ist in den vorliegenden Bearbeitungen übergangen, und nur in den Erläuterungen für die Vorlesungen von 1832 so angedeutet, wie wir es hier wiedergeben, bevor wir zum dritten Abschnitt dieser Einleitung fortschreiten. Die Grenze zwischen dieser und zwischen dem, was der Dialektik verbleiben soll, ist überhaupt etwas schwankend. In den Vorlesungen wurde sie etwas weiter gezogen. Genügen wird die denselben entnommene Erläuterung, daß Logik, wenn sie speculativ sei, theils das behandle, was von der Sittenlehre schon vorausgesezt wird, nämlich das höchste Wissen und die Constructionsprincipien, also zur Dialektik gehöre, die dann Logik und Metaphysik umfasse; theils aber das, was im geistigen die That des dinglichen ist, nämlich das Bewußtsein, also zur Naturwissenschaft gehöre; wenn sie hingegen empirisch sei, so gehöre sie zur Psychologie, die eben das empirische Wissen von der Vernunftthätigkeit enthalte. Und zwar Psychologie bleibt stehen rein beim einzelnen Thun der Vernunft, während hingegen die Geschichtskunde die Gesammtheit der Vernunftthätigkeit darstellt als ein werdendes. Also Sittenlehre ist Darstellung der Wirksamkeit der Vernunft, inwiefern durch dieselbe die Geschichte wird vermöge jener einzelnen Thätigkeiten, welche in der Psychologie beschrieben werden.

III. Darlegung des Begriffs der Sittenlehre.

§. 62. Die Sittenlehre ist also auf der einen Seite als beschauliche Wissenschaft angesehen gleich und beigeordnet der Naturwissenschaft, auf der andern Seite als Ausdruck der Vernunft ist sie gleich und beigeordnet der Geschichtskunde.

Daher schon eine natürliche Verschiedenheit in der Behandlung, ob vorherrscht die Hinneigung zur Geschichte, oder die Hinneigung zur Physik. Das Bestreben beides gleich sehr zu verbinden ist das eigentlich philosophische. (§. 119.) *)

(z.) Die Gegenüberstellung der Sittenlehre ἠϑική und Naturwissenschaft φυσική ist so alt als zusammenhängende Bestrebungen im Wissen mit Bezug auf Dialektik oder Logik und Metaphysik. (Vergl. §. 20.)

Anmerkung. (z.) Grammatisch ungenau ist die Gegenüberstellung von Sittenlehre und Naturwissenschaft, allein die Verbesserung in Sittenlehre und Naturlehre wäre logisch ungenau, weil lezteres zu speciell ist. Im griechischen ist es entsprechender, da auf beiden Seiten dasselbe, ἐπιστήμη, ausgelassen ist. Vergl. §. 60.

§. 63. Da die Sittenlehre der Naturwissenschaft nur entgegengesezt ist durch den Inhalt des in ihr ausgedrükkten Seins: so ist kein Grund zu einer wesentlichen Verschiedenheit beider in der Form **).

Schon hieraus geht hervor, das eigenthümliche des ethischen Wissens im Gegensaz gegen das physische könne nicht sein, daß nur dieses ein Sein ausdrükke, jenes aber ein Sollen; sondern

---

*) Die eingeklammerten Citate sind vom Herausgeber.
**) Hierüber, wie betreffend das Verhältniß von Vernunft und Natur und das von Soll und Sein (§. 95), lese man nach des Verfassers Abhandlung über den Unterschied zwischen Natur- und Sittengesez, der Akademie der Wissenschaften in Berlin vorgelesen 1825.

nur, wenn die Naturwissenschaft erfahrungsmäßiger behandelt wird, die Ethik aber beschaulicher, entsteht dieser Unterschied. Denn von dem gleich allgemeinen Begriff ist das einzelne auf der Naturseite eben so sehr abweichend wie auf der Vernunftseite. Wird nun in beiden auf gleiche Weise das allgemeine betrachtet als hervorbringend das besondere: so ist das ethische Wissen eben so sehr auch Ausdrukk eines Seins als das physische eines Sollens. (§. 93.)

(b.) Inwiefern das erscheinende Sein oder Ding nie dem Begriff angemessen ist, ist auch das physische Wissen Ausdrukk eines Sollens und nicht eines Seins; und inwiefern das hervorbringende Sein als allgemeines das eigentliche Object des Wissens ist, muß auch das ethische Wissen als Ausdrukk eines Seins aufgefaßt werden.

(z.) Die Form der Säze in der Sittenlehre und Naturwissenschaft muß dieselbe sein; sie sind als speculative imperativisch, und nur insofern nicht assertorisch, als sie nicht empirisch sind. Das assertorische bleibt daher in beiden, da das bloße Sollen nur ein Nichtsein beschriebe.

Wenngleich nur der Geist das Soll in sich trägt, so trägt er es doch auch für die Natur in sich (vergl. §. 50), und der Gegensaz beider Wissenschaften läßt sich nicht mit Kant fassen, daß die eine das Sein zum Gegenstande habe, die andre das Sollen; denn das Sollen ist auch ein Sein, nämlich in der Natur, und das Sein ist auch ein Sollen. Wenn das Gesez bloßer Gedanke wäre ohne zu treiben: so wäre die sittliche Welt eine bloß eingebildete. Nun also wenn das gesollte auch nur gewollt oder angestrebt wird, so ist es auch, und man kann nur sagen, es ist in keinem Augenblikk ganz. Sollen und Sein sind daher auf beiden Gebieten Asymptoten und auf dem sittlichen Gebiet vielleicht der Approximations=Exponent größer *).

---

*) Vorlesungen. Jedes theoretische Wissen stellt eigentlich ein Soll auf, und man sucht dann die Verhältnisse des Seins dazu; aber nie stimmt

§. 64. Wie im Sein der Welt als dem völligen
Ineinander von Natur und Vernunft in jedem für sich
sezbaren die eine gemessen werden kann durch die an=
dere: so ist auch im Werden der Weltweisheit Sitten=
lehre und Naturwissenschaft durch einander meßbar und
bedingt.

Wenn irgendwo mehr in der Natur gesezt ist als in der
Vernunft, oder umgekehrt: so ist kein wirklich ganzes gesezt, wel=
ches als eine Welt für sich kann betrachtet werden. .

Ebenso, wo mehr in der Physik gesezt ist als in der Ethik,
da ist entweder kein wissenschaftliches ganzes gesezt, sondern nur
ein Theil eines solchen, zu dem der andere die Ergänzung ist,
oder noch kein Werden der Weltweisheit, sondern erst zerstreute
Elemente.

§. 65. Wie in der Welt als dem gegenseitigen
Durcheinander des allgemeinen und besonderen Kraft und
Erscheinung in einander aufgehen: so gehen auch in dem
Werden der Weltweisheit überall Sittenlehre und Ge=
schichtskunde in einander auf und sind also durch ein=
ander bedingt und meßbar.

Wenn Kraft und Erscheinung einander irgendwie nicht er=
schöpfen: so sind sie auch irgendwie nicht zusammengehörig, in
der Erscheinung entweder gesezt was von einer andern Kraft aus=

beides überein; ein Soll, das nicht zugleich Sein wäre, bliebe ein Ge=
danke von Nichts. Solche aber enthält weder die Sittenlehre, noch die
Naturwissenschaft. Nur in uneigentlichem Sinne kann man sagen, Die
Sittenlehre enthält das Soll, wozu die Geschichte das Sein, und die
Naturwissenschaft das Soll, wozu die Naturkunde das Sein. Soll
wäre das allgemeine, Sein das einzelne. Sind imperative Säze nicht
assertorisch, so zeigt sich daraus, daß die von der Idee der Weltweis=
heit geforderte Durchdringung des speculativen und empirischen noch
nicht vollendet ist.

geht, oder in der Kraft etwas was noch anderwärts erscheint. Ebenso, wo in der Geschichtskunde vorkommt was aus der Sittenlehre nicht kann verstanden werden, oder umgekehrt: da ist entweder kein wissenschaftliches ganze gesezt, oder die Wissenschaft umfaßt nicht ihren Gegenstand.

§. 66. Was in der vollendeten Weltweisheit einander völlig durchdringt und also als entgegengesezt nicht mehr ist, das ist im besondern Wissen durch einander bedingt.

Nur vermittelst dieser Bedingtheit kann die Durchdringung des sonst einseitigen und in der Einseitigkeit falschen Wissens zu Stande kommen; und nur in dieser Bedingtheit ist die gleichmäßige Entwikkelung des Wissens gegeben. Beides zusammen ist das Werden der Weltweisheit *).

(b) Wie Ethik und Physik in der Weltweisheit in einander sind: so sind sie als reale Wissenschaften gesondert; aber alles nur relativ gesonderte ist in seinem Fürsichsein durch einander bedingt. Wie also im höchsten Sein Natur Vernunft ist, und Vernunft Natur, Idee Erscheinung, und Erscheinung Idee; und im höchsten Wissen Ethik Physik, und Physik Ethik; das speculative zugleich empirisch, und das empirische zugleich speculativ: so ist im unvollkommenen und gesonderten die Ethik bedingt durch die Physik, und umgekehrt; und das speculative bedingt durch das empirische, und umgekehrt, also auch die Ethik bedingt durch die Geschichte.

(d.) So gewiß die Ethik wissenschaftliche Darstellung des

---

*) Daher der Saz: Kein Wissen ist ein Wissen, wenn es sich nicht des Zusammenhangs mit allem andern bewußt ist. — Hier hängt alles mit der ursprünglich vorausgesezten absoluten Identität zusammen, welche aus dem in die Getheiltheit hinausgegebenen Sein, aus der Welt nicht herausgewichen ist, sondern sich gleichsam abbildlich darin zeigt, daß alle Gegensäze nur beziehungsweise sind, und nur in ihrer Aufhebung Wahrheit.

menschlichen Handelns ist: so gewiß ist sie die ganze Eine Seite der Philosophie, die praktische im Gegensaz zur Physik als der theoretischen Seite der speculativen Philosophie. (§. 55.)

§. 67. Die Sittenlehre ist bedingt durch die Naturwissenschaft dem Inhalte nach, weil das dingliche in der Vernunft nur erkannt werden kann in und mit der Gesammtheit alles dinglichen, also in und mit der Natur.

Denn die Vernunft ist ein Gebundensein des dinglichen und geistigen; aber das dingliche ist in ihr zurükktretend, und kann also nur erkannt werden, wenn es in Eins gedacht wird mit dem hervortretenden hellen in der Natur.

(b.) Der Ethik als dem Ausdrukk des Handelns der Vernunft auf die Natur muß der Begriff des zu behandelnden einwohnen.

(c.) Die Ethik ist unmittelbar bedingt durch die Physik, inwiefern ihren realen Darstellungen der Begriff von dem zu behandelnden Object d. i. der Natur zum Grunde liegen muß.

§. 68. Die Sittenlehre ist bedingt durch die Naturwissenschaft ihrer Gestalt nach, weil die Sittenlehre als beschauliche Wissenschaft nur sicheren Bestand hat, insofern in dem erkennenden die beschauliche Richtung überhaupt also auch auf die Natur gesezt ist.

Nur wenn die Physik gleichmäßig fortgeht, wird die Ethik als Wissenschaft; sonst besteht sie nur durch das Interesse am Gegenstand, also zufällig. (§. 10.) Wo ein Theil der Weltweisheit aufgehoben wird, da ist kein Leben der Wissenschaft, und der gesezte und angebaute Theil muß auch verderben.

§. 69. Daher ist die Sittenlehre zu keiner Zeit besser als die Naturwissenschaft, und es giebt eine fortwährende Gleichmäßigkeit in beiden.

Dieselben Schikksale und dieselben Abweichungen was die
Gestaltung betrifft müssen in beiden vorkommen. Im großen
nämlich, nach Völkern und Entwikkelungsstufen betrachtet, und
ebenso natürlich im einzelnen müssen Schwankungen statt finden.
Daß dies aber gegenseitig, und die Physik eben so bedingt ist
durch die Ethik, versteht sich von selbst.

§. 70. Die Sittenlehre ist bedingt durch die Ge=
schichtskunde der Gestalt nach; denn in ihrem von der
Naturwissenschaft gesonderten Dasein hat sie nur sicheren
Bestand, wenn in dem erkennenden die Verwandtschaft
zu dem Gegenstande ganz, und also auch die Neigung
zur Geschichtskunde gesezt ist.

Wo noch keine Theilnahme an der Geschichte in wissenschaft=
licher Gestalt heraustritt: da ist auch noch keine stätige Sonde=
rung im beschaulichen Geschäft; es ist entweder gar nichts ethi=
sches im Wissen, oder es ist unter das physische gemischt und
verschwindet in diesem. Dies ist aber nicht das weltweisheitliche
Ineinandersein beider.

§. 71. Die Sittenlehre ist bedingt durch die Ge=
schichtskunde dem Inhalt nach; denn das allgemeine
kann nicht als hervorbringend das besondere erkannt
werden ohne die Kunde des besonderen selbst.

Die Sittenlehre kann überall nur so viel Gewährleistung
haben, als sie Geschichtskunde neben sich hat. Je dürftiger diese
ist, desto dürftiger und einseitiger ist auch jene, oder bei überwie=
gender Neigung desto willkührlicher.

§. 72. Daher ist die Sittenlehre zu keiner Zeit
besser als die Geschichtskunde, und es giebt eine fort=
während Gleichmäßigkeit zwischen beiden.

Welche lebendig und gegenseitig sein muß. Was wir ge=
schichtlich auffassen, wird auch nur wahrhaft Geschichtskunde wer=

ben nach Maaßgabe der Ausbildung und Fortschreitung der Sittenlehre.

§. 73. Hinzugenommen also zu der verschiedenen
Art der wissenschaftlichen Begründung der Sittenlehre
(§. 8.) diese Abhängigkeit derselben von einer auch noch
unvollkommenen und willkührlich gebildeten Naturwissenschaft und Geschichte, müssen aus beidem alle Unvollkommenheiten der Sittenlehre verstanden werden,
und alle Abweichungen in ihrer Bearbeitung.

Wechsel und Nebeneinanderbestehen von Einseitigkeiten, die
mit diesen Verhältnissen in Beziehung stehen.

(b.) Alle sowol materiellen als formalen Unvollkommenheiten der Ethik und alle Abweichungen in der Bearbeitung derselben sind Producte aus dieser ihrer Abhängigkeit von auch noch
unvollkommener Physik und Geschichte in die verschiedene Art
ihrer unvollkommenen wissenschaftlichen Begründung.

§. 74. Wie demnach alles reale Wissen mit und
durch einander wird: so ist die werdende Vollkommenheit der Sittenlehre in ihrer werdenden Sonderung von
Naturwissenschaft und Geschichtskunde und ihrer lebendigen Wechselwirkung mit beiden *).

Es ist leicht von dieser Formel aus rükwärts zu begreifen

---

*) Dieser § ist ein Ende; das folgende geht nun auf Darstellung des In-
halts. Anmerk. des Verf. — Die Reihenfolge einiger nun folgenden
§§ würde er nach flüchtiger Randandeutung wol geändert haben in einer spätern Bearbeitung. S. bemerkt am Rande, daß der neue Ab-
saz wol am besten mit §. 80 beginnen würde, anknüpfend an den Begriff der Geschichte, und §. 76 und 77 wol auf weiter hinten zu ver-
sparen wären. — Da aber eine solche Umstellung Aenderungen im
Ausdrukk der §§ selbst nöthig machen würde, so übernimmt sie der
Herausgeber nicht, da wenigstens die gewünschten Leser dies eben so
gut selbst ausführen können.

einen anfänglichen Zustand der Sittenlehre in der Verwirrung ihrer Elemente mit denen der Naturwissenschaft und der Geschichte.

§. 75. Wie alles Hervorgehen des besonderen im Sein aus dem allgemeinen ein Handeln des allgemeinen, und also alles beschauliche Wissen Ausdrukk eines Handelns ist: so ist daher die Ethik Ausdrukk des Handelns der Vernunft.

Handeln, Thätigkeit gehört zusammen mit Kraft. Alles Handeln wird nur beschaulich erkannt und ist im empirischen überall die dem beschaulichen zugewandte Seite. (§. 57.)

§. 76. Das Sein als besonderes betrachtet wird ein mannigfaltiges schon durch die Verschiedenheit der Zeit und des Raumes, worin es gesezt ist, also nach mathematischer Bestimmung; als allgemeines betrachtet wird es ein mannigfaltiges nur durch die Verschiedenheit der darin gebundenen Gegensäze, also nach dialektischer Bestimmung.

Denn da es unter demselben allgemeinen mehreres besondere giebt, welches insofern in der lezten Hinsicht gleich ist: so kann es nur verschieden sein in der ersten. Und da dieselbe Kraft als Eine eine Mehrheit von Erscheinungen hervorbringt, die verschieden sind in erster Hinsicht, und also selbst ein vielfaches ist in erster Hinsicht: so kann sie von andern nur verschieden sein in lezter.

(b.) Lehnsaz *). Das besondere als solches ist ein mannigfaltiges durch die Verschiedenheit in Raum und Zeit, also nach mathematischer Bestimmung; das allgemeine als solches ist ein mannigfaltiges durch die Verschiedenheit der darin gebundenen Gegensäze, also nach dialektischer Bestimmung. (§. 238.)

---

*) Vergl. §. 23 Note.

§. 77. Das Handeln der Vernunft wird also in der Ethik ausgedrükkt als ein mannigfaltiges, abgesehen von Bestimmungen durch Raum und Zeit, gesondert durch Begriffsbestimmungen.

Ein mannigfaltiges muß es sein, sonst wäre die Ethik keine Wissenschaft. Also nur ein solches. Inwiefern aber das aus ihr hervorgehende besondere mit ausgedrükkt wird, muß dieses räumlich und zeitlich ausgedrükkt werden.

§. 78. Keiner von diesen einzelnen Ausdrükken aber kann enthalten ein ursprüngliches Hineintreten der Vernunft in die Natur, viel weniger des geistigen in das dingliche.

Weder alle noch einer; denn sie wären kein reales *) Wissen, und betrachteten die Vernunft außer der Welt.

(b.) Die Ethik als Ausdrukk des Handelns der Vernunft auf die Natur kann nirgend ein ursprüngliches Hineintreten der Vernunft in die Natur ausdrükken **).

§. 79. Eben so wenig aber kann die Sittenlehre als von der Naturwissenschaft gesondert ein vollkommenes Einssein von Vernunft und Natur ausdrükken.

Denn in einem solchen wäre durch das vollkommene Gleichgewicht der Gegensaz gänzlich aufgehoben, gegen §. 37. Und weil es gleichgültig könnte angesehen werden als Handeln der Vernunft und als Handeln der Natur: so wäre das Wissen darum kein ethisches.

---

*) Reales Wissen im Gegensaz zum höchsten bezeichnet das in der Weltweisheit zu vollendende Wissen, wie es in Form des Gegensazes von Ethik und Physik wird. (§. 66.)

**) Weil die Ethik darstellt ein Handeln der Vernunft auf die Natur, so muß sie ein Gegebensein der Natur für die Vernunft immer schon sezen und kann auch beim Anfangspunkt ethischer Thätigkeit die Vernunft nicht isolirt und ohne ihr gegebene Natur denken.

(b.) Die Ethik als von Phyſik geſondert kann das ſchlecht=
hin vollkommene Einsſein von Vernunft und Natur nicht aus=
drükken; denn für dieſes müßte ihr geſondertes Beſtehen gänzlich
aufhören, und ſie in der Idee der Weltweisheit aufgehen.

§. 80. Das Handeln der Vernunft aber bringt
hervor Einheit von Vernunft und Natur, welche ohne
dieſes Handeln nicht wäre; und da ihm alſo ein Lei=
den der Natur entſpricht: ſo iſt es ein Handeln der
Vernunft auf die Natur.

1) Nämlich der immer ſchon irgendwie mit der Natur geein=
ten Vernunft.

2) Da aber Einheit von Vernunft und Natur außer dieſer
hervorgebracht wird: ſo iſt ein Werden der Natur ohne Handeln
derſelben geſezt, alſo ein Leiden. Was aber vom Handeln eines
andern leidet, darauf wird gehandelt. (§. 50. z.)

§. 81. Alles ethiſche Wiſſen alſo iſt Ausdrukk
des immer ſchon angefangenen aber nie vollendeten Na=
turwerdens der Vernunft.

Denn da alles hervorgebrachte wieder eine ſolche Einheit
von Vernunft und Natur iſt, worin die Vernunft handelt, abge=
ſehen von jenem aber nicht darin handeln könnte: ſo iſt ſie durch
jedes mehr Eins geworden mit der Natur, welches alſo auch ſo
ausgedrükkt werden kann.

(b.) Die Ethik iſt alſo Ausdrukk eines immer ſchon ange=
fangenen und nie vollendeten Handelns der Vernunft auf die
Natur oder einer der Stärke nach fortſchreitenden, dem Umfange
nach ſich ausbreitenden Einigung beider, eines Weltwerdens von
der Vernunft aus.

(c.) Die Ethik ſtellt alſo nur dar ein potentiirtes Hinein=
bilden und ein extenſives Verbreiten der Einigung der Vernunft
mit der Natur, beginnend von dem menſchlichen Organismus als

einem Theil der allgemeinen Natur, in welchem aber eine Einigung mit der Vernunft schon gegeben ist.

§. 82. Es giebt also ein Einssein von Vernunft
und Natur, welches in der Ethik nirgend ausgedrükkt
sondern immer vorausgesezt wird; und ein anderes,
welches nirgend ausgedrükkt, sondern auf welches überall
hingewiesen wird.

Vorausgesezt, wie jeder Ausdrukk eines endlichen Seins
schon ein Binden der Gegensäze voraussezt; hingewiesen, wie jedes Sein und Wissen unter dem Gegensaz auf die Aufhebung
des Gegensazes hinweiset.

(b.) Die vorausgesezte Einheit ist ein vor allem Handeln
und abgesehen von demselben auf speculative Weise nur als Kraft
gegebenes ursprüngliches Natursein der Vernunft und Vernunftsein der Natur, von welchem alles Handeln der Vernunft ausgeht. Enden aber kann die Ethik nur mit dem Sezen der Natur, welche ganz Vernunft, und einer Vernunft, in welcher alles
Natur geworden ist.

Anmerkung *). (z.) Die Sittenlehre bewegt sich also zwischen diesen
beiden Punkten (des §.)

(b.) Das Sein, welches den Gegenstand der Ethik ausmacht, ist ein Werden im Fortschreiten von dem ersten Punkte
zu dem lezten, oder eine Reihe, worin jedes Glied besteht aus
gewordener und nicht gewordener Einigung der Vernunft und
Natur, in deren Exponenten zunimmt der das gewordene, und
abnimmt der das nicht gewordene ausdrükkende Coefficient.

§. 83. Da aber von dieser vorausgesezten Einheit
alles ethische Wissen abhängt: so muß sie in jedem mit

---

*) Da die Angabe, daß die Ethik zwischen jenem Ausgangspunkte und
Endpunkte ihren Verlauf hat, in (a.) hier nicht so ausdrükklich vor-
kömmt, so geben wir sie als Anmerkung aus (b.), wo sie wie in (c.)
einen eignen § bildet.

angeschaut werden als ein vor allem Handeln der Ver=
nunft gegebenes Kraftsein der Vernunft in der Natur.

Also ohne daß es selbst ethisch begriffen werden kann, und
es muß also als ein wirkliches Wissen gesezt werden als von der
dinglichen Seite des Wissens herstammend. (Vergl. §. 103.) *)

§. 84. Dies ist das Sein der Vernunft in dem
menschlichen Organismus, und das Wissen desselben ist
also eine vor der Ethik gegebene Anschauung der mensch=
lichen Natur als solcher, so daß jedes wirkliche Eins=
sein der leidenden Natur und der handelnden Vernunft
auf dieses ursprüngliche zurükgeführt wird.

Dies wird jeder zugeben müssen. Denn in der Theilwelt,
in welcher unser Sein und Wissen beschlossen ist, ist uns kein
anderes Handeln der Vernunft gegeben, als welches von ihrem
Kraftsein in der menschlichen Natur ausgeht.

(b.) Die Ethik beginnt also mit dem Sezen einer Natur,
in welcher die Vernunft, und der Vernunft, welche in einer Na=
tur handelnd schon ist, d. h. mit dem Sezen der menschlichen
Natur und der menschlichen Vernunft, oder des menschlichen Or=
ganismus, so daß jedes wirkliche Ineinandersein beider auf dieses
ursprüngliche zurükgeführt wird.

§. 85. Da die menschliche Natur als solche zu=
gleich nothwendig eine besondere ist: so muß die Sit=
tenlehre wenigstens unentschieden lassen, ob die beschau=
liche Naturwissenschaft diese Anschauung, wie sie ihrer
bedarf, hervorbringen kann.

Denn sie müßte das physische Wissen vor sich haben vollen=
det und über dasselbe urtheilen, welches sie wegen ihres noth=

---

*) §. 83 und 102 sind so sehr parallel, daß ersterer in lezterem hinläng=
liche Erläuterung findet.

wenbig gleichzeitigen Werbens und ihrer Abgeschlossenheit nicht vermag.

§. 86. Da sie sich also eben so wenig auf die Naturkunde als auf die Wissenschaft, in welcher diese Anschauung schon erfahrungsmäßig gegeben sein müßte, berufen kann: so kann sie nur die einzelnen Elemente derselben wie und wo sie ihrer bedarf fordern.

Das heißt, sie muthet jedem zu, für den es ein ethisches Wissen geben soll, diese Einheit aus dem Handeln der Vernunft oder Werden der Natur in ihm selbst zu kennen, und überläßt den dinglichen *) Wissenschaften diese Kenntniß irgendwo und wie zur Wissenschaftlichkeit zu erheben.

§. 87. Da die beschauliche Naturwissenschaft sich in demselben Falle befindet wegen ihrer gänzlichen Gleich= mäßigkeit, und eine natürlich gewordene Vernunft schon voraussetzen muß: so pflegt man getrennt oder zusam= men diese beiderseitigen Forderungen als eine eigne Lehre aufzustellen, welche gleichsam den Kreis zwischen beiden schließe.

Anthropologie überhaupt, oder physische und psychische ge= trennt. Diese Zusammenstellung aber, deren einzelne Theile nie in dem ganzen, wohin sie eigentlich gehören, völlig begründet sind, und die nur ein didaktisches Hülfsmittel ist, darf man nicht als eine Wissenschaft ansehn, und es wird hier kein Bezug dar= auf genommen.

(b.) Anthropologie als empirische Beschreibung der mensch= lichen Natur, und Logik als empirische Beschreibung des intel= lectuellen Processes, vermitteln den Gegensaz zwischen Physik und Ethik als beiden angehörig auf verschiedene Weise.

---

*) d. h. hier den physischen Wissenschaften.

§. 88. Dasjenige Einssein von Vernunft und Natur, auf welches überall hingewiesen wird, ist dasjenige, worin es keines Handelns der Vernunft und keines Leidens der Natur weiter bedarf, welches also das vollendete Handeln der Vernunft vorausfezt, aber eben deshalb in jedem wirklichen Handeln mit begründet ist.

Es ist also das durch kein wirkliches Handeln der Vernunft, welches im ethischen Wissen ausgedrükkt ist, hervorgebrachte, also in der Ethik nicht zu erkennende, weder in jedem Punkte noch in einem als Endpunkt. (§. 82.)

(b.) Die immer hinausgesezte Einheit ist das, ohne daß es eines weitern Handelns bedürfte, definitiv gesezte Natursein der Vernunft und alles dessen was in ihr als ein Fürsich kann gesezt werden, und definitiv gesezte Vernunftsein der Natur und alles dessen was in ihr als ein besonderes Fürsich kann gesezt werden.

(c.) Die Darstellung der vollendeten Einigung der Vernunft mit der Natur fällt nicht in die Ethik, weil sie nur da sein kann, wenn diese isolirte Gestalt aufhört. (§. 82. a.)

§. 89. Reine Vernunft also und seliges Leben kommen in der Sittenlehre nirgend unmittelbar vor, sondern nur natürliche Vernunft und irdisches (widerstrebendes) *) Leben.

Denn die reine Vernunft wäre nur die mit der Natur noch nicht geeinte, welche in einem wahren Wissen gar nicht also auch nicht handelnd angeschaut werden kann. Als seliges Leben aber

---

*) Bei §. 91. erläutert sich, warum dieses Wort in Klammern einzuschließen ist, wenn man es nicht überhaupt streichen soll. In den Vorlesungen 1832 wurden die §§ 88 und 89 bei 82 vorgetragen, 85 — 87 ganz weggelassen. Eine Reihe bisheriger §§ findet in andern Bearbeitungen keine Parallele, auch in den Vorlesungen wurden sie nicht erläutert.

wird nur das gedacht, in welchem kein Leiden gesezt ist. Gesezt
ist allerdings die reine Vernunft in jedem ethischen Wissen, aber
nicht für sich; gesezt ist auch das selige Leben, aber nicht als in
dem ausgedrükkten Sein, sondern als durch dasselbe.

(b.) Die Ethik endet mit dem Sezen der Natur, welche
ganz Vernunft, und einer Vernunft, in welcher alles Natur ge=
worden ist, oder mit dem Sezen des seligen Lebens, so nämlich,
daß jedes wirkliche Ineinandersein beider auf dieses als auf ein
späteres hinweiset. Reine Vernunft also und seliges Leben kom=
men in der Ethik unmittelbar nicht vor, sondern überall natür=
liche Vernunft und gemischtes Leben.

§. 90. Jedes ethische Wissen aber drükkt nothwendig
(zugleich) aus ein beziehungsweises Verschwinden des
außer der Vernunft Geseztseins der Natur, und also
auch des Leidens der Natur beim Handeln der Vernunft.

Denn es wird eine werdende Einigung gesezt, welche ohne
das Handeln der Vernunft nicht wäre, und in welcher die Ver=
nunft wieder handelnd ist, also in jedem Herabsteigen ein min=
deres Außereinandersein beider.

§. 91. *) (z.) Da die Sittenlehre solche sich zwi=
schen jenem Ausgangs= und jenem Endpunkte bewe=

---

*) Wir geben diesen § aus dem neusten, was als Erläuterungen und No=
tizen für die Vorlesung von 1832 (z.) vorliegt; denn die Worte sind
hier ausdrükklich als Correction des §. 91. bezeichnet, wie er in der
neusten Gesammtbearbeitung dieser Einleitung (a.) gefaßt ist. Was
aber durch eine Verbesserung aufgehoben worden ist, können wir nicht
geradezu als Erläuterung im Texte mitgeben; indeß erscheint uns die=
ser Punkt, über welchen S. sich nur nach und nach klar wurde, wäh=
rend fast alles andere dem Wesen nach früher schon ausgesprochen ist,
wie er es bis 1832 beibehalten hat, wichtig genug, um hier wenigstens
die Fassung desselben durch alle Bearbeitungen hindurch zusammen zu
stellen, was die beste Erläuterung sein mag, wenigstens hätte nur (a.)
auf bedingte Weise das Recht direct als Erläuterung im Texte zu

gende Wirksamkeit der Vernunft auf die Natur be=
schreibt: so fällt der Gegensaz von gut und böse außer
ihr. Dieser hat seinen Ort in der allgemein geforderten
und allgemein die Sittenlehre begleitenden Beziehung
des empirisch geschichtlichen auf das ethische.

---

stehen. Im Brouillon (d.): Das böse ist an sich nichts und kommt
nur zum Vorschein mit dem guten zugleich, inwiefern dieses als ein
werdendes gesezt wird.

(c.) Da es keine reale Antivernunft geben kann, in welchem Falle
es auch einen Anti = Gott geben müßte: so kann der Gegensaz zwischen
gut und böse nichts anderes ausdrükken als den positiven und den ne=
gativen Factor in dem Proceß der werdenden Einigung, und also auch
nicht besser aufgefaßt werden als in der reinen und vollständigen Dar=
stellung dieses Processes.

(b.) Da es keine positive Unvernunft, Gegenvernunft, geben kann,
in welchem Falle es auch einen Gegengott geben müßte: so kann in
dem Gegensaz zwischen gut und böse nur wie das gute das ethisch ge=
wordene ist, also ein positiver Ausdrukk für das ursprüngliche Nicht=
natursein der Vernunft, so das böse wie es das Nichtgewordene aus=
drükkt, nur ein negativer Ausdrukk sein für das ursprüngliche Nicht=
vernunftsein der Natur; beides auf das wirkliche gewordene Ineinan=
dersein beider bezogen. Der Gegensaz von gut und böse kann also sei=
nem Inhalt nach nicht vor der Ethik festgestellt werden, so daß sie auf
ihm ruhte, sondern da er ganz zwischen den nämlichen Endpunkten
liegt wie sie: so ist sie vielmehr die Entwikkelung desselben, und man
kann sagen, die Ethik ist die Darlegung des guten und bösen im Zu=
sammensein beider.

(a.) Der ersezte §. 91. Der Gegensaz von gut und böse bedeutet
nichts anderes als in jedem einzelnen sittlichen Gebiet das Gegeneinan=
derstellen dessen, was darin als Ineinandersein von Vernunft und Na=
tur, und was als Außereinander von beiden gesezt ist. — Das gute
im Gegensaz gegen das böse ist nur sittlicher Bedeutung, denn sonst
überall sezen wir gut und schlecht entgegen. Ein sittliches Gebiet ist
ein bestimmtes und begrenztes sittlich für sich sezbares Sein. Nur in
einem solchen wird böses gesezt mit dem guten, und kann also nur das
im § beschriebene ausdrükken. — (Was aus dieser Erläuterung un=
mittelbar das nunmehr als § in den Text aufgenommene selbst erläu=
tert, sezen wir auch in diesen selbst hinauf. Vergl. (a.) der folg. S.)

Sollte böse ein ethischer Begriff sein: so kämen wir auf einen manichäischen Dualismus. Hingegen die Bedeutung von gut ohne Gegensaz findet Plaz in der Ethik als die allgemeine ethische Form.

(a.) Gut ist jedes bestimmte Sein, insofern es Welt für sich, Abbild des Seins schlechthin ist, also im Aufgehen der Gegensäze. — Indem aber das gute durch das Handeln der Vernunft gesezt ist, kann weder die Natur selbst das böse sein, denn sie ist im guten mitgesezt, noch kann es eine Gegenvernunft geben, deren Einssein mit der Natur das böse wäre. Denn sonst gäbe es keine vorauszusezende Einheit der Vernunft und Natur *).

§. 92. Indem also die Sittenlehre das Handeln der Vernunft als ein mannigfaltiges auseinanderlegt (S. §. 77): so ist sie (auch anzusehen als) ein sich immer erneuerndes Sezen und Aufheben des Gegensazes von gut und böse.

Er wird gesezt, indem bestimmte sittliche Gebiete gesezt werden; er wird aufgehoben, indem ein Ineinander von Natur und Vernunft gesezt wird, welches abgesehen von dem ausgedrükkten Handeln nicht war.

---

*) In den Vorlesungen von 1832, die hier am besten erläutern, sagte S., Wenn alle ethischen Säze assertorisch die Wirksamkeit der Vernunft in der Natur beschreiben, woher denn der Gegensaz von gut und böse? Er ist offenbar nur in der sittlichen Darstellung des empirischen, gehört also nicht in die speculative Construction der Sittenlehre, sonst müßte ja das böse aus der transcendenten Voraussezung abgeleitet werden, ein manichäischer Dualismus, wovon kein Wissen ausgehen kann. Der Gegensaz fällt also ins Leben, und von da aus erst hat man ihn dann aufzunehmen, wenn man dieses, wie es vorliegt, kritisch beziehen will auf die Ethik. In die Construction der Ethik gehört er also auf keine Weise. Alles aber, was als ethisches Element aufgestellt wird, kann es nur unter dem Begriff des guten, jedoch nicht insofern dieses dem bösen entgegengestellt ist, sondern überhaupt insofern gut das Einsgewordensein der Vernunft und Natur durch Wirksamkeit der erstern bezeichnet.

Er kann also als Formel wol aufgestellt werden vorher; nicht aber kann sein Inhalt erst bestimmt sein, was nämlich, welches Sein, gut ist und böse, und die Sittenlehre auf dieser Bestimmung ruhen; sondern er wird erst mit ihr, und ihre Entwikkelung ist auch die seinige *). — Vorher kann man nur sagen, er ist möglich, d. h. aufgegeben durch das ursprüngliche Nichtnatursein der Vernunft und Nichtvernunftsein der Natur.

(c.) Was die Ethik darzustellen hat, ist eine Reihe, deren jedes Glied besteht aus gewordener und nicht gewordener Einigung, und deren Exponent ein Zunehmen des einen und ein Abnehmen des andern Factors ausdrückt.

§. 93. Wenn das ethische Wissen als Gesez oder Sollen gestaltet wird: so drükt es weder das Ineinander von Vernunft und Natur noch das Verschwinden ihres Außereinander als Handlung der Vernunft aus, also kein wirkliches Sein, sondern nur ein bestimmtes Außereinander, also ein Nichtsein. (§. 63.)

---

*) Um dieser Worte willen fügten wir dem § die eingeklammerten Worte bei, durch die er zugleich in bessere Uebereinstimmung tritt mit der Correctur des vorigen §, deren Einfluß, wie sich erwarten läßt, auf den vorhergehenden und nachfolgenden sich erstrekt. Für S. war es von Anfang an ausgemacht, daß die Ethik den Gegensaz von gut und böse nicht zu construiren hat. Nur in der Art ihn auszuschließen und zu ihm in ein Verhältniß zu sezen ging er früher weniger weit als zulezt. Der § findet seine Erklärung am besten in dem, was S. in seinen Grundlinien einer Kritik der bisherigen Sittenlehre betreffend die formalen ethischen Begriffe gesagt hat. 2te Ausgabe S. 128 folgd. Gut, Tugend und Pflicht sind um es kurz zu sagen darum nur formale ethische Begriffe, weil der Inhalt von der ethischen Idee erst hineingebracht wird, so daß z. B. eine eudämonistische Sittenlehre die Lust, welche ihr das sittliche ist, Tugend nennt, und die auf sie hingehenden Handlungsweisen Pflicht, völlig mit gleichem Recht wie andere Systeme die Thatkraft Tugend nennen u. s. w. Vergl. dort z. B. den Tugendbegriff betreffend S. 151 in der Mitte, die Pflicht betreffend S. 131 unten.

Eine Sittenlehre, die aus kategorischen Imperativen besteht, drükkt nur die verneinende Seite im Handeln der Vernunft aus, und sezt alles wirkliche Sein der Vernunft als ein für die Sittenlehre nichtseiendes. Denn ein Sollen ist nur wo ein Nichtsein ist und insofern. Die Vernunft ist daher in einer solchen Sittenlehre auch gar nicht als Kraft gesezt.

(b.) Nur inwiefern die Vernunft noch nicht Natur und die Natur noch nicht Vernunft geworden ist, kann das ethische als ein zu construirendes unter der Form des Gebotes ausgedrükkt werden. Eine imperativische Ethik also geht nur von dem nichtgewordenen aus und drükkt jedes Glied der Reihe nur aus in seiner Differenz von dem unendlichen lezten. Indem sie also weder den positiven Factor noch das allmählige Verschwinden des negativen ausdrükkt: so drükkt sie in der That kein reales Sein aus, und ist also auch kein reales Wissen.

(c.) Die imperativische Ethik faßt nur die Seite des nichtgewordenen, drükkt also das allmählige Verschwinden dieses Factors nicht aus.

(d) Der Styl der Ethik ist der historische; denn nur wo Erscheinung und Gesez als dasselbe gegeben ist, ist eine wissenschaftliche Anschauung. Der Styl kann darum weder imperativisch sein noch consultativisch. Daher ist auch die Form der Ethik die Entwikkelung einer Anschauung *). Die Formel des Sollens ist ganz unzulässig, da sie auf einem Zwiespalt gegen das Gesez ruht, die Wissenschaft aber diesen eben als Schein darzustellen hat.

***

*) Auch dieses war also schon 1804 S's Ansicht. Damals legt er dem ganzen eine Anschauung zum Grunde und weist angelegentlich jedes Princip ab. An die Spize werde vielmehr gesezt der Umriß der Beseelung der menschlichen Natur durch die Vernunft. Da es keine andere als die Anschauung der menschlichen Vernunftthätigkeit ist, so stimmt die spätere Construction völlig mit der frühesten überein als deren Vervollkommnung. Die Ethik fing, sagt S. (d.) mit Gnomen

§. 94. Wenn das ethische Wissen als ein guter
Rath gestaltet wird, der befolgt werden kann, oder auch
nicht, dessen Erfolg aber doch das Ineinander von Ver=
nunft und Natur ist: so drükkt es weder das bezie=
hungsweise Außereinander von beiden aus, noch ihr
Ineinander als geworden durch das ausschließende Han=
deln der Vernunft, also nicht das wirkliche Sein der
Vernunft sondern nur dasjenige, worauf immer hinge=
wiesen wird; und das wirkliche Sein derselben ist für
sie ein nichtseiendes.

Die consultative Sittenlehre hebt den Gegensaz zwischen gut
und böse wesentlich auf, was sich auch leicht überall entdekkt. —
Was sie im Sinn hat, ist ein Sein, welches eben so gut aus
dem Handeln der Natur begriffen und auf dieses bezogen wer=
den kann wie auf das Handeln der Vernunft. Was wir also
als Sittenlehre suchen, nämlich was sich zur Geschichtskunde im
weitesten Sinn verhalte wie die beschauliche Naturwissenschaft
zur Naturkunde im weitesten Sinn, das kann unter diesen For=
men niemals zu Stande kommen.

(b.) Wenn das ethische unter der Form eines guten Ra=
thes ausgedrükkt wird: so kann dies nur darauf beruhen, daß
es wie als Handeln der Vernunft ebenso auch als Handeln der
Natur kann angesehen werden. Dies ist aber nur der Fall, in=
wiefern Vernunft vollkommen Natur ist und Natur vollkommen
Vernunft. Eine consultative Ethik geht also nur von dem ge=
wordenen aus, und drükkt von jedem Gliede der Reihe also nur

---

an, die sich auf die niedern Verhältnisse beziehen, in der sokratischen
Schule kam die philosophische Anschauung dazu. Die Ethik ist abhän=
gig von der theoretischen Philosophie, weil diese ihr den Menschen ge=
ben muß, dessen klare Anschauung das lezte Resultat der theoretischen
Philosophie ist. Diese hängt aber selbst wieder von der Gesinnung ab;
also stehen beide in Wechselwirkung.

aus seine Gleichheit mit dem unendlichen lezten. Da sie also weder den negativen Factor ausdrükkt noch das allmählige Zu= nehmen des positiven: so drükkt sie in der That kein wirkliches Sein aus, und ist also auch kein reales Wissen.

(c.) Die consultative Ethik faßt nur die Seite des gewor= benen; denn nur für die gewordene Einigung der Vernunft mit der Natur kann es gleichgültig sein dasselbe unter der Form der Vernunft oder der Sinnlichkeit auszudrükken.

(z.) Der consultative Imperativ geht aus dem technischen Verfahren (S. §. 109.) hervor.

§. 95. Die Säze der Sittenlehre dürfen also nicht Gebote sein, weder bedingte noch unbedingte; sondern sofern sie Geseze sind müssen sie das wirkliche Handeln der Vernunft auf die Natur ausdrükken *).

Es ist ein das Wissen ganz zerstörender Widerspruch im Verlauf der Geschichte eine Gesezmäßigkeit entdekken zu wollen, das Gesez aber nicht in der handelnden Vernunft zn suchen, son= dern diese ganz der Willkühr und also dem Zufall Preis zu geben.

(b) Die Ethik als die der Physik beigeordnete und gleich= artige reale Wissenschaft kann also in diesen beiden Formen (der 2 vorigen §§) nicht rein herauskommen; sondern ihre Form muß zu der der Geschichte nur in demselben Gegensaze stehen, wie die der Physik zu der der Naturkunde, nämlich daß sie nicht wie diese das besondere erzählt wie es als solches ist und wird, son= dern die Art und Weise beschreibt, wie es aus dem allgemeinen wird, oder das besondere unter der Potenz **) des allgemeinen (§. 75.) construirt.

(d.) Die eigentliche Form für die Ethik ist die erzählende, das Aufzeigen jener Geseze ohne Rükksicht auf den Erfolg in der Geschichte.

*) Vergl. §. 63. und was dort citirt ist.
**) Vergl. (§. 50. z.) Anmerk.

§. 96. Inwiefern die Vernunft auf die Natur handelt, ist ihr Werk in der Natur Gestaltung, und die Natur verhält sich zu ihr wie Masse zur Kraft.

Denn die Vernunft verhält sich zur Natur wie geistiges zum dinglichen (§. 46.), und zu dem was sie hervorbringt in jeder Handlungsweise wie die Einheit des allgemeinen zur Mannigfaltigkeit des besonderen. Das dingliche aber angesehen als mannigfaltiges und abgesehen von aller Gestaltung ist Masse. — Gestaltet ist die Natur, welche Gegenstand des Vernunfthandelns ist, für sich schon, aber sie ist Masse beziehungsweise auf die Gestaltung, welche sie durch die Vernunft erhalten soll. (§. 50. z. 2.)

(z.) Dies ist nur in so weitem Sinne zu nehmen, daß alles was nicht Vernunft ist, ursprünglich als Masse gesezt wird, und das Werk der Vernunft darin als Gestaltung. Z. B. der Geschlechts- und Ernährungstrieb ist als Masse anzusehen; Ehe, und gesellige Tafel zu bestimmter Zeit als Gestaltung.

§. 97. Inwiefern die Vernunft nur gehandelt hat wenn Natur mit ihr geeint worden ist, und die mit der handelnden Vernunft Eins gewordene Natur auch mit ihr handelnd und hervorbringend sein muß: so ist das Handeln der Vernunft auf die Natur das Bilden eines Organismus aus der Masse.

Denn die Natur wird so im Handeln der Vernunft das gegenseitige Bedingtsein von Kraft und Erscheinung. §. 53.

(b.) Da es ein besonderes Sein nur giebt, inwiefern Organismus und Mechanismus nicht außer einander sind sondern in einander: so kann auch das in der Ethik dargestellte Sein nur sein ein Handeln des Organismus auf den Mechanismus.

§. 98. Indem aber die Sittenlehre in jedem einzelnen Wissen ausdrükt ein organisches Ineinandersein von Natur und Vernunft als Handeln der Vernunft:

so kann doch kein solches Wissen ausdrükken ein ur=
sprüngliches Eintreten der Vernunft als belebender Kraft
in die Natur als todte Masse.

Weder einer (unter den einzelnen Ausdrükken vergl. §. 78.) noch
alle; denn der eine als Anfangspunkt wäre den übrigen ungleichartig
und könnte nicht mit ihnen Ein ganzes bilden. Alle aber wä=
ren auch nicht Ausdrukk eines wirklichen Seins, weil sie ein all=
gemeines sezten als für sich, und ein besonderes für sich.

(b) Die Ethik stellt also nirgend dar ein ursprüngliches
Hineintreten der organischen Kraft in das nur mechanisch da=
seiende oder des allgemeinen in das besondere.

§. 99. Es giebt also eine in der Sittenlehre nir=
gend ausgedrükkte Einheit von Vernunftkraft und Na=
turmasse, ein immer schon vorausgeseztes Organisirtsein
der Natur für die Vernunft; und dieses ist die mensch=
liche Natur als Gattung.

Denn alles Gestalten irdischer Natur für die Vernunft geht
vom Menschen aus; aber nur inwiefern die menschliche Natur
Gattung ist, kann die Vernunft immer schon in ihr sein.

(z.) An diesen Anfangspunkt nun knüpft sich das ethische
Verfahren.

(b.) Es giebt also ein Einssein von Organismus und Me=
chanismus, welches in der Ethik immer schon vorausgesezt wird,
ein vor allem ethischen Sein auf reale Weise d. h. als Natur
gegebenes Kraftsein der Masse und Massesein der Kraft, auf
welchem alles ethische Sein ruht. Die Ethik beginnt also mit
dem Sezen einer Masse, in welcher schon die Kraft, und einer
Kraft, welche schon in der Masse ist, d. h. mit dem Sezen der
menschlichen Gattung, so daß jedes ethische Ineinandersein beider
auf dieses ursprüngliche zurükgeführt und daraus entwikkelt wird.

(d) An die Spize der Ethik wird gesezt der Umriß der
Beseelung der menschlichen Natur durch die Vernunft, denn je=

des Princip würde nur eine einzelne Seite dieser Anschauung enthalten.

§. 100. Ebenso wenig aber kann ein ethisches Wissen ausdrükken ein so vollkommenes Organisirtsein der Natur für die Vernunft, daß in der Natur, auf welche gehandelt wird, nichts mehr Masse wäre sondern alles schon der handelnden Vernunft geeinigt.

Gesezt also, das endliche Sein trüge eine solche Vollkommenheit in sich: so wäre die Sittenlehre nicht dessen Ausdruk. So gewiß sie die Einigung von Vernunft und Natur nicht vollendet sezt: so gewiß sezt sie die ungeeinigte Natur als organisirbare Masse, welche also noch nicht Kraft geworden ist.

(b.) Da in keinem realen Wissen, sondern nur in dem absoluten die gänzliche Aufhebung des Gegensazes zwischen dem allgemeinen und besondern gesezt ist: so kann die Ethik als reale Wissenschaft auch nicht die schlechthin vollkommene Einheit von Organismus und Mechanismus enthalten, indem sonst ihr von der Geschichte gesondertes Bestehen gänzlich aufhören müßte.

§. 101. Es giebt also eine Einheit von Vernunftkraft und Naturmasse, welche in der Sittenlehre nicht ausgedrükkt, sondern auf die nur hingewiesen wird.

Dies ist die Versittlichung der in Zeit und Raum ganzen irdischen Natur, welche nie als das Werk der menschlichen Vernunft gegeben wird.

(z.) Dies ist der Endpunkt, auf welchen alle ethischen Säze hinweisen. Aber auch dieser Endpunkt ist nur so zu denken, daß das ursprünglich gegebene immer darin bleibt, d. h. daß in allem sittlich gewordenen immer von der Vernunft unabhängig gegebene Natur bleibt *). (§. 102. Note.)

---

*) In den Vorlesungen: Das ursprüngliche physische Substrat als dem sittlichen vorhergehend kann nicht von demselben ganz aufgehoben wer-

(b.) Es giebt also ein Einssein von Organismus und Me=
chanismus, welches in der Ethik nie ausgedrükkt, sondern auf
welches immer nur hingewiesen wird.

§. 102. Jedes ethische Wissen drükkt aber noth=
wendig (zugleich *)) aus ein beziehungsweises Verschwin=
den der Natur als bloßer Masse, so daß das Handeln
der Vernunft nirgend im besonderen als solchen endet,
sondern das Kraftwerden jeder Erscheinung mitgesezt ist.

Wenn die Vernunft im Einzelnen endete, so endete sie im=
mer im Tode. (Vergl. §. 52. b.) Alles sittlich gewordene muß
wieder Bestandtheil des sittlich hervorbringenden werden und also
in seine Quelle zurükkgehen.

§. 103. Die Sittenlehre muß also ebenfalls for=
dern eine anderweitig gegebene Kenntniß der Natur als
Masse ohne abwarten zu dürfen, daß diese auf vollen=
detem wissenschaftlichen Wege erworben sei.

Wie oben (§. 83.) die Kenntniß des Menschen als Natur,
so hier die Kenntniß des Menschen als Gattung, das heißt eine

---

den. Der Gegensaz von Vernunft und Natur kann nie ganz ver=
schwinden durch ethische Thätigkeit, denn er ist ihre Voraussezung und
Bedingung.

*) Das eingeklammerte fügen wir bei ganz aus demselben Grunde wie
§. 92. Dort war die Correction des §. 91. betreffend den Gegensaz
von gut und böse von Einfluß auch für §. 92. Hier nun in unserm
§ muß die parallele Modification eintreten, weil der §. 104. folgende
Gegensaz von Freiheit und Nothwendigkeit jedenfalls parallel mit dem
obigen für die Ethik zu behandeln ist. Ein vom Verfasser neben den
§ geseztes NB. bestätigt unsre Ansicht. Die Sache ist die: Jedes ethi=
sche Wissen wird immer zugleich das Verschwinden des bösen nach
§. 92, und der Natur als bloßer Masse nach unserm § mit aus=
drükken. Was aber so mit ausgedrükkt wird, ist nicht das eigentlich
beabsichtigte, nicht das Wesen des ethischen Wissens selbst, sondern eben
etwas mitlaufendes. Dies ist es, was S. zulezt deutlicher ausdrükkt
als früher.

Kenntniß von der Beharrlichkeit der einzelnen, sofern jede Er=
scheinung in ihnen wieder Leben wird, und von dem Zusammen=
hang der einzelnen unter sich, denn das ist die Bedingung alles
Kraftwerdens der Masse.

Anmerkung. (z.) Soll aber alle Wirksamkeit der Vernunft vom
Denken ausgehen (weil uns nämlich nur hiedurch die Vernunft im
Gegensaz von Natur ursprünglich bestimmt ist): so muß ein Wissen
um die Natur als Masse vorausgesezt werden, welches doch selbst
nur sittlich durch Wirksamkeit der Vernunft im Bewußtsein gewor=
den sein kann. Dieser Kreis, der sich überall in den Anfängen des
getheilten Wissens findet, deutet aber nur an, daß wir den absoluten
Anfang der sittlichen Thätigkeit nicht als einzelnes vorstellen können,
hindert aber nicht, daß in unsern ethischen Säzen auch die Aufgabe
dieser Erkenntniß vorkommt *).

§. 104. (z.) Da die Sittenlehre aber nur Wirk=
samkeit der Vernunft beschreibt, und was auf der Na=
turseite als Masse steht nur als leidend und aufneh=
mend gesezt werden darf: so fällt der Gegensaz von

---

*) In den Vorlesungen: Vernunftthätigkeit geht von einem Denken aus,
denn es kann jede Gestaltung nur vom vorhergehenden Denken des Ge=
genstandes als Masse ausgehen, und dies ist ein Zirkel; was wir vor=
aussezen, damit sittliche Thätigkeit möglich werde, ist ja selbst schon
eine solche; denn Denken ist Wirksamkeit der Vernunft aufs Bewußt=
sein, inwiefern dieses (§. 50.) Natur ist, also sittliche Thätigkeit. Der
Zirkel sagt aber nur die Unmöglichkeit aus, eine sittliche Thätigkeit als
absoluten Anfang zu beschreiben. Hinderlich ist uns der Zirkel nicht,
weil wir nicht bis auf den absoluten Anfang alles menschlichen zurück=
gehen; wir sezen für die Ethik nicht das Werden des menschlichen Or=
ganismus voraus, sondern sein schon Gewordensein im Leben begriffen
als Gattung. Dennoch müssen die Säze der Ethik als Geseze der
Handlungsweisen so sein, daß auch das erste mögliche Handeln darun=
ter subsumirbar ist, nur nicht gegeben.
Der § ist eigentlich zu eng für die ihm von S. selbst beigeordnete
Erläuterung (z.) Indeß ändern wir nichts, da jeder diese Incongruenz
leicht selbst heben kann. Wahrscheinlich deswegen findet sich ein NB.
auch neben diesem §.

Freiheit und Nothwendigkeit außer ihr. (Er hat seinen Ort in der Beziehung des empirisch geschichtlichen auf das ethische. Vergl. §. 91.) *)

Der Gegensaz ist gerade so aus unserm Gebiet zu verweisen wie der von gut und böse. Die Natur als Masse ist Quantum, dem Calculus unterworfen, die Vernunft nicht. Soll das geschichtlich gegebene ethisch gemessen werden: so ist dann die Wirksamkeit der Vernunft frei, der Widerstand der Masse nothwendig. Davon ist aber in der Sittenlehre nicht die Rede **).

---

*) Dieser § war gemäß §. 91. zu ändern, daher wir ihn aus (z.) geben mußten. In (a.) lautet er so: Der Gegensaz von Freiheit und Nothwendigkeit bedeutet nichts anderes, als auf jedem sittlichen Gebiet die Gegeneinanderstellung dessen, was als Ineinander von Kraft und Masse, und was als Außereinander von beiden gesezt ist. — Er spielt ganz auf dem sittlichen Gebiet; denn auf jedem andern sezt man entgegen Nothwendigkeit und Zufälligkeit. Freiheit ist aber wo Erscheinung und Kraft in Einem gesezt ist; Nothwendigkeit wo und sofern in verschiedenem. Betrachtet man also alles sittliche als Eines, so ist der Gegensaz nicht; er entsteht erst im Vereinzeln, sofern jedes einzelne für sich gesezte nur beziehungsweise ein solches ist. Sofern nun jedes für sich gesezt ist, hat es auch das hervorbringende seiner Erscheinungen in sich, und diese sind frei; sofern nicht, sind sie nothwendig.

(b.) Da es keine positive Unnatur, Gegennatur geben kann, in welchem Fall es auch einen Gegengott geben müßte: so kann in dem Gegensaze von Freiheit und Nothwendigkeit, wie die Freiheit nichts anderes ist als der positive Ausdruck für das ursprüngliche Nichtmechanischsein des organischen, auch die Nothwendigkeit nichts anderes sein als der positive Ausdruck für das ursprüngliche Nichtorganischsein des mechanischen, beide auf das wirklich gewordene Ineinandersein beider bezogen. Dieser Gegensaz kann also nicht etwas vor der Ethik selbst festzustellendes sein, worauf sie beruhen müßte; sondern sie selbst ist nichts anderes als die Entwikkelung dieses Gegensazes in allen seinen Gestalten.

**) Vorlesungen: Vernunft ist kein Quantum, man sagt nie, das ist mehr oder weniger Vernunft, sondern Vernunft oder Unvernunft. Freiheit ist in der Sittenlehre und zwar constitutiv, aber nicht sofern sie der Nothwendigkeit entgegengesezt ist. Dieser Gegensaz vielmehr tritt nur ein bei Beziehung des geschichtlichen auf das ethische; denn Nothwen-

§. 105. *) Indem also die Sittenlehre das hervorbringende Handeln der Vernunft als ein mannigfaltiges auseinanderlegt: so ist sie (zugleich) ein wechselndes Sezen und Aufheben des Gegensazes von Freiheit und Nothwendigkeit.

In der Construction in Bezug auf den Endpunkt ist er aufgehoben; in der für die Beurtheilung des einzelnen ist er gesezt. — Gesezt wird er, so oft ein größeres sittliches Gebiet in mehrere kleine zerfällt wird; denn diese sind weniger für sich gesezt und mehr durch einander bedingt. Aufgehoben wird er, wenn kleinere sittliche Gebiete in ein größeres zusammengefaßt werden; denn dann wird auf Eines bezogen, was vorher auf verschiedenes bezogen war.

(c.) Da der Gegensaz zwischen Freiheit und moralischer Nothwendigkeit vorzüglich versirt in der Differenz zwischen einem einzelnen und einem ganzen dem er angehört, worin der persönliche Einigungsgrund des einzelnen die Freiheit und der des ganzen die Nothwendigkeit repräsentirt: so kann er auch nur richtig aufgefaßt werden in einer Darstellung, welche zeigt, wie Werden eines einzelnen und eines ganzen durch einander bedingt sind.

§. 106. Da das sittliche Sein, sofern ein ursprüngliches Ineinander von Kraft und Masse demselben überall zum Grunde liegt, auch auf jedem Punkt

---

digkeit kann nicht in der Sittenlehre vorkommen, denn damit bezeichnen wir das, was noch nicht von der Vernunft gestaltet ist. Die Gegensäze gut und böse, Freiheit und Nothwendigkeit stellen wir auf als Zeichen, daß wo sie vorkommen da bloße Beziehung des geschichtlichen auf die Sittenlehre, nicht aber diese selbst sei.

*) Wie §. 92. so möchte man auch diesen eigentlich wegwünschen als nach der Correction ihres Vorgängers von keiner Bedeutung mehr. Indeß begnügen wir uns durch ein eingeschaltetes Zugleich die Dignität dieser §§ zu mindern. Vergl. die dortige Note.

Ethik. E

die Kraft als durch die Maſſe bedingt in ſich ſchließt: ſo iſt eine ſogenannte reine Sittenlehre ein leerer Gedanke.

Denn dieſe will ausgehen von der Vernunft als Kraft vor aller Erſcheinung und durch dieſe gänzlich unbedingt, welches alſo über die Wirklichkeit hinausgeht. Eine ſolche kann auch, wie die Sache ſelbſt zeigt, immer nur aus inhaltsleeren Formeln beſtehen, in denen an und für ſich kein Sein ausgedrükkt und alſo nichts durch ſie gewonnen iſt.

(b.) Eine ſogenannte reine Ethik will die Maſſe werdende ideale Kraft oder das hervorbringende allgemeine in gänzlicher Trennung von der Kraft werdenden Maſſe oder dem das allgemeine allein realiſirenden beſonderen, alſo nicht als ein Fürſich=ſeiendes ſondern aus einem wirklichen herausgeſezt betrachten, und iſt alſo kein reales Wiſſen.

(z.) Eben ſo leer und aus derſelben Verwechslung *) entſtanden iſt auch der Gegenſaz zwiſchen reiner und angewandter Sittenlehre. Von der reinen, wenn man von der menſchlichen Natur abſtrahirt, bleibt **) nichts übrig als die Beſchreibung der Intelligenz.

§. 107. Da jedes einzelne ſittliche Gebiet nur beziehungsweiſe für ſich ſezbar, nie aber vollkommen in ſich abgeſchloſſen und aus ſich allein verſtändlich iſt: ſo iſt eine ſogenannte angewandte Sittenlehre ein leerer Gedanke.

---

*) Nämlich wie der Gegenſaz von gut und böſe, Freiheit und Nothwendigkeit in der Aufſtellung der Ethik. Wie aber das ſittliche das gute iſt, ſo iſt Vernunftthätigkeit die Freiheit in abſolutem Sinne, nicht die einer Nothwendigkeit gegenüber liegende Freiheit. Aus dieſem Standpunkt ſind S's. Monologen verfaßt, die weit mehr mit dieſer Ethik übereinſtimmen, als es den Schein hat.

**) Wir erinnern an §. 50. Note, wo in noch allgemeinerem Sinne die Nichtigkeit des Gegenſazes vom geiſtigen und dinglichen, inſofern er ein abſoluter ſein ſoll, gezeigt, und das rein geiſtige ein bloßes allgemeines Schauen ohne beſtimmten Inhalt genannt iſt.

Eine solche will die handelnde Vernunft betrachten in ei=
nem bedingten Zustande, welcher nothwendig unsittliches in sich
schließt, welches aufzuheben ist. Aber sie hat keinen Anfangs=
punkt, von welchem aus die Geseze dieses Aufhebens könnten
erkannt werden; und ein solches Wissen ist also, als ethisch, nicht
für sich sezbar.

Im Gegensaz reiner und angewandter Wissenschaft kommt
also die Sittenlehre als reale Wissenschaft nicht heraus. Dieser
Gegensaz findet vielmehr für sie ebenso wenig statt als für die
Naturwissenschaft.

(b.) Eine sogenannte angewandte Ethik betrachtet die Kraft
gewordene Masse oder das besondere, welches allein das allge=
meine realisirt, in der Trennung von der Masse werdenden Kraft
oder dem das besondere hervorbringenden allgemeinen gesezt, und
ist also kein reales Wissen.

(z.) Wenn die Verhältnisse, welche in der angewandten
Ethik den Anfang bilden, nicht sittlich geworden sind, kann auch
von ihnen aus keine Sittenlehre aufgestellt werden *).

§. 108. Die Sittenlehre mag noch so weit in
das einzelne ausgeführt werden: so wird sie doch nie
Geschichtskunde; sondern beide bleiben immer außer
einander, und keine wird je nur das entgegengesezte
Ende der andern.

---

*) Vorlesg. Z. B. Die angewandte Sittenlehre würde zeigen, wie sich
die sittliche Thätigkeit auf den Staat gerichtet gestalte. Ist aber die=
ser sittlich geworden: so muß er ja in der reinen vorkommen, und son=
derbar schöbe man die weitere Erklärung dann in eine andre Disci=
plin; ist er nicht sittlich zu Stande gekommen: so giebt es gar kein
sittliches Handeln auf ihn als seine Zerstörung. (Es versteht sich, daß
nicht die vorhandenen Staaten als solche gemeint sind, denn sonst müßte
man, da keiner ohne Beimischung unsittlichen Thuns geworden ist, alle
zerstören, sondern nur wenn die Tendenz Staaten zu stiften und zu
erhalten keine ethische Aufgabe wäre, dann müßte von der Ethik deren
Zerstörung ausgehen. Mit jedem andern Beispiel ist's ebenso.)

Indem in der Sittenlehre überall schon Kraft gewordene Masse vorausgesezt wird: so wird allerdings schon ein Dasein vorausgesezt, aber eben nicht als ethisch begriffen. Je mehr sie ins einzelne geht, um desto mehr Dasein muß sie voraussezen; und so muß, ehe sie Geschichtskunde werden soll, das ethisch begriffene Null geworden sein. Daher giebt es keinen stätigen Uebergang von Sittenlehre in Geschichtskunde. Leztere ebenso kann nicht das einzelne lebendig ausdrükken, ohne daß es das allgemeine mit in sich begriffe, aber nicht in geschichtlichem Zusammenhang. Je mehr sie die Erscheinung verallgemeinert, desto mehr muß sie Wesen voraussezen; aber ehe sie dahin käme den wesentlichen Zusammenhang auszudrükken, müßte das geschichtlich ausgedrükkte Null geworden sein. — Angewandte Sittenlehre und beschauliche Geschichtskunde (Vergl. §. 60. Note) sind zusammengehörige Mißverständnisse; reine Sittenlehre und reine Geschichtskunde sind zusammengehörige Nichtigkeiten. Sittenlehre und Geschichtskunde bleiben immer für sich selbst gesondert; für einander sind sie, die Geschichtskunde das Bilderbuch der Sittenlehre, und die Sittenlehre das Formelbuch der Geschichtskunde.

(b.) Da das speculative und empirische im realen Wissen wesentlich außer einander sind: so kann auch das besondere als Masse und Erscheinung nicht speculativ d. h. als aus der Kraft und Gattung geworden nachgewiesen werden; so wenig als das allgemeine, die Kraft und Gattung, geschichtlich kann aufgezeigt werden. Also sind auch Ethik und Geschichte außer einander, und es giebt keinen stätigen Uebergang vom Gesez zur Erscheinung.

§. 109. Es giebt aber außer der Sittenlehre und außer der Geschichtskunde ein kritisches und ein technisches Verfahren, wodurch das beschauliche und das erfahrungsmäßige auf einander bezogen werden *).

*) Die große Ungleichheit im Umfange der §§, und dessen was zu ihnen als Erläuterung gehört, ist oft wie z. B. hier vom Verfasser ausge-

Das untersuchende oder kritische ist die weltweisheitliche Beziehung des beschaulichen und erfahrungsmäßigen auf einander. Es liegt außer der realen Wissenschaft, es fehlt ihm an der Gemeingültigkeit und an der festen Gestaltung von dieser; denn es ist immer in einem höheren Grade als die Darlegung eines realen Wissens das Werk des eigenthümlichsten im Menschen. Diese sittliche Kritik der Geschichte sollte daher immer außerhalb der Geschichtskunde sowol als außerhalb der Sittenlehre gehalten werden, weil sie als beigemischtes Element leicht beide verderben kann. Ihr Hauptgeschäft ist die Nachweisung der Bedeutung einzelner Theile der Geschichte in Bezug auf das Handeln der Vernunft überhaupt, das Bestreben das in der Erfahrung gegebene sittliche in das beschaulich gewußte aufzulösen und aus diesem also philosophisch zu begreifen, dem aber vorangehen muß ein anderes, welches im gegebenen selbst unterscheidet von dem auf sittliche Weise gewordenen das noch beigemischte Fürsichhandeln der Natur.

Das regelgebende oder technische Verfahren ist die praktische Beziehung des beschaulichen und erfahrungsmäßigen auf einander, und liegt außer der Wissenschaft überhaupt auf der Seite der Kunst. Sein Gegenstand ist jede sittlich bestimmte einzelne Einigung von Vernunft und Natur, wie sie sich in dem ihr zugehörigen Naturgebiet entwikkelt im Streit der Vernunft und der ihr schon geeinigten Natur gegen die noch widerstrebende Natur, und es mittelt aus durch vergleichende Beobachtung zum Behuf des handelnden Eintretens in ein solches Gebiet, unter welchen Umständen und Bedingungen der Widerstand am leichtesten oder sichersten gehoben wird, und die Vernunft sich der Natur am vollständigsten und leichtesten bemächtigt. Beispiele: Erziehungskunst,

gangen; da er das kritische und technische in Einen § zusammenfaßt; oft nur scheinbar durch unsre Zusammenstellung früherer Erklärungen mit den späteren.

Staatskunst u. a. m. Diesen lediglich durch das Interesse am
Gegenstande (§. 10.) bedingten und zusammengehaltenen nicht
sowol Wissenschaften als Anweisungen eignet die Form der Vor-
schriften, welche in mancher Beziehung einen mehr kategorischen
in mancher einen mehr hypothetischen Charakter haben können.

Wenn die unter dieser Form dargestellte Sittenlehre auch
als eine solche Anweisung gemeint ist: so soll sie wenigstens der
Inbegriff aller andern sein, aber auch so würde sie wieder eine
andere Wissenschaft, welche nicht diese Form an sich haben kann,
voraussezen, in welcher die Zwekke für alle diese Anweisungen
gegeben wären.

Zu dem Bestreben aus den ethischen Elementen philosophische zu bilden gehört außer jenem kritischen Verfahren noch ein
anderes, leichter unmittelbar mit ihr zu verbindendes, welches an
Hauptpunkten von der ethischen Betrachtung zu der physischen
hinüberführt, aber noch so gut als gar nicht bearbeitet ist.

(b.) Die kritischen Disciplinen schweben zwischen der Geschichte und der Ethik, abhängig von dem speculativen; die technischen ebenda, abhängig von dem empirischen. Bei'e also füllen
auf der idealen Seite die Lükke aus zwischen dem speculativen
und empirischen.

Das höhere kritische Verfahren, welches in jedem Ausdruk
eines endlichen aus seiner Einzelheit heraus in die Totalität ver-
sezt das absolute nachweist, ist die Vermittelung auch zwischen
der Ethik und dem absoluten Wissen.

(c.) Alles in der Ethik construirte enthält die Möglichkeit
einer unendlichen Menge von Erscheinungen. Außer dem empirischen Auffassen der leztern entsteht noch das Bedürfniß einer
nähern Verbindung des empirischen mit der speculativen Darstellung, nämlich zu beurtheilen, wie sich die einzelnen Erscheinungen als Darstellungen der Idee sowol dem Grade als der eigenthümlichen Beschränktheit nach verhalten. Dies ist das Wesen der Kritik, und es giebt daher einen Cyclus kritischer Disci-

plinen, welche sich an die Ethik anschließen. — Inwiefern der einzelne mit seinem sittlichen Vermögen in der Production jener Erscheinungen begriffen ist, ist er in besondere Gegensäze und besondere Naturbedingungen gestellt, und es ist ein Bedürfniß besonders zusammen zu stellen, wie diese zu behandeln sind. Dies ist das Wesen der Technik, und es giebt daher einen Cyclus von technischen Disciplinen, welche von der Ethik ausgehen. Aber ethische Principien können in ihrer ganzen Bestimmtheit auf nichts angewandt werden, was außerhalb des Bezirks der Ethik liegt.

(z.) **Anmerkung.** Der fließende Gegensaz des vollkommenen und unvollkommenen geht aus dem kritischen Verfahren, in welchem der Gegensaz von gut und böse seinen Siz hat, heraus und betrachtet das geschichtliche nur als das werdende sittliche *).

IV. Gestaltung der Sittenlehre.

§. 110. **) Das in der Sittenlehre als ein mannigfaltiges zu entwikkelnde Einssein der Vernunft und Natur läßt sich vereinzeln zuerst als die Mannigfaltigkeit von Gütern, inwiefern Vernunft und Natur jedes

---

*) **Vorlesg.** Im kritischen Verfahren ist der Gegensaz von gut und böse so, daß auch lezteres positiv gedacht ist, nämlich als ein Thun der Natur, dem ein Leiden der Vernunft entspricht. Erst wo das Thun der Natur aufhört, entsteht dafür der fließende Gegensaz vollkommen und unvollkommen. Erst wo etwas nicht böse ist kann es unvollkommen sein und sich dann ins vollkommene verwandeln lassen. — Wie hier ist das Wesen kritischer Disciplinen aufgefaßt auch in S's. Darstellung des theolog. Studiums §. 32—35 mit Berufung auf die Ethik.

**) Hier hätten wir sehr gewünscht, einige §§ vor 110 einzuschieben, da ein Uebergang zur Eirtheilung in die Begriffe der Güter, Tugenden und Pflichten zu sehr vermißt wird. Unsern Grundsäzen gemäß aber behalten wir mit den wenigen Ausnahmen, wo sie von S. selbst als unrichtig bezeichnet wird, die neuste Gesammtredaction dieser Einleitung überall bei, und bemerken nur, daß was als Anmerkung (z.) 1. und 2. dem § folgt, eigentlich ihm in Form von §§ vorangehen sollte,

Gegensäze in sich schließen, und es also viele zusammengehörige aber von einander gesonderte für sich gesezte und in der Wechselwirkung von Kraft und Erscheinung sich erhaltende Arten giebt, wie sie theilweise eins sind.

Daß jedes Einssein bestimmter Seiten von Vernunft und Natur ein Gut heißt, ist ganz gemäß der Bedeutung des Wortes, wie wir sie bei dem Gegensaz von gut und böse gefunden haben (§. 91.). Denn in jedem solchen Begriff ist nur das Ineinandersein von Vernunft und Natur gesezt; und dieses ist selbstständig gesezt, in wiefern es sich ähnlich dem ganzen auf organische Weise erhält. Aber auch nur so, denn sonst wäre auch das Wiederauseinandergehen von beiden schon mit gesezt, und es wäre kein Gut. Es muß aber so gewiß eine Mannigfaltigkeit von Gütern geben, als Vernunft und Natur einen obern Gegensaz bilden und unter sich eins sind.

(b.) Wenn die Ethik als bestimmte Wissenschaft, also unter der Form des Gegensazes, die Identität der Vernunft und Natur ausdrükken soll: so muß sie sie ausdrükken als Totalität alles ethisch für sich seienden einzelnen. Jedes solche ist als ein bestimmtes Ineinander von Gegensäzen durch die Totalität bedingt, anderseits ein allgemeines das besondere hervorbringendes.

Jedes ethisch gewordene für sich, welches zugleich ethisch erzeugend ist (§. 102.), ist ein Gut.

(d.) Gut ist hier bloß die Affirmation dessen, was in der Idee liegt, also die vollständige Beseelung.

---

daher wir diese Anmerkung aus den Vorlesungen erläutern werden. Auch hier mußte, was die Erläuterung (a.) über gut und böse sagt, etwas modificirt werden. Im Manuscript S's steht nämlich, Daß jedes Einssein bestimmter Seiten von Vernunft und Natur ein Gut heißt, ist ganz gemäß der Bedeutung des Wortes in dem Gegensaz von gut und böse.

Anmerkung 1. (z.) Ist die Vernunft einfach: so entsteht die Frage, woher wir den Grund nehmen, um die Wirksamkeit der Vernunft als ein mannigfaltiges darzustellen. Er kann nur liegen in der mit der Vernunft immer schon geeinigten Natur *).

Entgegengesezte Auffassung des Grundfactums ist eudämonistisch, welche die Vernunft in eine Dienerin der Natur verwandelt, also eigentlich eine Wirksamkeit der Natur darstellt **).

Das stoische, Der Natur gemäß, geht freilich genauer betrachtet auf in der ursprünglichen Identität von Vernunft und Natur (eben so ist dann Princip der Naturwissenschaft, daß die Natur vernunftmäßig construirt sei), aber die ethische Aufgabe drükt sich darin nicht so aus, daß sie daraus construirt werden kann. Daher erscheint auch die Eintheilung κατορθώματα und καθήκοντα theils willkührlich, theils schweift sie auch wieder in das Gebiet des geschichtlich gegebenen ***).

*) **Vorlesg.** Wenn die Vernunft kein quantitatives (§. 104.) ist: so hat sie kein Theilungsprincip. Dies ist für uns keine Schwierigkeit, weil die Sittenlehre als Thätigkeit der Vernunft auf die Natur darstellend ein Einsgewordensein beider schon voraussezt. Das Princip von Vielheit und Theilung ist also nicht ursprünglich in der Vernunft, sondern nur insofern Natur mit ihr eins geworden ist. Hier erhält unser Zirkel (§. 103. z.) erst seine volle Bedeutung, daß vor der sittlichen Thätigkeit ein Wissen der Vernunft um die Natur vorausgesezt wird, welches selbst eine sittliche Thätigkeit ist. In diesem vorausgesezten Wissen muß das Princip der Organisation der Sittenlehre liegen.

) **Vorlesg. Man streitet, ob ein eudämonistisches oder ein rationelles das wahre Princip sei. Jenes sezt als Wissen um die Natur im menschlichen Organismus ein Streben nach Wohlbefinden und sezt alles sittliche unter der Form des angenehmen. Die Annahme ist willkührlich, und das Streben That der Natur als Form ihres eigenen Lebens. Wir haben aber die Natur nicht als Thätigkeit sondern als Vernunft aufnehmend darzustellen. Die Vernunft hätte in einer solchen Sittenlehre nichts zu thun als den Stoff zu ordnen (consultativer Imperativ). Auf der andern Seite sezte man Wirksamkeit der Vernunft, fand aber das richtige Princip nicht, von wo aus diese als Mannigfaltigkeit gesezt werden kann.

***) Vergl. des Verfassers Grundlinien einer Kritik der bisherigen Sittenlehre S. 182 und den ersten Abschnitt überhaupt.

Vorlesg. Die Stoiker dem Eudämonismus entgegen stellen das Princip auf, daß der Natur gemäß gehandelt werde. Freilich nehmen

Aehnlich der kantische kategorische Imperativ, gegen dessen Inhalt nichts zu sagen ist, sofern er alle Beziehungen auf das einzelne ausschließt. Aber er sezt voraus, daß Zwekke zu Handlungen anderwärts her als aus der gesezgebenden Vernunft entstehen, und versirt also ebenfalls in der Beziehung des geschichtlich gegebenen auf das ethische *).

Anmerkung 2. (z) Indem wir Anfangs- und Endpunkt aufgestellt haben (§. 99. 101.), zwischen denen das ethische Verfahren versirt, muß in jedem ethischen Saze eine Beziehung auf beide enthalten sein. Ist diese unter dem Uebergewicht des Endpunktes: so giebt dies die nach Maaßgabe der Differenzen in dem getheilten Sein getheilte Gesammtwirksamkeit der Vernunft, aber so wie jeder Theil auch wieder in die Vernunftthätigkeit als geeinigtes mit eingeht; dies ist die Sittenlehre als Lehre des h ö ch st en Gu te s.

§. 111. Dann als die Mannigfaltigkeit von Tugenden, sofern es verschiedene Arten geben kann, wie die Vernunft als Kraft der Natur einwohnt.

Auch der gemeine Sprachgebrauch bezeichnet durch Tugend nichts anderes. Die Vereinzelung kann sich aber gründen

---

sie Natur nicht so wie wir im Gegensaz zum geistigen, doch ist ihnen unser ganzes dingliches Sein mit seiner Lebendigkeit inbegriffen. Wenn sie die Geseze des sittlichen Handelns als einen Theil der allgemeinen Geseze der lebenden Natur ansehen: so gehen sie auf die ursprüngliche Identität zurükk. Es wird aber unsicher, weil sie das Verhältniß zwischen Intelligenz als handelndem und dem worauf gehandelt wird nicht unter der Form von Thun und Leiden fassen. (§. 50. z. 1.) Daher Vermischung ihrer Sittenlehre mit der Beziehung des geschichtlichen auf deren Geseze, und die Eintheilung in pflichtmäßige Handlungen schlechthin und in solche, die nur auf untergeordnete Weise das Gesez ausdrükken. Jenes strebte das wahre an, konnte es aber nicht erschöpfen, daher sie dieses beifügten, das gar nicht in die Sittenlehre gehört. So erschöpften sie das Gebiet nicht von Einem Punkte aus.

*) Vorlesg. Auch das kantische Princip, daß jede Maxime einer Handlung den Charakter eines allgemeinen Gesezes haben soll, ist zwar richtig aber construirt nichts, es ist kein constitutives sondern nur ein kritisches Princip, vorausseznd, daß anderswoher die Thätigkeiten entstehen.

theils auf die mannigfaltigen Verrichtungen der Natur, theils auf die mannigfaltigen Einwohnungen der Vernunft. So gewiß es aber diese giebt, giebt es eine Vielheit von Tugenden.

(b.) Alles endliche Sein speculativ angesehen ist Kraft, die Kraft der Vernunft in der Natur aber ist Tugend.

Anmerkung. (z.) *) Vom Anfangspunkt aus betrachtet ist immer nur Wirksamkeit der Vernunft in der menschlichen Natur und zwar als Persönlichkeit. Die Vernunft, hier so wirksam, daß die Natur in ihren verschiedenen Functionen sich nur leidend verhält, ist der Sinn des Ausdrukks Tugend, und die Sittenlehre in dieser Form ist Tugendlehre.

§. 112. Dann als die Mannigfaltigkeit von Pflich=ten, sofern es verschiedene Verfahrungsarten giebt, wie die Thätigkeit der Vernunft zugleich eine bestimmte auf das besondere gerichtete, und zugleich eine allgemeine auf das ganze gerichtete sein kann.

Der gemeine Sprachgebrauch ist hier verwirrt und nennt oft dasselbige bald Tugend bald Pflicht **). Die Erscheinungen, welche eine gegebene Vernunftthätigkeit hervorbringt, sind irgend= wo und irgendwann, aber diese sind nur sittliche, insofern sie in dieser Besonderheit zugleich die Richtung der Vernunft auf das ganze Einssein mit der Natur aussprechen. Und inwiefern in den Begriff einer Vernunftthätigkeit dies beides aufgenommen ist, ist sie als Pflicht gesezt. Hierauf läßt sich auch der gemeine Sprachgebrauch, wenn er gleichmäßig sein will, zurükkführen.

(b.) Die Action der Vernunft, auf der einen Seite in der Beschränktheit des einzelnen gesezt, auf der andern über dieselbe erhaben, so daß darin das Handeln der ganzen mit der Natur geeinten Vernunft auf die Einigung sich darstellt, ist Pflicht.

---

*) Ueber diese Anmerkung ist zu sagen, was über die im vorigen § bei §. 110. geäußert ist, betreffend deren Stellung.

**) Was auch den wissenschaftlichen Bestrebungen, wie S's Kritik der bis= herigen Sittenlehre zeigt, nicht selten begegnet ist.

Das allgemeine, welches durch das besondere der Action realisirt wird, ist die Formel oder das Gesez derselben.

Anmerkung. (z.) Diese verschiedenen Formen (der Güter und Tugenden) also entstehen daraus, daß überall in der Ethik Beziehung sein muß auf den Punkt der Voraussezung und auf den Punkt der Vollendung. Bestehen nun beide: so entsteht die Aufgabe, da aus der Vernunftthätigkeit in den einzelnen als Tugend das höchste Gut nur werden kann durch Bewegung, eine Formel zu finden für diese, d. h. für den ethischen Gehalt der einzelnen Handlungen als zusammenstimmend zur Hervorbringung des höchsten Gutes. Dies ist der Begriff der Pflicht. Die Verwirrung des Sprachgebrauchs corrigirt sich schon in den Formeln tugendhaft sein und pflichtmäßig handeln.

§. 113. Wenn die Sittenlehre sich als Güterlehre oder als die Lehre vom höchsten Gut vollständig entfaltet: so ist sie auch der vollständige Ausdruck der gesammten Einheit der Vernunft und Natur.

Höchstes Gut ist nicht ein einzelnes den andern gleichartiges aber in der Vergleichung über sie als bestes hervorragend; sondern der organische Zusammenhang aller Güter, also das ganze sittliche Sein unter dem Begriff des Gutes ausgedrükkt.

Wenn die untergeordneten im obern enthaltenen Gegensäze entfaltet werden: so können auch diese nur geeinigt angeschaut werden und in nothwendigem Zusammenhange. Und so sind sie dem gleich, was in der einfachen Anschauung gesezt ist.

(c.) Die Darstellung unter der Idee des höchsten Gutes ist allein selbständig, weil Produciren und Product in derselben identisch gesezt ist, und so der sittliche Proceß zur vollen Darstellung kommt.

(d.) Höchst ist gar nicht comparativ zu nehmen als einzelnes, sondern als Totalität. Das Leben erscheint überall in verschiedenen Functionen, die mit einander in relativen Gegensäzen stehen aber doch einzeln weder verstanden werden noch existiren können, sondern in nothwendiger Verbindung stehen. So müssen wir also auch das Leben der beseelenden Vernunft finden, in Einzelheiten müssen wir es betrachten, die aber organisch und nothwendig zusammenhangen.

§. 114. Ebenso ist auch eine vollständige Tugend= lehre für sich die ganze Sittenlehre.

1) Wenn in der allgemeinen sittlichen Anschauung die Ver= nunft als hervorbringend alles Ineinander von Natur und Ver= nunft gesezt wird: so sind alle verschiedenen Arten wie sie in der Natur hervorbringend sein kann darin enthalten. Also ist eine Tugendlehre nur die Entfaltung der allgemeinen sittlichen An= schauung.

2) Da jede Kraft durch den Inbegriff ihrer Erscheinungen gemessen wird: so ist mit der Gesammtheit von Vernunftkräften in der Natur auch die Gesammtheit der Erscheinungen gesezt. In der Gesammtheit der Güter sind diese aber auch gesezt; also ist in der Tugendlehre dasselbe Sein ausgedrükkt wie in der Lehre vom höchsten Gut. Aber auf andere Weise, denn es kommen weder Güter noch Pflichten vor in der Tugendlehre.

(z.) Wenn überall alle Tugenden sind: so muß auch das höchste Gut fertig werden, und umgekehrt. Jede Form erschöpft die Aufgabe dem Inhalte nach ganz, aber die Wissenschaft er= schöpft sich nur im Zusammensein beider.

(c.) In der Tugendlehre kommt das Product nicht zur Er= scheinung sondern ist nur implicite gesezt, unsichtbar. Es ist nur die Vernunft in der menschlichen Natur oder was gleich ist die menschliche Natur zur Vernunftpotenz erhoben.

§. 115. Wenn die Pflichtformeln vollständig aus= geführt werden: so ist ebenfalls alles Ineinander von Vernunft und Natur ausgedrükkt, und die Pflichten= lehre ist die ganze Sittenlehre.

Wenn das Ineinander von Vernunft und Natur zerfällt in eine Mannigfaltigkeit von Gütern: so ist jedes ein Fürsich zwar, aber bedingt durch die Gesammtheit der andern. Also entstehen und bestehen auch alle in ihrem Zusammenhang nur durch solche Thätigkeiten, die auf das besondere, wie es im ganzen gesezt ist und nicht anders, gerichtet sind, das heißt, welche in den Pflicht=formeln aufgehen. Wenn also diese alle gesezt sind, ist auch je=nes gesezt. Aber auf andere Weise; denn die Güter als solche kommen nicht vor in der Pflichtenlehre.

(z.) Die Entwicklung aller solcher Formeln muß ebenfalls eine vollständige Sittenlehre sein, weil sie bedingt ist durch die Gesammtheit der Tugenden, und weil das höchste Gut darin werdend muß enthalten sein.

(c.) In der Pflichtenlehre ist nur ein System von Formeln unmittelbar gesezt, das Product erscheint ebenso wenig, wie die Curve in ihrer Function erscheint. Die beiden lezteren Formen (nämlich die Tugendlehre und die Pflichtenlehre) weisen also auf die erste (auf die Güterlehre) zurück und sind an sich selbst un=vollständig *).

§. 116. Da diese dreierlei Entwickelungen, deren jede das ganze enthält, auch in der Naturwissenschaft stattfinden: so müssen sie in dem Wesen des beschau=lichen Wissens gegründet sein.

Organische Naturwissenschaft, dynamische und mechanische sind richtig verstanden nichts anderes als jede eine anders verein=zelnde Entwicklung der Idee der Natur. In der ersten in dem System der lebendigen sich wieder erzeugenden Formen; denn sind diese für sich und in ihrem nothwendigen Zusammenhange angeschaut: so ist die ganze Natur angeschaut ähnlich der An=schauung der Vernunft unter der Form des höchsten Gutes. In der zweiten in dem System der Kräfte. Diese sind in jeder le=bendigen Form auf eine eigene Weise und in einem eigenen Ver=

*) Später also waren für S. die drei Formen der Vollständigkeit nach parallel, früher nicht.

háltniß gebunden. Sind also alle Kräfte angeschaut: so ist die ganze Natur angeschaut ähnlich der Entwikflung der Sittenlehre als Tugendlehre. In der dritten in dem Inbegriff aller in einander greifenden Bewegungen auf beschauliche Weise erkannt. In diesem Inbegriffe aber gehen alle Kräfte auf, und auch das Dasein aller lebendigen Formen. Also ist auch das System der Bewegungen die ganze Naturwissenschaft, so wie das System der Pflichten die ganze Sittenlehre ist.

Der scheinbare Ueberfluß in der einen Wissenschaft rechtfertigt den in der andern. Das Verhältniß ist ganz dasselbe; denn es ist nur Mißverstand, wenn in der Naturwissenschaft diese drei Behandlungen als mit einander streitend und einander aufhebend angesehen werden.

(b.) Die Lehre vom höchsten Gut entspricht der Physik als Ausdrukk des Systems der sich reproducirenden Formen, die Tugendlehre ihr als System der lebendigen Kräfte, die Pflichtenlehre ihr als System der in einander greifenden Bewegungen *).

§. 117. Wenn alle Güter gegeben sind, müssen auch alle Tugenden und alle Pflichten mit gesezt sein; wenn alle Tugenden, dann auch alle Güter und Pflichten; wenn alle Pflichten, dann auch alle Tugenden und Güter.

Denn da in jedem Ineinander von Vernunft und Natur die Vernunft handelnd ist, und nur als mit der Natur schon geeinigt handelt: so ist und wird die Gesammtheit der Güter nur durch die Gesammtheit der Tugenden, und diese sind in und mit jenen gesezt. Da in jedem Gut ein Durcheinander ist von Kraft und Erscheinung, alle Güter aber durch einander bedingt sind: so ist und wird die Gesammtheit der Güter nur durch die Ge-

---

*) Auch diesen Parallelismus in der Form der Ethik und Physik hat S. schon aufgefaßt in seinen ersten Manuscripten. Von der Eintheilung in Güter=, Tugend= und Pflichtenlehre versteht sich dies also von selbst.

sammtheit der Vernunftthätigkeiten, inwiefern durch diese gesezt sind einzelne Erscheinungen, bedingt durch alle anderen.

Da jede Tugend schon ist Kraft der Vernunft in der sitt= lich, mit ihr geeinigten Natur, und alle Tugenden durch einander bedingt sind: so haben auch alle ihren Ort in der Gesammtheit der gewordenen Einigung von Vernunft und Natur, und alle sind nur durch Vernunftthätigkeit, welche allgemeine und beson= dere zugleich ist.

Da alle Pflichten die mit der Vernunft schon geeinigte Na= tur zum Gegenstand haben: so ist mit ihrer Gesammtheit auch die Gesammtheit der Güter gesezt; und da sie nur sind in der schon Natur an sich habenden und in ihr wohnenden Vernunft: so ist mit ihrer Gesammtheit auch die aller Tugenden gesezt.

Aber in der Güterlehre kommen nie die Begriffe von Tu= genden und Pflichten ausdrüfflich, in der Tugendlehre nirgend die von Gütern und Pflichten, in der Pflichtenlehre nirgend die von Gütern und Tugenden vor.

§. 118. Die Güterlehre geht auf das reine In= einander von Vernunft und Natur, die Tugendlehre und Pflichtenlehre auf den beziehungsweisen Gegensaz des allgemeinen und besondern darin, indem die eine es als erzeuzendes, die andere als erzeugtwerdendes be= trachtet. Also ist keine zufällig und keine entbehrlich *).

Keine zufällig, weil sie alle in der Art wie der Gegensaz gebunden ist gegründet sind, und keine andere so darin begründet sein kann; keine entbehrlich, weil jede etwas hervorzieht was die

*) Betreffend das Verhältniß dieser drei Formen sagt S. in seinen Grundlinien einer Kritik der bisherigen Sittenlehre am gedrängtesten S. 169, Es scheint das hervorgebrachte (Gut) ein drittes zu sein zu der hervorbringenden Kraft (Tugend) und der Handlung des Hervor= bringens (Pflicht). Jedoch ist das gleich nachfolgende mit zu berük= sichtigen.

andere in den Hintergrund stellt, so daß nur im Bezogenwerden aller auf einander die Betrachtung vollendet ist.

Daß in der reinen Betrachtung der organischen Formen der Gegensaz von Kraft und Thätigkeit aufgehoben, in den andern beiden aber durch bestimmtes Herausheben des einen Gliedes gesezt ist, leuchtet ein.

§. 119. In der Lehre vom höchsten Gut ist die Sittenlehre am meisten der Weltweisheit zugewandt, in der Tugendlehre am meisten der Naturwissenschaft, in der Pflichtenlehre am meisten der Geschichte; aber in der erstern geht die eigenthümliche Vollendung weniger ins einzelne als in den andern beiden; und in diesen wird weniger das ganze Gebiet übersehen als in jener. (§. 62.)

Denn sowol der Gegensaz von Vernunft und Natur als die Verschiedenheit in der Form des Wissens ist in der ersten am meisten aufgehoben. Aber indem das Ineinander von Vernunft und Natur überall im ganzen betrachtet wird, die Natur aber schon in der ursprünglichen Einigung eine besondere ist: so muß je mehr die untergeordneten Gegensäze entwikkelt werden um desto mehr diese Besonderheit hervortreten, also der Antheil des vorausgesezten sich häufen und das Wissen nicht im Gebiet der bestimmten Wissenschaft vollendet sein.

Die Tugend wird fast unvermeidlich primitiv im einzelnen Menschen gedacht, und es wird daher mitgedacht, daß was durch größeres oder geringeres Zusammentreffen der einzelnen größer oder geringer wird im Erfolg nicht aus dem hier allein ethisch gesezten, nämlich der Tugend, begreiflich sei. Wenigstens wird die Begreiflichkeit, und also das Ineinanderaufgehen von Sittenlehre und Geschichte nicht mitgedacht: also ist die Tugendlehre der Geschichte abgewendet. Und indem jede Tugend auf die ursprüng-

Ethik.　　　　　　　　　　　　　　F

liche Einigung, also auf ein vor dem Handeln geseztes Bestimmt=
sein der Natur für die Vernunft hinweiset: so ist sie der Natur=
wissenschaft zugekehrt, nicht als ob mehr Natur darin gesezt wäre
als in der Lehre vom höchsten Gut; aber der Gegensaz tritt
mehr heraus.

Die Pflichtenlehre drükkt die Handlungsweisen im Verhält=
niß des einzelnen zum ganzen aus; ihr Gegenstand ist also das
am meisten einzelne, und die beschauliche Betrachtung könnte nicht
tiefer hinabsteigen; daher ist sie am meisten der Geschichte zuge=
wendet. Aber sie weiset am wenigsten auf die Natur im Ge=
gensaz gegen die Vernunft zurükk, und ist also der Naturwissen=
schaft abgewendet.

§. 121. Alle drei Formen sind natürlich immer
zugleich; nur in verschiedenem Verhältniß war vorherr=
schend im Alterthum höchstes Gut und Tugendlehre,
in der neuen Zeit Tugendlehre und Pflichtenlehre.

Je mehr eine Form die andere zurükkdrängt, um desto man=
gelhafter wird die Wissenschaft von irgend einer Seite *). Die
schönste Gestaltung war angelegt, als fast gleichmäßig die Lehre
vom höchsten Gut und die Tugendlehre ausgebildet zu werden
anfing. Je mehr die Idee des höchsten Gutes mißverstanden
wurde, desto mangelhafter wurde die ganze Sittenlehre schon
seit Aristoteles. Die Pflichtenlehre konnte im Alterthum nicht
recht heraustreten, weil Hauswesen und alle andern Verhältnisse
weit mehr aufgingen im Staat, und außer dem Staat gar kein
Gegenstand des Handelns gesezt war. Je mehr es in der neuern
Zeit verschiedene auseinander gedachte Zwekke gab, um desto mehr
dagegen mußte die Pflichtenlehre heraustreten. Das Uebergehen
in die minder selbständige Form ist aber für keinen Rükkschritt

---

*) Vergl. Schleierm. Ueber den Begriff des höchsten Gutes, 1ste Ab=
handlg. gelesen in der Akademie der Wiss. 1827. S. 1—8.

zu halten, weil dadurch etwas unentbehrliches nachgeholt ward, und auch die vollkommenere nur unvollkommen angelegt war. Nur durch Auflösung der bisherigen Einseitigkeiten in einander kann ein besserer Zustand der Wissenschaft entstehen.

(z.) Die Frage, ob man nur Eine dieser drei Formen wäh= len soll, ist schon dadurch verneint, daß die Wissenschaft nur in ihnen allen ist. Eine geschichtliche Betrachtung zeigt, Das höchste Gut war die speculative platonische Form, Tugendlehre mehr aus den gemeinen Vorstellungen construirt. Hernach aber ward die erste Form verdorben dadurch, daß man auch sie auf den einzelnen Menschen bezog. Pflichtenlehre brachten erst die Stoi= ker vor. In den modernen Philosophemen wurde das höchste Gut (= Gott) transcendent behandelt; es blieb also bei den an= dern beiden Formen, deren fester Unterschied natürlich verloren gehen mußte.

(b.) Dieses Uebergehen aus der mehr in die minder selb= ständige Form ist in der Geschichte der Wissenschaft dennoch für keinen Rükkschritt zu halten, da die frühern Versuche auch in der ersten Form nicht konnten befriedigend ausfallen, jezt aber auf alles bisherige eine neue Darstellung unter allen Formen sich gründen kann.

§. 122. Die Lehre vom höchsten Gut als die dem höchsten Wissen nächste und selbständig ähnlichste muß den andern vorangehen *).

(z.) Die geschichtliche Uebersicht (§. 121. z.) giebt uns das Resultat höchstes Gut zuerst zu construiren, damit nicht Tu= gendlehre und Pflichtenlehre verderbe. Und die Betrachtung des wissenschaftlichen Standes giebt dasselbe. Das höchste Gut steht nach §. 119. der Weltweisheit zunächst, somit aber auch

---

*) Dieser lezte § der allgemeinen Einleitung in a hat keine Erläuterung unter sich.

zugleich dem transcendenten oder absoluten, dessen reale Exposition jene ist. Pflichtenlehre steht am nächsten dem kritischen Verfahren, also dem Zurükgehen der Wissenschaft ins Leben; mithin ist diese das lezte, und die Tugendlehre kommt in die Mitte.

(b.) Wegen des Zurükweisens der andern beiden auf die erste muß nothwendig die Lehre vom höchsten Gut vorangehen.

Der Sittenlehre erster Theil.

Lehre vom höchsten Gut *).

Einleitung (a.) **).

§. 123. Da das im Gebiet der Sittenlehre voraus=
gesezte Ineinander von Vernunft und Natur die Ver=
nünftigkeit der menschlichen Natur ist, wie sie unabhän=
gig von allem Handeln gedacht wird; das anzustre=
bende aber, das absolute Ineinander, alle mit der mensch=

---

*) Man vergleiche die beiden Abhandlungen des Verfassers, Ueber den Be=
griff des höchsten Gutes, in den Jahrbüchern der berliner Akademie
1829 und 1830.

**) Den Vorlesungen von 1832 lag von hier an bis zum 2ten Abschnitt
des höchsten Gutes nicht die neuste Bearbeitung (a.) zum Grunde, son=
dern die vorlezte (b.) auch in Form von §§ und begleitender Erklä=
rung, mit einzelnen Erläuterungen (z.), die er für jene aufgeschrieben
hat, ausdrükklich bemerkend, daß sie sich durch den genannten Abschnitt
auf (b.) bezogen, weil (a.) verlegt war und sich erst wieder fand, als
bald der 2te Abschnitt begänn. Es liegen auch wieder vier Bearbeitun=
gen vor, deren erste wir fast gar nicht zuzuziehen haben, im ganzen
halten wir uns an a, wenn nicht die Benuzung des allerneusten z
uns b vorzuziehen nöthigt.

lichen in lebendigem Zusammenhang stehende Natur
umfaßt: so ist die Gesammtheit alles sittlichen für sich
zu sezenden Seins die Gesammtheit der Wirkungen der
menschlichen Vernunft in aller irdischen Natur.

Das Geseztsein der menschlichen Natur als Natur, sofern
sie Gattung ist, ist bedingt und bedingend alle irdische Natur.
Sie ruht auf aller andern als höchste Entwikklung des geistigen
im dinglichen, aber alle andere kann auch als Leben oder Organismus nur verstanden werden als das Hinstreben zu ihr. In
so fern ist die ganze irdische Natur vorausgesezt durch die Sittenlehre. (Die in allem Sein gesezte Identität des dinglichen und
geistigen hindert aber nicht das Handeln der menschlichen Vernunft auf das schon begeistete.) Aber diese Natur findet eben
deshalb auch ihre Vollendung nur in dem, worin die menschliche
Natur vollendet ist. Alles Handeln der Vernunft geht deshalb
auch auf sie, und die Gesamtheit desselben ist die Aufnahme der
gesammten Natur in dasselbe Ineinander mit der Vernunft, welches ursprünglich in der menschlichen vorausgesezt ist und sich
handelnd in ihr nur durch sie verwirklicht.

(b.) *) Der ethische Proceß sezt die Vernunft in der menschlichen Natur schon voraus und alles sittlich wirkliche schon als
eine Wirkung dieses Processes, der nie zeitlich vollendet sein kann.
Der sittliche Verlauf begleitet also das ganze Dasein des menschlichen Geschlechtes auf der Erde und bildet dessen Geschichte, ohne
je die vollendete Einigung der Vernunft mit der irdischen Natur
überhaupt zu erreichen. Vorausgesezt ist also auch die gesammte
niedere Natur in ihrem Fürsichbestehen vor dem sittlichen Ver-

---

*) Von hier an ist die vorlezte Bearbeitung (b.) auch in Form von §§
und Erklärung; dennoch aber wird hier aus beidem aufgenommen ohne
den Unterschied dieser Form zu bezeichnen, da uns beides nur unsern
§ (a) erklärenden Werth hat. Je mehr aber (b.) ausgearbeitet ist,
desto mehr mußten wir (c.) zurükktreten lassen.

lauf. Inwiefern das ursprüngliche Hineingebildetsein der Vernunft in die menschliche Natur als ein Theil in dem Evolutions=proceß der Natur nämlich als ein höheres Hervorgebrachtwerden des idealen im realen durch das reale kann angesehen werden, ruht der sittliche Verlauf auf dem physischen und ist dessen um=kehrende Fortsezung.

(d.) Es ist auszugehen von der Anschauung des Lebens. Abgeschlossenes Dasein und Gemeinschaft mit dem ganzen; jenes ist das Gebundensein aller Naturkräfte in einem Centrum, die Gemeinschaft ist ein Insichaufnehmen und ein Aussichhervorbrin=gen. Auf den niedern Stufen ist jenes nur eine organische Ver=einigung, dieses ein anorganisches Absezen; auf den höhern Stu=fen steigt jenes zur Wahrnehmung, dieses zur Erzeugung; im vernünftigen Leben ist jenes ein Erkennen, dieses ein Darstellen; die Zeugung nur ein Darstellen der Natur, die Kunst ein Dar=stellen der Idee. Diese Wechselwirkung von Erkennen und Dar=stellen ist die Oscillation des sittlichen Lebens, keines von beiden kann ohne das andere gedacht werden. Den Proceß dieser Ope=ration und die Vermittelung dazu muß sich die Vernunft erst bilden. In der Ethik hat die Welt nur hierauf Bezug, sie ist Object für die Erkenntniß und Symbol für die Darstellung oder Organ für beides.

(z.) Der Gegensaz von geeinigter und nicht geeinigter Natur gehört zu dem vorausgesezten Wissen um die Natur. Der ethi=sche Verlauf ist Umkehrung des physischen, weil die Gestaltung als physischer Proceß zwar vom geistigen her aber nicht von der Vernunft und durch die Anlage des Bewußtseins zur Vernunft heranbildet, vom Eintritt der Vernunft an aber durch das Be=wußtsein auf die Gestaltung gewirkt wird *).

*) Vorlesungen: Dem geschichtlichen Verlauf geht der physische voraus. Dieser ist einerseits Gestaltung und Entwikkelung derselben, und die ist immer schon vom geistigen Sein her aber nicht von der Vernunft im Menschen, sondern als das, was im dinglichen das geistige repräsentirt

§. 124. Inwiefern alles in der Sittenlehre aus-
gedrükte Sein als ein Handeln der Vernunft mit der
Natur auf die Natur ausgedrükkt ist: so ist das In-
einander von Natur und Vernunft zu denken als ein
Organisirtsein der Natur für die Vernunft, und das
Handeln der Vernunft als ein organisirendes.

Denn das sittliche Gebiet wird insofern gebildet von der
Vernunft und der Natur, mit welcher schon geeinigt sie handelt;
die Natur auf welche sie handelt ist sofern außerhalb des sittlichen Gebietes gesezt als roher Stoff. In diesem Handeln ist
aber doch die Vernunft als das allein ursprünglich thätige gesezt
d. h. als das innere des Handelns oder das Princip, die Natur
aber als dasjenige, womit gehandelt wird, d. h. als das äußere
des Handelns oder das Organ (von ὄργανον Werkzeug abgeleitet.)

Wenn aber die Vernunft auf die insofern außerhalb des
sittlichen Gebietes gesezte Natur gehandelt hat: so ist auch diese
insofern eins mit ihr geworden (Organisation), und da die Vernunft nur handelnd ist mit ihrem Handeln eins d. h. auch ihr
Organ geworden. Oder überhaupt, da alles wirkliche Einssein
der Natur und Vernunft sittlich soll begriffen werden: so muß
alles Organsein der Natur aus dem Handeln der Vernunft begriffen werden, und dieses ist also nothwendig als ein organisirendes gesezt.

Anmerkung. Daß alles Organisirtsein ein ethisch gewordenes ist, muß
postulirt werden, weil sonst die Begrenzung der Wissenschaft sowol
als die Sicherheit des unmittelbaren sittlichen Bewußtseins aufhörte.

vermöge deren absoluter Identität. Andrerseits erscheint das gegenständ-
liche Bewußtsein als Thätigkeit der Natur, als ein allmählig werdendes
abgesehen von aller Thätigkeit der Vernunft. Dies repräsentirt das
dingliche im geistigen. In der Thätigkeit der Natur ist das gegen-
ständliche Bewußtsein das lezte, in der Vernunftthätigkeit wird es das
erste. Daher ist der ethische Verlauf ein Umkehren des physischen.

(b.) Die Vernunft ist überall nur das Princip des ethischen Verlaufs; denn erschiene sie in demselben als für sich handelnd: so wäre sie ja noch außer der Natur gesezt; sie handelt also überall nur kraft ihrer schon bestehenden Einigung mit der Natur, also vermittelst dieser. Die fortschreitende Einigung der Natur mit der Vernunft läßt sich als ein organisirendes Verfahren ansehen.

(c.) Inwiefern der ethische Proceß nur ist eine aus der Thätigkeit der Vernunft hervorgehende Erweiterung und Steigerung der ursprünglichen Einigung: so ist er also nur vollendet, indem die ganze Natur durch die Vernunft Organ der Vernunft geworden ist, und die Thätigkeit der Vernunft ist organisirend.

§. 125. Da es nun ein Ineinander von Vernunft und Natur giebt, welches in der Sittenlehre nicht ausgedrükkt, sondern nur darauf verwiesen wird: so ist die Vernunft als Kraft in der Natur überall organisirende Thätigkeit.

Wenn die Sittenlehre im beziehungsweisen Gegensaz von Vernunft und Natur liegt: so ist im wirklichen bestimmten Sein überall noch ein Außereinander von Vernunft und Natur, und also da die Vernunft nur handelnd ist ein Handeln der Vernunft auf die Natur, und dies ein organisirendes.

Sezen wir kein Außereinander: so können wir auch keine organisirende Thätigkeit mehr sezen, denn die gesammte Natur ist dann Organ geworden. Aber insofern kann auch die Vernunft nicht gesezt werden als hervorbringend ein begriffsmäßig verschiedenes, sondern nur das rein besondere, welches nur Wiederholung ist. Jedes Handeln der Vernunft also, welches kein organisirendes wäre, müßte außerhalb des sittlichen Gebietes gesezt sein. — Mythische Vorstellungen, worin ein solches Ineinander von Vernunft und Natur vorkommt.

Insofern die menschliche Natur als Seele dasjenige ist, was alle Wurzeln des Ineinanderseins von Vernunft und Natur im sittlichen Gebiet in sich schließt; ist der Trieb das zunächst für die Vernunft organisirte, und das Ineinandersein von Vernunft und Trieb ist Wille. Alles aber ist Organ der Vernunft, sofern das Ineinandersein der Vernunft damit ein Weiterhandeln auf die Natur ist.

§. 126. Insofern im sittlichen Ineinandersein von Vernunft und Natur die Vernunft handelnd gesezt wird, anders aber nirgend als so: so muß in diesem Ineinander die Vernunft erkennbar sein, und insofern ist es ein Symbolisirtsein der Natur für die Vernunft, und das Handeln der Vernunft ein symbolisirendes.

Denn Eines ist des Andern Symbol, insofern beides verschieden in dem Einen das Andere erkannt wird. Die Vernunft ist aber nicht das Ineinander von Vernunft und Natur, sondern beides verschieden. In diesem ist also eine Erkennbarkeit gesezt, welche sonst nicht gesezt wäre, und diese ist die einzige, weil mit der Vernunft nicht geeinigte Natur für uns nicht ist. Sofern sie nun im Handeln der Vernunft gegründet ist, ist nicht die Vernunft dasjenige geworden, woraus die Vernunft erkennbar ist, sondern die Natur. Das Handeln der Vernunft aber ist das diese Erkennbarkeit hervorbringende, oder das symbolisirende.

(b.) Da wir das Wesen der Vernunft durch das Wort Erkennen bezeichnen: so muß der mit ihr geeinigten Natur, die also Theil an ihrem Wesen erhalten hat, das Erkennen eingebildet sein. Da nun in dem der menschlichen Natur eingebildeten Erkennen die Vernunft selbst erkannt wird, und dasjenige worin ein anderes erkannt wird dessen Symbol ist, im sittlichen Verfahren also die Vernunft ins unendliche sich dasjenige ausbildet worin sie erkannt werden kann: so ist ihre sittliche Thätigkeit eine symbolisirende.

(c.) Inwiefern die Vernunft kein anderes Sein hat als das Erkennen: so ist auch ihr Handeln auf die Natur und Einigen mit der Natur nur ein Hineinbilden des Erkennens in die Natur.

§. 127. Alles Symbolifirtfein der Natur ift in dem Handeln der Vernunft gegründet; und alles Kraftfein der Vernunft in der Natur ift ein fymbolifirendes.

1) Denn das urfprüngliche nicht aus dem Handeln der Vernunft zu begreifende ift uns nirgend gegeben. Es ift nur vorausgefezt, infofern uns nirgend ein urfprüngliches Hineintreten der Vernunft in die Natur gegeben ift. Alfo jedes beftimmt gedachte einzeln für fich zu fezende ift als ein fittliches zu fezen.

2) Ift jede befondere Art, wie die Vernunft Kraft ift in der Natur, als ein begriffsmäßig von jedem andern verfchiedenes Ineinanderfein von Vernunft und Natur zu fezen: fo ift auch jedes folche ein befonderes Symbolifirtfein der Natur. Sezen wir kein beziehungsweifes Außereinander von Vernunft und Natur und alfo die ganze Natur fymbolifirt: fo ift auch kein Handeln der Vernunft auf die Natur mehr zu denken, alfo alles Handeln in diefem Gebiet befchloffen.

Am unmittelbarften ift der Sinn fymbolifirt für die Vernunft, und das Ineinanderfein von Vernunft und Sinn ift Verftand. Alles aber ift fymbolifirt, was durch das Handeln der Vernunft das Gepräge des Verftandes trägt, d. h. alles, fofern das Handeln der Vernunft darauf durch den Verftand gegangen, alfo das Ineinander von Vernunft und Natur durch den Verftand vermittelt ift. Natürlich ift hier Sinn und Verftand, dort Trieb und Wille im weiteften Umfang genommen.

§. 128. Da die Vernunft durch alle mit ihr geeinigte Natur handelt: fo ift jedes Symbol derfelben auch ihr Organ. Und da fie nur durch mit ihr geeinigte Natur handeln kann: fo ift jedes Organ derfelben auch ihr Symbol.

Beide Thätigkeiten bilden also nicht ein dem Gegenstande nach verschiedenes Gebiet, indem jede alles unter sich begreift, und jedes Resultat der einen auch auf die andere kann bezogen werden. Anfangend vom unmittelbarsten und innersten ist der Verstand zunächst und an sich Symbol auch Organ, und der Trieb zunächst Organ auch Symbol. Denn im Trieb ist erkennbar das Handeln der Vernunft, und der Sinn handelt erkennend auf die Natur. Ebenso auch folglich alles, was in das System des Verstandes, und was in das System des Willens gehört.

Beide Thätigkeiten sind daher durch einander bedingt; keine gesezt oder begonnen, als sofern die andere, und keine vollendet oder aufgehoben, als sofern auch die andere. (Das Außereinander ist nur an beiden Endpunkten gesezt.)

(b.) Beide Thätigkeiten der Vernunft können also in der Wirklichkeit des Lebens nicht absolut getrennt sein, da jede mittelbarer Weise auch zugleich die andere ist. Beide sind also auch durch einander bedingt, und auch deshalb nicht zeitlich zu vollenden. Da das von der Vernunft zunächst angezogene die psychische Seite der menschlichen Natur ist: so sind die ursprünglichen Erscheinungen derselben in dieser Natur Verstand und Wille, der Verstand als unmittelbares Symbol, der Wille als unmittelbares Organ; aber auch der Wille ist Symbol, und auch der Verstand ist Organ.

§. 129. Symbol ist jedes Ineinander von Vernunft und Natur, sofern darin ein Gehandelthaben auf die Natur, Organ jedes, sofern darin ein Handelnwerden mit der Natur gesezt ist; jedes also beides auf ungleiche Weise.

1) Denn Organ ist die Natur als Durchgangspunkt für das Handeln der Vernunft, Symbol ist sie als ruhend mit und in der Vernunft.

2) Denn nirgend ist im beziehungsweisen In- und Außer-

einander von Vernunft und Natur ein Gleichgewicht. Jedes be=
stimmte Ineinander hat also auch seine Beziehung überwiegend
auf das eine oder das andere.

(z.) Organ und Symbol sind ursprünglich, und ethisch be=
wirkt *).

§. 130. Da alles sittlich für sich zu sezende als
einzelnes zugleich auch begriffsmäßig von allem andern
einzelnen verschieden sein muß: so müssen auch die ein=
zelnen Menschen ursprünglich begriffsmäßig von einan=
der verschieden sein, d. h. jeder muß ein eigenthüm=
licher sein **).

Begriffsmäßig, d. h. (§. 76.) nicht nur, weil sie in Raum
und Zeit andere sind, sondern so, daß die Einheit, aus welcher
das im Raum und in der Zeit gesezte sich entwikkelt, verschieden
ist. Ursprünglich, d. h. so, daß diese Verschiedenheit nicht etwa
nur geworden ist durch das Zusammensein mit verschiedenem son=
dern innerlich gesezt.

Alle Einzelwesen einer Gattung sind um so mehr unter sich
innerlich verschieden, als die Gattung selbst als solche feststeht;
und je unvollkommner desto mehr beziehen wir die Verschieden=

---

*) Denn die ursprünglich der Vernunft geeinte Natur war auch schon
beides, und der ethische Proceß knüpft an dieses an. Vergl. §. 146.

**) Hier tritt die so wichtige Individualität ein. S. sagt in (d.): Sitt=
lichkeit ist die Synthesis der Rechtlichkeit und der Individualität; er
beschuldigt also jede Sittenlehre, die alle Menschen nur als identische
sich gleiche sezt, bloße Rechtslehre zu sein. Ueber die bisherige Be=
handlung dieses Gegensazes in den Systemen der Sittenlehre vergleiche
man des Verfassers Kritik der bisherigen Sittenlehre 2te Ausg. S. 57
(in der ersten S. 79), wo geklagt wird, daß bisher immer das eine
dem andern durch Vernachläßigung sei untergeordnet worden, und die
Vereinigung beider nach Einer Idee noch nirgend geschehen zu sein
scheine, indem in Systemen der Lust natürlicher Weise das allgemeine
dem eigenthümlichen untergeordnet und von ihm verschlungen werde,
den Systemen der Thätigkeit aber so ziemlich das Gegentheil begeg=
net sei.

heit nur auf äußere Einwirkungen. Vom Menschen gilt es da=
her rein als Naturwesen betrachtet, daß der Begriff eines jeden,
sofern ein solcher vom einzelnen vollendet werden.kann, ein an=
derer ist.

. Alles sittliche Sein ist aber durch das Handeln der einzel=
nen gesezt, und muß also hieran Theil nehmen, und wenn, was
einerlei Ineinandersein von Vernunft und Natur ausdrükkt, doch
als ein mehrfaches vorkommt, muß auch jedes ein verschiedenes
sein, weil es durch das Handeln verschiedener gesezt ist.

(b.) Da die Vernunft vermöge ihrer ursprünglichen Eini=
gung mit der als Gattung gesezten menschlichen Natur auch in
die Form der Einzelheit des Daseins gesezt ist, speculativ aber
nichts als ein einzelnes gesezt ist, sofern es nur in Raum und
Zeit ein solches ist: so muß jedes ethische einzelne auch ein inner=
lich verschiedenes d. h. ein eigenthümliches sein; nämlich rein
vermöge seiner ethischen Sezung als Organ oder Symbol ein
eigenthümliches, nicht bloß ein so gewordenes durch sein Zusam=
mensein mit anderem; welches nicht innerlich wäre und nicht ethisch.

(z.) Der Begriff der Gattung gehört zum vorausgegebenen
Wissen um die Natur. — Das eigenthümliche ist immer schon
vor allem sittlichen Verfahren, sei es nun in der ursprünglich
geeinigten Natur, oder wenn man angeborene Differenzen nicht
zugeben will in dem vorsittlichen Lebenszustand entstanden.

§. 131. Jedes für sich gesezte sittliche Sein also
und jedes besondere Handeln der Vernunft ist mit ei=
nem zwiefachen Charakter gesezt; es ist ein sich immer
und überall gleiches, inwiefern es sich gleich verhält zu
der Vernunft, die überall die Eine und selbige ist; und
es ist ein überall verschiedenes, weil die Vernunft immer
schon in einem verschiedenen gesezt ist *).

*) Begeistert äußert sich Schleiermacher in den Monologen 4te Ausgabe
II. S. 24—26 über die Art, wie das individuelle als sittlich von ihm

Die Vernunft im einigenden Handeln auf die Natur durch die Natur muß, nicht an sich aber im Ineinander mit ihr, sich auch wie sie differentiiren, weil nur als eine differentiirte die Natur ihr Symbol sein kann und ihr Organ, und also auch was durch sie gehandelt ist ein solches sein muß.

Aber inwiefern die Vernunft das ursprünglich und ausschließlich handelnde ist, muß auch alles auf gleiche Weise, also unter demselben sittlichen Begriffe, gesezte sich gleich sein.

§. 132. Diese beiden entgegengesezten Weisen bilden weder jede ein abgesondertes Gebiet, noch ist eine der andern untergeordnet.

1) Denn das Ineinandersein von Natur und Vernunft ist durch beide auf gleiche Weise bedingt. Weil sie überall in einander sind: so kann die Gesammtheit der sittlichen unter jede von beiden gebracht werden. Aber eben deswegen sind sie einander gleich; es ist einseitig den κοινὸς λόγος allein als das sittliche anzusehen, und ebenso einseitig wäre das umgekehrte.

2) Eben weil jede das ganze umfaßt, alles verschiedene immer in den sich immer gleichen Zusammenhang alles sittlich für sich gesezten aufgenommen, und die sich immer gleiche und selbige Vernunft immer in dem Hervorbringen des verschiedenen, welches jenen ganzen Zusammenhang bildet, begriffen ist: so ist keine dieser beiden Weisen irgendwo abgesondert für sich.

3) Der Unterschied ist aber, daß indem jedes in einer Hinsicht das eine in der andern das andere ist, wie auch natürlich, da die ganze Zwiefältigkeit auf dem fließenden Gegensaz des allgemeinen und besonderen beruht, doch die Unterordnung der Beziehungen in verschiedenem verschieden heraustritt.

(b.) Da dieser Gegensaz auf dem des allgemeinen und besonderen ruht, und also wie dieser ein fließender sein muß: so

___

erkannt worden sei. So ist mir aufgegangen, was seitdem am meisten mich erhebt u. s. w.

kann dasselbe was als ein gemeinsames betrachtet wird in anderer Beziehung ein eigenthümliches sein *).

(c.) In der Realität können die beiden Glieder, daß die Vernunft als allgemeines der menschlichen Natur und als eigenthümliches dem einzelnen einwohnt, nicht getrennt sein. Denn ohne den Charakter der Allgemeinheit kann das Sein kein vernünftiges, und ohne den der Besonderheit das Handeln kein natürliches sein. Die beiden Charaktere der Identität und Eigenthümlichkeit sind auch in der Realität immer verbunden.

§. 133. Dieser Unterschied nun greift ein in den obigen Gegensaz, und das sittliche Sein ist also Organisirtsein der Vernunft mit gleichbleibender und mit differentiirender Ausprägung, und Symbolisirtsein ebenso.

Nicht ohne Erschwerung und Verwirrung könnte man umkehren und sagen, es gebe ein sich überall gleiches Ineinandersein von organisirendem Inhalt und von symbolisirendem, und ein sich verschieden ausprägendes ebenso. Denn jener Gegensaz greift mehr ein in den Inhalt. Das lezte Ergebniß müßte freilich dasselbe sein.

(b.) Weil der Gegensaz des Charakters ein fließender ist, ist er dem der Thätigkeit unterzuordnen.

(c.) Der leztere Gegensaz greift als ein formeller in jenen als den materiellen ein.

(z.) Der zweite Gegensaz ist dem ersten auch darin gleich, daß alles unter jedes Glied kann subsumirt werden. Aber ungleich und nur zur Unterordnung bestimmt erscheint er dadurch, daß er nur von dem getheilten Dasein der Vernunft aus construirt werden kann. Was aber nur für das Einzelwesen würde,

---

*) Die Schärfe der Wissenschaft fordert bestimmt zu unterscheiden zwischen dem, was S. den Gegensaz des identischen und individuellen nennt, und dem des allgemeinen und besondern; der leztere findet statt, auch wo alle besondern Einzelwesen einander völlig gleich gedacht würden, daher der erstere gar nicht in allen Gattungen gesezt wird.

wäre aus dem Complex herausgesezt, und damit aller Complex
aufgehoben. Mithin muß dieses Fürseinzelnesein wieder aufgehoben werden. Durch diesen Gegensaz wird also gesezt, was als
solches wieder aufgehoben werden muß.

§. 134. Das ganze sittliche Gebiet läßt sich unter jedem dieser einzelnen Gesichtspunkte auffassen; aber
jede solche Ansicht ist eine einseitige, in welcher nicht
alles gleichmäßig hervortritt.

Man kann sagen z. B., Alles Ineinander von Vernunft
und Natur ist Angebildetsein der Natur unter sich immer gleicher
Ausprägung. Denn da alles, was Zeichen ist, auch Werkzeug
sein muß: so kommt die Gesammtheit alles bezeichneten auch
vor als Werkzeug, aber nur auf untergeordnete Weise und so,
daß der Zusammenhang desselben als bezeichneten unter sich nicht
heraustritt. Und da ferner das verschiedene schon zu dem vorausgesezten gehört, indem es in der ursprünglich geeinigten Natur
liegt: so ist auch alles in sich verschieden ausgeprägte mitgesezt,
indem alle Thätigkeit der Vernunft auf das verschiedene und
mit dem verschiedenen doch eine in der Vernunft selbst sich selbst
gleiche ist. Aber der Zusammenhang des gleichmäßig verschiedenen unter sich tritt auf diese Weise nicht hervor.

Dasselbe muß sich ergeben, auch wenn man von jedem andern Punkte ausgeht.

(b.) Alles sittliche z. B. kann angesehen werden als Resultat der organisirenden Thätigkeit mit allgemeinem Charakter.
Denn da Organe nicht können gebildet werden, ohne daß auch
Symbole entstehen, und alle Symbole auch Organe sind: so werden auch die Resultate der symbolisirenden Thätigkeit mit aufge-
führt werden, aber nur auf untergeordnete Weise. Und weil das
eigenthümliche schon zum vorausgesezten gehört: so wird es unter dem Handeln der Vernunft mit allgemeinem Charakter schon
mit begriffen sein, nur auf untergeordnete Weise; und umgekehrt.

Ethik.   G (d.) Keines dieser vier Glieder kann in seinem ganzen Umfang recht verstanden werden ohne die andern, weil jedes auf alle zurükkweiset; daher man in allen zugleich fortschreiten, d. h. einen Umriß vorausschikken muß und dann erst die Ausführung. Sodann enthält jedes recht betrachtet die ganze Sittlichkeit *).

§. 135. Wie nun jede dieser Richtungen für einen Ausdruk des ganzen sittlichen Seins gelten kann, und in dem ganzen alle gleichmäßig Eins sind: so ist auch nur das ein sittlich für sich sezbares einzelnes, d. h. ein Gut, worin alle vereinigt sind.

Jedes einzelne Glied dieser Gegensäze ist nur ein Element, es hat kein Sein für sich, und kann nur zum Behuf der Betrachtung isolirt werden. Das wirkliche Sein ist nur in dem zwiefachen Ineinander des allgemeinen und besonderen, und dies ist nirgend in Einem dieser Glieder für sich allein.

Nur in solcher obschon ungleichmäßigen Vereinigung aller kann das vereinzelte Sein als Abbild des ganzen bestehen.

(b.) Eine Naturmasse, welche unter der Form aller dieser Gegensäze mit der Vernunft geeinigt ist, ist ein Gut.

§. 136. Die Verschiedenheit der Güter ist also nur zu suchen in der verschiedenen Art, wie diese Gegensäze gebunden sind, und in der Verschiedenheit der Thätigkeiten, welche so gebunden sind.

Die materielle und die formelle Verschiedenheit müssen aber in Bestimmung der Güter gleichen Schritt gehen; sonst verwirrt sich unter einander, was einander beigeordnet sein sollte oder untergeordnet, wenn man hier Functionen vereinzelt, die man dort

---

*) Wie also behauptet wurde, in der Güterlehre, Tugendlehre und Pflichtenlehre, jeder für sich, sei die ganze Sittenlehre dem Stoffe nach enthalten: so nun von den Theilen der Güterlehre, daß diese ganz in jedem derselben enthalten sei. In (a.) ist aber das einseitige einer solchen Darstellung nachgewiesen. Vergl. gleich den folgenden § mit.

zuſammenläßt, auf einem Gebiet identiſches und verſchiedenes
ſondert, auf dem andern nicht.

(b.) Begriffsmäßig verſchieden (§. 130.) iſt das ethiſche ein=
zelne theils nach der Verſchiedenheit des darin dominirenden Ge=
genſazes, theils nach der Stufe des höheren oder niederen, worauf
im Gebiet des fließenden Gegenſazes die durchdrungene Natur=
maſſe ſteht. In jener Beziehung ſind die einzelnen Güter ein=
ander beigeordnet, in dieſer ſind ſie einander untergeordnet. Die
höheren werden aber auch einzelne ſein und ihres gleichen neben
ſich haben; und indem das niedrigſte einzelne in Vergleich mit
dem höheren einen elementariſchen Charakter hat, wird es ſich zu
allen höheren Gütern gleich verhalten und in ſie alle eingehen,
am meiſten inwiefern es zugleich als ein phyſiſch einzelnes an=
zuſehen iſt.

§. 137. Jedes von den andern begriffsmäßig ver=
ſchiedene Gut iſt aber als Gattung nur in einer Mehr=
heit von einzelnen gegeben, welche in Raum und Zeit
von einander getrennt ſind.

Dies iſt für uns in Vernunft und Natur gleichmäßig be=
gründet und nicht anders zu denken. Es iſt nicht zu denken,
daß alles im Weſen als Eins geſezte Ineinander von Vernunft
und Natur auch im Daſein Eine in ſich zuſammenhängende und
ganze Maſſe bildete. Die Natur kann die weſentliche Art da zu
ſein auch im Einsſein mit der Vernunft nicht verlieren. Zur
ſpeculativen Auffaſſung muß es auch ein empiriſches geben, zum
Weſen ein Daſein. (§. 76.)

§. 138. Wie alſo jedes Handeln der Vernunft
von beſtimmter Art nur ein wirkliches iſt, inwiefern in
einen ſolchen beſtimmten Raum geſezt: ſo wäre es doch
nicht ein ſittliches, inwiefern in dieſen eingeſchloſſen.

Jenes, weil es ſonſt ein allgemeines allein wäre, welches
kein wirkliches iſt. Dieſes, weil es nicht das Ineinanderſein von

Vernunft und Natur als Eines anstrebte, und bloß dem einzelnen der Erscheinung dienend auch bloß aus diesem, also nicht beschaulich, könnte begriffen werden.

§. 139. Das Kraftsein der Vernunft in der Natur ist also in Bezug auf die Vereinzelung in zwei Momenten gesezt, als Hervorbringen des einzelnen, und als Heraustreten aus dem einzelnen.

Fehlte in irgend einer Thätigkeit das erste: so würde nichts gesezt. Die Naturmasse, auf welche die Vernunft wirkt, ist die Eine Größe, wodurch die Vernunft als Kraft von bestimmtem Umfang, und das muß sie in jeder wirklichen Action sein, gemessen wird.

Fehlte in irgend einer Thätigkeit das lezte: so würde nur das einzelne constituirt ohne alle Beziehung auf das ganze, d. h. die Thätigkeit wäre nur Schein.

Das Heraustreten aus dem einzelnen ist aber nichts anderes als die Aufhebung der Vereinzelung in der Gemeinschaft alles gleichartigen und also zusammengehörigen und getrennten.

Das theilweise Sezen aber und Aufheben des einzelnen ist nicht anders als in der Zeit außer einander liegend, d. h. zwei getrennte aber nur zusammen das sittliche bildende Momente bildend.

§. 140. Da nun auf ähnliche Weise die verschiedenen Güter keine andere Art haben zu sein, sie aber das höchste Gut bilden nicht in ihrem abgesonderten Sein sondern in ihrem verbundenen: so ist auch das sittliche Sein in der Mannigfaltigkeit der Güter auseinandergelegt nicht anders zu begreifen als in dieser Zwiefältigkeit ihres Geseztseins und Aufgehobenseins.

Das heißt, keines ist auch in seinem Wesen ganz isolirt, sondern nur als Gemeinschaft mit den andern bildend ist die Ver-

nunft darin. Zugleich aber ist das Eine Leben der Vernunft in
der Natur das Sezen dieser verschiedenen Güter, und nur als
solches wirklich.

(z.) Aber auch was durch Combination ist ist kein Gut,
denn das höchste Gut muß zuerst aufgestellt werden *).

§. 141. Vom höchsten Gut als Einheit des Seins
der Vernunft in der Natur haben wir kein besonderes
Wissen, als nur dieses Wissen um das Ineinander und
Durcheinander aller einzelnen Güter.

Außerdem können wir es nur ausdrükken in einer allgemeinen Formel, die inhaltsleer ist und kein reales Wissen. Die Anschauung ist aber nur vollendet, wenn wir diese Gemeinschaft aller Güter auffassen, wie sie von einem jeden sittlichen Punkt aus
sich bildet.

(b.) Das höchste Gut als Inbegriff aller einzelnen Güter
ist nur im Ineinander und Durcheinander aller einzelnen Güter,
indem durch das lebendige Zusammensein derselben die relativen
Gegensäze vereint, und so das vollkommene Abbild der absoluten
Einheit des idealen und realen von der Vernunftseite dargestellt
wird. Es giebt daher für das höchste Gut keinen besondern
Ausdruff: sondern wie es kann ist es ganz ausgedrükft in der
Gemeinschaft aller höheren Güter, wie sie von einem jeden aus
auf eigene Weise erscheint.

(d.) Aelteste Vorstellung des höchsten Gutes ist die des
Ebenbildes Gottes, Gott als Herrscher gedacht. Herrschaft der
Menschen über die Erde gleich vollständiger Organbildung, denn
man beherrscht nur seine Organe, und alles beherrschte wird Organ. Diese Herrschaft fordert ein gänzliches Durchschauen der Natur; sie ist nur möglich in absoluter Gemeinschaft. In der neuern
Zeit ist diese Ansicht wiedergekommen unter der Idee einer voll-

---

*) Also ein einzelnes Gut ließe sich bloß für sich gar nicht als Gut er-
kennen, sondern nur in der Totalität des höchsten Gutes.

kommenen Cultur. Sie ist nur dann zu verachten, wenn dabei von der Vernunft abgesehen wird, und alles der Persönlichkeit dienen soll; sonst aber dem höchsten gleich, alles sittliche in sich begreifend. — In der griechischen Philosophie erscheint das ganze unter der Idee des absoluten Wissens. Mythische (d. i. das ewige in Zeit und Raum sezende) Vorstellung vom Einkerkern der Vernunft in die Persönlichkeit als Verlieren der Erkenntniß; weil sie nun erst lernen muß durch die Organe anschauen. Alles gute als rükkehrende Erinnerung, alles böse als Vergeßlichkeit und Unwissenheit. — Unter dem Charakter der Gesezmäßigkeit wollen in unsern Zeiten die bürgerlichen Menschen die ganze Sittlichkeit anschauen. Mit Recht, denn ohne Gemeinschaft kann die Vernunft im einzelnen nicht zur Identität hinaufsteigen; aber sie muß die Idividualität mitbringen, sonst bringt sie ja nur ein Organ mit, das sich erst ein beseelendes Princip sucht. So ist das Reich Gottes die höchste Idee, in der auch totales Erkennen und Organisiren liegt. — Unter dem Charakter der unbeschränkten Eigenthümlichkeit haben die künstlerischen Menschen die ganze Sittlichkeit darstellen wollen. Sie liegt auch darin. Wo Erkenntniß fehlt, bleibt unbestimmtes; wo Organ fehlt, bleibt lükkenhaftes, und ohne Gemeinschaft beides. (§. 134.)

§. 142. Der Betrachtung der einzelnen Güter muß vorangehen eine Durchführung der einzelnen Gegensäze durch die verschiedenen Functionen.

Die einzelnen Elemente müssen vorher bekannt sein, ehe man die verschiedene Art, wie sie vermögen gebunden zu sein, verstehen kann. Nur wenn jedes Glied eines Gegensazes in seinem ganzen Umfang und Inhalt bekannt ist, kann man seinen Antheil auch da erkennen, wo es dem andern untergeordnet ist.

(b.) Da die einzelnen Güter nur von einander verschieden sind durch eine verschiedene Bindung derselben Gegensäze: so muß ihrer Betrachtung eine Durchführung dieser Gegensäze für sich vorangehen, um nämlich, wenn jeder Gegensaz für sich in seinem ganzen Umfange aufgezeigt wird, dann auch desto besser seinen Antheil da zu erkennen, wo er einem andern Gegensaz unter- geordnet erscheint.

§. 143. Bei dieser sondernden Betrachtung aber könnte leicht die lebendige Anschauung verloren gehen, wenn sie nicht voranstände, nicht durchgeführt, aber in Grundzügen, welche im Ineinandersein des entgegenzu- sezenden die Gestaltung der sittlichen Welt vor Augen bringen.

Zu entbehren ist diese Berichtigung des abstrahirenden Ver- fahrens nicht, und es bleibt nur die Wahl sie an einzelne Punkte zu vertheilen oder in Masse zusammenzuhalten. Das lezte scheint weniger zerstreuend und daher einer ungewohnten Darstellung vortheilhafter.

§. 144. Die Lehre vom höchsten Gut zerfällt da- her in drei Abtheilungen: die Darlegung der Grund- züge; die Ausführung der Gegensäze oder den elemen- tarischen Theil; und die Auszeichnung der Güter selbst und ihres Zusammenhanges oder den constructiven Theil.

(z.) Diese Eintheilung ist abgesehen von einer lehrenden Mittheilung an Schüler in einer rein objectiv wissenschaftlichen Darstellung nicht postulirt; der Inhalt ist aber doch ganz derselbe.

Erste Abtheilung.
Grundzüge.

§. 145. Wie im sittlichen Sein überall anbil- dende und bezeichnende Thätigkeit in einander sind: so weiset doch überall die erste am meisten auf das zurük, was für das sittliche Gebiet immer vorausgesezt wird, die andere auf das hin, was in demselben nicht erreicht wird.

Welches Ineinander von Vernunft und Natur wir auf die bezeichnende Thätigkeit beziehen, darin sezen wir Natur, auf welche gehandelt worden ist, eins geworden mit der Vernunft; was auf die anbildende, darin sezen wir Natur, mit welcher gehandelt werden soll, eins geworden; also diese mehr um eines Handelns willen vor demselben, jene mehr vermittelst eines Handelns, also nach demselben. Oder, wenn wir uns denken ein Einsgewordensein: so denken wir ein Symbol; wenn wir uns denken ein Organ: denken wir ein Einswerdensollen.

Denken wir uns den Gegensaz von Vernunft und Natur durch allmählige Fortschreitung ganz aufgehoben: so ist das lezte Glied dieses, daß das lezte außer der Vernunft gewesene Symbol geworden ist; denn wozu sollte es Organ geworden sein? Denken wir uns die Aufhebung des Gegensazes zu allererst anfangend auf sittlichem Wege: so muß das zuerst Einswerdende Organ geworden sein, damit nur überhaupt die Vernunft handelnd eintreten konnte in die Natur. Die menschlich gegliederte Gestalt ist jedem das ursprünglichste Symbol der Vernunft, aber nur sofern immer schon eine Thätigkeit der Vernunft in ihr voraus und etwas in ihr als Durchgang dieser Thätigkeit gesezt wird.

Doch ist dies freilich nur relativ. Denn wir können uns nicht ein Anfangen der Vernunftthätigkeit auf die Natur in einem Punkt mehr als in einem andern denken, als inwiefern dieser schon vor aller Thätigkeit mehr als die andern der Vernunft angehört und also auch sie erkennen läßt. Auch so beziehungsweise wahr reicht es aber doch hin das Anfangen mit der anbildenden Thätigkeit zu rechtfertigen.

(d.) Wenn man den ethischen Proceß als vollendet denkt: so ist alles Symbol der Vernunft, und nichts darf mehr Organ derſelben ſein. Alſo repräſentirt eine ſymboliſirende Function in jedem Moment mehr das Ende des Proceſſes, die organiſche mehr den Anfang.

§. 146. Sofern ein erſtes Hineintreten der Vernunft in die Natur nirgend iſt (§. 78.), muß organiſirtes immer und überall ſchon gegeben ſein; ſofern aber überall Handeln der Vernunft iſt, muß organiſirtes durch das Handeln der Vernunft geworden ſein. (§. 103. z.)

Das eine iſt daher nur, ſofern auch das andere iſt, und in allem alſo iſt etwas ſittlich gewordenes und etwas vorſittlich geweſenes.

(b.) Es muß alſo überall ein Syſtem von Organen urſprünglich gegeben ſein, aber dieſes ſelbſt, inſofern der einzelne Menſch von Anfang an ſchon im ſittlichen Verlauf iſt, muß auch als Reſultat einer Vernunftthätigkeit können angeſehen werden, daher als ein jeden Augenblikk noch im Werden begriffenes.

§. 147. In allem Organiſirtſein der Natur für die Vernunft hält das angeerbte in ſich das vorſittlich geweſene, und faßt hingegen das angeübte das ſittlich gewordene zuſammen.

Schlechthin iſt beides nicht entgegengeſezt und getrennt, ſonſt könnte das angeerbte nicht im ſittlichen ſein. Vielmehr wie jedem einzelnen Menſchen ſeine Organe angeboren werden, tragen ſie ſchon in ſich, was aus der Uebung der vorhergegangenen Geſchlechter im großen ſowol als im einzelnen hervorgegangen iſt. Und wenn man das angeübte in einzelnen Functionen mit einander vergleicht: ſo iſt der Unterſchied mit begründet im angeerbten.

Ueberwiegend aber verhält es ſich, wie behauptet wird, weil Uebung nur geſezt wird durch Thätigkeit der Vernunft, Anerbung aber auch vorkommt wo keine Vernunft geſezt iſt. Denn Uebung

sprechen wir den Thieren sich selbst überlassen ab. Die Entwik=
kelung ihrer organischen Fertigkeiten ist eingeschlossen in die Ent=
wikklungszeit ihrer Natur, also reine Fortsezung der Erzeugung
und dem Gebiet der Anerbung angehörig; bei dem Menschen
nehmen sie noch zu, wenn die Natur längst im Stillstand ist,
und widerstehen noch, wenn sie schon wieder im Verfallen begrif=
fen ist, offenbar also durch die Thätigkeit seines höheren geisti=
gen Princips.

Der Ausdrukk schließt in sich die gleichmäßig und bewußt
wiederholte Einwirkung, also ein allmähliges Ueberwogenwerden
des angeerbten durch die Uebung. Daher auch in der Erschei=
nung, je mehr vollendet das sittliche, desto mehr hervortretend das
angeübte und das selbst auf Uebung zurükkzuführende im angeerb=
ten. Denken wir den Gegensaz von Vernunft und Natur ganz
aufgehoben: so muß beides ganz von einander durchdrungen sein
und dasselbe geworden.

(b.) Die Uebung stellt also dar eine jeden Augenblikk neu
auf jedes gegebene einwirkende Kraft der Vernunft, und bleibt
beständig als ein sittliches Bestreben, welches dem physischen Zer=
störungsproceß entgegen wirkt. Also ist die Wiederholung der
frühern Generation in der spätern das thierische die angeerbten
Schranken darstellende; die Uebung ist das die Einwohnung der
an sich unendlichen Vernunft darstellende, bei der nur die im
folgenden aufzuzeigenden Grenzen gesezt sind.

§. 148. Zwischen den Grenzen des sittlichen Seins
betrachtet ist die organisirende Thätigkeit die steigende
Spannung und die werdende Aufhebung des bezie=
hungsweisen Gegensazes zwischen der der Vernunft ur=
sprünglich geeinigten und der nie ganz mit ihr eins
werdenden Natur.

Die Spannung steigt, je stärker durch die Uebung des or=
ganisirten Einigung mit der Vernunft geworden ist, und je mehr

daher die noch nicht geeinigte Natur sich als widerstrebend un=
terscheidet. Je weniger noch von einem Vernunftpunkt aus or=
ganisirt ist, desto schwächer und verworrener die Unterscheidung
von Ich und Nichtich, die wir daher im thierischen Bewußtsein
ganz chaotisch sezen.

Die Aufhebung nimmt zu, je weiter sich die Einigung von
allen Punkten aus verbreitet. Da aber, wenn der Gegensaz ganz
aufgehoben wäre, auch keine Spannung mehr statt finden könnte:
so nimmt diese von einer Seite ab, je mehr die Aufhebung zu=
genommen hat, indem nämlich in demselben Maaß der Wider=
stand abnimmt. Und der Gegensaz von Ich und Nichtich könnte
sich zulezt nur halten an dem Bewußtsein einer Natur, welche
außerhalb der organisirenden Thätigkeit gesezt wäre.

Allein die Aufhebung kann niemals vollendet gesezt werden
der Ausdehnung nach, weil sie nirgend vollendet ist der Genauig=
keit nach, indem auch an dem menschlichen Leibe selbst noch un=
organisirtes und minder organisirtes übrig bleibt.

(z.) Bei den Thieren giebt es keine Uebung für die Gat=
tung, sie bleibt immer auf demselben Punkt; im Thiere ist völ=
lige Uebereinstimmung zwischen der Organisation und der äußern
Natur, also beginnt der Gegensaz erst im Menschen, ganz aufge=
hoben aber ist er nur im unerreichbaren Endpunkt.

§. 149. In demselben Sinn ist die immer schon
gegebene organisirte Natur der menschliche Leib, und
die nie vollständig zu organisirende der Erdkörper.
(§. 146.)

Nämlich beides nicht genau. Denn es ist auch außer dem
Leibe schon organisirtes immer gegeben; Luft und Licht sind eben
so gut Organe vor aller sittlichen Thätigkeit als Augen und
Lungen. Und es bleibt auch am menschlichen Leibe nichtorgani=
sirtes zurükk, wenn gleich auch auf das unwillkührlichste der Ein=
fluß der Vernunftthätigkeit nicht abzuläugnen ist.

Eben so ist freilich auf alles dem Erdkörper angehörige eine Einwirkung der Vernunft mittelst des menschlichen Leibes zu denken, und zwar eine immer fortgehende. Aber theils müssen immer auch Kräfte und Einflüsse anderer Weltkörper in diese Thätigkeit mit aufgenommen werden, da der Erdkörper nur im Zusammensein mit ihnen gegeben ist, und alles Leben auf ihm dieses Zusammensein ausdrükkt. Theils wieder, sofern die menschliche Natur selbst ein Erzeugniß des Erdkörpers ist, kann gar nicht durch sie auf ihn gewirkt werden. Also die innere Einheit desselben, welche die gemeinsame Wurzel aller seiner Erzeugnisse ist, kann gar nicht in die anbildende Thätigkeit gezogen werden. (§. 102.)

(z) Als höchste Entwikklung des individuellen Lebens auf der Erde ist die menschliche Natur von der Erde, ihrer Lebenseinheit, her; und da diese das Wiedererzeugen fortwährend bedingt: so kann es keine Thätigkeit der Vernunft auf sie geben (von anbildender Seite aus.)

(b.) Wie in allem Leben ein Zusammensein der Erde mit andern Weltkörpern ausgedrükkt ist: so ist sie also auch nur relativ die Grenze des sittlichen Lebens. Inwiefern aber die menschliche Natur selbst Erzeugniß der Erde ist, kann diese nicht in den sittlichen Verlauf hineingezogen werden; die innere Einheit der Erde kann der Mensch nicht seiner Vernunft als Organ anbilden; aber alle Aeußerungen und Resultate ihrer mannigfaltigen einzelnen Kräfte sind Stoff für den sittlichen Proceß.

§. 150. Die anbildende Thätigkeit ist nach außen begrenzt durch die bezeichnende.

Mit der innern Lebenseinheit der Erde und der andern Weltkörper hangen zusammen ihre Bewegungen. Diese sind in der Erkenntniß ihrer Beziehungen auf einander, wie sie ins Bewußtsein aufgenommen sind, symbolisirt für die Vernunft, und sind insofern Organe der Vernunft, als sie Maaß geworden sind für alle Bewegung. Die organisirende Thätigkeit endet also in

etwas, was nur Organ ist inwiefern Symbol, und was nur ver=
mittelst seiner Erkennbarkeit im Bereich der sittlichen Thätigkeit
liegt, seinem eigentlichen Wesen nach aber ganz außerhalb derselben.

(b.) Die organisirende Thätigkeit findet ihre Grenze in der
symbolisirenden. Die Einheit der Erde und die andern Weltkörper
werden nur dadurch Organ, daß sie Zeichen und Ausdruck wer=
den, und insofern. Sie werden Organ als Bestimmungen der
Zeitverhältnisse, als welche sie auch Symbol der mathematischen
Vernunftthätigkeit sind, und diese symbolische und organische Be=
deutung sind identisch; ihrer eigenthümlichen Natur nach aber
können sie nicht Organ sein.

(z.) Wenn es gar keine Beziehung zwischen diesem jenseits
der organisirenden Thätigkeit liegenden Sein und der Vernunft
gäbe, so könnte es auf keine Weise vorgestellt und gedacht werden.

§. 151. Sofern nirgend ein ursprüngliches Hin=
eintreten der Vernunft in die Natur, muß überall schon
symbolisirtes gegeben sein und vorausgesezt. Sofern
alles Symbolisiren in der sittlichen Thätigkeit liegt, muß
alles symbolisirte, auch jenes, durch Vernunftthätigkeit
geworden sein.

· Das heißt also, das eine ist nur sofern das andere, und in
jedem Symbol muß beides sein, dasjenige vermöge dessen ande=
res aus ihm hervorgeht, und dasjenige vermöge dessen es auf
anderem ruht.

(b.) Es muß also überall ein ursprüngliches System von
Symbolen gegeben sein; inwiefern aber der einzelne Mensch schon
im sittlichen Verlauf entsteht, muß auch alles symbolische als aus
Vernunftthätigkeit entstanden angesehen werden. Das symbolische
System ist daher eben so wie das organische immer im Werden,
und alles symbolische immer nur gegeben, inwiefern es durch
Vernunftthätigkeit geworden ist; und umgekehrt. Beides, die
physische und die psychische Seite der menschlichen Natur, sind

ursprünglich sowol Symbol als Organ, aber überwiegend ist die psychische als System des Bewußtseins Symbol, und die physische als System der Wirkungen nach außen Organ.

(z.) Die symbolisirende Thätigkeit ist eben so zu behandeln; von immer schon gegebenem Symbol (für das ursprüngliche Symbol ist der rechte Ausdruck die menschliche Gestalt, weil das Symbol ein äußeres ist zu einem innern) aus auf die nie erreichte symbolisirte Totalität hinsehend ist die Symbolisirung der Natur immer im Werden. Dieses wieder erfolgt unter zwei auch nur relativ entgegengesezten Formen, Willkühr und Reiz. Denn auch die Bestimmtheit einer ursprünglichen Action = Willkühr hängt doch ab von den Umgebungen, und auch der Reiz ist Null, wenn die Intelligenz sich in einer andern Richtung vertieft.

§. 152. In aller symbolisirenden Thätigkeit stellt der Reiz vor das Beruhen derselben auf einer frühern, die Willkühr dasjenige, wodurch anderes auf ihr beruht *).

Kein Dargestelltsein der Vernunft in der Natur ist denkbar ohne Reiz und Willkühr. Das unmittelbare Symbol der Vernunft ist das Bewußtsein, alles andere ist nur Symbol der Vernunft sofern es Bild und Darstellung des Bewußtseins ist. Jedes Bewußtsein als sittlich muß entstanden sein aus Reiz und Willkühr. Wo der Gegensaz beider, zu befassen unter den der Selbstthätigkeit und Empfänglichkeit, nicht bestimmt heraustritt, da ist die thierische Verworrenheit des Bewußtseins, nicht die menschliche Klarheit.

Aber es sind auch überall beide Glieder durch einander gebunden. Kein bestimmtes Bewußtsein, auch nicht das freieste und am meisten aus dem innern hervorgehende, wird ohne Reiz, d. h. Ein=

---

*) Parallel dem §. 147. entspricht der Reiz dem angeerbten, die Willkühr dem angeübten, d. h. es ist in beiden §§ derselbe Gegensaz des von Natur gegebenen und des durch Vernunftthätigkeit hinzugethanen.

wirkung der noch nicht geeinigten Natur auf die geeinigte; sonſt
wäre dieſe ſymboliſirende Thätigkeit ein urſprüngliches Hinein=
treten der Vernunft in die Natur. Aber auf Veranlaſſung der=
ſelben einwirkenden Natur auf verſchiedene Menſchen wird in ih=
nen ein ganz verſchiedenes Bewußtſein, und dies ſchreiben wir
zu der Willkühr. Jede Affection des Menſchen als Reiz gedacht
im erſten Moment iſt ebenſo unbeſtimmt und verworren als die
des Thieres, aber dieſen Zuſtand ſezen wir nicht als einen in
ſich abgeſchloſſenen Act, ſondern warten auf einen zweiten Mo=
ment. In dieſem durch die Willkühr wird dieſelbe Affection dem
einen zu dieſem dem andern zu jenem beſtimmten das ganze Da=
ſein umfaſſenden Bewußtſein. Jedes beſtimmte Bewußtſein er=
ſcheint daher in ſeiner Vollendung als das Werk der Willkühr;
allein dieſen Moment ſezen wir auch nicht als einen ganzen Act,
er wäre uns ſo kein menſchliches Thun ſondern eine Eingeiſtung,
die abſolute Willkühr wieder die größte Unſelbſtändigkeit; ſondern
wir gehen zurükk auf einen frühern Moment, und ſuchen oder
ſezen voraus in undurchdringlicher Verborgenheit den veranlaſ=
ſenden Reiz.

Beides iſt aber einander auf die angegebene Weiſe nur ent=
gegengeſezt, ſofern es in Einem und demſelben Act betrachtet
wird. Denn ſonſt iſt überall die Reizbarkeit beſtimmt durch die
verhergegangenen Acte der Willkühr, und die ſich wiederholenden
Acte der Willkühr ſchließen immer mehr aus entgegengeſezte Reize.

So wie unterhalb des ſittlichen Gebietes der Gegenſaz von
Reiz und Willkühr nicht heraustritt: ſo müſſen wir ihn uns,
wenn der Gegenſaz zwiſchen Vernunft und Natur ganz aufgeho=
ben wäre, auch ganz aufgehoben denken, und Reiz und Willkühr
wäre eines und daſſelbe. Je näher aber dieſer Vollendung, um
deſto mehr muß beides einander durchdringen und eben deshalb
auch einander frei laſſen *).

***

*) Dieſe ſcharfſinnige Erläuterung muß zugleich das §. 50. geſagte er=
klären, daß das Bewußtſein eine That des binglichen auf das geiſtige ſei.

Anmerkung. Aus dem hier verglichen mit dem zu §. 147. gesagten muß es einleuchten, daß es nicht gleichgültig oder zufällig ist Reiz und Willkühr auf die symbolisirende, und hingegen Anerbung und Anübung auf die organisirende Thätigkeit zu beziehen.

(b.) Die Willkühr ist daher der eigenthümlich menschliche Factor im Werden der Lebensthätigkeiten; der Reiz aber der gemeinsame thierische. Das thierische Leben ist auch ein Zusammensein eines Afficirtseins von außen und eines Erregtseins von innen; aber beide treten nicht aus einander zum wahren Gegensaz von Empfänglichkeit und Selbstthätigkeit, noch weniger zu zwei Reihen des Selbstbewußtseins und des Bewußtseins der Dinge*). Wir sezen im Thier keinen bestimmten Unterschied zwischen Gefühl und Wahrnehmung, in welchem erst der Mensch sich selbst ein Ich wird, und das außer ihm eine Mannigfaltigkeit von Gegenständen. Das thierische Leben ist auch eine Einheit des Daseins in einem bestimmten Kreise wechselnder Zustände; aber beide treten nicht auseinander zum Bewußtsein dieser Identität und Differenz. Die Willkühr ist nun darin, daß jede Affection, die dem Menschen ursprünglich ebenso verworren und unbestimmt zukommt wie dem Thiere, in ihm zu dem einen wird oder zu dem andern, und daß er jede vorübergehende Gemüthsbewegung zum ganzen Bewußtsein seines beharrlichen Daseins erhöhen kann.

§. 153. Zwischen den Grenzen des sittlichen Seins betrachtet ist die symbolisirende Thätigkeit die steigende Spannung und der sich aufhebende Gegensaz zwischen der von der Vernunft ursprünglich bezeichneten und der nie ganz von ihr zu bezeichnenden Natur.

Indem ein Bewußtsein entsteht, wird aus der Masse des unbewußten, in welcher verstehbares und nichtverstehbares gemischt ist, ein verstehbares herausgenommen und wird ein verstandenes. Also ist der Gegensaz zwischen verstandenem und nichtverstande-

---

*) objectiven Bewußtseins.

nem erſt in dieſem Act, vorher aber der Mangel deſſelben. Da aber kein Bewußtſein ſchlechthin entſteht: ſo iſt jedes nur ein Uebergang vom minderbewußten zum mehrbewußten, alſo eine Steigerung dieſes Gegenſazes. Denken wir uns aber die ſymboliſirende Thätigkeit ſchlechthin vollendet: ſo iſt das nichtverſtandene verſchwunden, alſo der Gegenſaz verſchlungen, alſo iſt die Thätigkeit auch in ihren ſittlichen Schranken die Aufhebung deſſelben.

Vereint iſt alſo in dieſer Thätigkeit überall intenſive Spannung dieſes Gegenſazes und extenſive Abnahme deſſelben. Aber eben deshalb keine von beiden jemals vollendet, weil die andere es nicht iſt. Wenn irgend etwas in der Natur gänzlich durchdrungen wäre: ſo wäre auch alles ein bewußtes geworden, denn jedes iſt nur völlig durchdrungen, wenn ſein Zuſammenſein mit allem ins Bewußtſein getreten iſt. Und umgekehrt, wäre alles ein bewußtes geworden: ſo wäre auch jedes durchdrungen, weil alle Bedingungen zu dieſer Durchdringung gegeben wären.

Wäre verſtehbares und nichtverſtehbares Sein für immer ſtreng geſchieden: ſo wäre auch eine Vollendung zu ſezen, wenngleich in unendlicher Zeit; aber es iſt uns nothwendig gegeben auf jedem Punkt ein Ineinander des verſtehbaren und nichtverſtehbaren. Daher giebt es nur eine zwiefache Fortſchreitung, nämlich mit Unterordnung des extenſiven Factors unter den intenſiven und umgekehrt.

(z.) Das Werden der ſymboliſirten Totalität erfolgt auch in der Form von Spannung und Abſtumpfung des Gegenſazes; denn in den erſten Anfängen unterſcheidet der Menſch ſich ſelbſt noch nicht von der übrigen Welt, und wäre die ganze Natur Symbol geworden, ſo wäre auch kein Unterſchied mehr.

§. 154. Im ganzen alſo iſt die immer ſchon verſtandene Natur die äußere irdiſche; die nie ganz zu verſtehende die innere menſchliche.

Ethik.   H

Nämlich beides auch nicht genau. Denn theils geht die verstandene über die irdische hinaus, weil auch außerirdische Einflüsse auf das irdische ins Bewußtsein müssen gekommen sein, und zwar in jedem Anfange des Bewußtseins schon sind, und es bleibt auch in dem äußerlichsten irdischen, der rein sinnlichen Erscheinung, immer noch unverstandenes zurükk. Theils ist auch das innerste menschliche überall mitverstanden, indem alles bewußte nur als Gegensaz verstanden wird, und jeder niedere Gegensaz nur ein Schatten ist von dem höchsten im Menschen gesezten; wie aber das innerste menschliche nicht verstanden ist: so ist auch das innerste alles andern Seins immer nicht verstanden aus demselben Grunde.

(b.) Begrenzt ist die symbolisirende Thätigkeit nach innen; denn Symbol kann nur das sein, was sich zur Vernunft als ihr äußeres verhält. Die ganze Außenwelt ist also der Stoff für die symbolisirende Thätigkeit mit Einschluß alles dessen, was im Menschen noch kann als ein äußeres gedacht werden. Das schlechthin innere des Menschen ist das Streben nach Gott, welches ebendeshalb, weil es nie ein äußerliches sein kann, sondern nur ein solches haben, auch nie Symbol sein kann, sondern nur Symbole suchen oder hervorbringen. — Nur inwiefern man die Vernunft als das innere des Menschen selbst wieder theilen könnte, was aber nur in Bezug auf sein äußeres oder seine Natur geschehen kann, würde dann der Theil wieder Symbol des ganzen sein dürfen.

§. 155. Die bezeichnende Thätigkeit ist wesentlich begrenzt nach innen durch die bildende.

Das schlechthin innere des Menschen auch als Ineinander von Vernunft und Natur (nicht etwa nur die abstrahirte bloße Vernunft) ist, eben weil es auf keine Weise ein äußerliches ist sondern nur ein solches hat, auch nie selbst Symbol, sondern kann nur Symbole suchen oder hervorbringen. Nur inwiefern es getheilt ist kann der Theil Symbol des ganzen sein. Die innerste

Einheit des Lebens als solche ist nicht Gegenstand für das Be=
wußtfein weder im ganzen als Menschheit noch im einzelnen als
Ich. Beides kann an sich nur vorausgesezt, und alles andere
darauf bezogen werden.

Was wir als Theil dieser innern Einheit sezen, das ist für
die speculative Betrachtung einzelne Kraft, Function. Die ein=
zelnen Functionen des Lebens sind aber schon als Organe zu be=
trachten, und nur als solche in ihren Thätigkeiten sind sie ver=
ständlich. Das also, was nach innen zu am meisten noch Sym=
bol ist, ist es nur, weil und inwiefern es nicht das innerste des
Lebens selbst ist sondern dessen Organ.

(b.) Das vom innersten ausgehende fängt eben da und deshalb
an Symbol zu werden, wo und weshalb es Organ ist; denn
das Werkzeug in seiner Thätigkeit verkündet das Dasein dessen,
der es braucht. — Die beiden Functionen der Vernunft im sitt=
lichen Geschäft sind schon ihre Organe, und deshalb ihre Sym=
bole. Wenn das Streben nach Gott Gedanken und Empfin=
dungen bildet, in denen es selbst zu erkennen ist: so sind diese
seine Organe, wie sie seine Symbole sind.

(z.) Man trifft auf eine Grenze nach innen und eine nach
außen. Beim Bewußtsein als vom dinglichen her fängt der
symbolisirende Verlauf an, bei dem außerirdischen Sein hört
er auf, weil dieses nicht mehr in sich, sondern nur indem uns
seine Beziehungen zur Erde ins Bewußtsein kommen, Symbol
werden kann *).

*) Vorles. Die Lebenseinheit an sich ist nach innen die Grenze; wird sie
intelligent: so ist es die Richtung aufs absolute aus dem Gegensaz in
die Einheit. Davon geht alle symbolisirende Thätigkeit aus, es selbst
aber ist keine. Erst wenn wir ihre Einheit theilen, sind ihre Aeuße=
rungen Symbol. Grenze nach außen ist das außerhalb des Erdkör=
pers gegebene Sein an sich. Nur nach seinem Zusammenhang mit
dem irdischen, d. h. sofern es Organ ist, kann es Symbol werden.
(§. 150.) — In (a.) ist diese Grenze nach außen nicht ausdrücklich
angegeben.

§. 156. Da nun beide Thätigkeiten in ihren End=
punkten sich als größtes und kleinstes bedingen: so ist
alles sittliche auf jedem Punkt ein Mehr und Minder
von beiden zugleich.

Dasselbe, was wir §. 128. gesehen haben, erscheint uns hier
auf eine andere Weise. Wenn die Endpunkte der organisirenden
Thätigkeit da sind, wo etwas Organ ist nur weil es Symbol
ist: so ist auf diesem Punkte das Maximum Symbol, und das
Minimum Organ. Ebenso auf den Endpunkten der symbolisi=
renden Thätigkeit ist das Maximum Organ, und das Minimum
Symbol. Daraus folgt, wo weniger als das Maximum Organ
ist, da ist mehr als das Minimum Symbol, und wo weniger
als das Maximum Symbol ist, da ist mehr als das Minimum
Organ; nirgend aber eins vom andern getrennt. Der Kreis ist daher
geschlossen, und beide Thätigkeiten können nicht von einander lassen.

Aber wenn nun alles sittliche Organ ist und Symbol zugleich: so
wird es auch nur durch ein Zugleich von Anerbung und Reiz auf
der einen Seite und von Uebung und Willkühr auf der andern.

(b.) Beide Thätigkeiten schließen also einen Kreis, da jede
durch die andere bedingt ist und begrenzt. Daher muß auch in
jedem wirklichen sittlichen Act eine Vereinigung von beiden sein.
Jedes auch entferntere Organ der Vernunft wird immer durch
seine Bildung, welche zugleich als das Resultat seiner Thätigkeit
kann betrachtet werden, auch Symbol sein; und jedes wenn auch
schon ganz abgesezte Symbol wird Organ sein, insofern es die=
selbe symbolisirende Thätigkeit in andern producirt. Inwiefern
nun durch eine Thätigkeit ein Symbol würde, das kein Organ,
oder ein Organ, das kein Symbol wäre: so wäre eine solche
Thätigkeit entweder keine sittliche oder keine für sich zu sezende,
sondern nur Theil einer andern.

§. 157. *) Bei der Zerspaltung der menschlichen

*) Hier wird nun von der zweiten Voraussezung (§. 131.) ausgegangen.

Natur in die Mehrheit von Einzelwesen ist das Sein der Vernunft in der menschlichen Natur nur vollständig durch die sittliche Gemeinschaft der Einzelwesen.

Die menschliche Natur ist nur wirklich in dem Nebeneinander und Nacheinander der Einzelwesen, und also ist auch die Vernunft nur handelnd in ihr, indem sie es in ihnen ist. Jedes Einzelwesen ist aber als ein für sich geseztes einzelnes Ineinander von Vernunft und Natur selbst nur Organ und Symbol, und also nur sittlich, inwiefern in ihm und von ihm aus für die Vernunft überhaupt die Natur überhaupt organisirt wird und symbolisirt. Handelt aber die Vernunft nur in den Einzelwesen, und ist ihr Handeln in jedem von dem in allen andern geschieden: so sind von dem, was jedem angeeinigt wird symbolisch oder organisch, alle anderen ausgeschlossen. Es wird also nirgend für die Vernunft geeinigt, und die Einheit der Vernunft in ihrem Handeln auf die Natur, also die Vollständigkeit des sittlichen Seins, ist ganz aufgehoben durch die Zerspaltung der Natur in die Mehrheit der Einzelwesen.

Das sittliche Sein kann also mit dieser Einrichtung der Natur nur bestehen, inwiefern die Scheidung aufgehoben, also die Gemeinschaft gesezt wird; d. h. indem es giebt ein Füreinandersein und Durcheinandersein der einzelnen Vernunftpunkte. Dies ist aber nur so zu denken, daß indem Vernunftthätigkeit auf Ein Einzelwesen bezogen und an das System seiner ursprünglichen Organe und Symbole angeknüpft wird, dasselbe Handeln doch auch auf die andern Einzelwesen bezogen werde und in das System ihrer Organe und Symbole gehöre; und ebenso ihr Handeln zugleich auf jenes Einzelwesen bezogen werde und dem System seiner Organe und Symbole angehöre.

Jedes sittliche ist also auch als Bestandtheil des gesammten sittlichen Seins nur ein für sich geseztes, inwiefern es durch diese Gemeinschaft der Einzelwesen, und diese Gemeinschaft der Einzelwesen wiederum durch dasselbe bedingt ist. Denn alles sittliche ist durch das Handeln der Einzelwesen, und muß also durch die Gemeinschaft sein. Und die Gemeinschaft ist nur in dem und durch das, was sittlich Organ ist und Symbol *).

(d.) Was die Vernunft mit dem Charakter ihrer ursprünglichen Freiheit und Einheit bildet, das hat keine persönliche Geltung, ist für die Vernunft überhaupt. Die Vernunft ist aber nur in den Persönlichkeiten vertheilt gegeben, also für die Gesammtheit der Persönlichkeiten, für die Gemeinschaft.

§. 158. Bei derselben Zerspaltung aber ist das Sein der Vernunft in der menschlichen Natur nur vollständig, inwiefern jedes Einzelwesen mit seinem Gebiet von den andern und ihrem Gebiete geschieden ist.

Die räumliche umfaßt natürlich auch den erweiterten organischen Cyclus. Die Intelligenz im einzelnen kann nur mit seiner ganzen organischen Sphäre auf die Natur für die Vernunft handeln.

Denn wenn die einzelnen nicht nur dem Raum und der Zeit nach, sondern auch als Einheit des allgemeinen und besonderen also begriffsmäßig verschieden sein müssen, wie alles sittlich für sich gesezte: so wird auch das Handeln der Vernunft von jedem aus, wenn jedes ganz also mit seiner Besonderheit thätig ist, nothwendig ein verschiedenes. Das organisirte ist sonach für diese Verschiedenheit organisirt, und das symbolisirte prägt diese Verschiedenheit mit aus. Alles sittlich gehandelte ist daher an diese Verschiedenheit gänzlich gebunden, und was es sein kann vollständig nur für sie. Für jeden andern wäre es nur auf eine unvollkommene und untergeordnete Weise; denn es kann sich zu keinem Einzelwesen, dessen Besonderheit eine andere ist, eben so verhalten wie zu seinem Urheber.

---

*) Ebenso in (b.), nur daß dort ausdrücklich der Begriff der **Gattung** als Grundlage aller dieser Säze bezeichnet wird.

So gewiß also das Handeln der Vernunft durch die Einzelwesen die ganze ihr gegebene Natur umfaßt: so gewiß verbreitet sich die Zerspaltung von den Einzelwesen und der in ihnen
ursprünglich mit der Vernunft geeinigten Natur aus über die
ganze zu behandelnde Natur; und die Vollkommenheit des sittlichen Seins ist zugleich die Vollständigkeit dieser Scheidung.

Daher alles sittliche nur in sofern ein für sich geseztes ganzes und Eines ist, inwiefern es durch diese Scheidung des Gebietes
der Einzelwesen, und diese wiederum durch dasselbe bedingt ist.

(b.) Da die Mehrheit der Individuen keine sittliche wäre,
wenn nicht auch das Sein der Vernunft in jedem ein anderes
wäre als im andern (§. 130.): so offenbart sich die Vollständigkeit des Seins der Vernunft in der menschlichen Natur durch
die Unübertragbarkeit der Resultate jeder Function von einem
Individuum auf irgend ein anderes. Geht in das Product einer Thätigkeit die Besonderheit des Individuums nicht mit über:
so ist dieses auch nicht ganz thätig gewesen, und die Handlung
in so fern unvollkommen und zwar unbestimmt, denn dasselbe
könnte das Erzeugniß eines andern gewesen sein. Ist aber die
Besonderheit in das Product vollständig übergegangen: so ist dieses auch an sie gebunden, und für jeden andern nur auf unvollkommene und untergeordnete Weise da; d. h. es ist in seiner unzertrennlichen Einheit unübertragbar, denn es kann sich zu jedem, der eine andere Besonderheit hat, nicht ebenso verhalten wie
zu seinem Urheber. Diese Unübertragbarkeit ist aber hier nur
allgemein gesezt ohne zu bestimmen, wie groß oder klein das individuelle Gebiet sei, für welches sie sich bildet.

(d.) Was die Vernunft als Seele des einzelnen bildet, das
soll auch den Charakter der Eigenthümlichkeit haben und für ihn
abgeschlossen sein *).

---

*) Bei dem hohen Grade von Ausbildung dieser Abschnitte in a ist kein
Bedürfniß aus c und d aufzunehmen, obgleich sie schon dieselben Gedanken enthalten, was ich bei Hauptpunkten gern sich andeuten lasse.

§. 159. Da nun Gemeinschaft und Scheidung *) einander ausschließen, und jede doch durch jedes sittliche gesezt sein soll: so dürfen beide nur beziehungsweise entgegengesezt sein, und nur dasjenige ist ein vollkommen für sich geseztes sittliche, wodurch Gemeinschaft gesezt wird, die in anderer Hinsicht Scheidung, oder Scheidung, die in anderer Hinsicht Gemeinschaft ist.

Bedingung der Vollständigkeit des sittlichen ist dieses offenbar nach dem obigen. Dasjenige, worin nur die Einheit der Vernunft gesezt ist, und nicht auch die besondere Bestimmtheit des handelnden einzelnen, ist unvollständig; und dasjenige, worin nur diese gesezt ist, nicht aber die Einerleiheit der Vernunft in allen, ebenfalls. Ein solches also wäre entweder kein sittliches, oder kein für sich geseztes, sondern nur als Theil an einem andern, in welchem das andere auch wäre.

Die Möglichkeit aber eines solchen nur beziehungsweisen Gegensazes ist lediglich darin gesezt, daß die Einzelwesen nicht schlechthin und auf alle Weise geschieden sind, und dies ist die hier aufzuzeigende Bedingung des sittlichen.

§. 160. Das Anbilden der Natur kann dasselbe sein in allen und für alle, sofern sie dieselbe zu bildende Natur vor sich haben und dieselbe bildende Natur in sich. **).

---

*) In (b.) immer statt Scheidung der Ausdruk unübertragbarkeit, wie er eben erläutert wurde. Vielleicht ist dieser später vermieden worden, weil er den Schein von absoluter Trennung hat, und nur eine relative will bezeichnet werden; indeß bediente sich S. noch in seinen lezten Vorträgen des in (b.) vorkommenden Wortes, und §. 164. tritt es auch in a ein, da dort das hier noch mögliche Mißverständniß nicht mehr entstehen kann.

**) Dies ist also die organisirende Thätigkeit in Form der Identität Aller oder der Einerleiheit. Es beginnt also die Beziehung beider Eintheilungen auf einander.

Vorausgesezt nämlich die ursprüngliche, vor der persönlichen
Einigung mit der Natur gedachte, Einerleiheit der Vernunft in
allen. Denn sofern sie nun mit derselben Natur bilden, werden
sie auch auf dieselbe Weise bilden, weil für dieselbe Natur, und
sofern sie nun zugleich aus derselben Natur bilden, bilden sie ge=
wiß auch selbiges.

Begriffsmäßige Verschiedenheit ist also aufgehoben im Or=
ganisirtsein der Natur unter diesen Bedingungen; und die beson=
dere Beziehung auf Ein Einzelwesen vor andern ist nur noch die
mathematische. Also ist auf diese Art Gemeinschaft gesezt, sofern
nur räumliche und zeitliche Beweglichkeit des bildenden oder des
gebildeten gesezt ist, d. h. sie ist ethisch wirklich gesezt.

Diese zwei Bedingungen sind aber nur Eine. Denn die
bildende Natur, als nicht selbst schon sittlich gebildet gedacht son=
dern ursprünglich, ist die vor aller Einigung mit der Vernunft
gedachte, d. h. die menschliche Natur von ihrer rein natürlichen
Seite, also wie sie mit der außerhalb gesezten übrigen uns ge=
gebenen Natur Ein ganzes bildet. Sofern aber muß auch in der
bildenden und der zu bildenden dasselbe Maaß und derselbe Grund
der Einerleiheit sich finden.

(b.) Diese Einerleiheit der Natur ist dann vorhanden, wenn
das dem realen, nicht als Vernunft, einwohnende und es gestal=
tende ideale zu jedem bildenden Vernunftpunkte in demselben
Verhältniß steht. Dann giebt es für Alle den gleichen Umkreis
von Naturformen, an welche sich das Bildungsgeschäft so an=
schließt, daß sie ihm zur Grundlage seines Systems von Gestal=
ten dienen. Denn die so gebildeten Gegenstände sind dann für
jeden da, für den jene Naturformen denselben Sinn haben. Da=
her ist in jedem organisirenden Act wesentlich eine Beziehung auf
einen solchen in der Natur gegründeten Schematismus oder Ge=
staltungsprincip.

§. 161. So weit daher in mehreren dieselbe ur=
sprüngliche Organisation, und für mehrere dasselbe Sy=

ſtem der Naturgeſtaltung gegeben iſt, iſt auch für meh=
rere Einzelweſen Ein ſittliches Bildungsgebiet als ein
in ſich abgeſchloſſenes ganze des gemeinſchaftlichen Ge=
brauchs oder des Verkehrs gegeben.

Da die äußere Natur durch organiſche Einigung mit der
Vernunft auf eine höhere Stufe des geiſtigen erhoben wird: ſo
iſt dasjenige in ihr, worauf gehandelt wird in der organiſirenden
Thätigkeit, auch urſprünglich ihre geiſtige Seite, die Geſtalt, nicht
ihre dingliche, der Stoff. Beides iſt ohnedies im wirklichen Sein
nur beziehungsweiſe entgegengeſezt. Die Einerleiheit worauf es
hier ankommt iſt alſo die der Naturgeſtaltung. In jedem ſitt=
lich organiſirten alſo, ſofern es ein gemeinſchaftliches ſein ſoll,
muß eine Beziehung geſezt ſein auf eine beſtimmte Einerleiheit
der umgebenden Naturgeſtaltung.

Daſſelbe gilt von der Einerleiheit der bildenden Natur, wo=
rauf es hier ankommt; ſie iſt auch die der Geſtaltung. Denn
nur ſofern ſie organiſirt d. h. überwiegend unter die Potenz der
Geſtaltung geſezt iſt, kann die Vernunft mittelſt ihrer auch durch
anderes organiſirtes handeln.

Soweit daher dieſes beides geſezt iſt, iſt auch begriffsmäßig
geſezt, daß eine anbildende Thätigkeit, welche angefangen iſt von
einem Einzelweſen, als völlig dieſelbe kann fortgeſezt werden von
einem andern; und daß was einem Einzelweſen angeeignet iſt
in völlig demſelben Sinn auch kann angeeignet werden einem
andern; welches eben ausgedrükkt iſt durch den Namen Verkehr.

§. 162. Als größtes Bildungsgebiet iſt gegeben
die Erde als Eines für das menſchliche Geſchlecht als
Eines, und alſo ein über dieſes ganze Gebiet verbrei=
tetes ſittliches Verkehr.

Denn auf die Einheit der Erde gründet ſich eine Einerlei=
heit aller Naturgeſtaltung als aus ihr hervorgehend, und ebenſo
eine Einerleiheit des Verhältniſſes alles menſchlichen zu jedem,

was sonst auf der Erde für sich gesezt ist. Also muß es in die=
sem Sinne ein in Allen und für Alle gleiches Organisiren geben.

Dieses aber als Eines betrachtet wäre kein sittliches, wenn
es nicht anderes neben sich hat *), wovon es geschieden ist. Sol=
ches ist uns nicht gegeben, und also in diesem Umfang eines
Theils gleich gesezt die sittliche und natürliche Betrachtung, oder
andern Theils aufgegeben sittliches auch außerhalb der Erde zu
sezen und jedem Weltkörper ein uns unbekanntes sittliches Sein
und Leben zuzuschreiben, wovon das unsrige aufs vollständigste
geschieden ist.

Dasselbe als Vieles betrachtet, inwiefern es von vielen Punk=
ten ausgeht und auf viele bezogen wird, führt darauf, daß so=
fern diese sollen für sich gesezt sein, sie eben sowol müssen von
einander geschieden sein als mit einander in Gemeinschaft, beides
also beziehungsweise.

(b.) Abgeschlossen ist daher von dieser Seite wesentlich das
Bildungsgeschäft innerhalb der Erde; denn nur auf ihr ist uns
gegeben ein Zusammengehören der menschlichen Vernunft und der
niedern Stufe. (Und man kann nur annehmen, daß jeder
Weltkörper als ein eigenthümliches System der Identität des
idealen und realen auch sein eigenes sittliches Bildungsgebiet
habe). Da aber die Natur und auch die menschliche Orga=
nisation auf verschiedene Weise überall theils dieselbe sind
theils verschieden: so ist hier unbestimmt gesezt, wie nach
den verschiedenen Abstufungen der Identität und Differenz je=
des abgeschlossene Bildungsgebiet wieder in eine Mehrheit zer=
fällt, und also die Identität und Gemeinschaftlichkeit nur rela=
tiv sind.

§. 163. Das Anbilden der Natur wird in jedem
und für jeden ein anderes sein, sofern jeder eine andere

---

*) Denn es fehlte ihm ja das individuelle Moment, es wäre nicht eigen=
thümliche Modification eines allgemeinern.

bildende Natur in sich hat und eine andere zu bildende vor sich *).

Von der ersten Voraussezung aus (§. 160.) ist das Geheftetbleiben eines und desselben organisirten Naturganzen an einem und demselben organisirenden Punkt nur durch Raum= und Zeitverhältnisse bestimmt, also ethisch rein zufällig, und eine solche Scheidung ethisch anzunehmen hieße bloß die Gemeinschaft aufheben ohne etwas anderes ethisch zu sezen, also das ethisch nothwendige zerstören. Von diesen Voraussezungen aus aber wird eine Scheidung des organisirten nach den organisirenden Punkten ohne alle Rükksicht auf die räumlichen und zeitlichen Verhältnisse, also ethisch, gesezt.

Die beiden Voraussezungen sind aber ebenfalls nur Eine. Denn die bildende Natur, nicht selbst wieder als sittlich gebildet angesehen, ist nur ein Theil der uns umgebenden Gesammtnatur, und das Princip der Differentiirung, was in ihr gesezt ist, muß sie aus dieser haben, und es muß durch diese hindurchgehen. Auch wenn man sagen wollte, die zu bildende Natur könnte auf zwiefache Weise verschieden sein für mehrere, indem wirklich jedem eine andre gegeben ist, oder indem dieselbe gegebene von jedem anders aufgefaßt wird: so kommt auch dies auf das nämliche heraus, denn die verschiedene Auffassung kann auch nur gegründet sein in der Verschiedenheit der mit der Vernunft ursprünglich geeinigten Natur, der wiederum Verschiedenheit in der Naturgestaltung überhaupt entsprechen muß. Auch dieses also ist wesentlich einerlei, und beide Ausdrükke werden überall gelten nur in verschiedenem Maaß.

§. 164. Sofern daher mehrere bildende Einzelwesen jedes mit einer ursprünglich verschiedenen Organisation und nach einer verschiedenen Beziehung auf das System der Naturgestaltung bilden, werden ihre

---

*) Die organisirende Thätigkeit wird als individuelle entwikkelt.

Bildungsgebiete von einander geschieden sein, und jedes wird ein in sich abgeschlossenes ganze der Unübertragbarkeit oder des Eigenthums *).

Es ist besser zu sagen, Nach einer verschiedenen Beziehung auf dasselbe System der Naturgestaltung, als, Auf einen verschiedenen Theil desselben Systems. Denn Ein ganzes bildet doch die uns gegebene Natur wesentlich, und da wir hier die räumlichen und zeitlichen Verhältnisse nicht berükksichtigen: so scheidet sich doch jedem auch ein eigener Theil dieses gesammten Systems als sein besonderer Bildungsstoff nur aus durch eine eigne Beziehung seiner Vernunftthätigkeit auf das ganze. Daß es aber auch hier die Naturgestaltungen sind, auf die es zunächst ankommt, erhellt aus dem zu §. 161. gesagten hinlänglich.

Da nun jedes sittlich organisirte, sofern es ein für sich gesesztes ist, auch irgendwie ein geschiedenes sein muß: so muß in jedem gesezt sein eine Beziehung auf ein bestimmt verschiedenes in der allgemeinen Naturgestaltung, und in jedem gesezt die Thätigkeit einer ursprünglich von allen andern verschiedenen Organisation.

Und eben insofern ist jedes sittlich organisirte unübertragbar von einem bildenden Punkt auf den andern. Weder kann einer die Thätigkeit des andern fortsezen. Denn sie würde nicht mehr dieselbe sein, da sie mit andern Organen fortgesezt würde. Noch kann einer das für einen andern gebildete sich aneignen; denn es ist für eine andere Organisation gebildet. Jedes also verliert durch Abtrennung von seinem ursprünglichen sittlichen Entstehungspunkte in dem Maaß als es ein besonderes ist seine organische Bedeutung, und tritt mehr oder minder in die ungebildete Masse als roher Stoff zurükk.

Dieses ist der sittliche, von dem gewöhnlichen rechtlichen allerdings verschiedene, Begriff des Eigenthums beruhend auf der

*) Entsprechend dem, was auf identischer Seite §. 161. Verkehr heißt.

Abgeschloffenheit der organischen Beziehung, und auf der Gleich=
gültigkeit jedes andern bildenden Punktes gegen das, was seinem
Triebe auf eine bestimmte Weise widerspricht.

(b.) Die Unübertragbarkeit dieses Eigenthums wird gesichert
durch den Verlust der organischen Bedeutung, der mit der Ueber=
tragung verbunden wäre, und durch die Gleichgültigkeit, in der
jeden dasjenige lassen muß, was nicht in der Aehnlichkeit mit
seinem eignen Triebe gebildet ist. Das rechtliche Eigenthum ist
größtentheils sehr unvollkommenes in dieser Hinsicht.

Beispielsweise ist das was wir Geschmack nennen auf ei=
nem bestimmten Gebiet das Princip einer solchen Unübertragbarkeit.

Das Gebiet des eigenthümlichen ist hier übrigens ganz un=
bestimmt gesezt, ob nach dem fließenden Gegensaz des allgemei=
nen und besonderen eine solche lebendige Einheit nicht wieder
mehrere unter sich hat, die unter ihr befaßt eben deswegen in
Beziehung auf sie identisch sind: so daß Eigenthümlichkeit und
Unübertragbarkeit nur relativ sind.

§. 165. Als engstes Bildungsgebiet in diesem
Sinne oder als kleinste Einheit ist uns gegeben der
menschliche Leib jeder als Ein besonderer für jede mensch=
liche Seele als Eine besondere, also das Leben als das
völligst abgeschlossene und unübertragbarste Eigenthum.

Bildungsgebiet ist der Leib als Ineinander der Thätigkeit
und des Resultates, des ursprünglichen und des gewordenen.
Aber gleichsam schlechthin abgeschlossenes ist er doch streng ge=
nommen nur in der Einheit aller in ihm gesezten Functionen
oder als Leben. Denn sofern man ein Thätigkeitssystem von den
übrigen trennen kann, kann es auch in größere Verbindung ge=
sezt sein mit anderem, z. B. mit dem analogen Thätigkeitssystem
in einem anderen, und also mit diesem in eine Gemeinschaft ge=
sezt, die freilich immer bedingt bleibt durch die Einheit des Le=
bens. Daher können in einem gewissen Sinne auch die einzel=

nen Gliedmaßen in Bezug auf ihren Gebrauch als Gegenstand des Verkehrs angesehen werden.

Aber auch die Einheit des Lebens kann nicht vollkommen schlechthin als ein abgeschlossenes Bildungsgebiet angesehen werden, indem jede wirklich gegebene nur im sittlichen Verlauf, also aus einer andern, entsteht, und also theilweise mit ihr nur dieselbe Einheit des Lebens bildet. Also ist auch in der intensiv stärksten Eigenthümlichkeit die Gemeinschaftlichkeit mitgesezt.

§. 166. Von dem menschlichen Leibe an bis zum Gesammtumfang der Erde ist also alles für das sittliche Sein ein Ineinander von Einerleiheit und Verschiedenheit; und überall Eigenthum und Verkehr nur theilweise außereinander gesezt, Unübertragbarkeit und Gemeinschaftlichkeit nur beziehungsweise entgegengesezt.

Denn da in dem kleinsten verschiedenen und dem größten gemeinschaftlichen beides Ineinander ist: so ist auch die Fortschreitung von jenem zu diesem nur ein Abnehmen der Eigenthümlichkeit und Zunehmen der Gemeinschaftlichkeit, und umgekehrt. Und was Eigenthumsgebiet ist in Bezug auf das danebengestellte *), ist Verkehrsgebiet für das als Vielheit unter jener Einheit befaßte; so daß was eigenthümlich ist in einer Hinsicht gemeinschaftlich sein muß in einer andern.

(b.) Was Eigenthum ist für eine größere allgemeinere Bildungseinheit, das ist Gebiet des Verkehrs für die kleineren innerhalb derselben befaßten. Kein Eigenthum ist absolut; auch die unmittelbaren Organe eines jeden sind in gewisser Hinsicht Gemeingut.

---

*) Dies fand §. 164. (b.) im lezten Saz seine Erklärung. Sobald nämlich etwas angesehen wird als anderm coordinirt (danebengestellt), so ist es in dieser Hinsicht eigenthümlich; in Bezug aber auf unter ihm enthaltene subordinirte Glieder ist es gemeinschaftlich. — Beide Gebiete begrenzen einander.

§. 167. Die Natur, auf welche gehandelt wird, als Gegenstand beider der gleichförmigen und der verschiedenen bildenden Thätigkeit, ist der Inbegriff der Dinge.

Nämlich inwiefern sie nicht als ein unzertrennliches sondern immer schon als getrenntes mannigfaltiges gegeben ist, heißt jeder für sich gesezte Theil derselben in der aufgezeigten Beziehung ein Ding. Aber auch nur in dieser unzertrennlichen Zwiefältigkeit seines möglichen sittlichen Werthes. Denn woran gar kein Eigenthum statt findet, wenngleich Verkehr damit, oder womit gar kein Verkehr, wenngleich Eigenthum daran: das ist kein Ding, das Leben also keines auf der einen Seite, die Naturkraft keines auf der andern; der Leib am wenigsten eines auf der einen, die Elemente am wenigsten eines auf der andern.

Dies ist der aber auch in dem gemeinen Sprachgebrauch einheimische Begriff des Dinges, von dem dialektischen und naturwissenschaftlichen verschieden *).

(z.) Die Differenz zwischen ethischer und physikalischer Bedeutung von Ding habe ich nicht herausgehoben.

(b.) Das gemeinsame Gebiet des Eigenthums und Verkehrs sind die Dinge. Unter diesen ist hier der menschliche Leib mit begriffen aber als dasjenige, worin am meisten hervortretend ist das Eigenthum, und am meisten beschränkt das Gemeingut. Eben so die Naturkräfte aber als dasjenige Ende, worin am meisten hervortritt das Gemeingut, und am meisten beschränkt ist das Eigenthum. Dies ist der auch in der gemeinen Sprache herrschende

*) In den Vorlesungen sagt S., Die Einzelheit in der unbestimmten Mannigfaltigkeit des Stoffs nennen wir Ding, insofern unbestimmt ist, ob es zum Gebiet des Verkehrs oder des Eigenthums gehöre, ob Stoff für das eine oder für das andere. Aus dem Ding entstehen beide Gebiete. Im Leib des Menschen ist das Maximum des Eigenthums mit Minimum des Verkehrs, in den Elementarformen der Natur das umgekehrte Verhältniß.

ethische Begriff des Dinges, der aber mit dem physischen und mit dem transcendentalen nicht ganz zusammen fällt.

§. 168. Das Bezeichnen der Natur ist bei der Zerspaltung in die Mehrheit der Einzelwesen dennoch in allen dasselbe, inwiefern außer der Vernunft auch in allen die Natur, an welcher bezeichnet wird, oder die bezeichnende, und die Natur, welche bezeichnet wird, dieselben sind *).

Unter Vernunft verstehe ich hier nur diese bezeichnende Thätigkeit selbst, und deren Einerleiheit ist also die erste Bedingung. Die Vernunft aber, welche ausgedrükkt werden soll in der bezeichnenden Natur, ist ganz dasselbe mit der Natur, welche ihr gegenübersteht. Denn die Vernunft ist dasselbe auf geistige Weise, was die Natur ist auf dingliche. (§. 23. z.) Dieses ursprüngliche Geistiggeseztsein der Natur in der Vernunft ist das, was man mit einem mißverständlichen freilich aber auch richtig zu deutenden Ausdrukk die angeborenen Begriffe zu nennen pflegt. Angeboren nämlich, weil vor aller sittlichen Thätigkeit der Vernunft in ihr vorhergebildet und bestimmt; Begriffe aber nicht, weil sie dieses erst werden in der sittlichen Thätigkeit der Vernunft.

Die bezeichnende Natur aber ist die der Vernunft schon geeinigte als die Functionen des Bewußtseins in sich enthaltend. Wenn diese verschieden sind, muß offenbar auch die Bezeichnung verschieden sein.

Also die Zerspaltung der menschlichen Natur in die Mehrheit der Einzelwesen besteht nur mit dem Handeln der Vernunft in ihr, sofern die angebornen Begriffe und die Geseze und Verfahrungsarten des Bewußtseins in Allen dieselben sind. Daher auch aller bezeichnenden Thätigkeit diese Voraussetzung lebendig

*) Es beginnt die symbolisirende Thätigkeit zuerst im Charakter der Identität Aller, parallel dem §. 160.

Ethik.   J einwohnt, und sie nur vermittelst dieser eine Vernunstthätigkeit sein kann.

Beide Voraussezungen sind aber auch nur Eine. Denn die menschliche Natur vor aller bezeichnenden Thätigkeit, also ursprünglich gesezt, ist nur ein integrirender Theil der Natur überhaupt, und also auch die Geseze des Bewußtseins, sofern sie in ihr liegen gleichsam auf dingliche Art, sind selbst in dem begriffen, was in der Vernunft als angeborene Begriffe auf geistige Art gesezt ist. Keineswegs aber kann man behaupten, daß die Geseze unsers menschlichen Bewußtseins das Wesen der Vernunft überhaupt constituiren, und also ohne alle Beziehung auf eine mit ihr zusammengehörige Natur in ihr gesezt wären. Vielmehr sobald wir uns denken die Vernunft mit einer anders constituirten Natur zusammengehörig, müssen wir uns auch die Geseze des diese Einigung ursprünglich constituirenden Bewußtseins anders denken *).

(b) Man kann eine Identität zwischen der menschlichen Vernunft und anderer annehmen, und doch wird dieser Proceß nicht als derselbe angenommen; wie sich dies, wenn man die Dichtung von übermenschlichen Wesen betrachtet, ergiebt.

§. 169. Aber nur sofern auch die bezeichnende Thätigkeit eines Jeden kann Allen andern gegeben sein, ist sie eine gemeinschaftliche.

Denn indem die bezeichnende Thätigkeit nur in den Functionen des Bewußtseins, also im innern der mit der Vernunft

*) Sezt man also Vernunftwesen voraus in andern Planeten: so hätte man für deren Vernunft, weil sie mit anderer Natur zusammengehörte, eine andere Form zu präsumiren als das menschliche Bewußtsein. Und sezt man Vernunftwesen außer Gemeinschaft mit Natur: so läßt sich eben so wenig die Form, unter welcher die Vernunft auf der Erde steht, auf dieselben übertragen. Diese Lehre, daß menschliches Bewußtsein nur eine von vielen Arten sei, wie die Vernunft da ist, kann ganz und gar nicht die Lehre von der Unsterblichkeit zu gefährden beschuldigt werden. (§. 171.)

geeinigten Natur, iſt: ſo iſt ſie nicht wie die organiſirende Thätigkeit und ihre Erzeugniſſe den andern Einzelweſen ſchon urſprünglich gegeben, ſofern die geſammte äußere Natur ihnen gegeben iſt.

Kann ſie aber gegeben werden:, ſo kann ſie auch unter den obigen Vorausſezungen eine gemeinſchaftliche ſein. Denn die angefangene Thätigkeit, weil ſie ausgeht von denſelben angeborenen Begriffen und denſelben Geſezen und Formen des Bewußtſeins, kann auch fortgeſezt werden von einem andern, ſofern ſie nur gegeben iſt, und kann auch als vollendet gegeben eben ſo und als eben dieſelbe feſtſtehen in ſeinem Bewußtſein. Alſo alles, was in dem Bewußtſein des einen Einzelweſens iſt, kann auch ſein in dem des andern.

Die bezeichnende Thätigkeit, inwiefern ſie auf die in Allen gleiche und ſelbige Natur zurükkgeht, iſt alſo in den einzelnen nur als eine ſittliche wirklich, inwiefern ſie zugleich eine mittheilbare iſt. Indem aber mit der Thätigkeit zugleich auch die Aeußerung derſelben vollzogen werden muß, durch welche die Thätigkeit wieder aufhört auf das Einzelweſen ausſchließend bezogen zu werden: ſo wird das Einzelweſen, inſofern es ein ſittliches nur in dieſer Thätigkeit iſt, wie oben §. 139. geſagt, zugleich geſezt und aufgehoben, alſo im ſchwebenden Daſein erhalten.

(b) Gemeinſchaftlich kann der ſymboliſirende Proceß ſein, inwiefern jeder darſtellende Punkt fordert, daß jeder gleichgehaltige Act von Allen auf dieſelbe Weiſe vollzogen werde, und wenn Alle anerkennen, daß jeder gleichgeſtaltige Act bei jedem denſelben Gehalt habe. Dies iſt die allgemeine Vorausſezung der Verſtändlichkeit, worauf alle Fortpflanzung und Gemeinſchaft des ſymboliſirenden Proceſſes ruht, ſo daß ſie nicht weiter gehen kann als jene.

§. 170. So weit daher in mehreren dieſelben angeborenen Begriffe ſind und dieſelben Geſeze des Be-

Bewußtseins, giebt es ein gemeinsames und in sich ab=
geschlossenes Bezeichnungsgebiet im Zusammensein des
Denkens und Sprechens.

Was wir Denken nennen insgesammt, ist eine solche Thä=
tigkeit, deren sich jeder bewußt ist als einer nicht in ihm beson=
deren sondern in allen gleichen, so nämlich daß jeder auf dieselbe
Weise bezeichnend handeln kann, und jeder so handelnde auch die=
selbe Bezeichnung hervorbringt, und daß jeder, in dem dieselbe
Bezeichnung ist, sie auch nur durch dasselbe Handeln hervorge=
bracht hat. Also ist auch ganz gleich, ob derselbe Gedanke von
demselben oder einem anderen Einzelwesen vollendet wird, und
jeder durch seinen Inhalt bestimmte Gedanke ist in und für je=
den dasselbe.

Dies gilt nicht nur von dem mehr auf der Seite des all=
gemeinen liegenden und auf dem Bewußtsein, sofern es Verstand
ist, beruhenden Denken im engern Sinn; sondern ebenso auch
von dem mehr nach der Seite des besonderen liegenden und auf
dem Bewußtsein als Sinn beruhenden Vorstellen. Denn die
Gleichheit der Sinneswerkzeuge und ihrer Actionen gehört wesent=
lich zur Gleichheit der bezeichnenden Natur.

Daß aber das Denken dieser sittlichen Thätigkeit angehört
und keiner andern, leuchtet ein. Denn es wird durch Vernunft=
thätigkeit, aber nur in der Einigung der Natur, ohne welche
keine wirklichen Gedanken; und es ist nicht unmittelbar Organ,
wol aber weiset jeder Gedanke zurükk auf das der Vernunft ur=
sprünglich eignende System der angeborenen Begriffe, und ist
ein bestimmter Ausdrukk desselben, also ein Symbol.

Unter Sprechen endlich wird hier nur vorläufig ganz allge=
mein das dem Denken eignende Aeußerlichwerden verstanden,
wodurch jeder, weil in ihm dasselbe mit dem Denken zugleich
gesezt ist, die bezeichnende Thätigkeit des anderen vernimmt nicht
nur sondern auch unterscheidet, so daß er im Stande ist sie ih=

rem Inhalt und ihrem Verfahren nach in sich aufzunehmen.
Ohne dieses wäre zwar das Denken dieselbe bezeichnende Thätig=
keit in Allen, aber für jeden wäre nur die seinige. Das Spre=
chen aber in diesem allgemeinen Sinne hängt dem Denken so
wesentlich an, daß kein Gedanke fertig ist, ehe er Wort geworden
ist. Der Möglichkeit nach ist nun dieses zwar Naturbedingung
des sittlichen Seins als Zusammenhang des Aeußerungsvermö=
gens mit dem aufnehmenden; in der Wirklichkeit aber ist es nur
durch die Kraft der Vernunft, welche die Schranken der Person
nach beiden Seiten durchbricht, und von beiden Seiten angese=
hen, von der Vernunftseite und der Naturseite, ist es die Kraft
der durch Vernichtung der getrennten Einzelheit sich selbst wieder=
herstellenden Gattung.

(b.) Alle Gedanken zusammen sind nicht die Vernunft selbst,
sondern nur ihr Ausdrukk im Leben des Bewußtseins, und jeder
einzelne Gedanke ist ein solcher einzelner Ausdrukk, also ein Sym=
bol; und Jeder denkende sezt voraus, daß Alle denselben Denk=
inhalt auch auf dieselbe Weise vollziehen. Jedes Denken ist ein
vollständiger sittlicher Act auch nur in der Identität mit seiner
Mittheilung. Die Vollendung des unter diesem Charakter gege=
benen Seins der Vernunft in der Natur ist das gesammte Ge=
biet des Wissens.

(z.) Anmerk. Da Ding sich auf Verkehr und Eigenthum also auf
beide Charaktere bezog: so ist Gedanke nicht parallel dem Ding
(§. 167.) sondern nur Gedanke mit Gefühl (§. 174.). Vielleicht
also eigentlich dem Ding zu parallelisiren das Ich.

(d.) Wird das Grundverhältniß, die Identität von Denken
und Sprechen verlezt: so leidet beides Schaden, Wissen und
Sprache. Wenn man etwas für ein Wissen hält, was noch
nicht zur Klarheit und Bewußtheit des innern Sprechens ge=
kommen ist: so ist es entweder verwirrt oder tritt ins Gebiet des
Gefühls. Giebt es Acte des Sprechens, denen kein Wissen vor=
angegangen ist: so fällt die Sprache in die Sphäre des Mecha=

nismus zurükk, und die Elemente verlieren so durch Gewöhnung an der Intensität der Bedeutung, so daß immer neues ersonnen werden muß um den alten Dienst zu leisten, und also immer mehreres anorganisch und todt wird. So entsteht in der Sphäre des gemeinen Lebens das Formelwesen. In der Sphäre der Wissenschaft ist ebenfalls das gefährliche die bestimmte Terminologie; man gewöhnt sich an ein Verkehr mit Worten ohne Anschauung. Höchst verkehrt ist daher schon von diesem Gesichtspunkte aus betrachtet das Unternehmen die Sprache dem mathematischen Calculus ähnlich zu behandeln, wo man ganze Reihen von Operationen mit den Zeichen verrichtet und sie dann erst auf die Gegenstände reducirt. Wenn producirende Philosophen eine Terminologie aus sich bilden, stellen sie sich in ein falsches Verhältniß; denn wie das höhere Erkennen sich allmählig aus dem gemeinen Vorstellen entwikkelt: so wird sich auch der höhere Geist der Sprache, wenn sie nur aus ihrem Gebiet nicht herausgeht, entwikkeln. Philosophie und Philologie sind also innig verbunden, und es ist ein grober Mißverstand, wenn sie sich haffen.

§. 171. Im weitesten Sinn ist alles verständige Bewußtsein des menschlichen Geschlechts Ein gemeinsames Bezeichnungsgebiet.

Denn die ganze Erde ist Eine Natur, deren Leben in dem System der angeborenen Begriffe in jeder menschlichen Vernunft vorgebildet ist; und welches Bewußtsein wir als ein menschliches sezen, dem schreiben wir auch die gleichen Geseze zu. Also sind alle Bedingungen überall vorhanden, und die sittliche Vernunftthätigkeit muß daher auch überall Mittheilung und Verständlichkeit hervorbringen.

Demnach wo mehrere Einzelwesen in Beziehung mit einander treten, da handeln sie auch unter Voraussezung der Identität und gegenseitigen Verständlichkeit ihres Denkens, und es ist

keine Grenze gesezt, wie weit sie es in gegenseitiger Aufnahme
ihres Denkens bringen können.

Aber indem wir das so symbolisirte, nicht als die ganze
Vernunft sezen und die ganze Natur, sondern beide darüber hin=
aus: so sezen wir es auch als ein in sich abgeschlossenes und
also eigenthümliches. Denn wenn wir außermenschliche denkende
Wesen annehmen (§. 168. b.): so nehmen wir keine Verständ=
lichkeit zwischen ihnen und uns natürlich an. Und dieses Be=
wußtsein ist wesentlich überall Eines mit dem unserer Verständ=
lichkeit unter einander, und nur dadurch, daß das identische so
zugleich als ein von anderen verschiedenes gesezt ist, ist es ein
wirkliches und sittliches. (§. 166.)

(d.) Das Aeußerlichwerden als Sprechen ist nur möglich un=
ter der organischen Bedingung eines vermittelnden und modifi=
cabeln Mediums. Die Naturseite der Sprache ist noch wenig
bekannt. Das wichtigste wäre die Bedeutsamkeit der Sprach=
elemente organisch zu deduciren. Ehe dies geschehen ist, muß
auch in der ethischen Darstellung vieles als Postulat erscheinen.
Nur muß man nicht auf die Absurdität gerathen auch das phy=
sische an der Sprache ethisch deduciren zu wollen. Die genaue Cor=
respondenz zwischen Denken und Sprechen drükkt auch die Sprache
selbst aus. Denken Reden, Saz Gedanke ist überall dasselbe;
im griechischen in der schönsten Zeit διαλέγεσθαι Gespräch führen
und philosophiren; Dialektik Orgàn der Philosophie, fortgeseztes
Vergleichen einzelner Acte des Erkennens durch die Rede bis ein
identisches Wissen herauskommt.

§. 172. Das Bezeichnen der Natur ist ungeach=
tet der Einerleiheit der Vernunft in Allen doch in je=
dem ein anderes, sofern in jedem die bezeichnende Na=
tur eine andere ist, und jeder eine andere Thätigkeit
auf die zu bezeichnende richtet *).

*) Es beginnt Entwikkelung der symbolisirenden Thätigkeit in Form des

Da die Gesammtheit der Einzelwesen nicht Eine Gattung
bildete, wenn nicht die Formen und Geseze des Bewußtseins
dieselben wären: so kann die Verschiedenheit nur in der Art liegen, wie die mannigfaltigen Functionen desselben zu einem ganzen verbunden sind, d. h. in der Verschiedenheit ihres Verhältnisses unter sich in der Einheit des Lebens. Insofern also die
ganze der Vernunft im Einzelwesen geeinigte Natur wirksam
und die Einheit des Lebens erregt ist in der bezeichnenden Thätigkeit, wird eine Verschiedenheit derselben gesezt sein, nicht etwa
nur in dem Mehr und Weniger des schon bezeichneten, wovon die
bezeichnende Thätigkeit in dem Einen ausgeht und in dem anderen. Denn es ist nur sittlich zufällig in Zeit- und Raumver-
hältnissen gegründet, wenn bei ter Gleichheit der Functionen und
der Gleichheit der gegebenen Natur nicht dieses Mehr und Weniger sich in Allen jeden Augenblikk ausgleicht, und also eine
völlige Gleichheit Aller entsteht. Unter der hier aufgestellten Voraussezung ist die Gleichheit wesentlich und begriffsmäßig aufgehoben und die Verschiedenheit gesezt; und nur wiefern diese Verschiedenheit gesezt ist haben die Einzelwesen ein Recht sich auf
dem sittlichen Gebiet als ein für sich bestehendes zu sezen.

Daß aber unter dieser Voraussezung auch die der äußern
Natur, wenn auch diese für alle ganz dieselbe wäre, zugewendete
Thätigkeit der Vernunft im Durchgang durch diese begriffsmäßig
verschiedene Einheit des Lebens eine andere werden muß, leuchtet
ein. Denn die Natur verhält sich anders zu einer andern Com-
plexion von Functionen, und muß also auch anders aufgefaßt
werden, nicht nur inwiefern die Thätigkeit streng genommen jedesmal auf die ganze Natur gerichtet wird, sondern schon wie-

individuellen, ein Abschnitt, den S. bekanntlich zuerst den andern ethischen Punkten analog aufgefaßt und so in die Ethik eingeführt hat.
Diesen Abschnitt wird als die Wurzel der Religion in sich enthaltend
jeder, der S's Glaubenslehre völlig verstehen will, genau durchstudiren
müssen.

fern jedes Einzelne, worauf sie gerichtet werden kann, ein mannigfaltiges ist und mit allen Functionen des Bewußtseins verwandt. Dies ist aber nothwendig im Zusammenhang der gesammten Natur, von der auch die jedes menschlichen Einzelwesens ursprünglich gesezt ein Theil ist.

(b.) Jeder kann sich nur in dem Maaß ein besonderes Dasein sittlich zueignen, als das productive Sein der Vernunft in seiner Natur ein eigenthümliches ist, und nur so ist das Selbstbewußtsein ein menschliches.

§. 173. Aber nur sofern die in jedem verschiedene bezeichnende Thätigkeit nicht kann im Bewußtsein der anderen nachgebildet werden, ist sie auch eine unübertragbare.

Denn wäre sie mittheilbar auf dieselbe Weise wie der Gedanke: so wäre alle Differenz der Einzelwesen im Bewußtsein nur noch eine räumliche und zeitliche. Das Gegentheil davon liegt aber auch schon in der Voraussezung. Denn was Ausdruck ist von dem Verhältniß der gesammten Natur zu einer begriffsmäßig bestimmten Einheit des Lebens, das kann nicht in einer andern auf gleiche Weise gesezt sein. Denn was in diesem Ausdruck dasselbe ist, das muß dem Inhalt nach verschieden sein, und was dem Inhalt nach dasselbe, kann in ihm nicht auf gleiche Weise die Einheit des Lebens ausdrükken *).

Also sind die Einzelwesen hiedurch auch in der Beharrlichkeit ihres Seins geschieden, und haben ein Recht als für sich gesezt fortzubestehen, wogegen wenn auch diese Thätigkeit mittheilbar wäre und übertragbar, die Verschiedenheit derselben im Verschwinden müßte begriffen sein; also auch die Vernunftthätigkeit begriffsmäßig nicht könnte auf diese einzelnen Punkte bezogen und ihnen zugeschrieben werden.

(b.) Die Producte des Symbolisirungsprocesses sind unüber-

*) Dieses ist im folgenden (b.) vielleicht verständlicher gesagt und einfacher.

tragbar, weil jeder die Thätigkeit selbst auf das besondere seines Daseins bezieht; daher kann keiner den Ausdrukk des anderen als seinen eigenen adoptiren oder in die Darstellung des anderen eingreifen.

§. 174. Sofern daher in jedem Einzelwesen eine ursprünglich verschiedene Einrichtung des Bewußtseins gesezt ist, welche die Einheit seines Lebens bildet, ist auch in jedem ein eigenes und abgeschlossenes Bezeichnungsgebiet der Erregung und des Gefühls gesezt *).

Was wir Gefühl nennen insgesammt, ist ebenso wie der Gedanke Ausdrukk der Vernunft in der Natur. Es ist eine in der Natur gewordene Lebensthätigkeit, aber nur durch die Vernunft geworden, und dies gilt nicht nur von dem sittlichen und religiösen Gefühl, sondern auch von dem leiblichen Gefühl, wenn es nur als ein menschliches und als ein ganzer Moment des Gefühls gesezt wird. Organ aber ist das Gefühl an sich noch weniger als der Gedanke, weil es rein in sich zurükkgeht. Es ist also bestimmter Ausdrukk von der Art zu sein der Vernunft in dieser besonderen Natur. Denn das Gefühl auch von der niedrigsten Art sagt immer aus, was die Vernunft wirkt oder nicht wirkt in der Natur. Und jedes Gefühl geht immer auf die Einheit des Lebens, nicht auf etwas einzelnes. Alles mannigfaltige und auf einzelnes bezogene, was darin herausgehoben wird, ist nicht mehr das unmittelbare Gefühl selbst. Wenn es aber scheinen könnte, als ob hiebei die mit der Vernunft nicht geeinigte Natur gar nicht im Spiel wäre, und also das Gefühl entweder überhaupt nicht sittlich oder wenigstens nicht für sich sondern nur zusammen mit anderem ein sittliches wäre: so drükkt vielmehr

---

*) Ueber diesen in S's Ethik so wichtigen § und was mit ihm zusammenhängt geben wir gern auch die Fassung der frühern Bearbeitungen. Man vergleiche hiezu S's christlicher Glaube (Dogmatik) 2te Ausg. S. 7. des 1. Bds. die Lehnsäze aus der Ethik.

jedes Gefühl immer aus, was die Vernunft wirkt oder nicht wirkt in der mit ihr geeinigten Natur zufolge des Verhältnisses, in welchem diese steht gegen die nicht geeinigte; und dies eben ist die zu jedem Gefühl nothwendig gehörige Erregung.

Aber jeden Act des Gefühls vollzieht jeder als einen solchen, den kein anderer ebenso vollziehen kann, und durch das Gefühl spricht sich aus das Recht jedes Einzelwesens ein für sich geseztes zu sein. Denn im Gefühl am meisten ist die Geschiedenheit, und es liegt darin, daß sofern es vollkommen ist auch an derselben Stelle und unter denselben Umständen kein anderer eben so fühlen würde; wie in der Vollkommenheit des Gedankens das entgegengesezte liegt.

(b.) *) Das Gefühl oder die Gemüthsbewegung ist immer veranlaßt durch eine Einwirkung in das Einzelne als solches **); und wenn es daher auch das allgemeinste zum Gegenstande hat, wie das unmittelbar religiöse Gefühl die Gottheit im Gegensaz gegen das endliche, und das unmittelbar sittliche den ethischen Proceß im Gegensaz gegen den physischen zum Gegenstande hat: so wird doch auch dies allgemeinste im Gefühl ein besonderes, und das Gefühl ist nur ein sittliches, inwiefern es von der Besonderheit durchdrungen ist.

---

*) Vorlesg. Gefühl und Gemüthsbewegung drükken die eigenthümliche Bestimmtheit des Einzelwesens in seiner symbolisirenden Thätigkeit aus; das erstere ist mehr passiv, Ausdrukk des von einem andern her; lezteres mehr activ, Ausdrukk einer Richtung auf etwas hin. Dieser Zweiheit haben wir im identischen Gebiet nur Eines gegenüber gestellt, den Gedanken, allein dieser enthält auch eine Zweiheit in sich, Gedanke in seiner Allgemeinheit, als Formel, wo er auch überwiegend activ ist, und Gedanke mehr auf Seite der Einzelheit, der weil durch Afficirtsein von einem bestimmten Object hervorgerufen überwiegend passiv ist.

**) Dies ist kein Widerspruch zu dem vorhergehenden, nur der Ausdrukk des Einzelnen ist dort der Lebenseinheit entgegengesezt, hier aber der Identität Aller, es ist also hier dasjenige, was sonst Individualität, eigenthümliche Bestimmtheit genannt wird.

Die Vollendung dieses Seins der Vernunft in der Natur ist also das gesammte Gebiet der Empfindung, welches sich zu dem des Wissens verhält wie das subjective zum objectiven.

(c.) Das bewegte Selbstbewußtsein ist überall der Ausdruck der eigenthümlichen Art, wie alle Functionen der Vernunft und Natur Eins sind in dem besonderen Dasein, und ist also ein jedem eigenes und unübertragbares Erkennen, von welchem auch jeder alle andern ausschließt. Die Totalität des unter diesem Charakter gegebenen Seins der Vernunft in der Natur bildet die Sphäre des subjectiven Erkennens, der Gemüths=Stimmungen und Bewegungen.

§. 175. Als kleinstes Bezeichnungsgebiet in diesem Sinne ist uns gegeben das in dem Leibe jedes einzelnen Menschen eingeschlossene und durch ihn vermittelte Bewußtsein, und also das Selbstbewußtsein das eigenthümlichste und unübertragbarste der symbolisirenden Thätigkeit.

Selbstbewußtsein nämlich ist jedes Gefühl. Denn jedes Bewußtsein eines anderen wird Gedanke. Aber auch nur unmittelbares; denn das mittelbare, in dem wir uns selbst wieder Gegenstand geworden sind, wird Gedanke, und ist nicht unübertragbar *).

Vielleicht aber könnte man meinen, das höchste unübertragbare wäre nur der einzelne auf bestimmte Weise bewegte Moment, nicht das ganze Selbstbewußtsein des Menschen als Eines, denn keiner könne auch sein eigenes Gefühl aus einem Augenblick ganz als dasselbe auf einen andern übertragen. Dies ist zwar richtig; aber so gewiß der Mensch Einer ist, gehen alle Momente des Gefühls in ihm hervor aus derselben besonderen Einheit des Lebens. Und reißen wir aus dieser einen Moment

---

*) Vergl. in der Glaubenslehre 1. Bd. S. 8. 9.

heraus: so kann dieser in so fern einem analogen Moment eines anderen verwandter und also minder unübertragbar sein. Diese Lebenseinheit aber ist der identische Grund alles eigenthümlichen in allen auf einander folgenden Gefühlsmomenten. Daher aber auch als das gemeinschaftliche von diesen nur Gedanke, und in Allen derselbe, nämlich das Ich. Und nur indem so das eigenthümliche wiederum gemeinschaftlich ist, ist es ein wahrhaft sittliches. (§. 171. Ende.)

(d.) Die Unübertragbarkeit des Gefühls gilt aber nicht nur zwischen mehreren Personen, sondern auch zwischen mehreren Momenten desselben Lebens. Die Einheit des Lebens und die Identität der an die einzelnen vertheilten Vernunft würde also aufgehoben, wenn das unübertragbare nicht wieder ein gemeinschaftliches und mittheilbares werden könnte. Hier also ist der Grund von der nothwendigen Einpflanzung des entgegengesezten Charakters.

§. 176. Vom einzelnen Selbstbewußtsein an bis zum Gesammtbewußtsein des menschlichen Geschlechts ist also alles im sittlichen Sein ein Ineinander von Einerleiheit und Verschiedenheit, und es ist Gedanke und Gefühl überall aber nur theilweise außer einander, Abgeschiedenheit und Mittheilung überall aber nur beziehungsweise entgegengesezt.

Kein einzelnes Gefühl ist eben wegen seiner Unübertragbarkeit ohne den zusammenhaltenden Gedanken des Ich, der in allen völlig derselbe ist und auf dieselbe Weise vollzogen, denn die persönliche Verschiedenheit ist darin ihrem Inhalte nach nicht gesezt. Ebenso wenn wir uns in allem Denken bewußt sind, der Inhalt und die Geseze desselben seien das eigenthümlich menschliche: so ist dieses unmittelbar kein Gedanke, denn sonst müßten uns andere Geseze und ein anderer Inhalt des Bewußtseins im Gegensaz mit unserem gemeinschaftlichen wirklich gegeben sein, welches

nicht ift; sondern es ist das alle Gewißheit alles Denkens begleitende Gefühl des Menschseins als einer bestimmten Einheit
des Lebens. Wenn also auf dem innersten Gebiet der Unübertragbarkeit der Gedanke das Gefühl, und in dem äußersten Umfang der Gemeinschaftlichkeit das Gefühl den Gedanken begleitet:
so werden auch auf allem dazwischen liegenden beide nicht von
einander laſſen. Denn jeder muß verglichen mit dieſen beiden
nur sein ein Abnehmen des Gefühl- und Zunehmen des Gedan-
kengehaltes, oder umgekehrt. Die Forderung also, daß überall
zusammen sein solle Einerleiheit und Verschiedenheit, iſt für die
symbolisirende Thätigkeit erfüllt durch das überall Zusammensein
von Gedanken und Gefühl *).

Verhältniß der einzelnen unter einander in diesen
verschiedenen Beziehungen.

§. 177. Das sittliche Zusammensein der Einzelwesen im Verkehr (§. 161.) iſt das Verhältniß des
Rechtes oder das gegenseitige Bedingtsein von Erwerbung und Gemeinschaft durch einander.

Nämlich Erwerbung und Gemeinschaft jedes für sich gesezt
widersprechen einander. Sie sind aber beide nothwendig vermöge
eines und desselben, nämlich der Identität der organisirenden
Thätigkeit in der Mehrheit der einzelnen. Jeder aber erwirbt,
sofern für die Vernunft nur gebildet werden kann durch Gebundensein der Dinge an die einzelnen; jeder fordert Gemeinschaft,
sofern die bildende Thätigkeit in ihm und in allen sich überall auf
die Vernunft überhaupt bezieht. Jeder iſt in jedem Augenblick
selbst ein Resultat der organisirenden Thätigkeit, also auch selbst

---

*) Dieser Abschnitt iſt in den Vorlesungen von 1832 beschlossen mit dem
Saz: Gebiet der organisirenden Thätigkeit sind die Dinge (§. 167.),
der symbolisirenden aber die Iche (§. 170.), beide die Indifferenz bezeichnend zum identischen und zum individuellen.

Organ der Vernunft, und sezt sich als solches, d. h. also mit
seinem erworbenen und kraft dessen, in Beziehung mit der Ver=
nunft überhaupt also in die Gemeinschaft aller. Denn sofern er
Organ ist, soll die Thätigkeit der Vernunft nur durch ihn hin=
durchgehen, und in der wirklichen Gemeinschaft ist also das Be=
wußtsein von dem möglichst erleichterten Zusammenhang unter
den Organen der Vernunft. Erwerbung und Gemeinschaft müs=
sen also zugleich gesezt sein, wenn die Erwerbung vollkommen
sittlich sein soll. — Auf der andern Seite aber, inwiefern die
Vernunft in jedem ursprünglich handelt, will sie nicht durch seine
Erwerbung beschränkt sein sondern strebt alles an, auch das von
anderen gebildete; aber nur als ein schon gebildetes, also auch
als ein durch ihre Thätigkeit geeinigtes, also von ihnen erwor=
benes. Denn nur in der ungehemmten Fortsezung ihrer Thä=
tigkeit, also im Besiz, konnten sie bilden. Und so muß mit der
Gemeinschaft zugleich die Erwerbung gesezt sein, wenn die Ge=
meinschaft sittlich sein soll.

Der Rechtszustand ist nichts anderes als diese gegenseitige
Bedingtheit. Wo ohne Voraussezung einer möglichen Beziehung
mehrerer auf einander, und also eines Verkehrs, Einer im Bilden
begriffen ist, da ist von Recht nicht die Rede, weil kein Unrecht
denkbar ist. Eben so wenig ist Gegenstand des Rechtes das oben
beschriebene nach der begriffsmäßigen Verschiedenheit gebildete,
oder das sittliche Eigenthum, rein als solches, weil darauf keine
Ansprüche eines andern denkbar sind, und Recht des einen und
Ansprüche der anderen gehören wesentlich zusammen. Wird nun
gar von Recht geredet auf dem Gebiete der bezeichnenden Thä=
tigkeit, von dem Recht eines Menschen auf seine Gedanken und
seine Gefühle: so ist dieses Mißverstand, eben weil es kein Un=
recht geben kann in Bezug auf das Hervorbringen derselben, das
Mittheilen aber auch nur gehindert werden will hie und da, so=
fern Gedanken und Gefühle können Organe werden. Wenn es
nun keinen andern Gegenstand des Rechtes giebt als die identi=

sche Anbildung, und das Unrecht eben ist in der Erwerbung, welche die Gemeinschaft leugnen will, und in der Gemeinschaft, welche die Erwerbung nicht anerkennen will: so ist das aufgezeigte die wahre sittliche Bedeutung des Rechtszustandes. Die Gemeinschaft begründet die Ansprüche Aller an Jeden unter Voraussezung seiner Erwerbung und vermittelst derselben, die Erwerbung begründet die Ansprüche Jedes an Alle auf dem Gebiet ihrer Gemeinschaft und mittelst derselben; und beides zusammen ist ihr Rechtsverhältniß.

So sind Recht und Verkehr wesentlich zusammengehörig. Nur so weit geht das Recht als es Gegenstände des Verkehrs giebt, und alles ist nur Gegenstand des Verkehrs woran es ein Recht giebt. Soweit also das Recht geht, ist alles gemeinschaftlicher Besiz und besessene Gemeinschaft *).

§. 178. Das Recht ist über die ganze Erde verbreitet; aber es ist nicht nothwendig ein gleiches Verhältniß Jedes gegen Alle.

Es muß über die ganze Erde verbreitet sein heißt, man kann sich nicht denken zwei Menschen irgendwo in wirkliche Berührung kommen und einander als solche anerkennen, daß nicht sollte auch Anerkennung des Besizes entstehen und Gemeinschaft desselben sich anknüpfen. Wo dieses fehlt, und ein Mensch irgend einen andern als schlechthin rechtlos behandelt, da sezen wir auch die Vernunftthätigkeit in dieser Beziehung als noch nicht entwikkelt, weil die Einerleiheit der Natur in allen und die Zusammengehörigkeit der bildenden Thätigkeit aller noch nicht muß anerkannt sein. Daher liegt auch darin, daß einer rechtlos behandelt wird, zugleich, daß er als sittlich roher Stoff behandelt

---

*) Man unterscheide wohl zwischen Besiz und hingegen dem, was S. Eigenthum nennt im ethischen Sinn, das als solches gar nicht in den Verkehr gehört. Besiz ist die Erwerbung einer Sphäre von identischen Organen, Eigenthum aber von individuellen.

wird, als bloß zu bildende Natur, die sich jeder aneignen kann nach Maaßgabe seiner Neigung und Bedürfniß.

Aber daß das Rechtsverhältniß unter allen dasselbe sei, ist dadurch nicht mitgesezt. Vielmehr wenn man auch nicht Rükksicht darauf nehmen will, daß in der Einerleiheit allemal auch die Verschiedenheit mit vorausgesezt ist, und diese ein ungleiches Maaß der Uebertragbarkeit und des Verkehrs und also auch des Rechtsverhältnisses hervorbringt: so besteht doch das Rechtsverhältniß nur wirklich, sofern ein Verkehr wirklich statt findet, und dieser kann nicht auf gleiche Weise zwischen allen statt finden, weil jeder von allen nicht gleich, sondern durch ungleichen Raum und Zeit getrennt, und also die Beweglichkeit der Thätigkeiten und der Dinge zwischen allen nicht dieselbe ist. Nur daß diese Ungleichheit hiedurch völlig unbestimmt gelassen bleibt.

(b.) Das Recht ist ein Verhältniß Jedes gegen Alle und Aller gegen Jeden, es kann aber beschränkt werden durch relative Eigenthümlichkeit, welche Einige zusammenfaßt und Andere ausschließt. Da nun die Voraussezung der Eigenthümlichkeit schon bei der Gemeinschaft zum Grunde liegt: so ist das Sezen eines allgemeinen Rechtes und Verkehrs nicht zu denken ohne das Streben nach einem solchen Zerfallen der Einen Rechtssphäre in mehrere eigenthümliche. — Anderseits wenn auch das Verhältniß an sich ein allgemeines ist: so kann doch das Recht nur zum Bewußtsein also zur Anerkennung kommen, inwiefern der Verkehr ausgeübt wird, und der Verkehr nur zur Ausübung, inwiefern das Recht anerkannt ist *).

*) In (d.) und (c) wurde nun hier schon die Idee des Staats aufgestellt und gesagt, Die absolute Gemeinschaftlichkeit des Organisirens wieder individualisirt giebt die Idee des Staates, das höchste bestimmte in dieser Function. — In spätern Bearbeitungen vermied S. die organischen Formen und Güter selbst schon in den beiden vorbereitenden Abschnitten hervortreten zu lassen, daher wir erst im dritten Abschnitt der Güterlehre den Staat finden werden. Dasselbe gilt von den coordinirten Begriffen und Gütern.

Ethik.   K

§. 179. Das Verhältniß der einzelnen unter ein=
ander in der Gemeinschaft des ausgesprochenen Den=
kens ist das des Glaubens *), oder die gegenseitige
Abhängigkeit des Lehrens und Lernens von dem Ge=
meinbesiz der Sprache, und umgekehrt des Gemeinbe=
sizes der Sprache vom Lehren und Lernen.

Nämlich unter Glauben verstehe ich hier die allem Handeln
auf diesem Gebiet zum Grunde liegende Ueberzeugung, daß das
Wort eines jeden und sein Gedanke dasselbe sei, und daß der
Gedanke, den jeder mit einem empfangenen Worte verbindet, der=
selbe sei, aus dem es in jedem andern hervorgegangen sei. Dies
ist an sich niemals ein Wissen; sondern es kann ein solches zwar
werden in einzelnen Fällen, aber nur durch eine Reihe von Hand=
lungen, die selbst auf dieser Voraussezung ruhen, und ohne sie
leer wären. Aber es ist ein Glaube, dessen sich keiner erwehrt,
und durch ihn besteht auf diesem Gebiet die Einheit der Ver=
nünftthätigkeit und die Aufhebung der persönlichen Schranken
mittelst der Gemeinschaft. Denn da die Gedanken nicht unmit=
telbar übergetragen werden können, sondern nur mittelst der Aeu=
ßerung: so findet ein Uebertragen überhaupt nur statt, sofern Aeu=
ßerung und Gedanke ein und dasselbige ist. Es genügt daher auch
der Sache nicht, wenn man sie darstellt als Pflicht Wahrheit zu
geben, und als Recht Wahrheit zu empfangen, vergl. §. 177.,
sondern die Identität von beiden muß als in der Vernunftthä=
tigkeit selbst nothwendig liegend angesehen werden.

Das Wesen des Verhältnisses aber beruht darauf, daß der
einzelne auf der einen Seite sein Bewußtsein nur an der Sprache
entwikkelt, also seine Gedanken als nachgebildet und die Gedan=
ken derer, als deren Bezeichnung die Sprache anzusehen ist, als

*) Daß vom religiösen Glauben hier nicht die Rede ist, versteht sich von
selbst, vielleicht wäre das Wort Vertrauen darum sicherer oder der
Ausdrukk Credit.

Urbild betrachten muß; auf der andern Seite die selbsterzeugten Gedanken nicht Einigung der Vernunft und Natur sind, wenn sie in dem persönlichen Bewußtsein verschlossen bleiben, also auch müssen zum gemeinen Gebrauch in die Sprache niedergelegt werden. In den Gedanken eines jeden ist also nur Wahrheit, sofern sie in der Sprache ist, und in der Sprache ist sie nur, sofern Wort und Gedanke eines jeden dasselbe sind.

Lehren und Lernen ist hier natürlich im weitesten Sinn genommen, und drükkt den Act selbst der Uebertragung eines Gedankens von Einem persönlichen Bewußtsein in das andere aus. — Daß dieses vorausfezt ein dem Aeußerungsvermögen entsprechendes Vernehmen, im Glauben woran auch das Wort erst aufgenommen wird, versteht sich von selbst. Die Gemeinschaft des Bewußtseins hat aber ihr Dasein nur darin, daß alles Denken beides ein Lehren ist und ein Lernen. Wie aber der Gemeinbesiz der Sprache durch dieses Lehren und Lernen bedingt ist, denn nur in dieser sich immer erneuernden Ueberlieferung besteht die Sprache: so auch umgekehrt. Denn keiner will den Gedanken eines andern als Gedanken übertragen wegen seiner Persönlichkeit, um in Gemeinschaft mit einem einzelnen zu kommen, sondern wiefern er Element ist des gemeinsamen Bewußtseins.

Also alles Denken ist nur sittlich sofern es ein Einzeichnen in die Sprache wird, woraus sich Lehren und Lernen entwikkelt, und der Gemeinbesiz der Sprache ist nur sittlich, sofern das einzelne Bewußtsein vermittelst desselben erzeugt. Ein bloßes Aneignen der in der Sprache schon niedergelegten Gedanken ist keine Vernunftthätigkeit, und wenn wir einen Menschen annehmen, dessen Ganzes Denken nichts weiter ist: so bleibt er uns kaum ein Mensch. Ebenso ein Denken, das sich nicht in der Sprache absezt, ist entweder ein vollendeter Act, dann aber kein sittlicher, oder ein sittlicher, dann aber ein unvollendeter, und erscheint nur als gehemmt bis dieses hinzukommt.

(b.) So wie das Reden nur sittlich ist unter der Bedingung der Wahrheit: so ist das Hören nur sittlich, insofern es das wirkliche Nachconstruiren des gehörten Gedankens ist, und das dadurch aufgeregte innere Sprechen in das eigene Denken zu=rükfgeht. Das Denken und dies Verhältniß des Lehrens und Lernens sind wesentlich Correlata; wie es kein Lehren und Ler=nen giebt ohne Denken: so entsteht auch kein Denken anders als in diesem Verhältniß. Daher kann auch jedes nur in dem Maaß ausgeübt werden als das andere anerkannt wird.

(z.) *) Lehren und Lernen im weitesten Sinne ist Verkehr, die Denkthätigkeit kann wie das Resultat in jedem Moment auf den andern übergehen. Dem Rechtszustand gegenüber ist nun die Sittlichkeit des Denkens in der Vorausfezung der Wahrheits=liebe, aus der sich der Glaube ergiebt. Wegen des Mitspielens der Eigenthümlichkeit ist nur in dem Maaß Wahrheit zwischen zweien, als ihre Abgeschlossenheit schon aufgehoben ist.

§. 180. Dieses Verhältniß des Glaubens ist ein allgemeines aller Menschen, aber nicht nothwendig ein gleiches Verhältniß Aller gegen Jeden, und umgekehrt.

Allgemein ist es in demselben Sinne wie das Rechtsverhält=niß, indem sich aus jeder Berührung zweier Menschen eine Ver=ständigung entwikfeln muß. Ja wie die schnellsten geistigen Fortschritte die ersten des Kindes sind: so kann man sagen of=fenbart sich die bezeichnende Kraft der Vernunft am stärksten, und der Glaube erscheint am lebendigsten in der Verständigung sol=cher Menschen, die ihr gewohntes Bezeichnungssystem nicht gegen einander gebrauchen können, und deren Gedankenweisen ganz von einander abweichen.

Gleich aber ist es eben so wenig als das Rechtsverhältniß, und die Ungleichheit bleibt von hier aus eben so unbestimmt.

---

*) Erst hier geben auch diese Erläuterungen wieder etwas. Der ganze erste Theil der Güterlehre ist so ausgearbeitet, daß solche Nachträge nicht oft nöthig waren.

Denn abgerechnet auch hier den ungleichen Einfluß der Eigen=
thümlichkeit: so ist die wirkliche Uebertragung doch bedingt durch
die Gemeinschaftlichkeit des Interesse an den gleichen Gegenstän=
den, und dieses ist ebenso von Raum und Zeit abhängig wie die
Beweglichkeit der bildenden Thätigkeiten und der Dinge. Denn
wenn auch der Reiz zur Mittheilung am größten ist bei dem
fremdesten: so beruht doch der Erfolg und die Sicherheit auf der
Masse des identischen.

(b.) *) Das Verhältniß des Lehrens und Lernens als zwi=
schen allen und jeden ist theilbar durch relative Eigenthümlich=
keit, welche Einige trennt und Andere verbindet. Denn da jeder
sich nur als Theil sezen kann in organischem Sinne, also als
besonderer, und daher schon bei der Gemeinschaft die Eigenthüm=
lichkeit zum Grunde liegt: so ist das Sezen eines allgemeinen
Lehrens und Lernens ohne ein Zerfallen der Einen allgemeinen
Sphäre des Wissens in mehrere eigenthümliche nicht zu denken.
Und das Bilden der einen und das Bilden der mehreren ist ei=
nes und dasselbe. Die ursprüngliche Verschiedenheit der Spra=
chen ist also hier die jedesmal schon gegebene Sittlichkeit des
Processes.

§. 181. Das sittliche Verhältniß der einzelnen un=
ter einander in der Abgeschlossenheit ihres Eigenthums
ist das der Geselligkeit, oder das gegenseitige Bedingt=
sein der Unübertragbarkeit und der Zusammengehörigkeit
durch einander.

Nämlich die ausschließende Beziehung des eigenthümlich ge=
bildeten auf den bildenden widerspricht der Einheit der Vernunft

*) Wie §. 178. wird hier zwischen (a.) und (b.) eine Differenz sichtbar;
in b. wurde die Theilung des Einen identischen Gebietes in kleinere
noch durch Beimischung des individuellen erklärt; in (a.) hingegen wer=
den die beiden Seiten nicht mit einander vermischt, sondern ein Zerfal=
len des Einen identischen in mehrere Theile construirt, ohne es von
beigemischtem individuellem geradezu herzuleiten. (§. 214.)

in der sittlichen Thätigkeit, ist aber nothwendig ihres Gehaltes wegen. Der Widerspruch wird nur gehoben, sofern die eigenthümlich bildende Thätigkeit eines jeden mit ihren Resultaten nicht als für sich bestehend sondern als ein integrirender Theil der gesammten durch die Verschiedenheit der Naturen vermittelten bildenden Vernunftthätigkeit gesezt ist. Dieses mit der Thätigkeit zugleich gesezte Theilsein derselben, und also Zusammengehören mit allen Theilen, bildet die Geselligkeit. Jedem ist sein eigenthümliches Bilden kein sittlicher Act, als insofern das eigenthümliche Bilden anderer daneben gesezt ist. Und wiederum das Nebeneinandergeseztsein bildender Menschen ist nur zufällig, wenn sie nicht jeder mit seiner Verschiedenheit bilden und also Eigenthum abschließen. Jeder so bildende schließt von seinem Verfahren und dessen Resultaten nothwendig alle anderen aus, und sezt sich selbst eben deshalb eben so von dem ihrigen ausgeschlossen. Aber dieses sich ausschließen lassen kann nur mit der Einheit der Vernunft bestehen, sofern zugleich in einer und derselben Thätigkeit gesezt wird, daß ausschließende und ausgeschlossene mit ihrem Bilden nur zusammen den Organismus der Vernunft vollenden. Jeder als Organ der Vernunft sezt sich mit seiner angeeigneten Natur als ein abgeschlossenes ganze. Jeder als selbst Vernunft sezt sich als Theil mit allen anderen in Einem ganzen.

Diese Zusammengehörigkeit ist aber kein solches Füreinander als im Verkehr unter dem Rechtsverhältniß sondern bedingt durch die Unübertragbarkeit. Aber sie ist auch kein bloßes Nebeneinander. Denn nähme auch jeder ein eigenthümliches Bilden außer dem seinigen im allgemeinen an: so würde doch im einzelnen bei jeder Berührung jeder die Thätigkeit des anderen zerstören, wenn sich ihm nicht auch das eigenthümlich gebildete als solches darstellte und von ihm anerkannt würde. In jedem eigenthümlichen Bilden muß also das Bestreben sein, es als solches den anderen zur Anerkenntniß zu bringen und selbst ihren Bildungskreis als solchen anzuerkennen; und dieses in seiner Einheit

vollendet das Wesen der Geselligkeit, welches besteht in der An=
erkennung fremden Eigenthums, um es sich aufschließen zu las=
sen, und in der Aufschließung des eigenen, um es anerkennen
zu lassen.

Geselligkeit und Eigenthum sind wesentlich auf einander be=
zogene Begriffe. Wo die eigenthümlich bildende Thätigkeit nicht
hervortritt: da ist auch außer dem Verkehr die Geselligkeit noch
ein nur mechanisches durch einen dunkeln Trieb vermitteltes Zu=
sammenhalten, eine freilich unvermeidliche Form, aber noch ohne
eigentlichen Gehalt. Wo jene Thätigkeit ist aber ohne Gesellig=
keit, also so daß die geselligen Anforderungen anderer feindselig
abgestoßen werden: da ist ein selbstisch krankhafter Zustand, das
Organ hat sich aus der Einheit mit dem ganzen losgerissen, und
die Thätigkeit mit ihren Resultaten erscheint nicht mehr sittlich.
Ja so wesentlich hängt beides zusammen, daß wenn wir einen
völlig isolirt bildenden fingiren, wir je eigenthümlicher er bildet
um desto stärker in ihm das Verlangen nach geselliger Gemein=
schaft annehmen müssen, oder auch er würde uns nicht sittlich
sein. Das heißt, in seinem Bilden müßte überall das mit her=
vortreten, wodurch es würde anerkannt werden, wenn andere ne=
ben ihm da wären. Denn nur das ist Eigenthum, was Element
der Geselligkeit sein kann.

(b) Wenn irgend etwas zwischen mehrern Menschen abso=
lut gemeinschaftlich wäre: so fände in Bezug darauf das nicht
mehr statt was wir Geselligkeit nennen, sondern diese ist ganz
vom Gebiet der Eigenthümlichkeit und Unübertragbarkeit einge=
schlossen.

(d.) Die eigentliche Tendenz der freien Geselligkeit ist, die
Eigenthümlichkeit der Organe zur Anschauung zu bringen.

§. 182. Die Geselligkeit ist ein über das ganze
menschliche Geschlecht verbreitetes Verhältniß, aber nicht
nothwendig ein gleiches zwischen Jedem und Allen.

Allgemein, denn jeder, wenn er seine besonders bildende Natur als eine ihm angeeignete betrachtet, das heißt sie auf die überall Eine und sich gleiche Vernunft bezieht, muß das Bilden aller anderen zu seinem gehörig vorausſezen, und also diese Anerkennung mit jener Billigung ein und daſſelbe Handeln sein. Auch da das Rechtsverhältniß nicht gleich iſt, würde es bei der geringſten Verſchiedenheit im Schematismus des identiſch bildenden nirgend sein, wenn nicht wenigſtens als different gebildet müßte anerkannt werden was noch nicht als identiſch kann angeſehen werden. Daher wo irgend ein Menſch den Bildungskreis des andern berührt ohne Anerkennung, da muß die Vernunftthätigkeit verkleidet oder zurükkgedrängt sein.

Aber eine gleiche Vertheilung der Geſelligkeit über alle iſt damit nicht geſezt. Vielmehr, wenn man auch nicht darauf ſehen will, daß die Anerkenung auch des eigenthümlich gebildeten leichter sein muß, wenn es nach demſelben Schematismus gebildet iſt, und diese Selbigkeit nicht unbedingt überall gleich iſt: so muß ſchon unmittelbar und inſofern keine Gleichheit mitgeſezt iſt die Verſchiedenheit eine ungleiche sein, alſo Einige einer größern Aufſchließung unter einander fähig, Andere einer geringern. Und das Zuſammenſein von Anerkennung und Aufſchließung iſt nur wirklich nach Maaßgabe der ſtattfindenden Berührung, die unmöglich gleich sein kann.

§. 183. Das Verhältniß der einzelnen unter einander in der Geſchiedenheit ihres Gefühls iſt das der Offenbarung, oder das gegenſeitige Bedingtſein der Unübertragbarkeit und der Zuſammengehörigkeit des Gefühls.

Der lezten Erklärung nach iſt auch dieſes Verhältniſſes Weſen Geſelligkeit, und es könnte unter demſelben Namen mit dem vorigen zuſammengefaßt werden, wie auch die gemeine Sprache es in vielen Fällen nur ebenſo bezeichnet. Denn eben wie dort können wir sagen, die Verſchiedenheit der einzelnen auch in der

Erfüllung ihres Bewußtſeins und die Unübertragbarkeit ihrer
Thätigkeit widerſpricht der Einheit der Vernunft in dem ganzen
Verfahren, wenn nicht ebenſo die Zuſammengehörigkeit aller ver=
ſchiedenen ſchon in demſelben Handeln ausgeſprochen iſt. Alſo
jeder kann ſich ſeiner eigenthümlichen Erregtheit nur hingeben,
ſofern er zugleich andere auch in eigenthümlicher Erregtheit außer
ſich und neben ſich vorausſezt, alſo will ſucht und nach ihnen
verlangt; ſo wie auf der andern Seite alles auch wirkliche Ne=
beneinandergeſeztſein mehrerer von dieſer Seite angeſehen ganz
gleichgültig iſt und nichts zur Befriedigung dieſes ſittlichen Be=
dürfniſſes beiträgt, als ſofern nothwendig jeder auf eine eigen=
thümliche Weiſe erregt iſt.

Aber jenes Suchen und Verlangen würde immer leer blei=
ben, wenn das Gefühl nicht kund werden könnte zwiſchen Einem
und dem Anderen. Und darin nun iſt das Verhältniß daſſelbe
wie auf dem Gebiet des Gedankens. Denn das Gefühl iſt auch
zunächſt in dem innern des Bewußtſeins, und die Sittlichkeit
deſſelben iſt alſo bei ſeiner Eigenthümlichkeit dadurch bedingt, daß
ſein Entſtehen zugleich auch ſein Aeußerlichwerden iſt, und daß
es in dieſer Aeußerung auch den Andern kund werde; und dieſes
Aeußerlichwerden des Gefühls iſt ebenfalls anzuſehen als Folge
von dem Beſtreben der Vernunft die Schranken der Einzelheit
zu durchbrechen, um ſich mit ſich ſelbſt zu einigen, und das Ein=
zelweſen indem es geſezt wird auch wieder aufzuheben. Doch iſt
dieſes nicht wie das Reden und Hören, durch deſſen Zuſammen=
ſein der Gedanke ſelbſt aus einem Bewußtſein in das andere
übergetragen wird; und wenn man von einer Sprache des Ge=
fühls redet: ſo iſt dies entweder ein unrichtiger Ausdruk, oder
es bezeichnet etwas ſehr vermitteltes, und geht nur auf die Aeu=
ßerung der eigenen Gedanken über das Gefühl, nicht des Gefühls
ſelbſt. Sondern wie die Sprache zum Gedanken ſo verhält ſich
zum Gefühl unmittelbar und urſprünglich die Geberde, auch im
weiteſten Sinne genommen; und wie kein Gedanke reif und fer=

tig ift, er fei denn zugleich Wort geworden (§. 170.): fo ift kein
Gefühl ein ganzer und in fich vollendeter Act, es fei denn Ge=
berde geworden. Aber das Wahrnehmen der Geberde wird nicht,
wie das Nachtönen des Wortes zum Nachbilden des Gedanken,
fo auch feinerfeits zur Entwikkelung einer gleichmäßigen Erre=
gung, fondern vielmehr fühlt keiner deswegen, weil ihm das Ge=
fühl des andern kund geworden, gefchweige noch daß er ebenfo
fühlen follte. Sondern nur weil und in wiefern jeder weiß, daß
eine beftimmte Erregung in ihm auf ähnliche Weife äußerlich
wird, fchließt er, daß der andere in der ähnlichen Erregung be=
griffen ift, die aber in ihrer Beftimmtheit ihm verborgen bleibt.
Hier ift alfo kein Ausfprechen und Nachbilden fondern nur ein
Andeuten und Ahnden, keine Verftändigung fondern Offenbarung.

Unter diefem Worte foll daher hier nicht irgend etwas über=
natürliches gedacht werden *), fo wenig wie oben (§. 179.) un=
ter Glaube, fondern nur das allgemein menfchliche, worauf auch
die übernatürliche Bedeutung der Worte zurükkgeht. Durch den
unmittelbaren Ausdrukk des Gefühls wird einer dem andern in
feinem Zuftande, aber als in einem unübertragbaren und unnach=
bildlichen, kund, und nur fofern diefer fucht und aufmerkt. Und
diefe Kundmachung ift ihm dennoch die Ergänzung feiner eige=
nen Eigenthümlichkeit, weil nur in den analogen aber eigenthüm=
lich verfchiedenen Regungen Aller die Natur wirklich der Einen
Vernunft angehörig worden ift.

Wir bezeichnen daher das ganze Verhältniß durch diefen
Ausdrukk Offenbarung, der einerfeits ganz unmittelbar an die
Aehnlichkeit deffelben mit dem eben befchriebenen erinnert, denn
das gefellige leuchtet darin hervor, anderfeits aber auch hinweifet
auf die Verfchiedenheit deffelben von dem der andern Seite der

---

*) So wenig als auf identifcher Seite der bezeichnenden Thätigkeit den
Ausdrukk Glaube etwas über das gegenfeitige Verhältniß der Menfchen
unter fich hinausgehendes bezeichnete, eben fo wenig hier das Wort Of=
fenbarung, daher fich vielleicht ein anderes finden ließe für diefen Begriff.

symbolifirenden Thätigkeit. Es giebt sich nämlich darin zu er=
kennen das geheimnißvolle dieses Verhältnisses, daß wir das Ge=
fühl eines anderen durch seinen Ausdruff zwar inne werden, aber
ohne es in uns aufnehmen und in das unsrige verwandeln zu
können.

Die ganze Thätigkeit ist aber ebenso wesentlich dadurch be=
dingt, daß die Elemente der Offenbarung ein ganzes der Gemein=
schaft bilden, wie das Denken durch die Sprache bedingt ist und
das Eigenthum durch die Geselligkeit. Denn wie kein Act des
Gefühls ein ganzer und sittlicher ist, wenn er nicht Andeutung
wird für jeden der ahnden will, und wenn er nicht zugleich Ahn=
dung ist dessen, daß andere andeuten wollen: so kann auch kei=
ner entstehen als nur im Zusammenhang mit der Gesammtheit
des Andeutens und Ahndens, die für jeden einzelnen Act schon
muß vorausgesezt werden *).

(b.) Inwiefern die Besonderheit der Vernunft symbolisirend
in der Natur heraustritt, entsteht ein Gebiet des Geheimnisses
und der Ahndung. Dies ist das Gebiet des Gefühls oder des
bewegten Gemüthes.

§. 184. Auch die Offenbarung ist ein über das
ganze menschliche Geschlecht sich verbreitendes Verhält=
niß, aber nicht nothwendig ein gleiches Aller zu Jedem.

---

*) Die Abgeschlossenheit der Individuen als solche soll durchbrochen wer=
den. Dies geschieht durch die Richtung eines jeden seine Eigenthüm=
lichkeit zu manifestiren für andere, die hinwieder die Richtung haben
dieselbe auch anschauen zu wollen, und umgekehrt. Das ganze gegen=
seitige Verhältniß heißt das der Offenbarung; jene erstere Richtung der=
selben heißt das Andeutenwollen, manifestiren; die leztere aber das
Ahnden; das gegenseitig zu übertragende ist bezeichnet als Geheimniß,
denn ein solches ist natürlich das eigenthümliche Selbstbewußtsein und
Gefühl eines jeden, insofern es sich noch nicht angedeutet hat und noch
nicht vom andern durch Ahndung angeeignet ist. — Dies ist das Ge=
biet, auf welches unten die Freundschaft und Liebe, auch die religiöse
Gemeinschaft gestellt wird, das erst von S. in die Ethik auch als wirt=
licher Bestandtheil eingeführt wird.

Allgemein ist es an und für sich aus den obigen Gründen. Keiner hat Ursache einen anderen für überflüssig zu halten in Bezug auf die Differentiirung der Vernunft in der Natur, das heißt für eine Verdoppelung irgend eines dritten; Jeder ist also Jedem nothwendige Ergänzung, die geahndet sein will und der angedeutet, und Jeder Jedem Gegenstand des innern auf Offenbarung gerichteten Verlangens.

Aber wenn man auch nicht achtet auf die schon unabhängig feststehende Verschiedenheit in der über der Verschiedenheit anerkannten Einerleiheit (Vergl. §. 180. Note), welche allerdings Andeuten und Ahnden erschwert: so muß schon die Verschiedenheit der umgebenden Natur und der Lebenskreise überhaupt, von denen die Erregung ausgeht, ein Mehr und Minder der Empfänglichkeit für gegenseitige Offenbarung hervorbringen.

(z.) Das Andeutenwollen erweitert sich in dem Maaße als Wahrheit ist, d. h. als die Differenz der eigenthümlichen Bestimmtheit geeint ist. Die Geselligkeit an sich ist nur Anerkennung der Abgeschiedenheit, aber es ist doch darin schon ein Heraustretenwollen. Die Identität der afficirenden Natur vermittelt die Geselligkeit als bestimmtes Wahrheitsgebiet, und die Identität der zu bildenden Natur vermittelt die Gemeinschaftlichkeit des Eigenthums als bestimmtes Verkehrsgebiet.

Nothwendigkeit und Natur des Maaßes für die sittlichen Gemeinschaften *).

§. 185. Die Ungleichheit aller Gemeinschaftsverhältnisse für die einzelnen bildenden Punkte bedarf eines Maaßes, welches für jeden in Beziehung auf den andern dasselbe sei.

---

*) Von hier an lag den Vorlesungen von 1832 wieder die lezte Bearbeitung (a.) zu Grunde, daher (z.) sich nun wieder auf diese bezieht, so weit sie noch reicht.

Eines Maaßes überhaupt, wodurch der Unterschied bestimmt werde. Denn wer aus Unkunde eines solchen von Voraussezung der Einerleiheit ausgehend das engste Verhältniß da anknüpft, wo nur das weiteste möglich ist, der erfüllt seine Thätigkeit nicht oder verschwendet sie, und in beiden Fällen stokkt die Einigung der Vernunft mit der Natur. — Und aus demselben Grunde muß es auch dasselbe sein für Alle in ihrer Beziehung auf einander, sonst heben ihre nothwendig zusammengehörigen und einander ergänzenden Thätigkeiten sich theilweise auf. Dieser Widerstreit wird zwar immer stattfinden, sofern Irrthum möglich bleibt in der Anwendung des Maaßes, allein dies trifft nur das einzelne sich in der Zeit ausgleichende auf dem geschichtlichen Gebiet; aber der Begriff der Zusammenstimmung der von verschiedenen Punkten ausgehenden Thätigkeit, also der Einheit der Vernunft im sittlichen Verfahren, hört auf ein realer zu sein, wenn nicht jene wesentliche Einerleiheit in ihn aufgenommen wird, ohne welche die Zusammenstimmung immer nur eine einzelne zufällige bliebe.

(z.) Ohne ein solches Maaß würden die aufgestellten ethischen Elemente nicht realisirt werden können, weil die Thätigkeiten der einzelnen nicht zusammentreffen können, wenn Identität und Differenz allmählig sich verlaufen. Es bedarf also eines Maaßes, welches für Alle dasselbe sei.

§. 186. Das Maaß muß also ebenfalls von einem ursprünglich vor aller sittlichen Thätigkeit gegebenen ausgehen, und sich in der fortschreitenden Einigung der Vernunft mit der Natur weiter entwikkeln.

Denn es ist ein wesentlicher Bestandtheil der Einigung der Natur mit der Vernunft, und kann also auch nur auf dieselbige Weise zu Stande kommen. Wenn es ganz in der Natur begründet wäre: so wäre die Vernunft, deren Thätigkeit dadurch bedingt ist, im sittlichen Gebiet selbst leidend durch die Natur.

Wenn es ganz in der sittlichen Thätigkeit und aus ihr entstände: so wäre dieses ein ursprüngliches Eintreten der Vernunft in die Natur, welches nirgend im sittlichen Gebiete stattfinden kann.

(z.) Das Maaß muß vor aller sittlichen Thätigkeit gegeben sein, weil ohne dasselbe keine zu Stande kommen kann.

§. 187. Wenn aber auch für mehrere derselbe ursprünglich gegebene Grund des Maaßes gesezt ist, wird es doch nur ganz dasselbe für sie sein, sofern sie auf demselben Punkt der sittlichen Entwikkelung stehen.

Nämlich wegen des zweiten im vorigen § gesezten. Denn ist in dem einen mehr Einigung der Vernunft mit der Natur also eine weitere Fortschreitung oder größere Intension des sittlichen Seins gesezt: so ist auch das Maaß weiter in ihm entwikkelt, und also nicht mehr dasselbe wie in dem andern, in dem weniger sittliches gesezt ist. Also giebt es auch für das Maaß eine nie vollendete Einheit des vernünftigen und natürlichen darin, auf welche immer nur hingewiesen wird; und die Einerleiheit desselben in Allen ist auch nur in der Annäherung wirklich gegeben.

§. 188. Die Allgemeinheit der Verhältnisse, welche auf der identischen Beschaffenheit beider Thätigkeiten beruhen, wird begrenzt nach Maaßgabe als die eigenthümliche Beschaffenheit strenger geschieden ist; und die Allgemeinheit derer, die auf der differenten Beschaffenheit beruhen, wird begrenzt nach Maaßgabe wie das identische der Beschaffenheit sich mindert.

Denn jeder nach einem mit anderen gemeinschaftlichen Schematismus bildende bildet doch auch mit seiner Eigenthümlichkeit wenn gleich nicht für dieselbe. Je mehr also diese von der der anderen abweicht, um desto weniger kann das gebildete Gegenstand des Verkehrs sein. Ebenso mehrere eigenthümlich bildende

thun es doch ausgehend von der ihnen mit anderen gemeinschaft=
lichen innern und äußern Natur. Je mehr also in dieser abwei=
chendes vorkommt, um desto weniger werden sie ihr eigenthümlich
gebildetes als zusammengehörig erkennen können. Ebenso von
der symbolisirenden Thätigkeit. Jeder nach allgemeinen Gesezen
denkende thut es doch in jedem Moment von seiner besondern
Erregtheit aus, und je mehr leztere von der eines andern ab=
weicht, desto weniger wird er den Antheil derselben an dem Ge=
danken auflösen können. Und mehrere eigenthümlich erregte sind
es immer von der umgebenden Welt. Je mehr also diese unter
ihnen verschieden ist, um desto weniger werden sie ihr Gefühl
wirklich ahnden können.

§. 189. Wir bedürfen also, damit jede sittliche
Thätigkeit ihr Maaß habe, ein zwiefaches ursprünglich
gegebenes; das eine, wodurch das ursprünglich identische
dennoch ursprünglich getrennt, und eines, wodurch das
ursprünglich geschiedene dennoch ursprünglich verbun=
den ist.

Ein zwiefaches bedürfen wir, da gleiches und verschiedenes
sich ihren Umfang gegenseitig bestimmen, und es kann nicht in
der Verschiedenheit der sittlichen Thätigkeit gegründet sein. Denn
diese kann weder die eigenthümliche Verschiedenheit des einen vom
anderen verstärken, da sie selbst nur eine abgestufte des Mehr
und Minder ist; noch kann sie die Einerleiheit der Natur erhö=
hen, da sie nur eine Differenz in der Thätigkeit derselben ist.
Daher bleibt nur übrig, daß beides ein ursprünglich gegebenes sei.

§. 190. Wir bedürfen aber keines verschiedenen
Maaßes für die Gemeinschaft, die sich auf die bildende,
und für die, welche sich auf die bezeichnende Thätigkeit
bezieht.

Denn da jeder lebendige Punkt in seiner Verschiedenheit von
allen anderen eben Einer ist: so wird das Eigenthum für dieselbe

Verschiedenheit gebildet, welche sich im Gefühl ausspricht, und die Geselligkeit kann also zwischen denselben ebenso groß sein als die Offenbarung. Ebenso da die Gleichmäßigkeit der Bildungs= weise auf der Einerleiheit der Naturformen beruht, von deren gleichmäßiger Vorbildung und Abbildung ebenfalls die Gleichmä= ßigkeit des Denkens abhängt: so wird das Rechtsverhältniß zwi= schen denselben eben so eng sein können als die Gemeinschaft der Sprache.

Ein Maaß reicht also hin beide zu bestimmen, und dies ist vorzüglich in der symbolisirenden Thätigkeit. Das eigenthümlich gebildete wird in dem Maaß :aus der Gemeinschaft zurükgezo= gen werden als es sich auf nicht zu ahndende Erregtheit bezieht, und das Rechtsverhältniß wird auch nur abgebrochen und einsei= tig sein können zwischen denen, unter denen die Gleichmäßigkeit des Denkens keine wahre allseitige Durchdringung sein kann.

(b.) Da der Schematismus, nach welchem gemeinschaftlich gebildet wird, auf den Naturformen beruht, deren identische Auf= fassung im Denken fixirt wird: so geht das Gebiet des Verkehrs und des Rechts natürlich so weit als das der Sprache.

Da das Eigenthum für dieselbe Besonderheit gebildet wird, die sich in der Erregung ausspricht: so geht jedes Gebiet gemein= schaftlichen Eigenthums so weit als ein Gebiet gemeinschaftlicher Erregung, und umgekehrt.

(z.) Es bedarf keines vierfachen Maaßes, etwa noch eines andern zwiefachen mit Rüksicht auf die Eintheilung in organi= sirende und symbolisirende Thätigkeit, sondern nur eines zwiefa= chen, denn Recht geht so weit wie Denken, weil die umgebende Natur auch den Typus des Bewußtseins bestimmt, und Gesel= ligkeit geht so weit wie Schuz *), weil so viel gemeinschaftliches Eigenthum sein kann als Erregung gesellig wird. Das Maaß

*) D. h. nach der Terminologie von a. Das Gebiet des Verkehrs (Rech= tes) geht so weit als das von Denken (des Glaubens), und das des Ei= genthums (der Geselligkeit) so weit wie das des Gefühls (der Offenba=

darf also nur ein zwiefaches sein, eines wodurch das ursprünglich identische auf bestimmte Weise gesondert, und eines wodurch das ursprünglich geschiedene ursprünglich identisch wird.

§. 191. Die größere oder geringere Entwikkelung der sittlichen Thätigkeit überhaupt hat einen größern Einfluß auf den Umfang der Gemeinschaft, welche sich auf das eigenthümliche bezieht, als derer, welche sich auf das identische beziehen.

Denn das eigenthümliche, der Geselligkeit und Offenbarung dargebotene, soll geahndet und anerkannt werden, kann es aber nur aus der Analogie. Was aber in dem Einen aus einer sittlichen Thätigkeit hervorgeht, die in dem Andern noch nicht entwikkelt ist, dazu fehlt auch diesem die Analogie; und was in dem Einen aus einer unvollständigeren Vernunfttthätigkeit hervorgeht, die in dem Anderen schon in eine höhere aufgenommen ist, das kann diesem auch kein für sich gesezter Gegenstand der Offenbarung sein. In dem Verkehr aber und der Gemeinschaft des Denkens findet dieser Unterschied weniger statt, denn das unvollkommner gebildete soll eben zu vollkommnerer Bildung an den vollkommneren, und das vollkommner gebildete zu besserem Gebrauch an den unvollkommneren übergehen, und ähnliches findet statt auf dem Gebiet des Denkens und der Sprache.

§. 192. Das eigenthümliche, als das schlechthin geschiedene, ist in der menschlichen Natur ursprünglich geeinigt mittelst der Abstammung durch Erzeugung; und das identische, als das schlechthin verbundene, ist ursprünglich getrennt durch die klimatischen Verschiedenheiten der Menschen, d. h. durch die Verschiedenheit

---

rung); mit andern Worten: der Umfang der identischen Thätigkeit ist im Organisiren derselbe wie im Symbolisiren, und ebenso ist der Umfang der individuellen Thätigkeit nach beiden Charakteren derselbe.

Ethik. ₽

der Race und der Volksthümlichkeit. Beide also sind die immer schon gegebenen und feststehenden Elemente des Maaßes *).

1) Indem das neue Leben in der Erzeugung als Theil eines schon vorhandenen entsteht, ist es offenbar nicht nur mit diesem ursprünglich verbunden, so daß es sich erst allmählig von ihm ablöset; sondern auch in jedem aus derselben Quelle entsprungenen geschwisterlichen Leben wiederholt sich dieselbe Abhängigkeit, ohnerachtet es auch zu einem eigenen eigenthümlichen wird. Daher Eltern und Kinder sowol als Geschwister was Offenbarung und Ahndung betrifft unter sich in einem von jedem andern specifisch **) verschiedenen Verhältniß unmittelbarer Verständigung stehen, indem sie das eigenthümliche auf ein identisches unmittelbar zurükführen können. — Ebenso finden sich Menschen von verschiedener Volksthümlichkeit und Sprache, noch mehr aber von verschiedener Race in Absicht auf das Verkehr und auf die Gemeinschaft des Denkens auf eine specifisch verschiedene Weise als alle andern von einander getrennt. Innerhalb dieser Naturgrenzen also sind die sittlichen Verhältnisse bestimmt, und alles unbestimmte läßt sich auf diese zurükführen und darnach messen. Die kindliche und brüderliche Verwandtschaft prägt sich aus vor aller eigentlich sittlichen Thätigkeit hergehend in der Aehnlichkeit und der Nachahmung. Die Volksthümlichkeit, und in schwächeren Zügen auch der Charakter der Race, ist auf gleiche Weise ein beharrlicher natürlicher Typus, der sich sowol in der körperlichen Bildung als in bestimmter Beschränkung des Sprachbildungsvermögens zu erkennen giebt. Es beruhen also auf diesen Elementen und sind durch sie bedingt die

---

*) Beide sind aus der Naturwissenschaft zu entlehnen, oder aus der Weltweisheit zu präsumiren.

**) Diese Stelle berükfichtige man um in Schleiermacher's Christologie den Ausdruk specifische Verschiedenheit zu verstehen.

erſten Aeußerungen der anbildenden ſowol als der bezeichnenden
Thätigkeit. Wie die Bedingungen beider wiederum in ſich eines
ſein mögen, das iſt eine phyſiſche Unterſuchung, die aber auch
immer nur durch Annäherung zu Stande gebracht werden kann,
indem die vollkommene Erkenntniß ſolcher Bindungspunkte aus=
ſchließend weltweisheitlich ſein muß. Deshalb halten wir uns
bald mehr an die eine bald mehr an die andere Beſtimmtheit,
wie jede in der Erſcheinung ſtärker hervortritt.

2) Immer d. h. auf jedem Punkte der ethiſchen Entwikke=
lung ſchon gegeben ſind beide Elemente freilich nur beziehungs=
weiſe. Denn die Erzeugung kommt uns freilich nicht anders
vor als auf einem ſittlichen Act beruhend, alſo als ein ſelbſt ſitt=
lich gewordenes. Allein auf der andern Seite können wir die
Vorſtellung eines erſten, alſo nicht auf dem Wege der Erzeugung
gewordenen, Menſchen niemals wirklich zu Stande bringen, und
ſind alſo genöthigt die Erzeugung bei jedem menſchlichen Daſein
vorauszuſezen. Und dieſen Charakter behauptet ſie auch in der
Erfahrung, indem ſie allerdings ein ſittlicher Act iſt, das Reſul=
tat deſſelben aber durchaus phyſiſch bedingt erſcheint, indem es
von der Willkühr völlig unabhängig iſt, ſich auch gewiß immer
ſo erhalten wird. — Ebenſo die Volksthümlichkeit bedingt zwar,
ſobald ſie herausgetreten iſt, jedes einzelne Daſein in ihrem Ge=
biet; allein wir ſehen ſie gleichfalls geſchichtlich entſtehen. Denn
die meiſten jezt vorhandenen geſchichtlichen Völker ſind erſt aus
differenten Elementen geworden, und haben ihre Volksthümlich=
keit allmählig gebildet. Nur kann auch dieſes nie abſichtlich ge=
macht werden, ſondern ein ſolches Zuſammenſchmelzen differenter
Elemente zu einem Volk erfolgt nur wo es phyſiſch vorherbe=
ſtimmt iſt, und wol immer nur in den Grenzen der Race; denn
aus halbſchlächtigen Menſchen hat ſich noch nie ein Volk gebildet.

3) Hiemit hängt zuſammen, daß beide Elemente auch nur
beziehungsweiſe feſtſtehen. Denn bald iſt uns nur das unmittel=
bare Zuſammenleben der Eltern und Kinder die Familie, und in

der weitern Ausdehnung erkennen wir nicht mehr dieselbe specifi=
sche Zusammengehörigkeit an, bald auch umgekehrt scheint uns
dieses nur ein Theil, und das Naturganze der Verwandtschaft
weit größer. Ebenso finden wir die größere Natureinheit bis=
weilen in der einzelnen bestimmten Volksthümlichkeit, bisweilen
mehr in dem Verwandtschaftssystem mehrerer Völker, oder gar
bisweilen wird uns nur die Raçe Maaß, und die Volksthümlich=
keit erscheint mehr als zufällig. Allein dieses Schwanken ist noth=
wendig, weil es sonst auf der einen Seite keine sittliche Entwik=
kelung des Maaßes geben könnte, die eben in der Wahrnehmung
und in der annähernden Bestimmung dieses Schwankens besteht;
auf der andern Seite gäbe es auch keine Abstufungen zwischen
den festesten und den lösbarsten menschlichen Verhältnissen. Die=
ses Schwanken ist begrenzt durch zwei entgegengesezte Endpunkte,
von denen man immer wieder zurükkgestoßen wird, ohne auf ei=
nem verweilen zu können. Nämlich der eine ist das Bestreben
das ganze Menschengeschlecht auf Eine Familie zurükkzuführen,
und die Charaktere der Racen und Völker als etwas allmählig
und zufällig entstandenes anzusehen. Dieses will die allgemeine
Einigung der Menschen auf ein natürliches Element ausschlie=
ßend begründen, und die untergeordneten Trennungen mehr auf
das sittliche zurükkführen. Der andere Endpunkt ist das Bestre=
ben die Verschiedenheiten der Menschenracen als ursprüngliche
Charaktere darzustellen, die nicht könnten auf gemeinschaftliche Er=
zeugung zurükkgeführt und aus spätern klimatischen Einflüssen
erklärt werden. Dieses will die feststehenden Trennungen auf
das natürliche Element überwiegend zurükkführen, und dagegen
die allgemeine Einigung ausschließend auf das sittliche.

(c.) Die Abstammung bestimmt die Gemeinschaft der Ei=
genthümlichkeit; die Klimatisirung bestimmt die Eigenthümlichkeit
der Gemeinschaft.

§. 193. Das Geseztsein der sich selbst gleichen
und selbigen Vernunft zu einer Besonderheit des Da=

seins in einem bestimmten und gemessenen, also bezie=
hungsweise für sich bestehenden Naturganzen, welches
daher zugleich anbildend ist und bezeichnend, zugleich
Mittelpunkt einer eigenen Sphäre und angeknüpft an
Gemeinschaft, ist der Begriff einer Person.

Die Persönlichkeit und die Eigenthümlichkeit des Daseins
sind zwar nicht einerlei, hängen aber genau zusammen. Auf der
andern Seite, die persönliche Verschiedenheit und die numerische
hangen zwar genau zusammen, sind aber keinesweges einerlei, eben
weil die numerische gesezt sein kann ohne die eigenthümliche. Ein
eigenthümliches Dasein ist ein qualitativ von anderen unterschie=
denes, ein persönliches ist ein sich selbst von anderen unterschei=
dendes und andere neben sich sezendes *), welches also eben des=
halb auch innerlich unterschieden sein muß. Aber ein abge=
sprengtes Stükk Stein ist von seinem Complement ohnerachtet
qualitativ mit ihm ganz dasselbe doch numerisch verschieden, weil
das mannigfaltige darin nicht auf dieselbe Einheit des Raumes
und der Zeit bezogen wird. Allen Gattungen und Arten der
Thiere schreiben wir ein eigenthümliches Dasein zu, aber den
einzelnen Exemplaren keine vollkommene Persönlichkeit, theils weil
wir ihre einzelne Eigenthümlichkeit mehr für das Resultat äuße=
rer Verhältnisse halten als eines innern Princips, theils weil ihr
Bewußtsein nicht recht zum bestimmten Gegensaz durchbricht, ver=
mittelst dessen allein sie sich unterscheiden und andere neben sich
sezen könnten. Die Begriffe Person und Persönlichkeit sind also
ganz auf das sittliche Gebiet angewiesen, und dort die Weise zu
sein des Einen und Vielen; denn das Andere neben sich sezen ist
dem Begriff ebenso wesentlich als das sich unterscheiden. Je we=
niger ein Mensch oder ein Volk sich von andern unterscheidet,
um desto weniger persönlich ausgebildet ist es in seiner Sittlich=

*) Man sieht, daß so definirt die Persönlichkeit, weil coordinirtes for=
dernd, Gott nicht zugeschrieben werden kann.

keit; je weniger es andere neben sich sezt und anerkennt, um desto
weniger ist es sittlich ausgebildet in seiner Persönlichkeit. Keinesweges aber ist der Begriff so beschränkt auf den einzelnen Menschen, daß er auf anderes nur in uneigentlichem Sinne könnte
angewendet werden; sondern ganz auf dieselbe Weise ist eine
Familie eine Person und ein Volk eine Person. Nennt man
diese beschränkend gleichsam und das uneigentliche ausdrükkend
moralische Personen *): so klingt das, als ob der einzelne Mensch
ausschließend eine physische Person wäre; dieses aber ist falsch.
Denn auch er ist nach dem obigen eine physische Person nur, sofern eine moralische, und auch jene sind moralische nur, sofern sie
physische sind, nämlich bestimmt gemessene und beziehungsweise
in sich abgeschlossene Naturganze. Sondern man kann nur sagen, der einzelne Mensch ist das kleinste persönliche ganze, das
Volk im größesten Umfange das größeste; denn eine Race sezt
schon sich selbst nicht als Einheit. Die menschliche Gattung aber
ist als eine Person deshalb nicht anzusehen, weil sie nichts gleiches hat, was sie neben sich sezen kann. Die Richtung aber ver-
nünftige Wesen zu denken in andern Weltkörpern ist zugleich
die nie vollendete Entwikkelung der vollkommenen Persönlichkeit
im menschlichen Geschlecht.

(b.) Das Zusammensein der Identität der Vernunft und der
Besonderheit des Daseins in einem einzelnen lebendigen Punkt,
der zugleich bildend und symbolisirend ist, Mittelpunkt einer eigenen Sphäre und Anknüpfungspunkt einer Gemeinschaft, ist das
Wesen einer Person.

(c.) Die in der Persönlichkeit an sich liegende Beschränkung
aller Vernunfttätigkeit in Raum und Zeit unter der Form des
einzelnen Bewußtseins würde hindern, daß das gehandelte für
die Vernunft an sich d. h. für die Totalität des ideellen Prin-

---

*) Daher S. in den Vorlesungen sich des Ausdrukks einfache und zusam-
mengesezte Person bediente.

cips unter der Form des Erkennens da wäre, wenn nicht dem
persönlichen Bewußtsein mitgegeben wird das Bewußtsein der
Einheit der Vernunft in der Totalität der Personen, und dadurch
jede Vernunftthätigkeit eine Beziehung bekäme auf eine absolute
Gemeinschaft der Personen. Der Charakter der Eigenthümlichkeit
ist übrigens nicht an die Persönlichkeit gebunden; denn auch das
identische ist nur in den Personen, und es giebt eigenthümliches,
was in einer großen Mehrheit von Personen identisch ist; son=
dern dieser Gegensaz des identischen und individuellen liegt in
der Form des endlichen Seins, welches nur im Ineinander von
Einheit und Mehrheit gegeben werden kann.

(z.) Als gemessenes alle Vernunftthätigkeiten vereinigendes
Dasein productiv und receptiv zugleich wurde die Persönlichkeit
construirt, die einzelne und die der Gattung (welche freilich nur
durch Voraussezung anders individualisirter Vernunft Person
wird), dann das Volk als Person. Hier stellte sich in der Voll=
endung dieser Person der Menschheit das höchste Gut dar; ein=
zelnes Gut kann nur Abbild von dieser sein. Familie als Gut,
Abbild des ganzen und Aufhebung der individuellen Geschieden=
heit der einzelnen Glieder; Volk, abgesondertes Verkehr und Ge=
dankengemeinschaft, öffentliches Eigenthum und eigenthümliches,
Geselligkeit. (Aber Staat und Volk noch nicht geschieden, auch
nicht religiöse Geselligkeit und weltliche). Alle diese relativ ab=
geschiedenen Massen müssen aber wieder in fließender Gemein=
schaft unter einander stehen, wie der Gegensaz des starren und
flüssigen *).

---

*) Vorlesg. Wären im menschlichen Geschlecht jene Elemente getrennt und
in fließender Zu= und Abnahme ohne bestimmtes Maaß: so wäre das höchste
Gut nicht darin realisirbar. So wie wir aber statt zu atomisiren einen
Complex von unter sich bestimmt verbundenen und von andern bestimmt ge=
trennten Massen sezen: so werden die Elemente in ihrer Verbindung meß=
bar, und es wird ein erkennbares und auszuführendes. — Wären die Ein=
zelwesen absolut geschieden: so wäre das Zusammentreffen ihrer Thä=
tigkeiten zufällig; jedes ist also nur Person, sofern das menschliche Ge=

§. 194*). (b.) Das Recht und der Glaube sind nur ein Gut in der Mehrzahl besonderer Verbindungen, welche durch die Volksthümlichkeit abgeschlossen werden.

Bestimmend bleibt der Unterschied, wenn gleich nach verschiedener Entwikkelung des Maaßes die Rechts= und Glaubensgemeinschaft das einemal nur eine kleine Volksabtheilung, das anderemal das ganze Volk umfaßt; denn immer ist doch das Verhältniß gegen jeden auswärtigen geringer, wenngleich niemals Null. Das geringere wird nach Analogie des bestimmten behandelt, und durch innere Handlungen des lezten selbst wieder abgestuft, so daß hiedurch Maaß in das ganze kommt. Und somit ist nicht nur jeder Moment ein sittlicher, sondern jeder ist auf ein ganzes bezogen, welches durch ihn mit besteht, und also producirend und producirt zugleich ist d. h. ein Gut. Dasselbe gilt von der Denkgemeinschaft, in welcher auch jeder Austausch mit einem anderen auf das abgeschlossene System der in der Muttersprache niedergelegten Vorstellungen bezogen, und die Möglichkeit der Gemeinschaft nach der Leichtigkeit dieser Beziehung abgestuft wird.

(c.) Die einzelnen Staaten, Sprachen sind wieder Personen

---

schlecht gegeben ist in jenen Sonderungen und Zusammenfassungen. Jedes Einzelwesen muß also die Vernunft ganz d. h. in allen jenen Gegensäzen in sich haben. Daher ist das sittliche Einzelwesen Abbild des höchsten Gutes, selbst ein Gut, aber nur ein einzelnes und einseitig, weil in Geschlechtseinseitigkeit. Das erste wahre Abbild ist die Familie, weil sie alle Gegensäze in sich aufhebt und relativ für sich ist, d. h. im Complex des Volkszusammenhanges. Das Volk ist eine noch höhere Persönlichkeit. Sein Verkehr und Gedankenaustausch mit anderen ist fließend. Das höchste Gut selbst endlich ist das Zusammensein jener organischen Massen in immer auf bestimmte Weise sich durch Reproduction der Gattung erneuernder Weise.

*) Hier folgen einige §§, die sich auf einem einzelnen Blatte finden. Sie geben ungefähr, was wir eben aus den Vorlesungen unter den Text sezten.

im höhern Sinne, also nur durch Gemeinschaft derselben ist die Totalität der Vernunft darzustellen.

(d.) Aus der Gemeinschaft soll wieder eine Eigenthümlich= keit hervortreten, eine gemeinsame Eigenthümlichkeit muß also das vereinigende Princip sein. Die Natur giebt uns hiezu schon die Bedingung in der physischen Constitution. Durch die (§. 192.) großen klimatischen und kosmischen Verhältnisse wird sie in gro= ßen Massen eigenthümlich gestaltet.

§. 195. Die Geselligkeit und die Offenbarung sind nur ein Gut in der Mehrzahl von Verbindungen, bei welchen zwar auch die Volksthümlichkeit zum Grunde liegt, die aber durch die Verschiedenheit der sittlichen Entwikkelung zugleich bestimmt werden.

Es ist nämlich offenbar, daß freie Geselligkeit und Religion nicht so bestimmt volksmäßig abgegrenzt sind. Die niedere und höhere Classe hat mit der anderer Völker oft mehr Gemeinschaft der Lebensweise, als mit der andern des eigenen. Und eben so mehr religiöse Gemeinschaft mit Offenbarungsgenossen anderer Völker, als mit Genossen anderer Offenbarung aus dem eignen Volke. Das zusammenfassende Princip, die physische Constitu= tion des Gefühls, ist hier schwer aufzufinden. Nur daß bestimmte und abgeschlossene Verbindungen da sein müssen ist deutlich, und daß auch hier nach ihnen das unbestimmte gemessen wird.

§. 196. Der Antheil jedes einzelnen bildenden Punktes an diesen Gemeinschaften ist nur insofern ein Gut, als jeder zugleich in ein ganzes der Erzeugungs= gemeinschaft, Familie, aufgenommen ist; also diese ist ein Gut.

Die Familie ist das gemeinschaftliche Element aller jener Gemeinschaften, welche also in ihr ursprünglich in einander sind, und sich lediglich durch sie erhalten. Sie ist also der gemein=

schaftliche Keim von allen, und giebt jedem sein besonderes Maaß ihres Verhältnisses gegen einander, ohne welches Maaß er sich in ihnen verwirren, und sein Antheil an ihnen also kein Gut sein würde.

(c.) Da der ganze sittliche Proceß nicht mit dem Eintreten der Vernunft in die Natur ursprünglich beginnt, sondern die Vernunft schon in der Natur seiend gefunden wird: so kann auch das Eintreten der Glieder der Gegensäze in einander nicht beginnen, sondern muß schon ursprünglich gefunden werden, und dieses gegebene muß die Basis des ethischen Processes sein. Dieses ursprüngliche Ineinandersein der Functionen ist gegeben in der Identität von Seele und Leib d. h. in der Persönlichkeit selbst, welche also zugleich als Resultat des ethischen Processes muß angesehen werden können. Sie ist Resultat des ethischen Processes als Erzeugung in der Gemeinschaft der Geschlechter, und in dieser ist die ursprüngliche Identität von Sezen und Aufheben der Persönlichkeit. In der Familie also und durch sie ist das Ineinander aller Functionen gesezt, sie enthält die Keime aller vier relativen Sphären (des Staates, der Kirche, des wissenschaftlichen und des allgemeinen geselligen Verbandes), welche erst in der weiteren Verbreitung auseinander gehen.

§. 197. (c.) Die sittlichen Gemeinschaften sind aber unter keine höhere bestimmte Form zu bringen als unter die Einheit der menschlichen Gattung. In dieser aber erscheint eben deshalb auch das Sein der Vernunft in der Natur als eine eigenthümliche Form und sezt eine Pluralität der Weltkörper voraus.

Jede dieser Sphären wird einseitig als alles sittliche in sich fassend angesehen, obgleich jede in gewissem Sinn alle andern in sich hat. Der Staat, inwiefern sie ein äußeres Dasein haben; die Kirche, inwiefern sie auf der Gesinnung ruhen; die Wissenschaft, inwiefern sie ein identisches Medium haben müssen; die freie Geselligkeit als allgemeines Bindungsmittel, und weil alle einzelnen Staaten u. s. w. unter sich nur im Verhältniß freier Geselligkeit stehen müssen. Deswegen hat aber unsre Darstellung keineswegs alle Zustände des Werdens und alle einzelnen Gestaltungen jener großen Formen zu erschöpfen, weil sie sonst das geschichtliche mit enthielte. Sie muß nur das Princip der Mannigfaltigkeit mit auffassen und das übrige den kritischen Disciplinen überlassen. Auf diese Weise wird in der Darstellung alles empirische seine Stelle finden, was eine Fortschreitung im sittlichen Proceß bezeichnet; dasjenige aber, worin diese aufgehoben wird, oder das böse, muß im allgemeinen angeschaut werden *).

---

*) Das §. 194. Note erwähnte Blatt enthält folgende Randbemerkungen:

1) Person ist gemessenes Naturganze, relativ für sich bestehend.
   Kleinste, die einzelne; größte, die menschliche Gattung.
   Familie; Volk.

2) Das nächste vollständige und ursprünglichste Abbild vom vollständigen Sein der Vernunft in der Natur ist die Familie. Also diese ein Gut.

   Denn in ihr ist organische Erhaltung des Ineinander von Vernunft und Natur vermittelst Thätigkeit der Vernunft in Erzeugung und Erziehung. In ihr sind alle Functionen in einander, so daß sobald eine Familie gesetzt wäre auch das höchste Gut als werdend gesezt wäre; und wenn eine isolirt könnte gesezt werden, würde in ihr die Erscheinung der gesammten Sittlichkeit sein.

3) Rechtsgemeinschaft und Denkgemeinschaft sind nur Gut in der Persönlichkeit der Staaten und Sprachen.

4) (wie §. 195.)

5) Die einzelne Person ist nur ein Gut aufgenommen in die anderen, also als Bestandtheil.

6) Die einzelnen moralischen Personen sind nur im Zusammensein mit ihres gleichen Güter.

7) Jede Gemeinschaft ist nur ein Gut in ihrer Bedingtheit durch die anderen.

8) Das höchste Gut ist dieses zwiefache Ineinander sämmtlicher Gemeinschaften und sämmtlicher Persönlichkeiten in jeder Gemeinschaft.
   Es ist, und es wird.

Zweite Abtheilung. (a.) *)

Elementarischer Theil

oder

Ausführung der Gegensäze.

I. Die bildende Thätigkeit.

a) Ganz im allgemeinen betrachtet.

§. 198. Das ursprünglich gegebene ist überall ein kleinstes der organischen Einigung der Natur mit der Vernunft sowol der Ausdehnung als der Innigkeit nach.

---

9) Das relativ Fürsichgesetztsein begründet den Gegensaz von Freiheit und Nothwendigkeit, und dieser ist also nur außer dem höchsten Gut.

10) Das relativ Zugleichnegirt= und Nichtmehrsein jeder Function in jedem Theil begründet den Gegensaz von gut und böse, und der Begriff ist also nur außer dem Werden des höchsten Gutes.

In (c.) aber findet sich hier an das oben aus (c.) gegebene anschließend über das böse noch dieses (vergl. §. 91.): Die sich aufdrängende Differenz zwischen dem Nichtsein des guten und dem Sein des bösen, welche man nicht finden kann, wenn man den Einigungsproceß als Einheit betrachtet, begreift sich aus der Spaltung desselben in die Differenz der Functionen und den Gegensaz der Charaktere. Das Nichtgeseztsein eines sittlichen in der einen Function, was in demselben Subject gesezt ist in der andern, ist böse. Dies gilt eben so sehr vom Nichtgesetztsein dessen in der erkennenden Function, was gesezt ist in der organisirenden, als umgekehrt. Ebenso von den entgegengesezten Charakteren und Momenten. Das böse sezen in einen Widerstreit des einzelnen Willens gegen den allgemeinen ist eine unrichtige Formel, weil alle Fortschritte sittlicher ganzen von einem Widerstreit einzelner ausgehen müssen. Inwiefern das Dasein des einzelnen aus einer Reihe von Momenten in der Form der Oscillation besteht, kann auch in einem Moment nichtgesezt sein, was in einem früheren gesezt war, und dies Nichtgesetztsein ist auch böse vor dem empirischen Gewissen, welches den Durchschnitt des sittlichen Bewußtseins in einer Reihe von Momenten repräsentirt.

*) Diese liegt bis über die Mitte hinaus wieder vor in einer Bearbeitung (a.). Eine dem (b.) parallele ist nicht vorhanden, wohl aber (c.), das die

Der Ausdehnung nach eben sowol ein kleinstes, wenn man auf die menschliche Natur sieht, als wenn auf die äußere; denn auch die leztere ist überall schon mittelbar in einem organischen Zusammenhang; nur das wenigste davon wäre ursprünglich in der Gewalt der Vernunft, wenn auch die Vernunft schon thätig wäre. Der Innigkeit nach eben sowol, wenn man auf die Empfänglichkeit, oder auf die Thätigkeit der Vernunft durch den Sinn, als wenn man auf die Selbstthätigkeit, oder auf die Thätigkeit der Vernunft durch das Talent sicht. Denn wenn auch beides ganz gegeben wäre: so wäre doch die Gewalt der Vernunft darüber ursprünglich ein geringstes *).

(z.) Jeder wahrnehmbare Moment ist beim einzelnen schon ein zweiter, und postulirt die Einwirkung der erwachsenen. (Für den ersten Menschen muß eine Naturfülle supplirt werden.)

§. 199. Der Gesammtinhalt der Vernunftthätigkeit von diesem gegebenen an ist nur zn beschreiben, sofern die Kenntniß der menschlichen Natur und der äußeren vorauszusezen ist.

Denn sie entwikkelt sich auch nur nach Maaßgabe als diese Kenntniß sich entwikkelt, oder mit der bezeichnenden Thätigkeit zugleich; und in der einen kann nicht mehr sein als in der anderen. Da wir aber hier diesen Inhalt nur im allgemeinen ver-

---

ganze Einleitung und Güterlehre aber nur in §§ enthält, die noch weit weniger ausgearbeitet und gar nicht mit Erläuterungen versehen sind, und (d.) das erste Brouillon. Desto mehr werden wir hier aus den Vorlesungen erläutern, obgleich nur an den Sinn, nicht an den Ausdruk uns bindend.

*) Vorlesg. Extensiv, weil die organisirende Thätigkeit der Vernunft von selbst in eine Mannigfaltigkeit von Zweigen und Functionen zerfällt; intensiv, weil wenn gleich wir den Impuls der Vernunft als sich selbst gleich sezen, doch das Verhältniß der Natur zur Vernunft ein verschiedenes sein kann. Durch Wiederholung der Thätigkeit verstärkt sich die Intensität.

zeichnen wollen: so legen wir auch nur eine solche allgemeine Kennt=
niß zum Grunde. Die Ausdrükke der einzelnen Angaben dieser
Art hier und anderwärts sind gleichgültig, ob sie aus einer be=
stimmten Form der Naturwissenschaft und aus welcher, oder ob
aus keiner sondern aus der Sprache des gemeinen Lebens ge=
nommen sind. Der Sinn wird nicht zu verfehlen sein, und jeder
mag sie sich leicht in seine eigene Weise übertragen.

(z.) Das Wissen um die Natur darf nur aus dem gemei=
nen Bewußtsein genommen werden, weil wir sonst auf streitiges
kämen *).

§. 200. Von dem kleinsten der Ausdehnung aus
ist das Ziel der bildenden Thätigkeit, daß die ganze
menschliche Natur, und mittelst ihrer die ganze äußere,
in den Dienst der Vernunft gebracht werde.

Das kleinste von organischer Thätigkeit für die Vernunft,
wobei noch ein menschliches Dasein bestehen kann, ist im Zustand
der Kindheit im Gange, und die Besiznahme der Vernunft von
dem was ihr bestimmt ist entwikkelt sich erst allmählig.

Die auf die menschliche Natur und die auf die äußere ge=
richtete Thätigkeit sind freilich relativ geschieden, sofern die Ver=
nunft nur der ersten unmittelbar einwohnt, aber sie sind doch
wesentlich durch einander bedingt. Denn wie die menschliche
Natur überhaupt nur bestehen kann im lebendigen Zusammensein
mit der äußeren: so auch ihr Vernünftigwerden nur im Zusam=
menhang mit dem der äußern.

---

*) Vorlesg. Die Thätigkeit ist nur beschreibbar durch den Effect in der
Natur, darum sezen wir ein Wissen um die Natur als der Sittenlehre
coordinirt voraus (§. 47.), aber nicht die noch schwankende Wissenschaft,
sondern was im Leben allgemein anerkannt ist und unbestritten.
 Diese Säze sind übrigens nur sich durchziehende Noten zu Bestimmung
von Einzelheiten, deren ethischer Gehalt erst im Zusammenhang liegt.

(z.) In diesem § ist die Aufgabe von Seiten der Natur ausgedrükkt, im folgenden § von Seiten der Vernunft.

(c.) Da die Persönlichkeit nur der Anfangspunkt der Einigung ist, und die Organisirung sich von dieser durch Aneignung auch über die äußere Natur verbreiten soll: so ist diese anzusehen als roher Stoff, welches von dieser Seite die mythische Vorstellung des Chaos erklärt.

(d.) Die persönliche Natur ist nur der Punkt, von welchem die Thätigkeit ausgeht und alles ergreift, was mit ihr in Verbindung treten kann. Für diese Function besteht die ganze Außenwelt nur aus Einzelheiten und steht dem beseelenden Princip als Chaos entgegen, und erst durch das Aneignen und nach Maaßgabe desselben wird sie wirklich Welt *).

§. 201. Von dem kleinsten der Innigkeit oder Intension aus ist das Ziel der bildenden Thätigkeit, daß alles was in der Vernunft gesezt ist sein Organ in der Natur finde.

Wie im Thier alle organische Thätigkeit nur aus dem Spiel der besonderen Naturkraft des bestimmten Lebens und der allgemeinen Naturkräfte hervorgeht: so auch in demjenigen Zustande, wo der Mensch dem Thier am nächsten steht, das meiste nur aus diesem natürlichen Spiel, und das wenigste aus dem vernünftigen Triebe.

Da uns aber die Vernunft nicht anders als im Menschen, und in diesem nur in den beiden Thätigkeiten der bildenden und der bezeichnenden gegeben ist: so können wir für die bildende nur aus der bezeichnenden wissen, was in der Vernunft gesezt ist. Es

---

*) Von hier aus erklärt sich die antike Idee des Chaos sowol, als die moderne, daß die Welt erst werde dadurch daß wir sie sezen, was freilich die möglichst subjectivirte Ansicht ist, bemerkt S. beiläufig in d.; aber man bedenke die Wechselwirkung zwischen der organisirenden und erkennenden Thätigkeit, so daß die Welt auch wieder erst dadurch, daß sie erkannt wird, aneignungsfähig wird.

ift also die sich immer weiter entwikkelnde Beziehung aller orga=
nischen Thätigkeiten auf den im Bewußtsein heraustretenden
Vernunftgehalt.

Da aber die Vollendung nirgend gegeben ist: so giebt es
auch immer und überall organische Thätigkeiten, welche nur in
einen geringeren Grad von Verbindung mit der Vernunft treten
können *).

(c.) Von der Analogie aus mit dem animalischen angesehen
besteht also das Wesen in der successiven Erhebung der organischen
Function auf die Potenz der Idee.

§. 203. Die äußere anorganische Natur bietet der
Vernunftthätigkeit weniger Schranken dar als die or=
ganische, und dadurch wird auch die auf beide gerich=
tete Thätigkeit eine andere.

Die Einigung des geistigen und dinglichen, sofern jenes das
überwiegende also thätige ist, läßt sich als eine fortlaufende Stei=
gerung ansehen, wovon die sittliche, die Einigung der Natur mit
der Vernunft, nur das lezte Glied ist. Nichts wirkliches ist schlecht=
hin roher Stoff, aber alles ist nur um so mehr roher Stoff als
weniger Leben und Gestaltung darin ist. Es wäre also Wider=
spruch den Zusammenhang der Natur mit der Vernunft dadurch
zu befördern, daß Leben und Gestaltung wo sie schon sind zer=
stört würden. Wo aber Leben nicht ist, findet bei allen Verän=
derungen keine Herabwürdigung statt.

Hieraus entsteht jedoch keine wahre Ungleichheit. Denn in

---

*) Vorlesg. Alles was Element oder Function der Vernunft ist soll in
der Natur seinen Organismus finden, wodurch es wirksam sein kann.
Beides sind Correlata. Ist in der Natur etwas noch nicht für die
Vernunft: so ist in der Vernunft noch etwas, das in der Natur kein
Organ hat, und umgekehrt. Dies beruht auf unserer transcendenten
Voraussezung der Identität von beiden, vermöge welcher nun im Ge=
gensaz beide Glieder für einander sind, gegenseitig für einander präde=
terminirt.

dem Maaß als die organische Natur sich der bildenden Thätig=
keit mehr weigert, bietet sie sich der bezeichnenden mehr dar, wel=
che immer auf sie zunächst gerichtet ist *).

(z.) Die Wirkung der Intelligenz auf den psychischen Or=
ganismus ist nicht meßbar, also auch nicht unterscheidbar, was im
vorsittlichen begründet sei; die Wirkung der Organisation auf die
äußere Natur aber fällt in den Calculus. Jene muß aber doch
auch als Quantum behandelt werden, nur daß das gemachte und
das von selbst erfolgte nicht zu unterscheiden ist.

§. 204. Sofern das der organischen Thätigkeit
an und für sich gar nicht dargebotene doch Organ wer=
den kann vermöge seiner Beziehung auf die bezeich=
nende: so muß auch alles andere außer seinem unmit=
telbaren noch in einen ähnlichen mittelbaren organischen
Zusammenhang mit der Vernunft kommen können.

Nämlich die überirdische Natur konnte nur auf diese Weise
Organ werden; da aber die irdische auch erkennbar ist: so muß
sie dieses Verhältniß zur Vernunft mit jener gemein haben, wel=
ches also ein anderes sein muß als das der irdischen eigenthümliche.

(z.) Diese secundäre Anbildung geht durch die ganze äußere

---

*) Vorlesg. Wir sezen eine ursprüngliche Differenz der menschlichen und
der äußern Natur. Da in der menschlichen die Einigung der Vernunft
mit der Natur als Minimum gesezt wird: so ist die menschliche Na=
tur zugleich auch Stoff, die äußere nur als Stoff. So entsteht uns
eine Duplicität in der Aufgabe. Jede Wirkung auf die äußere Natur
ist vermittelt durch die menschliche, da diese der ursprüngliche Ort für
das Dasein der Vernunft ist. Es läßt sich hier alles darstellen als
Thätigkeit der menschlichen Natur auf die äußere. Nun zerfällt die
menschliche Natur selbst wieder in den psychischen und in den physischen
Organismus, die Thätigkeit jenes geht durch diesen. So muß sich al=
les beschreiben lassen im Gebiete des leiblichen Seins. Die Vernunft
wirkt auf unsere leibliche Natur vermittelst der psychischen. Ihr Ein=
fluß auf diese entzieht sich dem Calculus, weil die Differenz hier schon
in der ursprünglichen Einigung selbst liegen kann.

Ethik.   M

Natur, denn alle Kräfte werden nur dadurch, daß sie erkannt werden, Organe.

(c) Von der äußern Natur gehört das anorganische der organisirenden Function am unmittelbarsten als bildungsfähig und bildungsbedürftig; das organische hingegen als schon gebildet der erkennenden. Wie das überirdische nur insofern es irdische Kraft wird sich organisiren, seinem Sein nach aber sich nur erkennen (§. 150.), und nur sein Erkanntwerden sich als Organ gebrauchen läßt: so kann auch alles irdische noch besonders seinem Erkanntwerden nach als Organ gebraucht werden *).

§. 205. Die Vernunftbildung aller in der menschlichen Natur angelegten Sinnesvermögen und Talente ist Gymnastik im weitesten Sinne.

Sinn und Talent sind (§. 198.) schon erklärt. Verstand und Trieb von ihrer organischen Seite angesehen sind hier das erste, und so nach außen fort. Alles was sich hier als Theil sondern läßt ist immer durch das gegenüberstehende bedingt, und keines vom andern völlig zu trennen. Ebenso aber auch die Gymnastik im ganzen bedingt durch die Fortbildung der bezeichnenden Thätigkeit. Denn die Werkzeuge des Bewußtseins können nur gebildet werden, indem zugleich das Bewußtsein materiell erfüllt wird, nämlich durch die Uebung. Daher auch je unwillführlicher eine Lebensthätigkeit, um desto weniger kann sie unmittelbar Organ der Vernunft werden **).

(c.) Die Vernunftbildung der unmittelbaren Sinne und Talente von Verstand und Willen an, welche ihrer Form nach auch

---

*) Vorlesg. Das kosmische Sein und die Naturkräfte sind ein Sein, auf das wir keinen Einfluß haben; nur durch die Art, wie wir sie ins Bewußtsein aufnehmen, werden die Naturkräfte doch Organe (§. 155. mit dem Citat aus den Vorlesungen).

**) Vorlesg Die menschliche Natur ist uns zwiefach. Als Vermittelung für alle Formen, unter denen die Vernunft zum Sein kommt, d. h. als Träger des Seins ins Bewußtsein, ist sie Sinn; als Vermittelung

Organe sind, ist Gymnastik. Inwiefern für die Potentiirung zur Idee die unwillkührlichen physischen Organe fast zu weit entfernt sind vom Centrum des höhern Lebens, bilden sie das lezte Ende der Gymnastik *).

§. 206. Die Bildung der anorganischen Natur zum Werkzeug des Sinnes und Talentes ist Mechanik in der weitesten Bedeutung.

Nämlich jedes anorganische ist Eines durch die Einheit von Bewegung und Ruhe, und ein ganzes durch eine bestimmte Abgrenzung der Gestalt, beides also auf äußerliche Weise, die verändert werden kann ohne Herabsezung. Mechanisch gebildet also ist, was in beider Hinsicht durch die organische Einwirkung des Menschen ein neues geworden ist für die Vernunft. Die Mechanik ist aber nicht ohne die Gymnastik, wie diese nicht ohne jene. Denn nur sofern Sinn und Talent selbst entwikkelt sind, kann die äußere Natur durch sie für sie gebildet werden. Und ebenso ist die Mechanik nicht ohne Entwikkelung der bezeichnenden Thätigkeit. Denn nur das erkannte kann gebildet werden, und nur zu einem im Bewußtsein vorgebildeten Zwekk.

(z.) Mechanik schließt auch alles chemische in sich, und vollendet sich nur mit der Gymnastik, auf die sie aber selbst wieder zurükkwirkt. Denn je mehr angebildete Organe, desto mehr Mittel zur Sinnes- und Talententwikkelung **).

---

für alle Thätigkeiten auf das Sein überhaupt ist sie Talent. Alles was Sinn und Talent ist im ganzen menschlichen Geschlecht zur Vollkommenheit bringen, ist die Thätigkeit, die wir Gymnastik nennen wollen; ein Hinzuthun des angeübten (§. 147.) zum angeerbten.

*) 3. B. Pulsschlag und Athemholen würden auf diese Weise an der Grenze dessen stehen, was der Gymnastik erreichbar ist, indem beide nur sehr bedingungsweise von unserm Willen abhängig sind.

**) Vorlesg. Das anorganische ist eigentlich chaotisch, wird aber als Einzelheiten angeschaut, deren jede eine Einheit von Bewegung und Ruhe ist. Mechanisch ist der Uebergang des einen Stoffs in den andern, Verstärkung oder Verringerung, abhängig von darauf verwendetem

(c.) Die Mechanik ist in Wechselwirkung mit der Gymna=
stik, weil nur gebildete unmittelbare Organe können mittelbare
bilden, und weil hinwieder mittelbare die Bildung der unmittel=
baren befördern.

§. 207. Die Vernunftbildung der niederen orga=
nischen Natur zum Dienst der höheren menschlichen fas=
sen wir zusammen unter dem Namen des vorherrschen=
den Elementes, der Agricultur.

In allem hiezu gehörigen werden freilich die einzelnen Er=
scheinungen des vegetativen und animalischen Lebens zerstört; al=
lein dieses geschieht doch natürlicher Weise, und dieser Naturpro=
ceß wird in Maaß und Ordnung gebracht, das heißt vernünftig
gemacht. Eigentlich gebildet aber wird die Richtung der organi=
schen Kräfte; die Gattungen werden erhalten und veredelt, die
Naturkraft in Hervorbringung des einzelnen erhöht, ja neue
Spielarten hervorgebracht; und unter dieser Bedingung ist die
Zerstörung der einzelnen Wesen nicht der oben (§. 203.) gesezten
Heiligkeit der organischen Natur entgegen.

Der Akkerbau hängt übrigens eben wie die Mechanik mit der
Gymnastik zusammen und mit der Entwikkelung der bezeichnenden
Thätigkeit. Wo die leztere so weit zurükkgedrängt ist, daß das
Verhältniß der Einzelwesen zur Gattung noch nicht erkannt ist, da
kann die Scheu vor Zerstörung entweder sich auch auf die ani=
malischen Einzelwesen erstrekken, oder auch die menschlichen können
von ihr nicht ausgeschlossen sein. Es ist eigentlich dieselbe sittliche
Unvollkommenheit, die Menschen frißt, und die Thiere nicht ißt.

Quantum von Kraft; mechanisch der Vernunft angebildet ist also, was
in Beziehung auf Bewegung und Ruhe durch Aneignung für den
menschlichen Organismus ein neues geworden ist, oder wo in chemischem
Proceß der Mensch neue Gegenstände hervorruft durch Wahlverwandt=
schaft und Zersezung, oder was durch menschliches Wollen ein neues
Maaß erhält. Auch die Entfernung der Dinge sollen wir in unsere
Gewalt bekommen.

(z.) Unter einseitigem Namen (Agricultur) ist hier die Bil=
dung der animalischen und der vegetabilischen Natur zusammen=
gefaßt. Postulirt ist für das höchste Gut extensive Vollständig=
keit, die belebte Natur muß überall ethisirt sein, und intensive, der
Einfluß der Vernunft auf Productivität und Veredelung muß
ein Maximum sein *).

(c.) Der Heiligkeit der organischen Natur ist nicht zuwider
die Zerstörung der einzelnen Wesen, wenn sie nur verbunden ist
mit thätigem Antheil an Erhaltung und Vredlung der Gattungen.

§. 208. Die mittelbare organische Benuzung gleich=
viel des organischen und anorganischen ist die Zusam=
menführung des einzelnen nach Gleichartigkeit und Ver=
schiedenheit, um dadurch zum Organ des Erkennens zu
werden, oder die Sammlung.

Hier ist die organisirende Thätigkeit am schwächsten, da sie
nur Einheit im Raum hervorbringt unter dem sonst getrennten,
und sie ist am stärksten bedingt durch die bezeichnende. Da sie
nun in der Gymnastik am stärksten und durch die symbolisirende
nur bedingt wird, inwiefern diese ihr eigenes Product ist: so ist
hiemit der Umfang derselben wirklich beschlossen, und außer dem
angegebenen nichts zu finden.

(z.) Dieser § geht zurükk auf die Prädetermination des ver=
nünftigen und des natürlichen für einander. Da sich die Ideen
nur im Bewußtsein entwikkeln, und hiezu ein äußerer Factor
nothwendig gehört: so müssen, damit die Ideen überall leben,
auch die Dinge überall gegenwärtig sein, repräsentirt entweder
durch Exemplare oder durch Schemata d. h. Bilder.

---

*) Vorlesg. Agricultur nennen wir die organisirende Vernunftthätigkeit
auf die außer der menschlichen gegebene organische d. h. animalische
und vegetabilische Natur. Von dieser Seite ist zum höchsten Gut nö=
thig, daß der ganze Erdboden mit allen seinen Bewohnern und Ge=
wächsen unter die Herrschaft der vernünftigen Menschen gebracht sei.

(c.) Alle Dinge, organische und anorganische, lassen sich organisch gebrauchen durch Zusammenstellung als Apparat oder Mikrokosmus, indem in den Einzelheiten angeschaut wird das allgemeine in allen seinen Abstufungen *).

Dieses Glied steht ebenfalls in Wechselwirkung mit den beiden vorigen, und stellt dar die Identität der organisirenden und erkennenden Function.

§. 209. Wenn die bildende Thätigkeit nicht auf das Sein der Vernunft überhaupt in der Natur überhaupt bezogen wird: so treten (z.) die bildende und die bezeichnende Thätigkeit in Gegensaz **).

(a.) Wir können dieses die kynische und die ökonomische Maxime nennen. Nämlich in der allgemeinen Beziehung sind beide Richtungen ins unendliche aufgegeben, also auch Zusammensein und Wechselwirkung beider nothwendig gesezt; hingegen

---

*) Vorlesg. Es giebt Regionen des Seins, auf die organische Thätigkeit nur möglich wird (§. 204.) durch ihre Erkennbarkeit, d. h. durch symbolisirende Thätigkeit. Vermöge der Identität des geistigen und dinglichen ist alles, was im Bewußtsein sich als differente Begriffe entwikkeln kann, auch im Sein different; wir müssen uns also alle in der Intelligenz angelegten Begriffe beständig mit möglichster Leichtigkeit vergegenwärtigen können, weil sich im Menschen die Vorstellungen nur in dem Maaße entwikkeln als ihm die Gegenstände gegeben werden. Was so die Natur leistet soll nun verwandelt werden in ein aus Vernunftthätigkeit hervorgehendes. So ist Aufgabe die Dinge irgendwie für den einzelnen allgegenwärtig zu machen durch Zusammenstellung von Exemplaren oder doch Bildern derselben, und dies bildet uns den Apparat für das Erkennen; ein unentbehrlicher Organismus zu Vergegenwärtigung der Vorstellungen

**) In (a) ist dafür der Gegensaz zwischen der extensiven und intensiven Richtung; daher ist hier dieser § mit dem folgenden in unklarer Vermischung. Wir erlauben uns hier die nöthige Verbesserung, da S. selbst in (z.) bemerkt, dieser § scheine ihm nicht richtig gefaßt. Von den ebenfalls beide §§ nicht deutlich auseinanderhaltenden Erläuterungen läßt sich also nur das zur Verbesserung noch passende wiedergeben, einiges nur auch wieder mit den durch (z.) gebotenen Modificationen.

ın der Beziehung auf die Persönlichkeit kann eine die andere ersezen. Man kann nämlich sagen, Je mehr Dinge ich um mich
herum bilden will, desto weniger bezeichnende Kraft braucht in
mir zu sein, und je mehr ich diese übe, desto weniger brauche
ich zu bilden. Allein so verliert jede für sich ihre Wahrheit.
Das leztere ist die kynische Denkweise, welche wie sie auf einem Zustande ruht, wo der allgemeine Zusammenhang in der
bildenden Thätigkeit nicht mehr erscheint, und also der einzelne
sich isolirt findet, so auch seinen Antheil an＊ diesem Gebiet immer mehr auf Null bringt, ohne daß er darum die symbolisirende Thätigkeit vollenden kann. Denn wie sich die kynische
Denkungsart hier nicht mehr halten kann, sobald die Aufgabe
der Beobachtung stark hervortritt, und geschärfte Werkzeuge so
wie großen Apparat erfordert: so muß sie sich immer mehr auf
das ganz verstümmelte ethische Wissen und auf das für sich allein immer nichtige transcendente zurükziehen. Die entgegengesezte Denkungsart, welche die symbolisirende Richtung ersezen will
durch die organisirende, hat weniger sittlichen Schein. Das so
entstehende Bildungsgebiet hat einen bloß negativen Charakter;
sowol die Fertigkeiten als die Dinge so gebildet sind das bloß
nüzliche, ohne daß mitgesezt ist das Wofür. Und so wie diese
Denkungsart nur entsteht in einem Zustande, wo der einzelne in
einen großen Zusammenhang verloren sich selbst nicht ganz finden und festhalten kann: so führt sie ihn immer mehr auf die
Analogie mit dem thierischen zurük.

(z.) Der Gegensaz zwischen kynischer und ökonomischer Marime bezieht sich auf das Verhältniß der bildenden und erkennenden Thätigkeit; der Kyniker will sich mit einem Minimum von
Organen begnügen um in der Betrachtung zu bleiben, der Oeko-
nom will das Erkennen nur zugestehen für das Bilden *).

*) Vorlesg. Bei jeder dieser Einseitigkeiten geht der sittliche Charakter
verloren, weil beide Thätigkeiten in Wechselwirkung nur gedeihen. Die
kynische giebt die Herrschaft über die Natur auf und hält nur für

§. 210. Ebenso treten dann in Gegensaz die Aus=
bildung der ursprünglichen Werkzeuge und die Anbil=
dung der abgeleiteten.

Denn ebenso sind in der allgemeinen Beziehung beide un=
endlich aufgegeben, für die einzelne Persönlichkeit aber scheint eine
ersezt werden zu können durch die andere. Wer die Fertigkeiten
ausbildet denkt, daß er in jedem Augenblick des Bedürfnisses
wird hervorbringen können, und belastet sich nicht mit den Din=
gen. Wer sich mit gebildeten Dingen umgiebt denkt, daß er mit
dem Gebrauch nicht erst warten darf auf die Thätigkeit. Jenes
ist die athletische Einseitigkeit der Tugend im alten Sinn, dieses
die weichliche dissolute Einseitigkeit des Reichthums. Beide sind
nichtig in sich selbst; denn da die gebildeten Dinge ohne ausge=
bildete Fertigkeit nur herbeigeschafft werden können durch Zufall
oder durch Zauber: so ist in der lezten eigentlich doch keine Zu=
versicht auf das, was der Mensch hat, sondern nur auf das, was
er nicht haben kann. Und da der Mensch, wenn er nicht selbst
erwirbt, alles schon besessen findet, und sich also im Augenblick
nur helfen kann durch Gewalt oder durch List: so ist auch in je=
ner keine Zuversicht auf das, was der Mensch ist, sondern nur
auf das, was er nicht sein soll.

(c.) Es treten hier in Gegensaz die Bildung der unmittel=
baren Organe (Ausbildung), und die der mittelbaren (Anbildung),
indem in Bezug auf die Persönlichkeit jeder je mehr er sich zu
dem einen hinneigt dadurch glaubt das andere ersezen zu kön=
nen. — Mechanik und Agricultur schließen als ihr Resultat al=

nothwendig, was der Mensch braucht um in betrachtendem Zustande
zu bleiben; das ökonomische Princip aber übt das Erkennen nur um
des Bildens willen und nur so weit es diesem dient. Sobald die sitt=
liche Thätigkeit nur auf ein einzelnes Dasein bezogen wird: so entsteht
ein Gegensaz zwischen dem Verhältniß des Menschen zu den Dingen
von Seite seiner Receptivität und zwischen dem Verhältniß von Seite
seiner Spontaneität. So wie dieses gegen einander tritt, hört die sitt=
liche Thätigkeit auf, und es entsteht nur ein Spiel.

les in sich was wir Reichthum nennen; dieser objectiv genom=
men darf also nicht verachtet werden. Die Polemik wider den=
selben kann daher nur darauf gehen, wenn das Resultat gewollt
wird ohne die Thätigkeit, oder wenn auf den Reichthum jeder
nur in so weit Werth legt, als er mit der eigenen Persönlichkeit
verbunden ist, was die subjective Seite wäre.

(z.) Der Gegensaz zwischen der athletischen und dissoluten
Maxime faßt das Verkehr an den entgegengesezten Enden; jene
will nur die Möglichkeit dazu aufstellen (gymnastische und me=
chanische Virtuosität, welche aber die Production nur als Spiel
betrachtet); diese will es ganz voraussezen.

Anmerkung. (d.) Umfang der Cultur ist, was geleistet wird durch
Gymnastik, geistig und leiblich zunächst anschließend an die erkennende
Function; Mechanik, deren nächstes Object die elementarischen uni=
versellen Kräfte; Agricultur, Object die productiv organische Kraft
der Natur, Tendenz freilich Zerstörung des besondern zur Erhaltung
der menschlichen Organisation, aber zugleich auch Gattung erhaltend
und veredelnd, also in der Identität mit der Erhöhung des Ver=
nunftgehaltes; Sammlung des wissenschaftlichen Apparates, rein
erhaltende Thätigkeit. Uebergang in das Gebiet der erkennenden
Function *).

§. 211. Sofern das eine Glied dieser Einseitig=
keiten entsteht aus dem Gegensaz gegen die sich isoli=
rende Lust, und das andere aus dem Gegensaz gegen
die sich isolirende Kraft: so sezen sie ein Verderben

*) Vorlesg. Gymnastik, Mechanik, Agricultur und Apparat für das Er=
kennen sind das ganze der organisirenden Thätigkeit. Aber sie ist hier
nur in Beziehung auf das Sein der Vernunft überhaupt im Sein
überhaupt, abstrahirt von der Differenz der Einzelwesen. Bezieht man
es auf die Persönlichkeit: so hört weil diese beschränkt ist die Unend=
lichkeit beider Richtungen auf, eine kann die andere verdrängen. Die
Persönlichkeit kann sich auf die Menge der gebildeten Organe verlassen
und die bildende Kraft darüber sich anzuüben unterlassen, oder denken,
je mehr bildende Kraft ich entwikkele, desto weniger Organe bedarf ich.
Sobald Productivität und Besiz in Gegensaz treten, ist es nicht sittlich.

schon voraus; sofern aber jedes den Gegensaz erregt, bringen sie das Verderben hervor.

Nämlich das Fürsichheraustreten der Lust ist um so mehr eine Verkehrtheit, weil die Lust aus jeder Thätigkeit, von welcher Art sie auch sei, sich von selbst entwikkelt; und das Isoliren der Kraft ist eine Verkehrtheit, weil die Richtung doch im einzelnen nicht anders bestimmt werden kann als durch das Bedürfniß. Beide Einseitigkeiten aber entwikkeln sich immer im Zusammenhang mit einander.

(z.) Einseitigkeit und Unsittlichkeit steigern sich hier wie oben Zusammengehörigkeit und Sittlichkeit *).

(c.) Alle Polemik gegen die Cultur bezieht sich auf irgend eine Art auf den hervorgehobenen Lustgehalt. Dieser aber als ausschließende Tendenz ist so wenig natürlich, daß vielmehr aus jedem auch dem äußerlichsten Geschäft eine reine Lust an ihm selbst sich überall entwikkelt, wo nicht völlige Stumpfheit und Verkehrtheit herrscht.

§. 212. Auch in der kleinsten Zerspaltung der aufgezeigten Gebiete ist jede Thätigkeit eine sittliche, die ihrem Sinn und Geist nach die andere nicht ausschließt.

Keinesweges ist dazu nothwendig ein bestimmtes Bewußtsein von dem Verhältniß der einzelnen Thätigkeit zu allen anderen und zum ganzen. Dieses kann vielmehr in den verschiedensten Abstufungen bis zum allerdunkelsten gesezt sein. Es fehlt

---

*) Vorlesg. Isolirt sich die Receptivität d. h. die Lust als Freude am Besiz und an der Hülfe von Organen: so ist dies eine Corruption, weil diese Lust nicht von der Intelligenz postulirt wird, sondern sich aus der Thätigkeit selbst entwikkelt unter der Form der Kraft und des Bewußtseins des Gelingens. Isolirt sich die Spontaneität (Kraft): so ist dies eine Corruption, weil vom Verhältniß der Vernunft zur äußeren Natur abstrahirt wird. Diese Einseitigkeit wird durch den Gegensaz immer gesteigert, indem jedes für sich gesteigert das andere verschwinden macht.

nur dann ganz und entschieden, wenn die Thätigkeit mit bestimmter Beeinträchtigung anderer auftreten will. Dann aber sezt sie sich ganz außer Zusammenhang mit der allgemeinen Vernunftaufgabe, und kann in der Person nicht als eine sittliche gesezt sein. Die Person ist dann bloß Organ, und die Sittlichkeit ihres Thuns muß anderswo gesucht werden.

(c.) Da sich die Thätigkeiten und Vermögen ebenso ins unendliche spalten lassen wie die Aufgabe selbst: so wird jedes noch so kleinliche Talent doch eine sittliche Thätigkeit aussprechen, wenn es in seinem Geist und mit Interesse geübt wird, gesezt auch das Bewußtsein seines Zusammenhanges mit dem ganzen wäre nur ein dunkles; wogegen das bedeutendste ohne diese Bedingung nur eine Unsittlichkeit ausspricht.

(z.) Jede Theilung bleibt sittlich möglich, wenn kein Glied ein anderes ausschließt *).

b) Die bildende Thätigkeit unter ihren entgegengesezten Charakteren.

1) Dem der Einerleiheit.

§. 213. Die in allen selbige bildende Thätigkeit, sofern sie sich zu Erwerbung und Gemeinschaft gestalten soll, fordert das Nebeneinandergestelltsein und das Aufeinanderfolgen gleichbildender.

---

*) Vorlesg. Jede organisirende Thätigkeit von jedem Punkte aus ist für die Vernunft überhaupt gesezt als durch alle andern bedingt, und so bleibt der sittliche Charakter fest. Nur das Minimum des Bewußtseins vom Zusammenhang einer Thätigkeit mit allen muß gefordert werden, nämlich daß sie keine der übrigen hemmen wolle, d. h. sich mit der Gesammtaufgabe nicht in Widerspruch seze. Sobald aber auch dieses Minimum wegfällt: so wirkt ein Einzelwesen dann bloß als selbst ein Organ, d. h. seine Thätigkeit als persönliche ist nicht sittlich. Bei großer Entwikkelung des organisirenden Processes sind daher viele Einzelwesen nur Organe. Nun haben wir die Vergleichung der gesammten organisirenden Thätigkeiten vollendet und als Bedingung der Sittlichkeit aufgestellt, daß das Einzelwesen nur für die Gesammtheit handle.

Beides sind freilich Naturbedingungen auf der einen Seite; aber auf der andern lassen sie sich ebenfalls ansehn als aus der sittlichen Thätigkeit hervorgehend. Daß im Kinde anerkannt wird die Einerleiheit der bildenden Kraft, und daß sie noch als in gewissem Sinne roher Stoff der Ausbildung durch die bildende Thätigkeit anderer bedürftig diese erfährt, ist sittliche Thätigkeit. Und wenn wir bedenken, wie die bildende Thätigkeit im einsamen Zustande sich selbst überlassen nicht nur zurükbleibt sondern auch von dem Typus weit abweicht, den sie durch die Erziehung erhält: so können wir nicht umhin, in dieser den Grund der sich fortpflanzenden gleichen Bildungsweise zu sezen. Ebenso sind die Menschen zwar neben einander gegeben, aber da jeder bei den gleichmäßig mit ihm bildenden bleibt vermöge seiner sittlichen Thätigkeit, ohnerachtet jeder auch einen auch von der sittlichen Thätigkeit ausgehenden Trieb ins weite hinaus hat *): so muß man annehmen, daß dieselben gleichmäßig bildenden auch durch die sittliche Nöthigung gleiche vorauszusezen und zu suchen würden zusammengekommen sein.

(c.) Der Charakter der Identität spricht sich aus im Schematismus, daß nämlich jede bildende Thätigkeit gesezt wird als von allen aus dieselbe, und als von allen für dieselbe angesehen. Hieraus folgt, daß alles, was die Spuren dieses Schematismus an sich trägt, von der Person anfangend durch alle ihre Werke hindurch als gebildet anerkannt, und also auch nicht als roher Stoff in Anspruch genommen werde. — Die Neigung zu ei-

---

*) Vorlesg. Denken wir die Erde in Beziehung auf die menschliche Natur: so muß diese Beziehung auch in jedem einzelnen sein, und also hat jeder ein lebendiges Verhältniß zur Erde. Auch dieses muß sich in einem Triebe aussprechen, sich von dem Ort, wo er sich findet, loszumachen und sich in ein Verhältniß zur ganzen Erde zu sezen. Sind nun gleichbildende ursprünglich neben einander gestellt: so ist daß sie dieses bleiben ein Resultat der sittlichen Thätigkeit. Was wir also als Naturbedingung sezen, kann doch zugleich als aus der sittlichen Thätigkeit hervorgehend angesehen werden, weil diese jene immer erhält.

nem skeptischeu Verfahren hierin deutet auf ein Befangensein in der Persönlichkeit; die Vernunft in der Persönlichkeit muß sich selbst auch außer ihr suchen und ihrem Wiedererkennen mit Liebe trauen. (Anerkennung als Keim für den Begriff des Rechtes.)

(d.) Anmerkung *). Bisher ist die bildende Thätigkeit nur für sich betrachtet worden; sie kann aber als That nicht existiren ohne die beiden Charaktere an sich zu haben, von denen wir abstrahirten; denn so gewiß sie die That des einzelnen sein soll, muß sie auch sein besonderes Wesen ausbrükken.

§. 214. In der bildenden Thätigkeit entwikkeln sich aber, auch sofern sie in allen dieselbige ist, dennoch beharrliche Verschiedenheiten durch den Ort und die Verhältnisse, in welche jeder gestellt ist.

Weil die menschliche Gattung die vollkommenste ist: so ist jeder einzelne Mensch ein eigenthümlicher. Dies hindert aber nicht, daß nicht auch jeder (§. 180.) in einem untergeordneten Sinn durch äußere Einwirkungen bestimmt werde. Indem näm= lich die Uebung einzelne Fertigkeiten nach bestimmten Richtungen erhöht, bleiben andere, und auch jene selbst in andern Richtun= gen und Verzweigungen, zurükk, und diese Differenz der Geschikk= lichkeiten, sehr bestimmt zu unterscheiden von dem was die Eigen= thümlichkeit des Menschen constituirt, entsteht aus der Lage in der Zeit der reicheren Bildsamkeit und bleibt hernach relativ be= harrlich **).

---

*) Diese gehört eigentlich vor den § als den Uebergang vom vorigen aus zu ihm enthaltend.

**) Vorlesg. Im identischen Organisiren unterscheiden sich die Einzelwe= sen zwar beharrlich, aber nicht innerlich begründet, sondern nur durch äußere Relationen. Fertigkeit kommt durch Uebung, diese ist an äußere Relationen gebunden (z. B. an äußern Stoff), die für jeden ungleich sind, daher in jedem sich andere Fertigkeiten entwikkeln. Diese Diffe= renz aus äußern Relationen entsteht nur bei einer schon etwas gebilde= ten Entwikkelungsstufe, also ist sie schon sittliches Product.

(c.) Jede Person ist als Darstellung des Seins der Vernunft in der Natur auf äußere Weise (d. h. abgesehen von demjenigen innern Princip, welches die Eigenthümlichkeit ausmacht) bedingt durch die verschiedenen Einflüsse der äußern Potenzen, und diese Bedingtheit ist auf jedem Punkt der sittlichen Thätigkeit eine gegebene, so daß sie nach einer Seite mehr wirken kann als nach der andern.

§. 215. Hieraus entsteht eine Unzulänglichkeit jedes einzelnen für sich, wodurch das Verkehr die Gestalt bekommt der Theilung der Arbeiten und des Tausches der Erzeugnisse.

So lange sich diese Differenzen in einer Masse noch schwach entwikkeln, kann anerkannter Erwerb da sein, auch anerkannte Gemeinschaft, aber kein wirkliches Verkehr, indem jeder für sich selbst alles bildet was er nöthig hat. Jene Entwikkelung aber erzeugt eine doppelte Aufgabe. Die Einseitigkeit soll nämlich aufgehoben werden auf der einen Seite, damit der Besitzstand eines jeden vollständig sein könne; sie soll beibehalten werden auf der andern in Bezug auf die Vernunftaufgabe überhaupt, weil jeder diese am meisten fördern kann mit den am meisten hervorgetretenen Fertigkeiten, und am wenigsten umgekehrt. Beides natürlich in gewissen Grenzen. Denn weder soll eine natürliche Handlungsweise ganz verschwinden in einem Menschen, noch ist ein vollkommenes Gleichgewicht zu fordern in einer vereinzelten Erscheinung. Die Forderung aber, daß die Differenz bleibe, bezieht sich unmittelbar auf die Thätigkeit selbst; der Grund, weshalb sie aufgehoben werden soll, bezieht sich hingegen auf die Erzeugnisse. Daher lösen sich beide Forderungen in den nicht mehr widersprechenden Aufgaben, daß jeder mit seinen eminenten Fertigkeiten thätig sei für die Vernunft überhaupt, und daß jeder seinen Besitzstand ergänze durch die aus den eminenten Fertigkeiten anderer entstandenen Erzeugnisse. Widersprechend aber sind

diese Aufgaben nicht unter der Voraussezung, daß die Differenz
der Geschikklichkeiten in andern eine andere ist. Diese Voraussezung aber ist theils gegeben, da Verschiedenheit immer ursprünglich ungleich gesezt ist, theils entsteht sie selbst sittlich, indem einerseits das Bedürfniß die Fertigkeit erzeugt, anderseits die Gemeinschaft bis dahin ausgedehnt wird, wo die Erzeugnisse sich finden.

(c.) Wenn die bildende Thätigkeit auf die Persönlichkeit bezogen wird *): so muß getrachtet werden diese Bedingtheit (§. 214. c.) aufzuheben, weil die Bedürfnisse der Person in allen Gebieten gleichförmig zerstreut sind. Wird die bildende Thätigkeit auf die Totalität der Vernunft bezogen: so wird jene Bedingtheit (als natürliche Bestimmtheit des einzelnen Organs) Schematismus derselben; und dies ist das Fundament der Theilung der Arbeiten.

(z.) Da sich auch im identischen Organisiren Differenzen bilden durch die Oertlichkeit: so giebt die Beziehung auf die gemeinsame Vernunft die Theilung als Aufgabe. Vor derselben ist eigentlich keine Zeit auf diesem Gebiet, es stellt sich vorgeschichtlich. Die Theilung entsteht verschieden, je nachdem die Masse auf dem Erkenntnißgebiet gleicher ist oder ungleicher.

§. 216. Die Theilung der Arbeiten erstrekkt sich über alle Bildungsgebiete, aber auf ungleiche Weise.

Sie ist am schwächsten in der Gymnastik; da jeder einzelne doch alle seine Functionen üben muß, indem sonst die Vernunft

---

*) In frühern Bearbeitungen ging S. hier vom Begriff der Persönlichkeit aus, zu der lezten aber sagt er in den Vorlesungen, Ich gehe hier nicht aus von der Unzulänglichkeit eines einzelnen seine Bedürfnisse zu befriedigen, denn dieses ist schon eine entschiedene Bezugnahme auf die Persönlichkeit, sondern von der Fähigkeit des einzelnen in seiner Lebenssphäre die Sittlichkeit vollkommen darzustellen. So wie diese vorausgesezt wird ist die gesuchte Verknüpfung von Erwerbung und Gemeinschaft nur zu finden in Theilung der Arbeiten und Tausch der Producte.

nicht vollständig seiner Natur einwohnte; hier also ist es nur das höhere Maaß einzelner Richtungen, worin einer sich kann vom andern ergänzen lassen. Am stärksten dagegen ist sie in dem Sammlungsgebiet; denn hier erscheinen ganz vereinzelte Neigungen als Liebhaberei und Idiosynkrasie, und hierin das ganze, soweit es von der Thätigkeit einzelner ausgeht, ganz zerstükt. Ja an der Grenze wie es liegt zwischen der organisirenden und symbolisirenden Function kann man sagen, es sei keine sittliche Nothwendigkeit gesezt, daß ein besonderes Talent dieser Art in jedem einzelnen sei, denn das sittliche Eigenthum eines jeden ist der Apparat, den er sammelt, damit er selbst daraus erkannt werde, und also ein sich von selbst ergebender kleinster Beitrag zum ganzen. Zwischen beiden liegen Mechanik und Akkerbau mit der Forderung, daß jeder etwas von beiden übe, weil sonst der Zusammenhang der menschlichen Natur mit der äußern nicht sittlich in ihm gesezt wäre, daß aber jeder das meiste aus der Theilung der Arbeiten empfange.

§. 217. Wo die Differenz der Geschikflichkeiten sich entwikkelt hat, und die Theilung der Arbeiten entstanden ist, da giebt es keine andere Ergänzung des Besizstandes als durch den Tausch.

Nämlich wenn jemand zu seiner Thätigkeit Organe, Mittel der Erhaltung bedarf, die er sich wegen mangelnder Fertigkeit nicht verschaffen kann: so kann er diese nur erhalten aus dem Besizstande anderer. Diese aber dürfen aus dem ihrigen nicht herauslassen, ohne wieder hinein zu empfangen, weil er sonst verringert und also die Bedingung verlezt wird, unter welcher allein die Differenz der Geschikflichkeiten bestehen kann, denn die Theilung ist dadurch bedingt, daß keiner seinen Besizstand verringert.

Dies ist an sich klar. Aber die Allgemeinheit des Ausdrukks scheint die Wohlthätigkeit ganz aufzuheben, und also, indem sie ein sittliches sezt, ein anderes zu vernichten, welches immer auf einen Irrthum hinweiset. Allein die Wohlthätigkeit ist auf unserm Gebiet nur ein nothwendiges Uebel, weil sie die Dürftigkeit voraussezt, auch kann sie in der That nur statt finden, theils sofern eine Sicherheit da ist, daß dem der sie übt dasselbe wiederfahren wird, wenn er ein dürftiger werden sollte, also nicht als Verhältniß eines einzelnen gegen den andern, theils sofern die Dürftigkeit angesehen werden muß als eine durch die Theilung der Arbeiten entstandene Verkürzung, welche aber auch nur durch die begünstigten im ganzen aufgehoben werden muß, also wieder nicht vom einzelnen zum einzelnen. Wie daher der dürftige mit dieser einzigen Ausnahme im Verkehr nicht als selbständige Einheit kann angesehen werden: so gehört demnach auch die Wohlthätigkeit in ein anderes Gebiet, wo nämlich die Selbständigkeit der Persönlichkeit beschränkt ist.

(z.) Die Grundvoraussezung ist, daß keiner, weil er sonst als Vernunftorgan deteriorirt würde, ohne Ersaz aus seinem Besizstand etwas entläßt. (Wohlthätigkeit sezt bürgerlichen Zustand voraus oder gehört in ein anderes Gebiet.)

(c.) Jedes Herausgeben aus dem Besiz ohne Ersaz, und ohne Sicherheit, daß der empfangende in Lösung der Vernunftaufgabe begriffen sei, ist unsittlich und als gemeine Wohlthätigkeit nur zu vertheidigen a) durch die Annahme, einer sei in der Theilung der Arbeiten verkürzt, der andere begünstigt; b) durch die Annahme, man empfange das Aequivalent durch die Totalität. Die Wohlthätigkeit ist nur als ein Geschäft zu betrachten.

§. 218. Beide, Theilung der Arbeit und Tausch, sind bedingt durch Gemeinschaft der unmittelbaren Organe, welche beides zugleich ist, und von der also gilt, was von jedem von beiden gesagt ist.

Die Dinge nämlich sind nicht nothwendig auf dieselbe Weise vereinzelt und getrennt wie die Geschifflichkeiten; also kann auch nicht an allen zu bildenden derselbe alles gleich gut machen, und

Ethik. N

es findet also statt eine Gemeinschaft der Thätigkeit an demsel=
ben Dinge, während es doch nur Einem kann angeeignet wer=
den. Ohne eine solche Gemeinschaft also würde die Theilung
der Arbeiten ihren Zwekk verfehlen. Das Bilden aber ohne An=
eignung ist eben so eine Verkümmerung des persönlichen Gebiets
wie das Entäußern ohne Ersaz.

Von dieser Gemeinschaft nun gilt ebenfalls, daß sie durch
alle Bildungsgebiete hindurchgeht; am schwächsten in der Gym=
nastik, wo sie vorzüglich nur das Lehren und Erziehen selbst ist,
und am stärksten in dem Sammlungsgebiet, wo nichts ohne eine
solche Vereinigung mehrerer kann geleistet werden. Der Ersaz
aber kann ebensowol in Erzeugnissen geleistet werden als in Thä=
tigkeiten, und ebenso für die Erzeugnisse ebensowol in Thätigkei=
ten; denn auf beiderlei Art wird der persönliche Besizstand er=
gänzt. Nur erscheint vielleicht noch härter, daß wenn auch von
Thätigkeiten sich keiner ohne Ersaz entäußern soll, nun auch die
Dienstfertigkeit aufgehoben wird wie die Wohlthätigkeit. Indeß
gilt hier ganz dasselbe wie dort. Auch will niemand auf diesem
Gebiet gern Dienstleistung annehmen, und es ist ganz ein ande=
res, wo Leistung von Thätigkeiten ohne allen Bezug auf Ersaz
mehr ist als ein nothwendiges Uebel.

(z.) Die ursprüngliche Form ist die Gemeinschaft der un=
mittelbaren Organe, wenn zwei zu derselben Arbeit zusammen=
treten. Hieraus entwikkelt sich sowol Theilung als Tausch, sofern
doch die gemeinschaftliche Arbeit im einen Falle dem Einen und
das nächste Mal dem Andern gehören muß.

(c.) Die Vernunft in der Persönlichkeit hält das gleichna=
mige Talent in allen Personen für dasselbe mit ihrem eigenen,
sezt also, daß jedes Organ auch von ihr aus könne gebraucht
werden, so wie das ihrige auch von anderen aus. Diese Forde=
rung, inwiefern sie alle ausschließende Beziehung auf die Persön=
lichkeit aufhebt, ist die Basis aller Gemeinschaft. — Zieht man
in Betracht den relativen Gegensaz zwischen gebildeten und bil

denden Organen: so ist die Theilung der Arbeiten bedingt durch die Möglichkeit des Tausches, und der Tausch durch die Ablösbarkeit der Dinge und durch die Möglichkeit die organischen Vermögen des Einen zu den Zwekken des Andern zu gebrauchen.

§. 219. Zu jedem Tausch gehört Uebereinkunft über die Sittlichkeit der Handlung, und Uebereinkunft über den Preis der Leistung.

Da jede über den persönlichen Besiz hinausgehende Thätigkeit unmittelbar auf die Vernunftaufgabe überhaupt bezogen wird: so kann auch ihr lezter Moment, die Entäußerung, nur eintreten, wenn die Ueberzeugung da ist, daß durch die Uebertragung ein Theil der Vernunftaufgabe wirklich gelöst wird. Ebenso aber wird die Handlung niemals zu Stande kommen, wenn nicht beide Theile zu einer gemeinschaftlichen Bestimmung kommen über den Ersaz; denn sonst würde einem von beiden der Besizstand verringert gegen die Voraussezung. Für keinen Preis darf man sich eines Besizes entäußern an eine schändliche Person, und auch an den vortrefflichsten darf man sich nicht entäußern gegen einen geringern Ersaz. Wenigstens gehört in sofern dann die Handlung in ein anderes Gebiet.

§. 220. Der Tausch ist nur unter denen vollkommen, unter welchen Vertrauen *) besteht und Geld.

Unter Vertrauen ist hier zu verstehen die gegenseitige und beharrliche Voraussezung, daß man mit seiner bildenden Thätigkeit in der Vernunftaufgabe begriffen ist und nicht gegen sie, welche Voraussezung also der jedesmaligen einzelnen Untersuchung

---

*) In den frühern Bearbeitungen ist statt des Ausdrukks Vertrauen der der Ueberredung gebraucht; offenbar mehr Verschiedenheit des Ausdrukks von verschiedenem Standpunkte aus, als des Begriffs, folglich keine Aenderung in der Sache. Vertrauen vom Standpunkte dessen aus, der sich eines Besizes entäußert; Ueberredung vom Standpunkte dessen aus, der übernimmt.

überhebt. Geld aber ist das gemeinschaftlich angenommene, also nur für verschiedene Fälle nach Zahl und Maaß verschiedene Ersazmittel, welches die Stelle jedes specifischen Ersazes vertritt. Dieses also bringt den suchenden und den darbietenden unmittelbar zusammen, da sonst nur zufällig jener diesem genügen kann, und einer von beiden erst übernehmen müßte durch einen zweiten Hülfstausch das Geschäft zu realisiren.

Die Vernunfttätigkeit ist also überall das Werden von beiden, aber nie ist eines von beiden vollendet. Das Vertrauen kann nirgend so sicher bestimmt und ausgesprochen werden, daß nicht in einzelnen Fällen die Nothwendigkeit der Untersuchung wieder einträte. Und die Idee des Geldes ist nirgend so vollkommen realisirt, daß es nicht selbst wieder in einzelnen Fällen und in mancher Hinsicht ein specifisches würde, das also selbst wieder einer Ausgleichung bedürfte. Daß sich die Verwirklichung dieses Begriffes überall früher oder später im Metallgelde fixirt, ist eine hier nicht zu erklärende Erfahrung. Gewiß liegt der Grund nicht in dem Werth, den die Metalle im Bildungsgebiet an sich haben; denn gerade insofern sind sie selbst Waare, welches immer die Unvollkommenheit des Geldes ist. Vielleicht weil sie der herausgetretene Mittelpunkt der Erde und also wirklich zu allen Dingen im gleichen Verhältniß sind, und weil sie in dem Ineinander von Starrheit und Beweglichkeit von Undurchdringlichkeit und Licht alle Differenzen repräsentiren. Etwas natürliches wenigstens liegt offenbar zum Grunde. Gewiß wenigstens sind das Metallgeld, und der Wechsel als Ausgleichung der Unsicherheit, welche aus der Entfernung entsteht, der Mittelpunkt dieser Erfindung. In anderem Papiergelde fängt das Geld schon wieder an selbst des Vertrauens zu bedürfen, und also aus der Spannung mit demselben herauszutreten.

Wo noch kein festes Vertrauen und kein bestimmtes Geld sich findet, da ist auch alles Verkehr noch ungeregelt und abgebrochen; erst wo beide entwickelt sind, besteht ein wahrer Zustand

von Vertragsmäßigkeit. Zu beidem giebt es allmählige Annähe=
rung durch eine Menge von Uebergängen von dem ängstlichsten
Fremdsein, und von dem unbeholfensten Tausche aus Hand in Hand.

(c.) Die Wirklichkeit der Uebertragung, inwiefern der ein=
zelne den Kreis seiner Persönlichkeit verringern soll, beruht auf
dem Aequivalent, welches vollständig nur realisirt ist in dem
Begriff des Geldes. Geld und Waare sind Correlata, und das
Geld ist nur in dem Maaße Geld als es keine Waare ist. Wenn
also das Geld fast überall in den edelen Metallen realisirt ist: so
beruht dies nicht auf einem Werthe, den sie im Culturproceß selbst
unmittelbar haben. Das Metallgeld und der Wechsel sind die
Culmination des Geldes. Papiergeld, Sprache als Geld, ist schon
ein Sinken unter diesen Punkt.

§. 221. Wie zu jeder Tauschhandlung beide Glie=
der gehören: so zeigt sich die Verschiedenheit jener Hand=
lungen in dem Verhältniß, worin diese Glieder ge=
bunden sind.

Nämlich je mehr zu der Handlung einer bestimmt wird
durch das Vertrauen, um desto weniger durch das Geld; und
umgekehrt. Bei allem niedrigen Gewerbe ist das Vertrauen *)
ein kleinstes, weil es sich auf die unentbehrlichsten Bedürfnisse
bezieht; jeder verkauft jedem ohne Bedenken, und ohne sich die
sittliche Anwendung des Käufers zuzurechnen; nur daß es auch
hier einen Bann des Vertrauens giebt, dem nicht darf getrozt
werden. Bei diesen Handlungen will jeder am meisten für sei=
nen persönlichen Besizstand sorgen; sie sind die Expansion dieses
Interesse gegen die allgemeine Vernunftaufgabe. Wo aber das

---

*) Man hüte sich diesen Begriff des Vertrauens mit dem zu verwechseln,
was man Credit nennt und definiren könnte als ein Vertrauen, daß
man den nicht sogleich zu erhaltenden Ersaz später nachgeliefert be=
kommen werde; vielmehr ist nur die Rede von dem Zutrauen zum andern,
daß er in Lösung der Vernunftaufgabe begriffen sei, und was wir ihm
abtreten dazu verwenden wolle.

Vertrauen das Hauptmotiv ist sich zu einer Leistung zu verstehen, da tritt, das Geldinteresse zurükk zur nothdürftigsten Entschädigung, nur daß es nicht ganz verschwinden darf, wenn die
Handlung in diesem Gebiet bleiben soll. Dies ist im Verkehr
die Contraction des persönlichen Interesse gegen das allgemeine
Vernunftinteresse. Wo aber gar keine Beziehung auf Ersaz mehr
ist, da ist auch nicht ein Geschäft des einen mit dem andern,
sondern eine rein gemeinschaftliche Handlung.

Jedes Gebiet des Verkehrs kann nur als ein ganzes angesehen werden, wenn Handlungen beider Art sich darin entwikkeln.
Und so ist auch jeder einzelne nur selbständig im Verkehr unter
dieser Bedingung. Wer nur Tauschhandlungen ausübt, in denen das Geldinteresse vorherrscht, ist gemein und kein für sich
gesezter bildender Punkt, sondern bedarf einer sittlichen Ergänzung.
Ebenso aber auch umgekehrt, wer kein Geldinteresse im Verkehr
haben wollte; denn der kann nicht mehr als ein einzelner angesehen werden, und wer es doch will ist in einer Anmaßung begriffen.

(c.) Geld und Ueberredung sind auch Correlata, und das
Geld also nur in dem Maaße Geld als keine Ueberredung dazu
gehört, um es als Aequivalent anzusehen.

§. 222. Das innere Wesen des Tausches ist zerstört, wenn beide Momente ihre Beziehung verwechseln.

Wenn wir, wo das Vertrauen fehlt in dem andern, die
Ueberzeugung von der Sittlichkeit des Geschäftes durch Geld hervorbringen wollen: so ist das die Bestechung, und die Handlung
ist unsittlich. Wenn man die Unzulänglichkeit des Ersazes dem
andern verbergen will hinter angenehmen Vorstellungen: so ist
das der Betrug, uud die Handlung ist auch unsittlich.

(δ.) Was bloß vom Gesichtspunkt des Geldes ausgeht, wird
verunreinigt durch mehr als das Minimum von Ueberredung;
was vom Gesichtspunkt der Ueberredung, wird verunreinigt durch
mehr als das Minimum von Geld. Uebervortheilung und Bestechung.

§. 223. Von jedem relativen Anfang der bilden=
den Thätigkeit an entwikkelt sich der Tausch immer wei=
ter, aber allmählig und ohne bestimmte Grenzpunkte.

Vom ersten Anfang an, weil auch die Differenzen der Geschikklichkeit schon gleich im Entwikkeln begriffen sind, ist er ge=
ring, weil mehr Erwerbung statt findet als Gemeinschaft, so
lange der Einzelnen Bildungsgebiete sich wenig berühren, und steigt
bis zu einem solchen Gleichgewicht beider, daß nichts besessen wird,
was nicht auch in den Tausch eingingе, und also die Gebiete
Aller immer in einander verschränkt sind. Ebenso ist auf der an=
dern Seite von Anfang mehr Gemeinschaft als Erwerbung, wenn
die Thätigkeiten zwar sehr gleich sind, und also leicht gewechselt
werden, aber wenig Dinge beharrlich gebildet werden, und erst
allmählig realisirt sich die freilich nie ganz fehlende Anforderung,
daß nur in so fern Alles Gemeingut ist als jeder einzelne Besiz=
stand von Allen gesezt wird, und umgekehrt.

Aber selbst die Entwikkelung eines Zustandes von Vertrags=
mäßigkeit kommt von hier aus nur allmählig zu Stande ohne
Sprung. Vertrauen und Geld führen sich allmählig ein als ab=
gekürzte Verfahrungsarten, denn auch zu dem lezten finden sich
Annäherungen. Und dieses Verhältniß kann den höchsten Grad
der Sicherheit und Beharrlichkeit erreichen bloß durch das zuneh=
mende Interesse am Tausch, und ohne anders als nur von ein=
zelnen zu einzelnen zu bestehen. Daher auch in manchen alten
Staaten keine Gerichtsbarkeit bestand für aufgeschobenen Ersaz.

(c.) Das Einnehmen in die Persönlichkeit ist Besiznahme,
das Herausstellen ist Entsagung. Im Wachsen der Persönlichkeit
vom Anfang des Culturprocesses an gerechnet ist ein Uebergewicht
der Besiznahme gesezt, weil die persönlichen Sphären sich wenig
berühren; im erwachsenen Zustande ist ein Gleichgewicht gesezt
durch das Maaß der möglichen Thätigkeit bestimmt, wodurch jede
Persönlichkeit in der identischen Integrität ihres Kreises erhalten

wird. Dieses Gleichgewicht kann empirisch nur auftreten in der Oscillation von Expansion und Contraction der Persönlichkeiten gegen einander; je mehr sich aber diese dem Gleichgewicht nähert desto vollkommener der Culturzustand.

§. 224. Von jedem bildenden Punkte aus nimmt der Tausch nach Maaßgabe der Entfernung ab, jedoch auch nur allmählig ohne bestimmte Grenzpunkte.

Das erste natürlich, weil die Unmittelbarkeit und Vielfältigkeit der Berührung abnimmt und zugleich die Einerleiheit der zum Grunde liegenden Vorstellungen. Die lezte Abnahme geschieht aber ebenfalls allmählig. Denn wenn wir auch voraussezen die klimatische Verschiedenheit der Menschen und der Dinge: so kann doch diese auf den Grenzen selbst nicht bestimmt und abgeschnitten erscheinen, sie müßten denn Meere und Wüsten sein. Dann aber ist die Trennung auch nur äußerlich, und wenn sie überwunden wird nimmt der Tausch allmählig dieselbe nachbarliche Gestalt an, und kann steigen bis man nicht unterscheiden kann das Tauschverhältniß des einzelnen zu seinem Nachbar diesseits und zu seinem Nachbar jenseits der Grenze.

(c.) Da nach den klimatischen Verschiedenheiten die Form des Culturprocesses nothwendig verschieden ist: so kann sich Einer nicht lebendig im Verhältniß der Geschäftstheilung zu Allen denken, sondern nur vermittelt durch eine Sphäre identischer Form, für welche demnach das bestimmende Princip nur in dem Factor der Eigenthümlichkeit zu suchen ist.

§. 225. Das Streben nach Vervollkommnung der Vertragsmäßigkeit und des Rechtszustandes bringt daher für sich nicht den Staat hervor.

Denn eines Theils kommt das vollkommenste zu Stande, ohne daß ein in sich abgeschlossenes und von allem andern getrenntes ganze dadurch entsteht; und andern Theils kann dieses gedacht werden ohne jenes. Freilich wird kein Staat bestehen,

wo nicht Vertrauen und Geld besteht, und eben so ist gleiche Gegenseitigkeit und Gewährleistung des Vertrauens und gleiches
Geld nicht über die ganze Erde möglich. Allein die Gleichheit
des Geldes macht nicht den Staat aus. Theils wird dasselbe Geld
ir demselben Staat immer schon wieder Waare und hört also
auf Geld zu sein, theils geht es als Geld über den Umfang des
Staates hinaus. Und ebenso ist keineswegs eine Gesellschaft,
die sich ihr Vertrauen im Verkehr gegenseitig garantirt, ein
Staat, noch auch ist diese Garantie im Staat durchgängig gleich
und Eine. Da im Verkehr aller mit allen alles sich verwischt
und in einander läuft: so wäre der Staat immer nur entweder
ein willkührlich ausgeschnittenes ganze, oder ein natürliches freilich wiefern er auf klimatischer Abgrenzung beruhte aber dessen
Fürsichbestehen untergehen müßte, sobald eine allgemeine Berührung einträte, welches sich also nur für den Anfang des Bildungsprocesses schikte. Auf beide Arten ist er dargestellt worden,
als ein willkührliches Zusammentreten, und als eine Anstalt, welche alle Menschen suchen müßten entbehrlich zu machen, und
welche gegen dieses Bestreben ihre Haltung nur finden könnte in
der Gewalt. Der Grund dieser Mißverständnisse liegt offenbar
in der einseitigen Heraushebung des einen Moments mit gänzlicher Vernachläßigung des andern *).

(c.) Der Zustand der Vertragsmäßigkeit ist also nicht eher
vollendet als mit dem Staat, und das Geseztsein dieses und die
Vollendung jenes ist identisch. — Das allmählige Abnehmen
der Masse identischer Vorstellungen, auf welcher die Ueberredung
beruht, und der Sicherheit der Acceptation, auf welcher das Geld
in seiner Schärfe beruht, ist ein chaotisches, und es ist ein Streben nothwendig es durch einen Gegensaz zu organisiren, d. h.
in der weitern Sphäre eine engere zu sezen, welche nur eine ei-

_____

*) Nämlich des individuellen Momentes, aus welchem erst die Rationali-
tät entstehen kann.

genthümliche Gemeinschaft sein kann; denn eine durch willkührliche Begrenzung abgestekkte Sphäre (wie diejenigen den Staat
ansehen, welche ihn auf Sicherstellung des Eigenthums beziehen)
reicht nicht aus, denn man wird immer auf den Grund, warum
so und nicht anders abgestekkt ist, getrieben, und dieser kann nur
in dem Gebiet der Eigenthümlichkeit liegen. Alles gefundene ist
also an sich unvollständig und erwartet seine Ergänzung und
Vollendung durch die Combination des identischen Factors mit
dem eigenthümlichen.

(z.) Gehen wir von irgend einem gegebenen Entwikklungs-
zustand dieser Angelegenheit zurükk auf die Grundform: so erscheint jeder solche immer schon als eine Annäherung zum Zustande der Vertragsmäßigkeit, weil die Momente *) aus einander
gehn. Aber Sanction auch für den Fall, daß die Uebereinstimmung über die Sittlichkeit der Handlung in der Zwischenzeit aufhörte, ist von hier aus allein nicht zu construiren, also noch nicht
der Staat.

2) Die bildende Thätigkeit unter dem Charakter der Verschiedenheit.

§. 226. Die bildende Thätigkeit, sofern sie als
in jedem Einzelwesen eine andere unübertragbares und
zusammengehöriges hervorbringen soll, fordert das Nebeneinandergestelltsein und das Aufeinanderfolgen un-
gleichbildender.

Auch dies, ursprünglich als Naturbedingung zu fordern, ist
doch überall schon wirklich sittliche Thätigkeit. Daß im Kinde
die Eigenthümlichkeit der bildenden Kraft wie sie sich entwikkelt

---

*) Vorlesg. Mit Theilung der Arbeit und Tausch verwandelte sich der
Rechtszustand in den der Vertragsmäßigkeit; weil Leistung und Ersaz
nicht in denselben Moment fällt, so ist es ein Vertrag. S. sagt (d.),
Vollständigkeit der äußern Form des Vertrags entsteht nur mit dem
Staat zugleich.

auch anerkannt wird, und nicht, indem man die identisch bildende
in ihm übt, als Widerstreben gegen die vorgehaltene Norm ge=
waltsam zurükgedrängt: dies ist die sittliche Thätigkeit, ohne
welche die Naturanlage ganz vergeblich sein würde, wie man
überall sieht, wo diese Freiheit nicht waltet; ja sie würde zurük=
gedrängt werden, wie wir überall sehen, daß wo die Erziehung
ausschließend auf die Einerleiheit gerichtet ist, auch die Anlage
zur Eigenthümlichkeit sich allmählig verliert. Ebenso sind frei=
lich die Menschen als eigenthümlich verschiedene neben einander
gegeben; aber daß sie die Richtung auf die Gemeinschaft und das
gleiche so beschränken und nicht auf vollkommene Gleichheit aus=
gehend sich trennen, das ist schon die Vernunftthätigkeit, welche
das verschiedene als Ergänzung fordert, und es also, muß man
annehmen, auch suchen und finden würde, wenn es nicht von
selbst entgegenträte.

(c.) Die Eigenthümlichkeit ist nicht in einem andern Gebiet
als die Identität, sondern beide sind in demselben, also überall
in der Realität in einander. — Der Charakter der Eigenthüm=
lichkeit ist dasjenige in der bildenden Thätigkeit eines Subjectes,
wodurch sie nicht die Thätigkeit eines andern Subjectes, und in
dem gebildeten Organ, wodurch es nicht das Organ eines andern
Subjectes sein kann *). Die Differenz eines Thieres von allen
andern unter demselben niedrigsten Begriff stehenden sezen wir
als ein Product der äußern Einwirkungen auf die einzelnen
Functionen, und also seine Persönlichkeit wesentlich unvollständig.
In dem Menschen ist diese Differenz zwar auch ein Verhältniß
der einzelnen Talente zu einander, aber nicht als in äußern Ein=

*) Manche dieser Säze möchten eher in dem ersten Theil der Güterlehre
stehen sollen, wie überhaupt die Bearbeitung c. in dieser Beziehung
weniger vollkommen ist als die spätere, so daß S. bisweilen neben klei=
nere Reihen von §§ bemerkt hat, daß sie nicht dahin gehören. Da es
aber ohnedies schwierig ist die Parallelität der verschiedenen Bearbei=
tungen auszumitteln: so erlaube ich mir so wesentliche Umstellungen nicht.

wirkungen sondern als in einem innern Princip gegründet, welches dasselbe Verhältniß auch ohne und gegen die äußern Einwirkungen immer lebendig reproducirt.

§. 227. In der bildenden Thätigkeit, sofern sie in jedem eine andere ist, entwikkeln sich dennoch beharrliche Uebereinstimmungen.

Nämlich eine Verschiedenheit jedes von allen ist nothwendig in der menschlichen Gattung, aber sie ist in ihrer Erscheinung theils ebenfalls von äußern Einwirkungen bedingt nicht minder als die Einerleiheit aller, theils in sich selbst als Verschiedenheit ungleich, so daß die geringere erscheint als Aehnlichkeit im Vergleich mit der größern, und diese als Unähnlichkeit. Diese Aehnlichkeiten des eigenthümlichen sind sehr bestimmt zu unterscheiden von dem in der Einerleiheit begründeten, so wie auch die Unähnlichkeit sehr bestimmt von den Differenzen der Geschikklichkeit, indem sie durch alle Zweige der Thätigkeit gleichmäßig hindurchgehen. Und auch von einander sind beide sehr wohl zu unterscheiden, indem es Unähnlichkeiten giebt innerhalb derselben Naturumschließung, und Aehnlichkeiten, welche durch die verschiedensten Naturlagen hindurchgehen. Auf diese Weise offenbart sich Ein Typus der Differentiirung, welcher mit dem Wesen der menschlichen Natur zusammenhangen muß, und auf der andern Seite eine Mehrheit von Massen, deren jede diesen ganzen Typus in sich trägt und ein wiewol selbst differentiirtes Bild des ganzen ist.

(z.) In den schon immer gegebenen und in der Gestalt selbst sich manifestirenden Verschiedenheiten bilden sich untergeordnete Identitäten ebenfalls durch die Oertlichkeit.

(c.) Wenn in einem Organ nur die Identität des Schematismus mir entgegenträte: so wäre nichts darin gesezt, woran ich es als das Nichtmeinige erkennte, und diese Verwirrung würde alle persönlichen Sphären aufheben. So wie, wenn mir in ei-

nem gebildeten nur die Unübertragbarkeit also die Fremdheit ent=
gegenträte, nichts darin gesezt wäre, woran ich es als ein gebil=
detes erkennen könnte.

§. 228. In diesem Gegensaz der Aehnlichkeit und
Unähnlichkeit ist begründet das Abschließen und Auf=
schließen des eigenthümlichen Bildungsgebietes.

Es schließt sich von selbst ab sowol die Thätigkeit als das
Resultat derselben wegen der Unübertragbarkeit. Wir nennen
das abgeschlossene von dem wesentlichsten Theile desselben, zu dem
sich alles andere als Anhang ansehen läßt, das Haus. Denn
die Verschlossenheit und Heiligkeit desselben scheint sich vorzüglich
darin zu gründen, daß in demselben das sittliche Eigenthum
(§. 164) zusammengefaßt ist. Das Feld und die Werkstatt sind
offen; sein Feldgeräth obgleich das unentbehrlichste und köstlichste
läßt der Landmann offen liegen. Je weniger in einer Masse die
eigenthümlich bildende Thätigkeit entwikkelt ist, um desto weni=
ger giebt es verschlossene Wohnungen.

Diese Abschließung führt zwar wie oben gezeigt (§. 181.)
nothwendig mit sich die Anerkennung der Zusammengehörigkeit.
Allein wenn die Verschiedenheit absolut wäre oder gleich: so bliebe
diese Anerkennung nur ein begleitender Coefficient der Abschlie=
ßung, und könnte nie für sich heraustreten noch eine besondere
Thätigkeit bilden. Indem aber die Verschiedenheit ungleich ge=
sezt wird: so muß auch das Abschließen beziehungsweise enger
sein und weiter, und also beigemischt ein ebenso verschiedenes
Aufschließen. Allein so wenig hier von Uebertragung und Tausch
die Rede sein kann, so wenig auch von Recht und Anspruch;
sondern nur in zusammentreffender Schäzung der Zusammengehö=
rigkeit realisirt sich das Aufschließen. Dieses Aufschließen nennen
wir eben in seiner eigenthümlichen Gestaltung und seiner noth=
wendigen Beziehung auf das abgeschlossene Haus die Gastlichkeit
des Hauses, die das Gegenstükk ist zu dem Hausrecht im obigen

Sinn. Unter diesem Ausdruck wird also hier nicht verstanden die erste Anknüpfung eines entfernten Verkehrs, auch nicht die Beziehung auf das eigenthümliche der symbolisirenden Thätigkeit. Ihre Tendenz ist, daß allemal nach Maaßgabe der Ahndung des Eigenthümers oder nach seinem guten Willen einer sich durch Eindringen in das innere des Hauses überzeugen könne von der Abstufung der Zusammengehörigkeit, die zwischen ihnen statt findet. Je weniger in einer Masse die eigenthümlich bildende Thätigkeit sich entwikkelt, um desto weniger hat sie Gastlichkeit unter sich, sondern wenngleich neben einander lebt jeder doch am meisten für sich. Und weil in demselben Maaß auch das Bewußtsein der Eigenthümlichkeit und ihres Gegensazes mit der Einerleiheit erwacht ist: so wird dem abweichenden alle Zusammengehörigkeit abgesprochen, und jedes Eindringenwollen desselben als feindselig behandelt.

(c.) Inwiefern Haus und Hof das Gebiet der herrschenden Eigenthümlichkeit bezeichnen, ist alles dazu gehörige unveräußerlich, welches die sittliche Unbeweglichkeit der Habe ausmacht. — Wenn die Eigenthümlichkeit in dem Maaß fehlt als wir sie fordern, bezeichnen wir dies als Gemeinheit und Schlendrian. In allen Culturgebieten ist so viel Schönheit und Kunst, als die Eigenthümlichkeit sich darin manifestirt.

Das aus der äußern Natur angebildete nimmt den Charakter der anbildenden Organe an, kann also nicht Organ eines andern sein, ohne entweder in den identischen Schematismus oder in eine andere Eigenthümlichkeit eingebildet zu werden, also nicht ohne Zerstörung der ersten Bildung. In dem Maaß als einem Dinge dieser Charakter unvollständig einwohnt gehört es zwar überwiegend in die Sphäre des Tausches, die Beziehung auf den Urheber aber bleibt in dem Maaß als seine Eigenthümlichkeit darin abgezeichnet ist, und das Tauschgebiet einer Sache wird immer beschränkter, je mehr die Eigenthümlichkeit darin hervorragt. In

der eigenthümlichen Production findet keine Theilung der Arbei=
ten statt. Denn keiner kann wollen, daß sich in irgend einer
Function nicht ihr Verhältniß zur Totalität aller seiner Functio=
nen offenbare, und keiner kann seine Eigenthümlichkeit theilweise
durch andere produciren lassen wollen.

(z.) Das Bewußtsein der in der Verschiedenheit sich bilden=
den untergeordneten Identitäten begründet unter Anerkennung der
Abgeschlossenheit als Schuz der Person und des Hauses die Rich=
tung auf Sichaufschließen und Auffassenwollen. Daher nun
Hausrecht (Recht aber hier nicht aus dem Rechtszustand sondern
aus dem Schuz abgeleitet) *) und Gastlichkeit sich in verschiede=
nen Verhältnissen durch alle Gebiete durchziehn.

(d.) Haus und Hof repräsentiren alle Elemente der Cultur
in ihrer Verbindung mit dem einzelnen Leben. Jedes einzeln
verschließbare ist nur ein isolirter Theil von Haus und Hof.

§. 229. Das Hausrecht und die Gastlichkeit ge=
hen durch alle Bildungsgebiete durch, wiewol auf un=
gleiche Weise.

Nämlich die Abgeschlossenheit muß am kleinsten und die Gast=
lichkeit am größten sein auf dem Gebiet des Apparates, weil
nicht nur der Antheil der Eigenthümlichkeit hier am kleinsten sein
wird, sondern auch das Gefühl der Zusammengehörigkeit am stärk=
sten. Und wiederum wird die Abschließung am strengsten sein
und die Gastlichkeit am schwächsten im gymnastischen Gebiet und
nächstdem im mechanischen **), weil sich hier alles am meisten
an den innersten Keim der Eigenthümlichkeit also an das unver=

---

*) Wie sich von selbst versteht, da der Rechtszustand das Gebiet des iden=
tischen Organisirens umfaßt, wir aber hier im individuellen sind.

**) Diese Aeußerung könnte befremden, da anderwärts das mechanische
als am meisten identisch dargestellt ist; sie kann daher nur verstanden
werden von dem was am mechanischen eigenthümliches ist, und so wird

ständlichste anschließt, also nur die bestimmteste Aehnlichkeit die Schranken durchbrechen kann. Wie denn eine Geselligkeit auf jenem Gebiet noch gar wenig herbeiführt eine auf diesem. Ebenso schließt sich das zur Agricultur gehörige dem Apparat an.

Wie aber das eigenthümliche in denselben Thätigkeiten und Verzweigungen derselben ist mit dem identischen: so kann auch das eigenthümlich gebildete aus identisch gebildeten Elementen bestehen, und nur in der Verbindung derselben das unübertragbare liegen *), so wie auch in dem identisch gebildeten eigenthümliche Elemente sein können. Sofern nun die identisch gebildeten Elemente des eigenthümlichen aus der Verbindung heraustreten und isolirt werden können, dürfen sie auch durch gleichgeltende ersezt in das Verkehr übergehen, wiewol darin eine mißfällige Verdunkelung des sittlichen sich zeigt. Und sofern die eigenthümlichen Elemente des identisch gebildeten aus der Verbindung nicht heraustreten können und nur als Accessorium erscheinen, können sie auch das Verkehr nicht stören; denn darin würde sich zeigen eine mißfällige Zиererei, als ob die Eigenthümlichkeit nicht genug hätte an der beständigen Erneuerung dieser vorübergehenden Productivität auf dem andern Gebiet.

§. 230. Die Aehnlichkeit kann gehen bis zum Verschwinden der Abschließung nicht nur sondern auch des Bewußtseins der Verschiedenheit, und die Unähnlichkeit bis zum Verschwinden des Aufschließens nicht nur sondern auch der Anerkennung.

Die Verschiedenheit verschwindet hier, wenn eine Gemeinschaft des Gebrauchs statt findet, wodurch ein Schein von Ver-

---

sie mit der Erfahrung übereinstimmen, die uns Beispiele genug aufzeigt, wie lange was einer hierin eigenthümlich erfindet nicht nachgemacht werden kann von andern.

*) Dies der Schlüssel zu dem über das mechanische behaupteten.

kehr und Tausch entsteht, der aber gleich daran als ein bloßer
Schein erkannt wird, daß er sich so weit als möglich vom Gelde
entfernt. Dies ist wol der eigentliche und geheimere Sinn der
gegenseitigen Gastgeschenke, welche eine Aufhebung der Verschie=
denheit bis zur Gemeinschaftlichkeit des Gebrauchs bezeugen sol=
len. Ein Gegenstükk dazu ist die gemeinschaftliche Verfertigung.
Denkt man sich nun die Aehnlichkeit in diesem Grade nicht im
einzelnen heraustretend sondern durchgängig: so müßte sie sein
ein Zusammenschmelzen zweier Häuser im obigen Sinne in eines.

Die Unähnlichkeit, wenn sie erscheint auf gleicher Entwikke=
lungsstufe der Eigenthümlichkeit, sei sie auch noch so groß, muß
doch Anerkennung bleiben, nur die Abschließung wächst, und ein
gastliches Verhältniß kann nur bestehen durch die Erneuerung
immer vergeblicher Versuche, die jedoch auch nie dürfen aufgege=
ben werden. Allein wenn sie zugleich mit der größtmöglichen in=
tensiven Differenz verbunden ist, die eine Eigenthümlichkeit im
höchsten Grade der Entwikkelung, die andere noch gänzlich zu=
rükkgedrängt: so kann die Anerkennung nicht statt finden. In
der unentwikkelten Eigenthümlichkeit kann aber sittlich nur statt=
finden die anerkennende wenngleich gar nicht verstehende Vereh=
rung der entwikkelten, wogegen diese die bildende Kraft in jener
was die eigenthümliche Seite betrifft nur betrachten kann als ro=
hen Stoff, Abschließung eines Eigenthums aber gar nicht anneh=
men. Hieraus entsteht wenn große so differente Massen in Be=
rührung kommen das Verhältniß der Eigenbehörigkeit. Alle Häu=
ser der einen Masse werden als selbständig vernichtet und aufge=
nommen als Bestandtheile der andern, die Leiber mit eingeschlos=
sen, um von eigenthümlich bildender Kraft wirklich durchdrungen
zu werden. Dieses Verhältniß ist nur unsittlich, wenn zugleich
der Rechtszustand aufgehoben, und der Eigene des Erwerbs un=
fähig gemacht; ferner wenn es nicht auf Entwikklung der Eigen=
thümlichkeit gerichtet ist und also mit dieser zugleich sich aufhebt.
Die größte Aehnlichkeit also und die größte Unähnlichkeit bringen

Ethik.   O

dieselbe Wirkung hervor, nämlich Verschmelzung des Hauses, nur jene als Gleichheit, diese als Ungleichheit. Das Verhältniß der Eigenbehörigkeit als ein rein erziehendes und in diesen Grenzen, wie es ein großes geschichtliches Mittel immer gewesen und oft rein durch innere Haltung fortbestanden hat ohne äußere Gewalt, ist auch durchaus nicht als ein unsittlicher Auswuchs zu betrachten.

(c.) Da der Zustand der Geselligkeit wol nur besteht in der Identität von Aneignung und Mittheilung und in der Gegenseitigkeit der Mittheilung; bei der Coexistenz aber aller Zustände der Entwikkelung der Eigenthümlichkeit der zurükbleibende den fortgeschrittenen nicht versteht, und dieser kein Interesse hat die Sphäre des zurükbleibenden zu betrachten: so ist die Geselligkeit beschränkt auf eine Sphäre der Gleichförmigkeit des Zustandes.

(z.) Fragt man, wie die eigenthümlich organisirende Thätigkeit wird: so ist sie allerdings immer schon angelegt, aber sie entwikkelt sich doch im Zusammensein der Geschlechter wenn auch nur an der identischen. Nur auf diesem Gebiet ausgebildet manifestirt sie sich auch nur als bestimmte Begrenzung des Verkehrs. Aber an dieser Leitung entwikkelt sie sich auch durch Vorbildung und Nachahmung selbständig in Differenzen von den Vorgängern, die erst nach einer Reihe von Generationen merklich werden. Das Mehr und Minder dieser Differenz kann aber der Familie eine größere oder geringere Stätigkeit mittheilen. Die Eigenthümlichkeit ist aber auch im Raum eine ungleiche, und hieraus entsteht sowol zwischen Massen als einzelnen das Verhältniß der Eigenbehörigkeit *).

---

*) Vorlesg. Das Verhältniß der Knechtschaft und Eigenbehörigkeit erscheint freilich oft als Product der Gewalt, aber abgesehen von dieser Genesis finden wir es sehr beharrlich und im großen wiederkehrend. Nichts in der geistigen Welt kann als außerhalb des Entstehens des höchsten Gutes angesehen werden, wenn es auch nur als Durchgangspunkt geltend gemacht wird. Es giebt Massen, wo sich alle als bedeutend different betrachten ungeachtet der Identität und des starken Verkehrs, andere, bei denen keine Ahndung ist von eigenthümlicher

§. 231. Wie sich aus dem Verkehr das Eigen=
thum entwikkelt: so wieder aus der Gastlichkeit des Ei=
genthums das Verkehr.

Nämlich da in jeder wirklichen Thätigkeit beide Charaktere
vereinigt sind: so wird das Eigenthum nur als ein relatives von
dem gebildet, was in anderer Beziehung betrachtet Erwerb ist,
und je mehr erworben wird, desto mehr kann es auch wahres
Eigenthum geben.

Das andere aber, weil durch die Gastlichkeit Nachahmung
entsteht, und in dieser die Aehnlichkeit sich erhält und vermischt:
so wird auch das accessorisch beigemischte eigenthümliche dem Ver=
kehr weniger hinderlich.

(c.) Die Sittlichkeit des individuellen Eigenthums *) ist be=
dingt durch die Gastfreiheit, und die Gastfreiheit in diesem Sinne
ist bedingt durch jenes. Indem aus der Gastfreiheit zunächst nur
das Anerkennen der eigenthümlichen Sphäre hervorgeht: so ist
das Interesse der Vernunft erst vollkommen befriedigt dadurch, daß
die eigenthümliche Sphäre sich productiv zeigt für die Sphäre
des Verkehrs; denn die Entwikkelung der Eigenthümlichkeit er=

Differenz der einzelnen. Da eine Gattung mit individuell verschiedenen
Einzelwesen die vollkommnere ist: so ist jener erstere Zustand der voll=
kommnere, und die Vernunftthätigkeit darauf gerichtet, den unvoll=
kommneren aufzuheben. Verkehrt ist es, wenn derjenige, in welchem
die eigenthümliche Differenz untergeordnet ist, diejenigen, welche mehr
eigenthümlich sind, in Besiz nimmt. Eignet sich hingegen einer, in
dem die Individualität ein größtes ist, andere an, in denen sie Null ist:
so kann durch Reiz der Vorbildung der schlummernde Keim in den
untergebenen sich entwikkeln, und in dem Maaße wie dieses erfolgt muß
das Verhältniß sich aufheben, wie jedes Erziehen aufhört, sobald sein
Zwekk erreicht ist. Das Verhältniß war bildend für viele Theile der
Menschheit. Es wird stärker oder schwächer statt finden, so lange es
große Differenzen giebt zwischen verschiedenen Graden der Eigenthüm=
lichkeit.

*) Nach den spätern Bearbeitungen wäre dieser Ausdrukk eine bloße Tau=
tologie.

höht theils das Dasein des Menschen selbst, indem er je eigen=
thümlicher seine Organe gebildet sind um desto mehr auch auf
jedem Gebiet damit leisten kann; theils wird die angeschaute Ei=
genthümlichkeit auch wieder die Eigenthümlichkeit in andern auf=
regen. So bildet sich zwischen beiden Bildungssphären ein Gleich=
gewicht, indem die eigenthümliche der andern als Basis bedarf,
aber dann wieder intensiv auf sie zurükkwirkt.

§. 232. **Von jedem bildenden Punkt aus knüp=
fen sich gastliche Verhältnisse von allen Abschattungen
ohne bestimmte Trennungspunkte** *).

Denn zwischen Aehnlichkeit und Unähnlichkeit (§. 228.) giebt
es nur allmähligen Uebergang. Nur wird freilich die Fülle der
Verhältnisse der Entwikkelung der Eigenthümlichkeit angemessen
sein, denn der Umkreis ist natürlich kleiner je geringer die Ent=
wikkelung ist. Nur ist hier die Entfernung nicht der Maaßstab,
vielmehr, wo nur Berührung zu Stande kommt, können auch
enge Verhältnisse zwischen eigentlich entfernten sich anknüpfen,
und in der Nähe alle verschiedenen Verhältnisse beisammen sein.

(c.) Da die Unübertragbarkeit der Eigenthümlichkeit sich auch
auf die Vorstellung erstrekkt, welche einer so bildenden Action
zum Grunde liegt, und die Anschauung der Thätigkeit nichts an=
deres sein kann als die Nachconstruction jener Vorstellung: so
ist der Zustand der Geselligkeit in der Realität begrenzt entweder
durch eine unmittelbare Verwandtschaft der Eigenthümlichkeit oder
durch die Gemeinschaft einer großen Masse identischer Vorstellun=
gen. Und da jede Person als Repräsentant nur ein Fragment
ist d. h. jedes Talent nur gegen einen gewissen Theil der cor=
respondirenden Naturseite gerichtet hat, die Eigenthümlichkeit aber

---

*) S. bemerkt in (z.), daß die lezten §§ dieses Abschnitts ihm nicht genau
genug construirt scheinen und einer Umarbeitung bedürfen. Da er sie
nicht mehr hat vollziehen können: so bleibt uns nur übrig beim näch=
sten § die in z. enthaltenen Andeutungen zu geben.

nur aus den Actionen erkannt werden kann: so wird der Zustand der Geselligkeit auch begrenzt sein durch die Verwandtschaft der Neigungen.

(d.) Das begrenzende Princip ist die Verständlichkeit.

§. 233. Auch von der Verschmelzung bis zur Eigenbehörigkeit geht alles unmerklich in einander über.

Im Verhältniß einzelner Menschen zu einander giebt es keine bestimmten Abgrenzungen der verschiedenen Bildungsstufen; selbst das Verhältniß der Eigenbehörigkeit bildet keine, wenn es nicht durch Abgrenzung des Rechtszustandes seine Bestimmung überschreitet. Je mehr sich der Schein hievon verliert, um desto mehr wird es ein rein erziehendes Verhältniß, welches sich durch unmerkliche Uebergänge in das der Vormundschaft verliert.

Wenn man nun den gebildeten Mann mit seinem natürlichen Lehrling auf der einen Seite und mit einem fremdartig gebildeten Mann auf der andern vergleicht: so erscheint jener ohnerachtet der Verschiedenheit der Bildungsstufe ähnlicher als dieser, und es fehlt also gleichfalls ein nur anderwärts herzunehmender Bestimmungsgrund.

(c.) Alles dieses zeigt, daß in dem Verhältniß Einer Person zu allen Personen der Zustand der Geselligkeit nicht völlig bestimmt ist, sondern eines theilenden und bestimmenden Princips anderswoher bedarf.

(z.) Da beide Formen nie auseinander sind: so ist das eigenthümlich gebildete außer dem allerpersönlichsten den Gliedern selbst gleichgestellten zunächst Familienstyl und Familiengut; dann Production im Volksstyl, und wenn das Bewußtsein der Eigenthümlichkeit überwiegt Volksgut ohne Verkehr nach außen, geschlossenes Tauschgebiet. Aber dieses bleibt nur sittlich, wenn es sich öffnet und das Anerbieten, daß seine Producte in das Verkehr übergehen mögen, annimmt, was nun freilich ohne Tausch nicht möglich ist. Die abgeschlossenen Gebiete fangen an, weil die Völker sich nur allmählig antreffen; und das Oeffnen des abgeschlossenen zur Anschauung, Gastlichkeit muß bleiben, damit sich überall mittelbar oder unmittelbar Verkehr anknüpfen kann. Auch kann unter dieser Bedingung unter einer Masse für das Verkehr erzeugt werden, was nur die andere weil mit Bezug auf ihre Eigenthümlichkeit gebildet verbrauchen kann.

II. Die bezeichnende Thätigkeit.

a) Ganz im allgemeinen betrachtet.

§. 234. Das vor jedem Handeln der bezeichnen=den Thätigkeit vorauszusezende ist immer schon ein klein=stes der Einigkeit oder des Einsgewordenseins von Ver=nunft und Natur.

Wie wir hier eine Function nur an ihrem Gegensaz von der andern auffassen können: so ist dieser hier angedeutet durch den Unterschied von Einigkeit und Einigung. Denn die bildende Thätigkeit ist mehr die Zurichtung der Natur für die Vernunft, vermöge deren allein sie in ihr sein kann, die bezeichnende Thä=tigkeit aber drükft mehr unmittelbar aus dieses Natursein der Vernunft und Vernunftsein der Natur. Aber wie es keinen An=fang schlechthin giebt im sittlichen, sondern alles schon angefangen gegeben ist: so sezt auch jeder Moment der Bezeichnung einen frühern voraus und knüpft an diesen an, und es giebt also kei=nen Augenblikk des menschlichen Daseins, in welchem nicht die Vernunft schon Natur geworden wäre, und die den Moment bil=dende Bewegung der Natur das Sein und Wesen der Vernunft ausdrükfte.

In wiefern aber die bildende und bezeichnende Thätigkeit aus einander treten, und das Dasein im Wechsel zwischen beiden besteht: so ist eben diejenige Bestimmung des Daseins, welche in der bezeichnenden Thätigkeit aufgeht, das Bewußtsein. Denn die Bewußtlosigkeit ist nur ein Nichtauseinandertreten dieses Gegensazes.

Also ist auch kein Moment des menschlichen Daseins ohne vernünftiges Bewußtsein zu denken, wenngleich es sehr zurükgedrängt sein kann. Ja jedes früheste kann nur als ein kleinstes gesezt werden sowol der Ausdehnung als der Innigkeit nach.

(c.) In ihrem relativen Gegensaz läßt sich eine Function nur an der andern auffassen. Wie die bildende Function (§. 198.) mehr den Act repräsentirt, durch welchen die Vernunft sich der Natur bemächtigt und sich in sie gleichsam hineinbegiebt: so die erkennende den Act, durch welchen die Vernunft in der Natur ist und sich in ihr manifestirt. Wenn allerdings die Vernunft sich auch in den bildenden Acten manifestirt: so geschieht dies, inwiefern jedes Bemächtigen als Fortsezung schon ein Sein involvirt, und jeder bildende Act mit einem Erkennen anfängt, und überhaupt beide Functionen in jedem ganzen Act wesentlich verbunden sind.

(z.) Die symbolisirende Thätigkeit sezt im allgemeinen Einssein (Einigkeit taugt wol nicht) voraus. Zweifelhafte Fälle von Mißgeburten deuten darauf, daß wir in jedem Moment, an welchen anzuknüpfen ist, auch schon sittlich gewordenes Einssein wenngleich als Minimum voraussezen *).

§. 235. Der Gesammtinhalt dieser Function ist nur zu beschreiben, inwiefern die Gestaltung der menschlichen und der äußern Natur durch die Vernunft vorausgesezt wird **).

Denn nur nach Maaßgabe als Organe gebildet worden sind kann das Bewußtsein hervortreten, das heißt mit der bildenden Thätigkeit zugleich.

---

*) Weil S. jeden Moment schon als sittliches Resultat ansieht: so sezt er auch, um sich Mißgeburten zu erklären, ein Mitwirken menschlicher sittlich zu beurtheilender Thätigkeit voraus.

**) Vorlesg. Das Bewußtsein kann auf der einen Seite ein physisches sein, auf der andern ein intelligentes. Die Naturformen desselben müssen wir voraussezen, ebenso auf der andern Seite das rein dialektische,

(c.) Ohne allen organischen Gehalt könnte der Vernunftge=
halt auch nicht als System sondern nur als Princip d. h. als
absolute Einheit gegeben sein, und so kann er im Proceß des
Erkennens nicht vorkommen.

(d.) Der Mensch wird uns gegeben als Naturwesen von
der Naturphilosophie, und was so in ihm vorkommt wird durch
die einwohnende Idee zur höhern Potenz erhoben.

§. 236. Von dem anfänglichen aus ist das Ziel
der Ausdehnung nach, daß alles, was in der Vernunft
gesezt ist, auch in die organische Thätigkeit übergehe *).

Im Thier sezen wir auch etwas dem Bewußtsein ähnliches,
aber gar keinen Vernunftausdrukk, also nur das was bei uns
die organische Seite des Bewußtseins bildet. Also auch kein be=
stimmtes Sein und deshalb gar keinen Gegensaz zwischen Selbst=

---

nämlich das Wesen der Vernunft schlechthin, insofern diese es ist, die
sich in der sittlichen Thätigkeit kund giebt. Das immer schon voraus=
gesezte ist also die lebendige Einigung von Vernunft und Natur, wo=
durch das Wesen der Vernunft in dem Bewußtsein zur Erscheinung
kommt.

*) Vorlesg. Dieses ist allerdings das Verhältniß des idealen und realen,
des geistigen und dinglichen gegen einander, nämlich das einer wesentli=
chen Zusammengehörigkeit, die auf einer wesentlichen Identität beruht.
In der Intelligenz ist als ihr Wesen gesezt dasselbe, was in dem realen
gesezt ist, aber auf rein geistige Weise, es ist das Sein in seiner In=
nerlichkeit so wie jenes das Sein in seiner Aeußerlichkeit. Alles also,
was sich als Vernunftgehalt in dem Bewußtsein ausprägt, hat etwas
reales, wozu es gehört, und ebenso alles, was sich in der Natur als äu=
ßerliches Sein gestaltet, hat seinen Ort in der Vernunft, wo es nachge=
wiesen wird. Der Inhalt des Bewußtseins ist wahr, weil und sofern
ihm ein äußerliches entspricht; und dieses ist wahr, weil und sofern es
sich gestaltet gemäß dem Complex von Ideen, der im Bewußtsein aus=
geprägt ist. Soll also alles, was in der Vernunft als ihr Wesen ge=
sezt ist, also das ganze System des idealen, so wie es der Welt ent=
spricht, in die organische Thätigkeit der symbolisirenden Function über=
gehen: so heißt das, es soll in allen organischen Thätigkeiten, die das
Bewußtsein constituiren, zu finden sein.

bewußtfein und gegenftåndlichem Bewußtfein, fondern ein ver=
worren zwifchen beiden fchwebendes, das fich zu keinem von bei=
den völlig ausbildet. Wogegen, wenn fchon im geringften menfch=
lichen Bewußtfein Vernunftausdrukk ift, auch da fchon, wo die
Vernunft in höherem Sinne uns noch zu fchlummern fcheint: fo
ift auch in jedem diefer Gegenfaz werdend; denn nur in ihm
wird uns ein beftimmtes Sein bewußt. Je mehr aber noch die
Analogie mit dem thierifchen herrfcht, defto weniger tritt der Ge=
genfaz aus einander, und defto weniger Vernunftgehalt hat das
Bewußtfein.

Sezen wir indeß einen Moment beftimmter Empfindung
oder beftimmter Wahrnehmung, alfo ein einzelnes beftimmtes
Sein bewußt: fo ift, da in jedem für fich gefezten ein Kreis von
Beziehungen zu allem gefezt ift, eigentlich in jedem alles gefezt.
Allein dies ift nicht wirklich in demfelben Moment, fondern nur
unter Vorausfezung einer unendlichen Entwikklung, und diefe
felbft kann nicht von dem Einen Act ausgehen, fondern nur nach=
dem dasjenige, wozu jenes Beziehungen hat, auch feinerfeits ur=
fprünglich ift im wirklichen Bewußtfein aufgenommen worden.
Das wirkliche Uebergehen des gefammten Vernunftgehaltes in die
organifche Thåtigkeit ift alfo nur erreicht mit der Totalität aller
organifchen Berührungen.

Aber auch das völlige Auseinandertreten von Wahrnehmung
und Empfindung im Bewußtfein ift nirgend wirklich, fondern
immer nur werdend. Wie anfangs das verworrene überwiegt,
und nur eine Ahndung jenes zwiefachen wirklich ift: fo überwiegt
zwar hernach der Gegenfaz; aber die Verwirrung ift auch noch
wenngleich zudrükkgedrängt vorhanden. Wir hören nie ganz auf
zu verwechfeln die Empfindung und die gedachte Urfache derfel=
ben, das Sein des Gegenftandes und dasjenige, was er in uns
hervorgebracht hat. Wäre jemals in einem einzelnen Bewußtfein
beides rein gefchieden: fo würde die Gefammtheit des Bewußt=
feins gegeben fein.

Weil aber in jedem menschlichen Bewußtsein der Gegensaz irgendwie wirklich ausgedrükkt ist: so ist auch in jedem eine Er= hebung über die bloße Persönlichkeit; denn Sinn und Trieb auf die bloße Erhaltung bezogen finden ihre Befriedigung auch in dem chaotischen des thierischen Bewußtseins.

Die Dürftigkeit der ersten Entwikkelung des Bewußtseins hängt offenbar zusammen mit der unvollkommenen Entwikkelung der Organe. Je mehr Organe gebildet werden und je vollkom= mener, desto mehr Berührungen werden vermittelt, und so ist keine Grenze der extensiven Fortschreitung schlechthin zu bestimmen.

(z.) Das Maximum ist hier von Seiten der Vernunft, wenn ihr Wesen das Sein in seiner Getheiltheit auf ihre Weise gesezt ganz im Bewußtsein realisirt ist.

§. 237. Von dem anfänglichen aus ist das Ziel der Innigkeit nach, daß alles in der organischen Bewe= gung von Vernunftgehalt durchdrungen werde.

Der Vernunftgehalt ist dasjenige, was im Bewußtsein Ein= heit und Mannigfaltigkeit auseinander hält und bindet. Daher wir auch im Thiere nur ein verworrenes zwischen beiden schwe= bendes annehmen und uns auch nicht anders vorstellen können, als daß auch für das menschliche Bewußtsein, wenn man es sich ganz ohne Vernunftthätigkeit denken könnte, nur das unendlich mannigfaltige und die unbestimmte Einheit übrig bleiben würde. Im menschlichen Bewußtsein müssen wir auch die ersten Aeuße= rungen schon als Annäherungen dazu ansehen, daß die Einheit aus der Mannigfaltigkeit wird, und die Mannigfaltigkeit durch die Einheit festgehalten wird. Allein in keinem Moment des Bewußtseins tritt alles unbestimmte ganz in beides, bestimmte Einheit und bestimmte Vielheit, auseinander, sondern es bleibt immer verworrenes unaufgelöst zurükk, und dieses ist dann nicht vom Vernunftgehalt durchdrungen. Daher ist auch das ganze menschliche Bewußtsein nur eine Reihe von abwechselnd bald mehr bald minder deutlichen und bestimmten Momenten, und in der Vernunft ist das Bestreben gesezt das bewußtlose immer mehr zum bewußten zu erheben. Da jedoch das mannigfaltige der organischen Bewegung ein unendliches ist wegen unendlicher Theilbarkeit des Raumes und der Zeit verbunden mit der Verschiedenheit der Beziehungen auf jedem Punkte: so ist auch die Aufgabe eine unendliche.

Eine Erhebung über das bloß thierische Interesse ist aber schon in dem kleinsten menschlichen Bewußtsein, in dem Abschließen eines solchen Momentes für sich und dem Beruhen darauf; denn im Thier ist das Auffassen und das Uebergehen in die bildende Thätigkeit ein und dasselbe. Je mehr daher die organische Bewegung von der Vernunftthätigkeit durchdrungen wird, um desto mehr tritt das instinctähnliche im Menschen zurükk, und die organisirenden Thätigkeiten beruhen auf der Verknüpfung der bestimmten Thätigkeiten des Bewußtseins.

(z.) Von Seiten der Natur ist hier das Maximum, wenn der ganze Organismus des Bewußtseins intelligent geworden ist. Es fängt an mit einer überwiegenden Aehnlichkeit mit dem thierischen, aber diese verschwindet nur allmählig und bleibt in gewissen Regionen immer als Minimum zurükk.

(c.) Der erkennende Proceß geht auf in den beiden Formeln. Der Vernunftgehalt geht ganz über in die organische Action (§. 236.), und alles in der organischen Action ist vom Vernunftgehalt durchdrungen. Die lezte scheint mehr den gemeinschaftlichen Charakter jeder Action zu bezeichnen, wodurch sie eine menschliche wird, aber sie bezeichnet zugleich die höchste Vollendung, indem jede organische Action ein analytisch unendliches ist. Die erste scheint mehr die Vollendung des Processes zu bezeichnen, aber sie bezeichnet zugleich den gemeinsamen Charakter, weil in jeder objectiven Einheit eine Totalität aller Relationen, und also auch eine Beziehung auf das gesammte System der Ideen gesezt ist. Als Minimum ist gesezt was der animalischen Form am nächsten nur ein Minimum von Vernunftgehalt ist. Der andere Endpunkt ist dasjenige, worin ein Maximum von ideellem Gehalt und nur ein Minimum von organischer Action ist.

§. 238. Wenn in allem bestimmten Bewußtsein Vielheit durch Einheit gebunden sein muß und Einheit in Vielheit verwirklicht: so ist auch in jedem seine Einheit bezogen auf die Einheit schlechthin, und seine Vielheit auf die Vielheit schlechthin.

Denn da in jedem wirklichen Bewußtsein die Einheit und die Vielheit nur eine relative ist wegen des jedem noch beigemischten verworrenen: so können beide nur aus einander-gehalten werden durch eine solche entgegengesezte Beziehung. — Die Vielheit schlechthin, in welcher keine Einheit gesezt ist, ist aber nichts anderes als die unendliche Theilbarkeit des Raumes und der Zeit; denn was als diese irgend erfüllend gesezt wird, darin ist schon eine Einheit gesezt. Und ebenso auf der andern Seite, eine Vielheit, welche nicht als Raum und Zeit gesezt ist, wie z. B. die in einer Reihe oder einem Kreise von Begriffen, ist eine aus einer Einheit gesezte Vielheit, also nicht die Vielheit schlechthin. — Die Einheit schlechthin, in welcher keine Vielheit gesezt also auch jeder Gegensaz aufgehoben ist, ist die unnennbare des Allerhöchsten, des ununterscheidbar schlechthin absoluten Seins und Wissens.

Weder jenes, die theilbare Unendlichkeit, noch dieses, die untheilbare Einheit, sind im Bewußtsein für sich, aber das Mitgeseztsein beider ist die eigenthümliche Form alles menschlichen Bewußtseins; indem der Vernunftgehalt organisch wird kommt jenes, indem die organische Bewegung intellectuell wird kommt dieses hinzu.

(c.) Ohne allen organischen Gehalt könnte der Vernunftgehalt auch nicht als System sondern nur als Princip d. h. als absolute Einheit gegeben sein, und so kann er im Proceß des Erkennens nicht vorkommen. Die Gottheit als absolute Einheit ist nicht in unserm Erkennen als wirklicher Act, sie ist aber so darin als Tendenz (§. 29.), als wirklicher Act aber nur mit einem organischen Minimum verbunden. Ebenso ohne allen ideellen Gehalt kann der sinnliche nicht in uns sein als wirklicher Act, denn er wäre nur die unendliche endliche Mannigfaltigkeit. Die Masse als absolute Mannigfaltigkeit ist nicht in unserm Erkennen als wirklicher Act, sie ist aber darin als terminus a quo, von welchem alles Sezen der Einheit ausgeht.

§. 239. Das transcendente und das mathematische sind jedem menschlichen Bewußtsein wesentlich; aber darum ist es Mißverstand zu glauben, es sei alles Schein außer dem mathematischen, oder es sei alles Schein außer dem transcendenten.

Nämlich das transcendente ist nichts anderes als die eben aufgezeigte Beziehung auf die absolute Einheit; und die auf die unendliche unbestimmte Vielheit ist das mathematische. Beides natürlich in dem weitesten Sinne *).

(c.) Dasjenige in dem wirklichen Erkennen, was sich bezieht auf die absolute Mannigfaltigkeit als terminus a quo, und was also die bloße Quantität darin darstellt, ist das mathemati-

---

*) Leider geht hier die Bearbeitung (a.), welche wir zum Grunde legten, aus; ich habe mich aber überzeugt, daß deren Fortsezung nicht verloren, sondern wie schon weiter oben die der Bearbeitung (b.) nie von S. gemacht worden sei; denn theils finden sich von hier an in beiden ältesten Manuscripten (c. und d.) häufig Einschiebsel am Rande, die offenbar in neuster Zeit hingeschrieben sind; theils hören die Erläuterungen (z.), welche 1832 geschrieben wurden, hier auf die bisherige Paragraphenreihe zu citiren, und anzugeben, zu welchem § jede gehören wolle. — Gerade für den schwierigen Abschnitt der symbolisirenden Thätigkeit, so wie dann für den dritten Theil der Güterlehre sind also nur die zwei ältesten Manuscripte vorhanden, die noch nicht eine Ausscheidung in §§ und deren Erläuterung geben. Als Herausgeber von S's. ethischen Papieren kann ich nicht versuchen wollen, diesen Abschnitt

ſche. Dasjenige in dem wirklichen Erkennen, was ſich bezieht auf die abſolute Einheit, und alſo die höchſte Form im Wiſſen iſt, iſt das tranſcendentale darin.

(z.) Wir haben nun zunächſt den elementariſchen Inhalt zu entwikkeln. Soll aller Bewußtſeinsgehalt Vernunft ſein: ſo muß er auch in ſich enthalten die Vernunft an ſich, wie ſie aus dem abſoluten in den Gegenſaz tritt als die untheilbare Einheit, welche auf ihre Weiſe d. h. geiſtig aber zeitlos vor allem Bewußtſein gleich iſt der Geſammtheit des Seins, und dieſes Zurükkweiſen auf die Vorausſezung iſt das tranſcendente Element der ſymboliſirenden Thätigkeit. Aber ebenſo muß er auch in ſich enthalten das Sein, wie es ſich erſt durch ſein Eintreten ins beſtimmte Bewußtſein geſtalten ſoll, alſo vor dieſer Geſtaltung d. h. als die unendlich theilbare Mannigfaltigkeit, in der ſich das wahrnehmbare und behandelbare bewegt d. h. Raum und Zeit, und dieſes Element nennen wir das mathematiſche. Alle ſymboliſirende Thätigkeit gehört alſo nur ſofern in den ſittlichen Verlauf, als ſie tranſcendentes in ſich enthält und mathematiſches.

§. 240. (c.) In allem wirklichen Bewußtſein iſt nur ſoviel gut als darin tranſcendent und mathematiſch beſtimmt iſt.

Dasjenige darin, was das Zuſammenſein des Vernunftgehaltes und des organiſchen darſtellt, iſt darin je nachdem eines als das überwiegende geſezt wird das ethiſche und phyſiſche *).

---

in eine allem bisherigen gemäßere Form umzuarbeiten, was ſo unmöglich nicht wäre, da wir die ganz parallele Bearbeitung der organiſirenden Thätigkeit benuzen könnten was die Form betrifft. — Wie bisher werden wir noch weiter hinein (c.) nur als Erläuterung benuzen, indem von hier an dieſer Bearbeitung das was §§ werden ſoll am Rande ſpäter beigeſezt ſich findet. Dennoch wird der ganze Abſchnitt leicht als weniger ausgearbeitet erkannt werden.

*) In den Vorleſungen 1832 bediente ſich S. ſtatt dieſer beiden der Ausdrükke allgemeine und einzelne Poſitionen, oder auch Ideen und Erfahrungen. Alſo das tranſcendente, die allgemeinen Poſi=

Beides ist also, inwiefern es einen organischen Gehalt hat, nur völliges Wissen, inwiefern es auch mathematisch gewußt wird; daher der Saz der alten, es gebe nur so viel Wissen als Mathematik. Beides ist als Vernunftgehalt habend nur insofern Wissen, als es auch transcendental gewußt wird d. h. als es bialektisch und als es religiös ist. In der Realität sind diese Gebiete also gar nicht getrennt, denn wenn man die Quantität an sich oder die absolute Einheit an sich zum Object macht: so kann diese Aufgabe doch nur in einer Reihe von einzelnen Actionen gelöst werden, in denen es sogleich ein reales wird, also Antheil auch an seinem entgegengesezten bekommt *).

(z.) Die vier Gebiete des Wissens sind das metaphysische und mathematische, das speculative und das Erfahrungsgebiet. Die Vernunft, wie sie selbst in das getheilte Sein eingeht, soll auch dem getheilten Sein gleich werden im Bewußtsein; sie muß sich also in eine Vielheit ausstellen, die aber als Totalität sie erschöpft und zwar als ihre Gleichheit des Seins. Soll nun das Sein ins Bewußtsein treten, und ist die Bestimmtheit des Bewußtseins nur im Gegensaz von Subject und Object: so muß es als Einheit eintreten, aber als durch Raum und Zeit bedingte d. h. als Einzelheit, aber so daß die unendliche Gesammtheit dieser Einzelheiten gleich sei jenem Complexus von Vielheiten. Und so erhalten die Einzelheiten vermöge der Vielheit Antheil am transcendenten, und die Vielheit vermöge der Einzelheiten Antheil an

---

tionen, das mathematische und die einzelnen Positionen erschöpfen den ganzen symbolisirenden Proceß, wie oben der organisirende auch durch vier Regionen erschöpft wurde. (§. 210. Anm.) — Transcendent bezeichnet ein über das wirkliche Bewußtsein hinausgehendes, ohne Unterschied vom transcendentalen.

*) Sezen wir ein bestimmtes wirkliches Bewußtsein, heben aber das mathematische und transcendente auf, so haben wir ein verworrenes, denn es ist weder die Bestimmtheit des Begriffs noch des Maaßes darin, es ist nur das unbestimmte, was zwischen beiden schwebt.

dem mathematischen. Alles also ist allgemeines oder einzelnes;
aber auch nicht schlechthin gesondert sondern im Uebergang in
einander. Die Vollendung als der Punkt, auf welchen immer
nur hingewiesen wird, wäre wenn das einzelne auch aus dem
allgemeinen durch Herabsteigen könnte entstanden sein, und das
allgemeine aus dem einzelnen durch Hinaufsteigen. Indem aber
dieses beabsichtigt wird und beide immer auf einander bezogen:
so ist auch überall möglich, daß die Beziehung jenem ungewor-
denen Resultat nicht gemäß ist. Eine solche ist ein Act, der nicht
im höchsten Gut bestehen kann, also ist auch die Genesis jedes
Actes nur eine sittliche, wenn ein solches Resultat vermieden wird.

(c.) Anmerkung 1. Es giebt nicht zwei verschiedene Potenzen. Da
wir den Proceß von der Analogie mit dem animalischen an bis zum
möglichsten Abstreifen des organischen als Ein Continuum und unter
Einer Formel gefunden haben: so ist hier kein Gegensaz zwischen
Wissenschaft und Leben gesezt. Dieser kann auch nur ein untergeordneter sein, weil in jeder Action bis zur absoluten Vollendung noch
undurchdrungenes und unbewußtes sein muß, und in jeder auch der
dem animalischen nächsten Action der Vernunftgehalt in seiner Totalität sich findet *).

Anmerkung 2. Aller Irrthum ist Uebereilung **).

Anmerkung 3. Das transcendente und mathematische sind Grenzge-
biete; sie sind umschließend und selbst unbegrenzbar, und jeder sezt

*) Unterscheidet man als zwei Potenzen des Bewußtseins das gemeine
und das philosophische, so beruht dies auf der Meinung, jenes habe
keinen Antheil am transcendenten; allein dies ist unmöglich. Im wissenschaftlichen Denken ist freilich mehr Uebung und Regelmäßigkeit
nöthig, allein diese, weil nur allmählig zu erreichen, führen zu keinem
bestimmten Unterschiede vom gemeinen Denken.

**) Hiezu findet sich keine Erläuterung, vergl. indeß §. 242. d. Sie ist
auch nicht nöthig; denn ist im Bewußtsein (§) nur das richtig was
darin transcendent und mathematisch bestimmt ist: so wird unrichtig
nur dasjenige sein können, welchem diese zwiefache Bestimmung zu geben versäumt wird; der Act ist dann abgeschlossen bevor alles nothwendige gethan ist; so ist aller Irrthum als Uebereilung anzusehen.
Wie dieses im einzelnen begegne, kann nur empirisch nachgewiesen werden.

225

sie gültig auch für alles, was unserm realen Erkennen unzugänglich
ist. Das reale aber ist begrenzt durch die organische Seite unsrer
Function; was dieser nicht unmittelbar kann gegeben werden, das
kann auch nur mathematisch und transcendental erkannt werden.

(d.) *) Die ethische Function auf diesem Gebiete besteht
darin, das Wahrnehmen und Empfinden zum Erkennen zu er=
heben. Natürlich muß aber diese Erhebung eine Totalität sein.
Im sittlichen Leben giebt es kein Wahrnehmen und Empfinden,
das nicht zur Potenz der Idee erhoben und mit ihr eins wäre.
Das menschliche Vorstellen, abstrahirt von der Idee, ist nur ani=
malisch, also traumartig. Wer vom bloß sinnlichen Standpunkt
aus wider das Erkennen polemisirt, hat Recht, daß man durch
das bloße Vorstellen zu keinem Gegenstande gelange und durch
die bloße Empfindung nicht zu einer ewigen Einheit des Be=
wußtseins, sondern daß beide nur beständige Fluxionen sind, nur
ein ewiges Werden ohne Sein, und nur besonderes ohne allge=
meines. Dieses soll nun aufgehoben werden durch die einwoh=
nende Idee und das Vermögen der Ideen, und das ist eben das
Ethisiren. Nur durch sie kommt zu dem Werden ein Sein, zu
dem schlechthin besondern ein wahrhaft allgemeines. Denn das
ursprüngliche Object ist kein anderes als das ganze, jedes andere

*) Dieses erläutert nicht bloß den § sondern auch seine Nachbarn. Weil
im ältesten Brouillon keine Abfäze sind, so läßt es sich nicht zerstük=
keln. Die verschiedenartige Färbung mag jeder in Anschlag bringen,
da (d.) 23 Jahre vor (c.) aufgesezt wurde. Z. B. den Ausdruk
Vermögen vermied S. späterhin in dem Sinne wenigstens wie es hier
steht und hielt nicht viel auf diesen nichts erklärenden Begriff. — Vor=
lesg. Auf die Frage, ob also laut des § weder das transcendente noch
das mathematische gut sei, weil ja keines vom andern bestimmt ist,
antworte ich: das transcendente und das mathematische ist nie für sich
die Erfüllung des Bewußtseins, sondern nur indem das reale Bewußt=
sein hinzukommt. Das transcendente Bewußtsein ist nur in sofern
gut, als es seine Beziehung hat auf das mathematisch zu bestimmende
reale, und umgekehrt ist der unendliche Complex von rein mathemati=
schen Formeln nur gut, wenn sie Beziehung haben auf das transcen=
dent zu bestimmende reale.

Ethik.   P

kann uns wieder in der Wahrnehmung verſchwinden, und das urſprünglich allgemeine iſt nichts anderes als die gegenſeitige Auflöſung des idealen und realen in einander. Die Totalität kommt durch die Idee an ſich, die Einheit durch die Idee als einwohnendes Princip, wodurch zugleich das beſondere im allgemeinen und dieſes in jenem geſezt wird. — Die andere Seite iſt, daß auch das Erkennen ganz in das ſinnliche Wahrnehmen eingehe. Es giebt für uns kein Erkennen als in der Identität mit dem ſinnlichen Wahrnehmen. Was man von einem reinen Erkennen a priori redet, iſt immer Irrthum, wenn damit etwas anderes gemeint iſt als daß ein Vermögen des höhern und des niedern ſoll abgeſondert gedacht werden können.

§. 241. Alles gute iſt in der Summe aller Uebergewichte des einen über das andere.

Der erkennende Proceß, von dem unendlichen der unbeſtimmten Mannigfaltigkeit aus angeſehen, iſt ein Sezen von Einheit in derſelben, wodurch allein ein beſtimmtes Erkennen entſtehen kann. Von Seiten des ruhenden Seins, des Syſtems der Ideen in der Vernunft angeſehen, iſt es ein Sezen der Vielheit aus derſelben, indem mit einem jeden Sezen einer Vernunfteinheit in dem mannigfaltigen von Raum und Zeit eine unendliche Wiederholbarkeit deſſelben mitgeſezt iſt.

Aus dem Iſoliren dieſer Seiten, deren Auseinanderſein nur eine Fiction iſt, entſtehen die beiden entgegengeſezten Einſeitigkeiten, die aprioriſche und apoſterioriſche, oder ſcholaſtiſch die nominaliſtiſche und realiſtiſche, welche alles Erkennen von der Einen Seite mit Ausſchluß der andern produciren wollen, aber in der That auch den erſten Schritt ſchon nicht ohne die andere vollbringen können. Denn ohne intellectuelles Element keine Einheit, und ohne ſenſuelles keine Wirklichkeit der Action. In jedem wirklichen Act aber ergreift man überwiegend entweder die ſenſuelle oder die intellectuelle Seite, wodurch in jenem Fall eine einzelne Einheit mit der Möglichkeit einer allgemeinen Vielheit

darin, und in lezterem Fall eine allgemeine Einheit mit der Mög=
lichkeit einer einzelnen Vielheit darin gesezt ist. — Die reine
Identität beider Seiten ist also im wirklichen Erkennen *) nicht
als eine seiende gesezt, sondern nur als eine werdende durch
gleichmäßiges Schwanken jenes zwiefachen Uebergewichtes.

(d.) Wenn die sittliche Dignität nur in der Identität der
Idee und der sinnlichen Wahrnehmung ist, was ist denn die
Dignität des Begriffs? Der Begriff bringt auch eine Einheit
in die Fluxion der sinnlichen Wahrnehmung, aber es ist eine ge=
machte willführliche überall wo der Begriff in etwas unbegrif=
fenes und unbegreifbar geseztes endet. Denn wenn die Einheit
als das begreifbare und begriffene die Idee wäre: so müßte das
mannigfaltige, das Merkmal, das besondere, weil in der Idee
Identität des allgemeinen und besondern ist, ebenso begreifbar und
begriffen sein. Wo aber dieses ist, da ist der Begriff eine in der

---

*) Das wirkliche Erkennen sind die beiden mittleren vom transcendenten
und mathematischen umgränzten Gebiete, also die allgemeinen und ein=
zelnen Positionen. S. sagt in den Vorlesg. Im Bewußtsein haben
beide die Richtung auf einander hin; jene sind die aus dem transcen=
denten, diese die aus dem mathematischen hervorgehende Erfüllung des
Bewußtseins. Beide mittleren Regionen sind das Streben jedes sich dem
andern zu combiniren. Jeder Moment symbolisirender Thätigkeit hat
beide, will also ihr Zusammenfallen, das aber nie vollendet ist im ethi=
schen Verlauf. In allem aber ist transcendente und mathematische Be=
stimmtheit, aber eines von beiden dominirt. Die Formel wird so an=
schaulich: fangen wir mit dem mathematischen an, d. h. mit der un=
endlichen Mannigfaltigkeit der Raum= und Zeitbestimmung. Es muß
in dieses unbestimmte eine Einheit gesezt werden, die hernach eine be=
stimmte Vielheit werden kann. Oder gehen wir vom transcendenten
aus, d. h. vom System des idealen aber in seiner völligen Verschlos=
senheit in dem innern der Intelligenz: so kann eine transcendente Be=
stimmung nur werden, indem eine Vielheit gesezt wird; denn man kann
nie einen bestimmten Begriff sezen ohne andere zugleich mit zusezen,
wogegen wir in der Mannigfaltigkeit des Raumes ein bestimmtes sezen
können, dem nur unbestimmtes gegenüber bliebe. Denkt man dieses an=
ders: so legt man die transcendente Bestimmung hinein.

Idee gegründete und aus ihr construirte Einheit. Immer ist er nur eine Regel eines ideellen Verfahrens, aber jener eine aus der Identität mit der Nothwendigkeit herausgehende Freiheit, Willkühr; dieser eine in die Identität mit Bewußtsein wieder aufgenommene Freiheit, Construction. In diesem Wiederaufnehmen, in dem Bewußtsein der Differenz zwischen dem Begriff und dem Anschauen selbst, ist die sittliche Dignität, nämlich seine Unentbehrlichkeit zur Verknüpfung und zur Mittheilung des Erkennens gegeben. Außer diesem Bewußtsein ist seine Unsittlichkeit gegeben, nämlich seine Anmaßung selbst für Erkennen zu gelten.

§. 242. Auf jedem Punkt muß in Bezug auf beide Reihen so viel Skepsis sein als noch fehlt (an jeder von beiden) *).

Der erkennende Proceß ist eine fortlaufende Reihe in extensiver Richtung, insofern die §. 237. (c.) betrachtete Formel in ihrer Totalität nur dargestellt wird im Durchführen durch die Unendlichkeit des mahnigfaltigen. — Er ist eine fortlaufende Reihe in intensiver Richtung, insofern auf der dem animalischen analogen Stufe alles auf die Persönlichkeit bezogen wird, und diese Beziehung ganz aufgehen soll in der auf die Vernunft überhaupt. Jedes Erkennen stellt also nur ein Resultat dar von einem bestimmten Grade der Erhebung des Processes zur Vernunftpotenz, also ein Zusammensein von Wahrheit und Irrthum. Die einfachen Positionen, in welchen die Beziehung auf das organische dominirt, hängen sich so fest an, daß sie nie völlig zu eliminiren sind, und an der Wahrheit doch immer noch Irrthum bleibt.

---

*) Das eingeklammerte ist aus Vorlesungen, wo S. ferner sagt, man seze ein Resultat so lange als noch nicht gewiß, bis es in einer andern Operation seine Probe findet. — Dies ist nichts anderes als ein sich der Vervollkommnung offen erhalten statt aus Interesse der Persönlichkeit abzuschließen. Das Ich darf den Fortschritt der allgemeinen Vernunft nicht hindern.

Die Ausgleichung wird hier auf allen Gebieten gemacht durch das Gewissen, welches die Intensität als unvollendet sezt in einem gefühlten Mangel an Befriedigung. Dieses ist die eigentlich ethische Wurzel der Skepsis.

(d.) Welches ist die sittliche Dignität des Irrthums? Die Sinne irren nicht, denn in der bloßen Wahrnehmnng ist nichts gegeben als ein bestimmtes Verhältniß der Organisation, welches der Act des Vorstellens selbst ist, und also nicht eines und auch ein anderes sein kann. Die Vernunft irrt nicht, denn sie ist die Quelle der Wahrheit, und der Irrthum könnte aus nichts erkannt werden, wenn sie irrte. Auch ist der Irrthum nicht in der unmittelbaren Verknüpfung der sinnlichen Wahrnehmung mit der Idee oder dem Erkennen. Denn das Erkennen existirt für uns nur in dieser Verknüpfung, und eben so wenig giebt es für den Menschen ein Wahrnehmen ohne diese. Die Anschauung eines jeden ist an sich gesund. Der Irrthum liegt nur im comparativen in der Reflexion. Es giebt in jedem desto mehr Irrthum, je mehr noch für ihn unethisirtes in ihm ist. Darum liegt auch der verbreitetste Irrthum überall da, wo man schon von einem gemeinschaftlichen, von einem größern ganzen ausgeht. Uebrigens gilt also auch von der Auflösung des Irrthums in Wahrheit eben das was von der Auflösung des bösen in gutes; im Erdgeist giebt es keinen Irrthum.

§. 243. Das lebendige Zusammensein jedes Actes mit allen ist dann, daß jede Synthesis analytisch sei, und jede Analysis synthetisch.

Die extensive Richtung des Processes kann nur vollendet werden durch die Totalität der Personen, so daß zwar jede vieles producirt, was auch andere schon producirt haben, aber doch auch jede in ihrer Sphäre Punkte hat, welche in andern nicht liegen. In jedem einzelnen Bewußtsein ist also ein intensives Fortschreiten in einer Zeitreihe von einzelnen Acten gesezt. Um hier die beiden Momente zu unterscheiden, den Gehalt der einzelnen Acte selbst und die Formel der Aneinanderreihung, muß zuerst bestimmt werden, worin die Einheit eines Actes zu sezen sei. Die Ansicht, welche sich ausschließend an die organische Seite hängt, kennt keine andere Einheit als die des unendlich kleinen, und strebt also alles als Verknüpfung darzustellen, auf welche Art sie aber niemals zu dem kommt, wodurch der Act abgeschlossen wird.

Die Ansicht, welche sich ausschließend an die intellectuelle Seite hängt, kennt keine andere Einheit als die der Idee, und sieht alle analytische Operation nur als Theile einer allgemeinen Position an, verfehlt aber die Art, wie die als Einheit gesezten großen Massen des Wissens geworden sind.

Die wahre Darstellung des Processes ist nur in der Combination und gegenseitigen Beschränkung dieser einseitigen Constructionen. Man kann als vollständige Action nichts ansehen, worin nur eine Masse ohne eigenthümliche Einheit gesezt ist; und man kann nicht als eine Einheit der Action ansehen, sondern als Mehrheit, wenn in einer schon gesezten Einheit Gegensäze und Mehrheiten gefunden werden.

Daher sind zwei verschiedene Fortschreitungsarten gesezt; von einer Einheit zur andern, synthetisch; und innerhalb einer Einheit zu den in ihr gesezten Mannigfaltigkeiten d. h. analytisch *).

---

*) Vorlesg. Das Bewußtsein in allen seinen verschiedenen Beziehungen läßt sich durch die beiden Factoren zerlegen, das Sezen der Vielheit aus der Einheit und das der Einheit in die Vielheit. Hieraus entstehen zwei verschiedene Processe, das synthetische und das analytische Verfahren; jenes knüpft einen Act an den andern und ist Combination, dieses hingegen sezt die in jedem Act vorhandene Beziehung von Einheit und Vielheit vollständig auseinander. Ist die Analysis in einem Punkte nicht vollendet: so ist noch Verwirrung; so lange aber Acte fehlen, die der synthetischen Thätigkeit anheimfallen: so ist noch Vernunftgebiet, das nicht in die organische Thätigkeit gebracht ist. Daher die Behauptung des §.

§. 244. Das Zusammensein von Gewißheit und Skepsis ist im Wiederaufnehmen alles frühern im spätern sittlich.

Eine dritte (Ansicht) entsteht aus der intensiven Richtung, welche strebt eine Position nicht eher zu verlassen, bis das Erkennen möglichst potentiirt worden ist. Eine neue Duplicität entwikkelt sich aus dem Unterschied des schon gesezten und des noch nicht gesezten, indem man einerseits streben kann nach Anfüllung des persönlichen Bewußtseins ohne Unterschied von alt und neu, oder anderseits nur nach dem, was für die Vernunft überhaupt noch nicht gesezt ist. Diese mannigfaltigen Combinationsformeln sind von gleicher Wichtigkeit wie die Positionen selbst *).

b) Unter den entgegesezten Charakteren.

§. 245. Die Wahrnehmung ist überwiegend identisch, die Empfindung überwiegend different.

Auf beide Charaktere und ihre Differenz ist zu sehen, sowol was den Gehalt der Positionen selbst betrifft, als auch was die Formel der Verknüpfung.

Indem im wirklichen menschlichen Erkennen bestimmt aus einander tritt Wahrnehmung und Gefühl, oder objective und subjective Seite: so ist offenbar, daß wir jede Anschauung, inwiefern wir sie rein sezen, abgesondert von dem was ihr genetisch

*) Vorlesg. Das Zusammensein von Gewißheit und bewußter Ungewißheit oder Skepsis in jedem einzelnen Act wäre, wenn beides auf dasselbe bezogen wird, ein Widerspruch; da es aber nicht auf dasselbe bezogen wird: so kann es sehr gut sein; der Antheil der Gewißheit wird am größten sein am Ende der Reihe, der der Skepsis um so größer, je mehr ich am Anfang der Reihe bin. In jedem spätern Act soll eigentlich das frühere wieder aufgenommen werden. Nur in der Constanz des Bewußtseins, nicht im Verschwinden jedes frühern Actes, ist die Vollkommenheit in dem einzelnen möglich.

beiwohnt von dem vorigen Act, an welchen sie sich anschließt, und von dem was ihr subjectives beigemischt ist, und inwiefern sie einfache Position ist, auch mit dem Charakter der Identität des Schematismus, also als dieselbe in allen und als gültig für alle sezen; dagegen jedes Gefühl in seiner Vollständigkeit, wenn man sich nicht begnügt bei dem, worin das Bewußtsein nur das einzelne Sein, nicht das Sein als Organ und Theil in einer größern Sphäre repräsentirt, wird gesetzt mit dem Charakter der Eigenthümlichkeit, wodurch dann das Materiale der beiden Charaktere im allgemeinen bestimmt ist.

(z.) Die identische Thätigkeit ist Wissen, die differente ist Gefühl, worunter die Stätigkeit des Selbstbewußtseins d. h. jeder Moment an sich und als Combinationsprincip verstanden wird. Beim ersten im weitesten Umfang ist der Anspruch auf Identität klar, so wie beim lezten die Differenz immer vorausgesezt wird.

§. 246. Die Analysis ist überwiegend identisch, die Synthesis überwiegend different.

Da nun die Form, unter der das Erkennen überhaupt zu Stande kommt, überwiegend die Fortschreitung ist: so muß der relative Gegensaz der Charaktere auch in ihr sich finden. Alle analytische Fortschreitung, durch welche nämlich in einer Einheit die Totalität untergeordneter Einheiten gesezt wird, trägt in sich die Identität des Schematismus, d. h. man fordert daß jeder, der Einen Schritt, auch alle nachthun müsse, und dasselbe Facit gewinnen. (Alle Synthesis kann diese Forderung nur machen, inwiefern sie innerhalb einer Analysis gesezt ist; dagegen wenn die Eigenthümlichkeit sich in die Analysis mengen will, sie nur Unordnung anrichtet.)

Hievon ist ausgenommen die rein mathematische Analysis, weil nämlich diese keine wahre Analysis ist, indem das bloß unendlich theilbare keine bestimmten Einheiten in sich darbietet. In der mathematischen Analysis ist daher die meiste Erfindung.

Alle synthetische Fortschreitung von einer Einheit zu einer andern außer ihr liegenden drükkt die Eigenthümlichkeit aus, d. h. sie ist in jedem eine andere, je nachdem sich die verschiedenen Richtungen in ihm überhaupt und im jedesmaligen Moment zu einander verhalten nach Maaßgabe seiner Talente und Neigungen *). Ausgenommen ist hievon die mathematische Synthesis, die keine wahre Synthesis ist, weil das unendlich theilbare keine Sonderung darbietet. Daher hier das synthetische Verfahren ganz mechanisch ist.

> Anmerkung. Das rein mathematische Gebiet ist des Gegensazes von analytischem und synthetischem nicht empfänglich.

Wie Materie und Form einander überall correspondiren: so ist auch hier das Gefühl jedesmal das Princip des synthetischen Verfahrens. Denn man ist bei einem bestimmten Erkennen sich seiner selbst in einem bestimmten Zustande bewußt, je nachdem sich der einzelne Act in seinem Zusammensein mit allem zugleich angeregten verhält zu der in jedem gesezten und auf eigenthümliche Art gesezten Aufgabe des Erkennens überhaupt.

Die objective Position oder Anschauung ist überall das Princip des analytischen Verfahrens, denn jedes untergeordnete wird nur aus der ersten Position und in Bezug auf sie gesezt.

1) Identität des Schematismus.

§. 247. Das Gebiet des Wissens wird in der Identität von Entdekkung und Mittheilung **).

Jede Person ist eine abgeschlossene Einheit des Bewußtseins. Indem also die Vernunft in ihr ein Erkennen producirt, ist es als Bewußtsein nur für diese Person producirt. Das unter dem

---

*) In den Vorlesungen sagt S. geradezu, das Selbstbewußtsein und das innerste Princip des combinatorischen Verfahrens sei eins und dasselbe. (§. 253.)

**) Dasselbe was unten in der Pflichtenlehre Aneignen und in Gemeinschaft geben genannt wird.

Charakter des Schematismus producirte iſt aber als gültig für
Alle geſezt, und das Sein in Einem entſpricht alſo nicht ſeinem
Charakter. Zu dieſem Produciren muß alſo hinzukommen und
als mit ihm identiſch geſezt ſein ein Heraustreten des Products
aus dem Bezirk der Perſönlichkeit in den Gemeinbeſiz aller.

Die Sittlichkeit dieſer Seite des Proceſſes liegt alſo in der
Identität von Erfahrung und Mittheilung, welche Identität das
Gebiet der Tradition bildet, welches die Form iſt, unter der die
Totalität dieſer Seite des Proceſſes bedingt durch die Perſönlich=
keit erſcheint.

    Anmerkung. Erfahrung bezieht ſich ebenſowol auf die tranſcendentale
        Seite des Wiſſens als auf die empiriſche, indem man auch dort die
        einzelne zeitliche Vorſtellung von dem in der Vernunft auf ewige
        Weiſe geſezten wohl unterſcheiden muß *).

    (z.) Wenn wir dieſes Werden der Mittheilung und Pro=
duction zur Vollendung in ſeine Momente zerfällen, müſſen wir
als urſprünglich ſezen die Ueberlieferung, indem immer ſchon et=
was gegeben iſt als Mittheilenwollen und als Empfangenwollen;
Entdekkung oder Erfindung **), als Richtung auf das noch nicht
ins Bewußtſein genommene Sein; Kritik, als Hemmung, um
durch Reviſion den Irrthum zu vermeiden; und Anregung, um
andere zur Entdekkung aufzufordern. In dieſen Momenten iſt
die Fortſchreitung.

_____

   *) Vorleſg. In das identiſche Gebiet gehört am meiſten das mathema=
     tiſche, wo aber dabei freie Combination iſt, bleibt auch dem individuel=
     len Raum; das tranſcendente aber als auf die ungetheilte Einheit der
     Intelligenz zurükkgehend, ehe ſie ins getheilte Sein eintritt, gehört vor=
     züglich der Differenz an, daher ſeine Benennung und Conſtruction ſo
     verſchieden iſt; und doch will jede allgemein gültig ſein, d. h. inſofern
     es ein Wiſſen iſt, gehört es in das identiſche Symboliſiren, die Methode
     aber iſt eigenthümlich. — Hier fehlt der § offenbar, welcher zu zei=
     gen hätte, wie das Wiſſen durch die vier Gebiete hindurchgehe aber auf
     ungleiche Weiſe. Dies gehört zur Unvollkommenheit der ältern Redac=
     tionen, läßt ſich aber leicht ergänzen.
  **) Vorleſg. Entdekkung iſt Aufſtellung einer einzelnen, Erfindung aber
     einer allgemeinen Poſition. (§. 241.)

§. 248. Der Proceß schreitet nur vorwärts in der Identität von Gemeingut und Virtuosität.

Jede Person ist auch außer ihrer Eigenthümlichkeit, die doch hier auch vermöge des Einflusses der Combination in Anschlag kommt, eine fragmentarische Darstellung, und daher auch hier eine Theilung der Arbeiten (§. 215.) die einzige ethische Form. Da nämlich der Zusammenhang des Erkennens ein innerer ist: so kann jedem ein Erkennen Bedürfniß werden, welches ihm durch seine äußere Bedingtheit erschwert ist, aber freilich wird durch die wirkliche Theilung das Gleichgewicht zwischen Bedürfniß und Geschikk noch mehr aufgehoben. Es kann einer relativ unfähig sein sich eines Gegenstandes unmittelbar zu bemächtigen, aber sehr fähig den Erkennungsproceß eines anderen nachzubilden, worauf dann beruht, daß die Mittheilung eine wahre Ergänzung sein kann.

(z.) Die Vollendung wäre nur, wenn alles Wissen in jedem einzelnen wäre. Dies finden wir in keinem wirklichen Moment, vielmehr ist in den meisten Menschen das metaphysische Bewußtsein gar nicht erwacht (ohne daß man deshalb sagen kann, daß sie auf einer niedern Potenz ständen, da sie das transcendente doch in der religiösen Form haben. (§. 240. Anm.)) Statt der aus jenem abgeleiteten allgemeinen Positionen als Construction von Gegensäzen haben sie nur Schemata, die aus Abstraction werden. Ebenso ist nirgendwo die ganze Erfahrung auf Einem Punkte beisammen. Nicht minder ist auch die Verständigung unvollkommen, vielmehr wie der Tausch ein von jedem Punkte aus allmählig abnehmendes (§. 224.) *).

---

*) Vorlesg. Weil das Gebiet sowol zeitlich als räumlich unendlich ist: so ist aufgegeben, daß alles auf die Vernunft an sich bezogen werde, daher gegenseitig berichtigende Mittheilung entsprechend dem Verkehr und der Theilung der Arbeiten beim Organisiren. Erst so wird das Gebiet der Erfahrung für alle dasselbe. Dieses gilt auch vom Gebiet der Ideen, d. h. der im Bewußtsein Vielheit gewordenen Vernunft. Die

§. 249. Die Gemeinſchaft des Wiſſens beruht auf der Möglichkeit der Uebertragung aus einem Bewußtſein auf das andere. Dieſe iſt bedingt dadurch, daß der Act als ein urſprünglich inneres ein äußeres werde, welches für den hervorbringenden als Ausdrukk erſcheint, jedem andern aber daſteht als Zeichen, woran er vermöge der Identität des Schematismus das innere, oder den urſprünglichen Act erkenne.

Wie die Totalität aller Erkennensacte als Darſtellung der Idee ein Syſtem bildet: ſo müſſen auch die Zeichen als jenem entſprechend ein Syſtem bilden. Das innere des Bewußtſeins kann nur ein äußeres werden in der Mannigfaltigkeit des Organismus, und das äußere ſolche, was einem einzelnen Act entſpricht, kann im Organismus nur ſein eine Bewegung. Dieſes Syſtem von organiſchen Bewegungen, welche zugleich Ausdrukk und Zeichen ſind der Acte des Bewußtſeins als erkennenden Vermögens unter dem Charakter der Identität des Schematismus, iſt die Sprache. Sie tritt überall, wo die Menſchen ſich in ei=

Subſumtion der einzelnen Poſitionen unter die allgemeinen geht nur von den wiſſenſchaftlichen Individuen aus, verbreitet ſich aber von da aus in die Maſſe hinein, welche das objective Bewußtſein anfüllt ohne eignes Zurükkgehen auf die tranſcendente Vorausſezung.

Was im § als Virtuoſität poſtulirt iſt, findet ſich weniger wieder in der Explication, kann aber nur den Zwekk haben, daß ein bloßes Theilnehmen an dem was Gemeingut iſt und bloßes Weitergeben des von andern her überkommenen nicht ſittlich ſei, weil der einzelne dann bloßer Durch=gangspunkt, alſo für das Produciren gleich Null, oder doch nur Organ eines andern wäre. Als etwas beſtimmtes kann die Virtuoſität erſt von dem individuellen aus aufgeſtellt werden, daher ſo betrachtet der § nur das nothwendige Ergänztſeinwollen der identiſchen durch die individuelle Thätigkeit ausdrükkt. Die Parallele mit dem, was über das organiſirende Handeln unter dieſem Charakter geſagt iſt, dient zur ſicherſten Erläuterung. Auch dort §. 224. kam der von jedem Punkt aus allmählig abnehmende Verlauf zu keiner beſtimmten Grenze. (§. 252.)

ner wahren Gemeinſchaft des Erkennens finden, heraus als Ton=
ſprache, beruhend auf einem eignen organiſchen Syſtem, das au=
ßerdem keine beſtimmte Bedeutung hat. Die Geberdenſprache *)
als Sprache (d. h. die Identität des Schematismus darſtellend)
findet ſich nur bei unvollkommnem Zuſtande als Surrogat a) wo
die Mittheilung durch die Wortſprache organiſch gehemmt iſt,
b) in der frühſten Kindheit, wo wegen Unvollkommenheit der
Vorſtellung Ausdruck und Zeichen auch noch unvollkommen ſind,
und alſo einer ergänzenden Duplicität bedürfen, c) im Zuſam=
menſein von Menſchen, welche differente Sprachen beſizen. Wie
aber die leztern immer zugleich im Verſuch begriffen ſein werden
ſich eine gemeinſchaftliche Tonſprache zu produciren: ſo iſt auch
das Kind von da an, wo Wahrnehmung und Gefühl beſtimmt
aus einander treten, im Produciren der articulirten Sprache be=
griffen. Wenn die Sprache ihm früher als Receptivität zu kom=
men ſcheint: ſo bezieht ſich dies nur auf die beſtimmte Sprache,
die es umgiebt; die Spontaneität auf das Sprechen überhaupt
aber iſt mit jener gleichzeitig. Wie nun die Baſis aller Beob=
achtung über den Stufengang der Entwikkelung dieſe iſt, daß die
Wahrnehmung des Kindes erſt recht objectivirt wird mit ſeinem
Sprechen zugleich: ſo iſt auch in jedem ſelbſt das völlige Bilden
der Vorſtellung und das Bilden des Wortes daſſelbe. Lezteres
bezeichnet uns erſt den Grad der Bildung des Actes, wo er zur
Mittheilung reif iſt. Das innere Sprechen iſt gleichſam die Er=
laubniß zum äußern, und das Wollen des lezteren iſt mit dem
erſten zugleich geſezt.

(d.) Das allgemein gültige identiſche iſt das Product der
Vernunft an ſich. Soll es aber ein ſolches wirklich werden durch
die Thätigkeit des einzelnen: ſo muß es die Thätigkeit aller ein=
zelnen ſein, alſo heraustreten für ſie um in ſie überzugehen.

*) Die Geberde als Darſtellung des individuellen werden wir, wo von
dieſem die Rede ſein wird, wiederfinden und zwar dort als von ſelbſtän=
digem Werthe, während ſie hier nur Surrogat von etwas anderem iſt.

Damit es aber auch ihre That werde, muß es in ihnen selbst gebildet werden; also muß jenes Heraustreten nur ein Aufruf zum Nachbilden sein, d. h. Bezeichnung. Ohne Sprache gäbe es kein Wissen und ohne Wissen keine Sprache. Daher wunderlich die Meinung, daß höhere Wesen uns die Sprache gelehrt hätten, denn um das Lehren zu verstehen müßte schon die Idee der Sprache in den Menschen sein. Die Sprache ist mit dem Wissen zugleich gegeben als nothwendige Function des Menschen.

§. 250. Für die Vernunft überhaupt ist die zeitliche Trennung gleichbedeutend wie die räumliche *).

Wenn in einem das Bedürfniß entsteht sich mittheilen zu lassen: so wird dieses nicht gleichzeitig sein können mit der Production des andern. Es muß also ein Mittel geben die Acte des erkennenden Processes ebenso über den Moment des Producirens hinaus zu firiren wie die der bildenden Function, und dieses Mittel ist das Gedächtniß. Das Festhaltenwollen des bestimmten einzelnen Actes hat immer eine Beziehung auf die Mittheilung, und hierin liegt das sittliche des Gedächtnisses. Für sich selbst braucht eigentlich keiner das Gedächtniß. Ihm muß das Resultat jedesmal wo er dessen bedarf ebenso wiederkommen, wie es ihm das erstemal gekommen ist, insofern nämlich in der ursprünglichen Production die Vorstellung vollendet d. h. zu einer bestimmten Identität des transcendentalen und empirischen gelangt war. — Die Sprache an sich ist in der Mittheilung mehr für die Resultate da, das Gedächtniß mehr für die Combination;

---

*) Der vorige § suchte die Getrenntheit der Vernunft in den zwar als identisch gesezten aber doch räumlich außer einander befindlichen Einzelwesen aufzuheben; dieser § aber die Getrenntheit der Denkacte in der Zeit. Beide mußten wir zur Dignität von § erheben, um nicht alles dieses unter §. 248. zu bringen, wohin es nicht paßt. Ganz (c.) besteht aus §§, dadurch daß S. kleine Inhaltsanzeigen flüchtig an den Rand schrieb und als §§ bezeichnet, wurden jene deren Erläuterung, aber genau ist hier dieses Verhältniß nicht.

wie aber Einheit des Actes nicht ist ohne Combination, und
umgekehrt, so auch Sprache nicht ohne Gedächtniß, und umgekehrt. Inwiefern das Gedächtniß allein auch die Einheit des
empirischen Subjects constituirt, ist es eben so Kraft der Liebe,
wie als Tendenz zur Mittheilung.

Das innere Sprechen ist die Sprache des Gedächtnisses, die
Schrift ist das Gedächtniß und die Tradition der Sprache, durch
welche sie erst völlig objectiv, und die Mittheilung unabhängig
von der Zeit der Production gesezt wird. — Das überall gegebene Minimum, welches aber doch auch als Resultat des ethischen Processes angesehen werden muß, ist nun hier das Zugleichsein des Denkens und des innern Sprechens und des Combini-
rens und Festhaltens der Identität des Subjectes. Dasselbe ist
auch auf das ganze Gebiet bezogen die Formel, unter der sich
die Vollendung begreifen läßt. Denn ein Denken, welches sich
nicht aussprechen läßt, ist nothwendig ein unklares und verworrenes, indem die Klagen über die Unzulänglichkeit der Sprache
nur in das Gebiet des eigenthümlichen Erkennens gehören; eine
Combination aber, welche nicht gleich von einem firirenden Nach-
hall begleitet ist, wird auch den Charakter der Identität nur unvollkommen an sich tragen.

Anmerkung 1. Ein neues Erkennen erfordert allerdings auch einen
neuen Ausdruck; allein er muß immer als in der Sprache schon
liegend erscheinen, und das reine Erkennen und das Finden des Aus-
drucks wird immer identisch sein. — Daß auf dem speculativen
Gebiet die neuen Erzeugungen in der Sprache so schnell wechseln,
beweist nicht die Unangemessenheit der Sprache für die höhere Anschauung, sondern nur die Nothwendigkeit hier weniger an den Einheiten zu hangen vielmehr alles als Combination aufzufassen.

Anmerkung 2. Für jede im Gedächtniß nicht firirte Combination
wird eine Reproduction nöthig sein, in welcher immer etwas neues
sein wird, zum Beweis, daß die vorige unvollendet war. Jede zur
vollkommenen Analysis ausgebildete prägt sich von selbst dem Gedächtniß ein, weil sie eines ist mit dem unmittelbaren Begriff des
Gegenstandes selbst.

Anmerkung 3. Das Reden ohne Denken, d. h. dem kein Act des Erkennens entspricht, ist entweder keine Mittheilung sondern nur Probe des Auffassens selbst, wie bei Kindern, oder als Gebrauch von leeren Formeln erscheint es als etwas unbedeutendes. Wenn aber die Sprache von ihrer Einfachheit und Wahrheit verliert: so wird, weil jedes einzelne sowol in sich als im Gebrauch mit allem zusammenhängt, die ganze Mittheilung unsicher.

§. 251. Die Culmination ist auch hier in zwei Brennpunkten. Maximum von Entdekkung ist Reife der Jugend; Maximum von Mittheilung ist Jugend des Alters.

In jedem vollendeten Act ist ein Zugleichsein beider Momente. Auch das innere Sprechen ist schon Aufheben der Persönlichkeit, indem der Gedanke als in die Sprache hineingesezt auch als Gemeingut gesezt wird.

Die scheinbare Ungleichheit beider Momente, wie sie in den großen Epochen des Lebens heraustritt, entsteht daher, weil in der Kindheit unvollendete Acte dominiren, im Alter die vorherrschende Mittheilung nur Nachwirkung ist, und das reine Gleichgewicht ist auf dem Gipfel des Lebens. Ebenso ist auch in allen einzelnen großen Massen das reine Gleichgewicht auf dem Culminationspunkt, im Werden des ganzen die Mittheilung relativ zurükgehalten, die späteren wiederholten Darstellungen, in sofern sie keine Steigerung mehr enthalten, nur Nachwirkung, und bezeichnen das Altern der Operation. Der Zustand der Tradition in seiner Vollkommenheit ist der, wo jeder gleichmäßig sein Erkennen aus der Sprache empfängt und in die Sprache niederlegt.

§. 252. Mit der Entfernung *) tritt allmählige Verminderung ein ohne bestimmte Grenzpunkte.

---

*) Der Parallelismus von §. 224 zeigt, wie dieser § genauer auszudrükken wäre.

In dem Verhältniß einer Person zu allen ist diese (eben vor dem § angegebene Gleichmäßigkeit) nicht möglich, weil auf den von einander entfernten Punkten der intensiven Richtung in dem einen kein Interesse sein kann für die Ansicht des andern, und in diesem kein Schlüssel für die Gedanken des ersten. — Da kein Ding als Einheit anders als in der Totalität seiner Relationen zu verstehen ist, diese sich aber anders gestalten müssen je nachdem die Position des Menschen gegen die Natur eine andere ist: so müssen auf entgegengesezten Punkten auch verschiedene Systeme des Erkennens statt finden. Da die Mittheilung auf einer Masse identischer Bewegungen beruht, die Naturposition aber auch die Sprachwerkzeuge modificirt: so kann nicht eine und dieselbe Bewegung überall die gleiche Bedeutung haben; sondern die Massen des identischen müssen allmählig abnehmen. Das bis jezt gefundene ist also auch nur unvollständig und bedarf eines bestimmenden Princips, um die Einheit durch Pluralität darzustellen, welches aber in der bloßen Form der Persönlichkeit nicht liegen kann.

(z.) Wie der Tausch ist die Verständigung ein von jedem Punkt aus allmählig abnehmendes.

2) Charakter der Verschiedenheit. (§. 174. u. f. w.)

§. 253. In den Umfang dieses Gebietes gehört das bestimmte Selbstbewußtsein oder Gefühl und die ächt synthetische Combination.

Da das mit diesem Charakter producirte nur für die Person gilt: so kann es nur angesehen werden als von der Vernunft producirt zuerst, inwiefern die Eigenthümlichkeiten des Erkennens ein System bilden (also nicht als einzeln und zufällig angesehen werden können), in welchem die Vernunft als Natur gewordene erscheint. Jede Eigenthümlichkeit beruht also auf dem Voraussezen aller andern. Zweitens, inwiefern damit diese Totalität auch für die Vernunft unter der Form des Bewußtseins

Ethik.   Q da sei, die Eigenthümlichkeit des Erkennens so weit als möglich sich mittheilt nämlich durch die Anschauung *). Diese Gemein- schaft der Eigenthümlichkeit des Erkennens ist eben wie die des Bildens Geselligkeit, mehr unmittelbare und innere.

Gefühl und combinatorisches Princip sind Eins. Denn zwi- schen jeden Moment tritt Selbstbewußtsein, weil sonst die Acte nicht zu unterscheiden wären. Beides unterscheidet sich nur wie das sich selbst gleiche und das durch den Gegenstand bestimmte Selbstbewußtsein. Jedes Gefühl ist das Resultat aus den äußern Einwirkungen auf die Einheit des innern Princips, und jede Verknüpfung das Resultat aus dem innern Princip in das un- bestimmt mannigfaltig objective. Also verhält sich beides wie Passion und Reaction, die beide immer zusammen sind.

Zum synthetischen Proceß gehört nicht nur der Uebergang von einem Act des Erkennens zum andern, sondern auch von und zu bildenden Acten, indem diesen immer ein Erkennen als Prototyp vorangeht, so daß hier beide Functionen in einander, und die bildende unter der erkennenden begriffen ist. — In der Production der Eigenthümlichkeit kann keine Geschäftstheilung statt finden, denn jede soll ihre Person ganz durchdringen, und jede Person steht wieder in einer vollständigen Verbindung mit dem Universum. Die Beschränkung ist hier zwar da, aber sie kann nicht gewollt sein.

(z.) **) Ist dieses (§. 248. z.) abnehmende statt des all-

---

*) Vergl. die Schilderung in den Monologen 4te Ausg. S. 43 u. f. w.

**) Die Form wird hier immer ungenügender, da der Text (c) schon 1812 niedergeschrieben ist. Dieses (z.) hätte den Abschnitt besser eröffnet, es giebt hier gleich die Beziehung der vier symbolisirenden Gebiete auf das Gefühl, wie oben auf das Wissen §. 247. Was bei der organisi- renden Thätigkeit §. 229. enthielt, ist uns hier nur in z. angedeutet. Der Form nach läßt sich hier (c) mit (z.) gar nicht eigentlich vereinigen und in gegenseitig erläuterndem Parallelismus bringen. Wäre (z.) nicht zu lückenhaft und bloß Einzelheiten gebend: so müßte es hier statt c. eintreten.

mähligen in bestimmt verbundene und gesonderte Gebiete nach den Sprachen zerfallen: so verkündigt sich auch darin die auch dem identischen anhaftende eigenthümliche Bestimmtheit, welche wir aber hier bei ihrer unmittelbaren Erscheinung in der einzelnen Persönlichkeit ergreifen. Die bezeichnende Thätigkeit unter diesem Charakter fassen wir zusammen unter dem Namen des Gefühls oder unmittelbaren Selbstbewußtseins. (Der leztere Ausdruck hat zwar Vorzüge, weil viele dem erstern nur eine niedere Region anweisen; allein Selbstbewußtsein kann man nicht gebrauchen ohne jenen Beisaz wegen des reflectirten Selbstbewußtseins, welches unter den vorigen Titel gehört; daher der erste vorzuziehen ist.) *) Es ist das Sich wie wissen in verschiedenen Momenten verschieden und doch stätig denselben. Daher ist das mathematische hier nicht in den drei räumlichen Dimensionen, sondern nur in der zeitlichen des allgemeinen Bewußtseins von der Veränderlichkeit des Ich als viel oder wenig Leben und als Steigen und Fallen, gleichsam unter der Form einer Scala. Diese allgemeine aber immer nur begleitende Veränderlichkeit des Bewußtseins constituirt erst das bestimmte menschliche Selbstbewußtsein, weil es discrete Momente möglich macht und sie auch verknüpft. Es ist aber auch nach Maaßgabe seiner Stärke der Grund des bestimmten Maaßes in allen einzelnen Momenten. Das transcendente kann nun nicht die absolute Einheit objectiv enthalten als Ding (§. 32.), sondern dadurch, daß das Ich sich als gesondertes und entgegengeseztes, mithin als solches als gehalten findet unter einem andern. Dies ist nun das auch begleitende und nicht für sich allein einen Moment erfüllende Abhängigkeitsbewußtsein. Diese beiden also, das einzelne Veränderlichkeitsbewußtsein und das absolute Abhängigkeitsbewußtsein, sind die das einzelne Leben umfassenden Elemente des Selbstbewußtseins, jenes die bestimmte

*) Vergl. Schleiermachers christliche Glaubenslehre 2te Ausg. Bd. 1. S. 8; zum ganzen Abschnitt vergl. ebendas. S. 16 u. s. w.

Q 2

Wirklichkeit, dieses die bestimmte Intellectualität desselben bedingend. Die allgemeinen und die einzelnen Positionen sind die durch jene beiden bedingten realen Momente (§. 241.) *).

(d.) Wie die objective Seite in der Gemeinschaft zwischen dem abgeschlossenen Dasein und der Welt die Welt in der Beziehung darstellt als bestimmte Anschauung: so stellt die subjective das abgeschlossene Dasein dar in der bestimmten Beziehung d. h. als firirten Moment, als veränderlichen Zustand im bestimmten Gefühl. Wie aber ohne Einfluß des höhern Vermögens die Wahrnehmung ein bloß fluctuirendes ist und erst durch diesen Einfluß zur geordneten Anschauung, Welt, wird: so ist auch die Empfindung ohne diesen Einfluß ein fluctuirendes, in dem keine Einheit des Bewußtseins in der Succession zu firiren ist. Kein Ich ohne das höhere Vermögen sondern nur durch dasselbe, denn die thierische Organisation ist nur Durchgangspunkt für ein fluctuirendes des selbst unter einander gemischten Wahrnehmens und Empfindens. Die Einheit ist nicht in ihnen sondern nur in uns. Da nun in allem menschlichen Bewußtsein das Ich ist: so ist auch auf der Seite des subjectiven Erkennens das höhere Vermögen von den Functionen der menschlichen Organisation unabtrennbar. Sonst wäre die Forderung der Sittlichkeit auf dieser Seite etwas ganz willkührliches, was sich nur als positives Gesez im Gegensaz gegen das natürliche aufstellen ließe. Die durchgängige Sittlichkeit des Gefühls ist nun eigentlich nichts anderes, als daß jene Einheit auch für das was sie ist, für das Product des höhern Vermögens erkannt werde.

§. 254. Die Möglichkeit der Geselligkeit beruht auf der Möglichkeit die Eigenthümlichkeit zur An=

---

*) Vorlesg. Das transcendente und mathematische sind Bedingnngen auch des Selbstbewußtseins, erfüllen aber selbst keinen Moment, sondern sind nur mit in einem Moment, begleitend die allgemeinen und einzelnen Positionen.

schauung zu bringen, welche nur in einem vermitteln=
den Gliede sein kann, das zugleich Ausdruk und Zei=
chen ist.

Jede bestimmte Erregtheit des Gemüths ist begleitet von
Ton und Geberde als natürlichem Ausdruk. Der Ton ist aber
hier nicht als Wort sondern als Gesang, und die Geberde ist
hier nicht *) als mittelbares Zeichen des Begriffs sondern als
unmittelbares; beides ein natürliches und nothwendiges Aeußer=
lichwerden des rein innern. Da aber das Gefühl allein nicht
das ganze Gebiet bezeichnet: so muß auch für die synthetische
Combination ein Zeichen da sein. Das hier eigentlich darzustel=
lende ist aber nicht der einzelne wirkliche Act, denn wirklich ist
nur das beides was aufeinander folgt, sondern das darin liegende
Gesez bezogen auf einen bestimmten Fall. Dieses Gesez ist nichts
anderes als die allgemeine Formel für den relativen Werth alles
einzelnen für das Individuum.

Die Art wie jedes Gefühl in Handlung ausgeht, um den
Zustand festzuhalten oder aufzulösen, ist, wiewol man eben in
sofern alles Handeln Ausdruk ist auch das Leben selbst Kunst
nennt, doch nur auf eine sehr unvollkommene Art Ausdruk.
Jede bestimmte Erregtheit von ihrer spontaneen Seite angesehen
ist daher begleitet von einem Bilden der Fantasie als einem
eigentlich darstellenden Act.

Anmerkung 1. Dieser schließt sich an den einfachen
Ausdruk des Gefühls an. Denn wenn Geberde und Ton
als Reihe gesezt und, wenn auch dunkel, vorher gedacht und
concipirt werden: so sind sie selbst ein solches darstellendes
Bilden.

Anmerkung 2. Fantasie ist synthetisches Vermögen
und zwar auf allen Stufen. Die persönliche Sinnlichkeit ist
Fantasie, und die Vernunft ist auch Fantasie. Auf jedem

---

*) Vergl. §. 249 dagegen für die andere Seite.

Gebiet aber gehören synthetische Combinationen nur in sofern der darstellenden Fantasie an als sie nicht analytisch werden wollen.

Wie sich schon in der ersten Kindheit Geberde und Ton zeigen, und vermittelst derselben sich erst der eigenthümliche Charakter der äußern Person entwikkelt: so zeigt sich auch schon früh das Bilden der Fantasie, und es entwikkelt sich daraus der eigenthümliche Charakter der innern Person, durch welchen wie durch jenen hernach die einzelnen Aeußerungen bedingt sind. Das Bilden hängt ab in seiner specifischen Beschaffenheit von dem dominirenden Sinn, mit dem es selbst als Talent identisch ist.

Außer den auf eine bestimmte Erregtheit sich beziehenden Darstellungen beziehen sich also andere auf das permanente Bewußtsein der dominirenden organischen Seite. In der poetischen Fiction in ihrer ersten Entwikkelung wird jede Stimmung Geschichte, und das ist auch der wesentlich durchgehende Charakter. Die verschiedenen Arten der Darstellung bilden also ein System, in welchem alles was Element einer Kunst sein kann, befaßt ist.

(z.) Die absolute Geschiedenheit der Individuen soll aufgehoben werden. In der Voraussezung der einzelnen als Gattungstheile liegt auch die einer Analogie in der Art, wie jeder ein besonderer geworden ist; aber sie kann sich nur zufällig realisiren, sofern der natürliche Ausdruck gleicher Affection zusammenfällt. Soll die Abgeschlossenheit aufgehoben werden: so muß eine Möglichkeit des Heraustretens und eine Neigung zu diesem so wie zum Auffassen des heraustretenden gesezt sein. Das unmittelbare Heraustreten ist das durch Ton und Geberde. Dies ist nur insofern willkührlich, als es zurükgehalten werden kann, an sich aber nichtbewußtes Product jener Tendenz. Auf der andern Seite wenn die Art, wie die Interessen in dem einzelnen quantitativ verknüpft sind, den Charakter des Individuums bildet: so muß sich dieser ausdrükken in der Gesammtheit seiner Thätigkeiten; allein diese sind ebenfalls nicht Resultate jener Tendenz.

Diese also müssen sein Aeußerungen, welche keinen anderen Zwekk haben als die Mittheilung, und dies ist das Gebiet der Kunst.

(d.) Wenn also das Gefühl nicht übertragen sondern nur dargestellt und dadurch das Gefühl des andern erregt werden soll: so muß die Darstellung enthalten die Beziehung der Welt auf das Individuum, welche in diesem ein besonderes und unübertragbares geworden ist. Also muß doch die Combination, welche dabei als Selbstthätigkeit des Individuums concurrirte, in der Darstellung liegen. Sie ist also ein einzelnes, in welchem zugleich eine bestimmte Beziehung des Universums auf die Organisation (in ihrer Einheit mit der Vernunft) gegeben ist, und zwar nach einer individuellen Combination, d. h. ein Kunstwerk, und das System solcher Darstellungen der Individualität ist die Kunst *). Die eigentliche Tendenz der Kunst ist nie das rein objective, sondern die eigenthümliche Combination der Fantasie. Sonst müßte, wo die Kunst sich in einem bestimmten Cyclus des objectiven bewegt, die Tendenz sein in eine einzige Darstellung zusammenzufallen; die Sculptur müßte auf Einen Jupiter ausgehen, die Tragödie auf Eine Behandlung eines Mythus. Nun sollen aber, so sagt man, nicht einmal zwei Jupiter eines und desselben Künstlers dieselben sein, sonst sezt man Armuth und Manier. Also ist in diesem Sinne nicht das rein objective Gegenstand der Kunst, sondern das Abspiegeln der Individualität im objectiven.

§. 255. Wenn das Bilden der Fantasie in und mit seinem Heraustreten Kunst ist, und der Vernunftgehalt in dem eigenthümlichen Erkennen Religion: so verhält sich Kunst zur Religion wie Sprache zum Wissen.

---

*) Hieraus ergiebt sich, warum im folgenden § alle Kunst gefaßt wird als Darstellung der Religion, nämlich weil aller Kunstdarstellung wie aller Religion wesentlich ist die Beziehung auf das Universum. Vergl. die Reden über die Religion.

Es ist sehr uneigentlich, und verstekkt die Natur der übrigen
Künste, wenn man alle gleichsam als Ausflüsse der Poesie an=
sieht. Der Maler sieht gar nicht erst die Geschichte oder die Ge=
gend, sondern gleich das Bild: so wie der Dichter nicht äußere
Gestalten zu sehen braucht.

Das Ausgehen des Gefühls in ein bildendes Handeln und
in ein wirksames sind auf den niedern Stufen, wo noch Einsei=
tigkeit dominirt, im relativen Gegensaz; wer in dem einen lebt
verachtet das andere.

Religiös ist nicht nur die Religion im engern Sinn, das
dem dialektischen entsprechende Gebiet, sondern auch alles reale
Gefühl und Synthesis, die auf dem physischen Gebiete liegt als Geist
und auf dem ethischen als Herz, insofern beides über die Persön=
lichkeit hinaus auf Einheit und Totalität bezogen wird. Wie
das eigenthümliche Erkennen nur werdende Religion ist: so kann
auch die Darstellung nur die innerlich gegebene Gradation des
Vernunftgehaltes bezeichnen. Vermöge seiner fragmentarischen
Beschaffenheit ist jeder einzelne nur an einzelne Zweige der Kunst
gewiesen, und im Gebiet der Darstellung findet also eine Thei=
lung der Arbeiten statt. Darum muß die Bedeutsamkeit oft für
denjenigen schwer zu verstehen sein und also ein Schein des Lee=
ren entstehen, der nicht in besonderer Verwandtschaft zu dem
Darstellungsmittel selbst sich befindet. — Alle Mittheilung, das
Wiedererkennen des Gefühls, erfolgt hier nur vermittelst eines
analogischen Verfahrens, nämlich wie die darstellende Bewegung
zu einer in mir selbst vorkommenden ähnlichen: so das hervor=
bringende Gefühl zu dem bei mir zum Grunde liegenden. Dies
Verfahren muß auf einer Identität beruhen, welche hier keine
andere sein kann als die der Formation des menschlichen Orga=
nismus, so daß auch hier das individuelle auf dem Fundament
des universellen ruht. Das System der Darstellung in seinen
verschiedenen Zweigen bildet nun eine vermittelnde Masse, aus wel=
cher jeder sein Erkennen der Individualität empfängt, und in

welche er die seinige zum Erkennen hineinträgt. An der Kunst
im weitern Sinne hat jeder Mensch eben so gut Antheil, als am
Wissen im weitern Sinne, und alles darstellende gehört ebenso
der eigentlichen Kunst an wie alle Empirie dem eigentlichen
Wissen. Inwiefern die Darstellung auf Talenten ruht, ist jeder
mit seiner äußern Productivität auf einzelne Zweige beschränkt,
aber die Receptivität muß in gewissem Sinne allgemein sein.
Inwiefern Talente in manchem nicht heraustreten, eignet er sich
fremde Darstellung an.

(z.) Hier entsteht die Forderung, nicht zwar daß jeder ein
Künstler sein soll, aber wol daß jeder Antheil habe an der Kunst;
und dies ist auch der Fall. Die aus dem unwillkührlichen Ausdruck hervorgegangenen Künste, Musik und Mimik (§. 254.),
sind am weitesten verbreitet in der unmittelbaren Theilnahme;
Poesie ist am meisten populär; Plastik und Malerei als die eigentlichen Naturkünste sind am meisten beschränkt. — Die Möglichkeit einer wenigstens gewissermaßen dem Calculus unterworfe-
nen Mittheilung beruht auf der Identität der Abstammung im
Familienkreise, wo sich ein specifisches Verständigungsgebiet durch
den unwillkührlichen Ausdruck bildet, und im Volksthum, wo
sich ein gemeinsames höheres Kunstgebiet bildet, endlich im öffentlichen religiösen Leben, welches eine auf Wahlanziehung be-
ruhende Gemeinschaft ist *). Hier herrscht am meisten der strenge

---

*) Dies hat der Herausgeber durchgeführt in einer ins 3te und 4te Heft
der theologischen Studien und Kritiken von 1834 eingerückten Abhandlung, Ueber die Dignität des Religionsstifters. Vergl. Schleierm. der
christliche Glaube 1. Bd. S. 36 u. s. w., 62 u. s. w. In jener
Abhandlung findet auch seine Erklärung, was hier von productiver
und reproductiver Kunst gesagt ist; denn dieses wird nur vom Gegensaz der Spontaneität und Receptivität aus ins rechte Licht gestellt. —
Vorlesg. Die Kunst giebt sich in zwei Hauptgebieten zu erkennen;
insofern in der Bestimmtheit des Selbstbewußtseins die Differenz der
einzelnen Positionen hervortritt, und so die Verschiedenheit der Lebens-
momente dargestellt werden soll, entsteht die freie Geselligkeit und der

Styl, in der freien Geselligkeit am meisten der auf die Mannig=
faltigkeit gerichtete. Nehmen wir dieses zu dem über das un=
mittelbare Selbstbewußtsein an sich gesagten hinzu: so ist die
Vollendung nun darin, daß das in jedem Einzelwesen durchge=
bildete Selbstbewußtsein nun auch vollständig in die Kunst über=
gehe, so daß jeder Moment sich an dieser manifestiren könne. Man
muß zu diesem Ende die Kunst im Volksleben betrachten, wie
den unmittelbaren Ausdruck in der Familie und in der Wahlan=
ziehung. Die Kunstthätigkeit zerfällt dann in die productive und
receptive, welche ebenso Mittheilung ist, und die Volksthümlich=
keit theilt sich in mancherlei Schulen und in den Geschmack an
diesen. —

(d.) Wie sich nun die Darstellung in der Kunst zu dem
verhalte, was wir Gefühl genannt haben, und was nichts an=
deres ist als die Fantasie in ihrer individuellen Receptivität be=
trachtet: dies ist nur zu verstehen aus der innigen Vereinigung
der Receptivität und Spontaneität, der Action von außen und
der Reaction nach außen. Als gegeben nehmen wir hier die ver=
schiedenen organischen Bewegungen, welche Reactionen des Ge=
fühls sind; und zwar muß in diesen ebenfalls, wie sie wirklich
vorkommen, eine Identität des allgemeinen und des besondern
gesezt werden, so daß nun ein jeder aus der Analogie von der
Reaction auf die sich darstellende momentan afficirte Individua=
lität zurükkschauen kann. Wenn nun die Darstellung den Be=
schauer wieder subjectiv afficirt: so wird eben jenes individuelle,
was selbst schon Identität des allgemeinen und besondern war,
für ihn das allgemeine, das sich nun wieder in ihm durch sein
besonderes individualisirt. Nun geht die Darstellung von zwei

gesellige Styl; insofern aber vom transcendenten aus (in allgemeinen
Positionen) das Selbstbewußtsein sich darstellt in den verschiedenen Ar=
ten des Zusammenfassens der Totalität der Vernunftinteressen, wird im
öffentlichen Leben die Gemeinschaft des religiösen und der strengere oder
religiöse Styl.

verschiedenen Voraussezungen aus. 1) Organische Bewegungen stellen als Reaction das Gefühl dar als Action. Dies ist das Princip der beweglichen Künste, Mimik und Musik. 2) Bilder, oder vielmehr symbolische Gestalten, enthalten das individuelle eines Gefühls objectivirt in sich, und sind eben dadurch im Stande als Bilder des Universums das Gefühl des Betrachters zu afficiren. So wird die Combination des Künstlers Anschauung im Betrachten, aber mit einer überwiegenden Tendenz in sein subjectives Erkennen einzuschlagen. Die Mittel der beweglichen Künste sind rein organische Producte, die sonst gar nicht vorkommen; sie gleichen also mehr der Tonsprache. Die Mittel der bildenden Künste sind individualisirte Producte allgemeiner Naturkräfte, der Masse und des Lichts, plastische und pittoreske Gestalten; diese correspondiren mehr der Zeichensprache. Natürlich hat nun auch jede Kunst ihr eignes Gebiet. Das kann aber nur die Aesthetik bestimmen, und muß dabei von einer näheren Erforschung der Naturseite der Kunst ausgehen.

§. 256. Ein gänzliches Getrenntsein beider Momente, Gefühl ohne Darstellung, oder Darstellung ohne Gefühl, kann nur als Unsittlichkeit gesezt werden.

Wenn sich in der Kunst das Gefühl sammeln, und der momentane Ausdruck firiren und objectiviren soll, so daß alles Gefühl in der Kunst niedergelegt ist, und jeder sein mittheilendes und mitgetheiltes Dasein aus derselben empfängt: so wird in jeder Darstellung auch etwas auf die Tradition und Verbesserung des Darstellungsmittels sich beziehen, und das ist es was für sich besonders als Virtuosität heraustritt. Dies wird in demselben Maaß vorhanden sein, als in dem darstellenden Act der Moment zurükk, und das permanente Selbstbewußtsein als Bewußtsein des dominirenden Talentes hervortritt. Da Gefühl und Darstellung zwar wesentlich verbunden, aber doch nicht im reinen Gleichgewicht zu sezen sind: so kann es ein solches Vorherr-

schen des Darstellungstriebes geben, daß die Erregtheit nur noch
als leichte Veranlassung erscheint. Das Darstellungsmittel in
seiner Objectivität stellt den Durchschnitt der Moralität des eigen=
thümlichen Erkennens einer gewissen Masse dar. Daher können
oft die stärksten Erregungen derer, die besonders als Künstler her=
vortreten, nicht darstellbar sein. Das Alphabeth dazu ist entwe=
der verloren, oder noch nicht gefunden. Es ist zwar unsittlich
beides ganz zu trennen, aber nur wo die Darstellung sich vom
Moment der Erregung losreißt ist Kunst *). Trennung ist, wo
Gefühl ist ohne Ausdrukk, und individuelle Combination ohne
Kunstproduction. Darstellung ohne Gefühl ist leeres Spiel oder
epideiktische Virtuosität.

In dem Maaß als die Beziehung auf die Persönlichkeit
oder den Raum aufhört, hört auch die Beziehung auf die Zeit
auf. Die Sittlichkeit liegt also nicht in der momentanen Iden=
tität des Gefühls und der Darstellung, welche nur auf einer nie=
deren Stufe gefordert wird; sondern nur in dem Bewußtsein,
welches jede Erregtheit auf die Sphäre der Mittheilung bezieht
und für dieselbe verwahrt. Jeder Moment wird als ein leben=
dig fortwirkendes gesezt. Aus demselben Grunde liegt die Sitt=
lichkeit der Darstellung nicht in dem unmittelbaren Hervorgehen
aus einem erregten Moment, was man gewöhnlich unter Begei=
sterung zu verstehen pflegt; sondern in der innern Wahrheit, ver=
möge deren sie in der Production auf etwas in dem eigenthüm=
lichen Wesen reales bezogen wird.

Wenn in vielen Fällen die Darstellung zunächst eine Idee
ausdrükkt: so ist diese selbst als Synthesis Ausdrukk des Gefühls,
und kann auch nie in der Darstellung selbst in reiner Objectivät
gefaßt sein. Wo dennoch Gefühl ohne Darstellung gesezt wird,
da ist es doch nur möglich, daß die äußere Seite der Darstel=

*) S. unterscheidet die natürlichen Aeußerungen der innern Bewegung
von den künstlerischen Darstellungen, welche von Acten des Bewußt=
seins ausgehen. Man vergleiche hierüber seine Aesthetik.

lung fehle, da die innere durch Naturnothwendigkeit mitgesezt ist.
Also kann man auch nur annehmen, daß die rechte Art und
Weise noch gesucht werde, und die Sittlichkeit ist in diesem Su=
chen. Wo Darstellung ohne Gefühl gesezt wird, würde eine
zweite Hälfte einer Handlung gesezt ohne eine erste. Da nun
dieses nicht möglich ist: so ist die Handlung eigentlich dessen, in
welchem die erste Hälfte ist, und der Darsteller ist nur Organ
von jenem vermöge einer Gemeinschaft der organischen Function.

(d.) *) Hier beantwortet sich auch die ebenfalls in die ethi=
sche Ansicht der Kunst einschlagende Frage, ob die Darstellung
ein Act der Besonnenheit oder der Begeisterung ist. Nämlich die
Conception ist Begeisterung, denn in ihr ist unmittelbar die
Identität des Gefühls und der Reaction gegeben, und es darf
keine Reflexion dazwischen treten. Sie schließt aber in sich die
Besonnenheit als Vergangenheit. Denn auch die Conception ist
um so vollkommner, je mehr Gewalt über die Technik der Kunst
dabei vorgewaltet hat. Die Ausführung dagegen, welche jenen
Moment in einer Reihe darstellt, hat die Besonnenheit in der
Gegenwart, muß aber die Begeisterung auch in sich enthalten als
Vergangenheit. Jene wahre Beschaffenheit der Conception ist die
Genialität, diese wahre Beschaffenheit der Ausführung ist die Cor=
rectheit; die Conception durch Reflexion ist nur Sache des Talentes.

Trennt man beide Seiten: so besteht die Ethisirung der Dar=
stellung darin, daß jede Darstellung ein reines Product des Ge=
fühls sei. Alle Künstler sollen Genies sein. Die Ethisirung des
Gefühls aber, inwiefern es ein gemeinschaftliches werden soll,
darin, daß jedes Gefühl in Darstellung übergehe. Alle Menschen

*) Der Herausgeber fühlt sehr bestimmt, daß diese Abschnitte aus d. sich
nicht streng unter den § einordnen, konnte aber der formellen Vollkom=
menheit nicht die Aufnahme dieser Stükke aufopfern. Hier rührt die
Ungleichmäßigkeit vorzüglich daher, daß in (d.), was zweiter und dritter
Abschnitt der Güterlehre ist, sich gar nicht so bestimmt sondert, wie in
(c); denn sonst würde manches erst unten vorkommen.

sind Künstler. Dies wäre nur in der gewöhnlichen Bedeutung abgeschmackt, aber Kunst hat auch hier eine weitere. Alles fällt in ihr Gebiet, was wir in der bildenden Function betrachtet haben. Zunächst die Ausbildung der Person zur Schönheit; sie besteht aus unzähligen Reactionen des Gefühls, den am unmittelbarsten organischen, in welchen allen der Mensch als mimischer und plastischer Künstler erscheint. Dann die Bildung des erweiterten Leibes oder des Eigenthums, und so auch des politischen Einflusses. Denn je mehr auch dieser in einem jeden künstlerisch ist, um desto vollkommner ist das ganze organisirt. Auch was man gewöhnlich nicht zur schönen Kunst rechnet, muß sich doch irgend einem bestimmten Zweige assimiliren. Hierauf gründet sich zum Theil die weitere Bedeutung, welche die alten den Künsten gaben. Gymnastik gehört zur Plastik, so auch Architektur und Gartenkunst. Denn Plastik ist eigentlich Darstellung der Freude am Leben (daher so überwiegend in der glücklichen Zeit Griechenlands), und dies Gefühl muß durch die Anschauung der Schönheit in andern wieder erregt werden. Architektur bildet die Umgebungen des Lebens, die ihm angeeignet werden, den erweiterten Leib, den Umriß für die Sphäre der freien Geselligkeit, daher auch die versteckte Harmonie mit den Verhältnissen der menschlichen Gestalt. Die Freude am Leben soll aber die ganze Natur zum Object haben; daher auch Gartenkunst und jede Form in der Cultur zur Plastik gehört. Aller Schmuck und Decoration zur Malerei.

§. 257. Die Kunstdarstellung vermittelt das Offenbarungsverhältniß. (§. 183.)

In dieser Identität des Gefühls und der Darstellung soll diese ganze Function von der Beziehung auf die Persönlichkeit zu der auf die Einheit und Totalität der Vernunft erhoben werden, so daß jede Lust und Unlust religiös wird *). Wobei aber

---

*) Vorlesg. Fehlt in einem Moment des Selbstbewußtseins das transcendente, so ist er nicht sittlich.

zu unterscheiden ist das dem dialektischen gegenüber für sich heraustretende religiöse, und das in den ethischen Gefühlen, Herz, und in den physischen, Geist, enthaltene religiöse. (§. 255.) Durch diese Beziehung verliert die Forderung, daß alle Lust religiös werden soll, ihr befremdendes. Denn sie läßt sich negativ so ausdrükken, Keine Lust soll bloß animalisch sinnlich sein. Beides soll auch zur Totalität kommen, jede mögliche Modification des Gefühls soll vorkommen, und so auch soll das System der Darstellung in allen Zweigen erschöpft werden.

Die Ungleichheit der einzelnen auf sonst denselben Bildungsstufen ist nicht so groß als sie scheint, weil vieles nicht Darstellung für sich ist, sondern nur Repetition, und oft wo man aus Mangel an Darstellung auf Mangel an Gefühl schließen möchte, die Aneignung fremder Darstellung, die immer zugleich innere Production ist, einer starken Erregtheit angehört.

Von dem Punkt aus, wo der Mensch der animalischen Stufe am nächsten steht, arbeitet sich das eigenthümliche erst allmählig aus dem universellen, aus dem Zustande der relativen Ungeschiedenheit des identischen und eigenthümlichen heraus, welcher Zustand das Fundament der Analogie ist. Es bilden sich Receptivität, Geschmakk und Spontaneität neben und durch einander in den verschiedensten Verhältnissen, im ganzen aber bleibt überall die Darstellung zurükk hinter dem Gefühl. Im Alter wird weniger neues auf Seiten des Gefühls erzeugt, theils weil die Erregbarkeit überhaupt abnimmt, theils weil man sich wegen des veränderten Typus der Zeit aus dem gemeinsamen Leben mehr zurükkzieht. Dagegen bleiben in einem wohlorganisirten Gemüth die alten Erregungen bewahrt, und die Erinnerung bricht in Darstellung aus, welche also das Uebergewicht hat über das Gefühl. Das auszeichnende der Blüte des Lebens besteht aber in dem Gleichgewicht zwischen Gefühl und Darstellung unter den obigen Bestimmungen.

Diejenigen, welche an weit von einander entfernten Punkten des intensiven Fortschrittes stehen, können keine Gemeinschaft
des Gefühls und der Darstellung haben *). Es gehört noch ein
besonderer gemeinschaftlicher Punkt dazu, um zu wissen, wie sich
in jeder Erregtheit die innere Erregbarkeit und die äußere Potenz
gegen einander verhalten; wo dieser nicht gegeben ist, findet kein
Verständniß durch Analogie statt. Wo bedeutende Differenzen
im Organismus statt finden, erhalten schon die ersten Elemente
der einfachen Darstellung eine andere Bedeutung, und es findet
kein gemeinschaftliches System von Darstellungsmitteln statt. Die
zusammengesezte Darstellung ist bedingt durch eine Masse gemein-
samer Elementaranschauungen und von gleicher subjectiver Bedeutsamkeit. Die innere Geselligkeit wird nur in dem Maaß
statt finden können, als das Verhältniß zwischen den beiden Seiten des Gefühls, Geist und Herz, entweder analog ist, oder beides sich in der Mittheilung trennen läßt. Sie ist also nur möglich in einer Pluralität von Sphären, zu deren Bestimmung und
Sonderung uns hier das Princip fehlt **).

----

*) Wenn die ganze Durchführung dem § nicht recht angemessen scheint:
so zeigt dieser Ausdruck, daß das heterogen scheinende nur in der Terminologie liegt. Gemeinschaft des Gefühls und der Darstellung ist
nämlich dasselbe, was der später beigefügte § das Offenbarungsverhältniß nennt, wie es auch im ersten Abschnitt der Güterlehre, wo
neuere Manuscripte gegeben werden konnten, immer ausgedrückt ist.

**) Kunstgeschichte, sagt S. in den Vorlesungen, ist Geschichte der Ent-
wickelung der Einheit des Volkslebens.

Dritte Abtheilung. (b.) *)

Constructiver Theil

oder

Von den vollkommenen ethischen Formen.

§. 258. Die Familie ist die ursprüngliche und elementarische Art zu sein beider ethischen Functionen in ihren beiden Charakteren.

Wie das sittliche nicht in der Persönlichkeit für sich vollen ist: so ist auch die Persönlichkeit nicht für sich gegeben, sondern mit ihrer Art zu werden nämlich der Geschlechtsdifferenz zugleich, und in der bestimmten Form der Race und der Nationalität. Diese bestimmten so wie jene allgemeine Form zu deduciren wäre eine Aufgabe für die speculative Physik, nicht für die Ethik. Die Deduction könnte aber doch nur zeigen, wie die Geschlechts differenz sich auf bestimmte Naturfunctionen und die bestimmten Formen sich auf den Charakter der verschiedenen Erdtheile nach einer großen Analogie bezögen. Wenn aber hier beides als ge geben angesehen wird: so entsteht die Frage, da die Vernunft mit der Natur Eins werden soll, wie sie es auch mit diesen Bestim mungen wird, und was diesen ethisch correspondirt. Dieses cor respondirende kann nicht außerhalb des bisherigen liegen, sondern es kann nur die völlig bestimmte Art des aufgezeigten, unter der es wirklich wird, daraus hervorgehen.

---

*) Von hier an ist (c.), welches 1812 niedergeschrieben ist, bloß in §§ Form, d. h. es findet sich am Rand nichts mehr beigefügt, das den § vorstellen könnte, so daß jene Textes=§§ dazu Erläuterung würden, sondern am Rande finden sich nur einzelne Bemerkungen zum Theil von 1832. Ich muß mir also mit dem Geständniß, daß dieses der Gleichförmigkeit wegen von mir herrühre, die Aufgabe stellen, aus ei ner zusammengehörigen §§=Reihe die Hauptsäze jedesmal herauszuheben als §, die andern als Erläuterungen zu geben.

Das Resultat der Geschlechts-Differenz und Verbindung ist die Familie, ein Sein beider ethischen Functionen unter beiden Charakteren. Beide Functionen unter dem identischen Charakter beziehen sich mehr auf den engeren Typus der Nationalität, beide unter dem eigenthümlichen mehr auf den weiteren der Race.

Randbemerk. — Recapitul. aus dem allgemeinen. Maaß als getrennte Identität und gemeinschaftliche Eigenthümlichkeit; kleinstes, mittleres, größtes. — Familie das nächste Recht als gemeinschaftliches Element, nur nicht zu vergessen, daß sie durch die anderen bedingt ist. Die Geschlechtsdifferenz ist allgemeine irdische Naturform, ob weiter verbreitet, oder auch auf der Erde nur auf Périoden eingeschränkt, wissen wir nicht. Bezogen auf die Duplicität in der allgemeinen Form des Lebens. In der Vernunft an sich nicht gegründet, aber gleich von ihr gebraucht, um die Einseitigkeit des Charakters zu dämpfen. Dies die ethische Seite des Geschlechtstriebes, der sich in der Entfremdung entwickelt. — Die Befriedigung wird Ehe. Besitz der Personen, weil jede Organ für die Vernunft der andern geworden ist. Vage Vermischung wäre nur sittlich zu denken, wenn durch Unnatur Vermischung und Erzeugung schon getrennt sind. Unmittelbar vom ethischen aus müßte immer Vernunftthätigkeit vernichtet werden, wenn Mann und Frau sich trennen. Polygamie und trennbare Ehe sind im wesentlichen nicht unterschieden von vager Geschlechtsgemeinschaft.

(z.) Die Geschlechtsdifferenz und die Racenverschiedenheit sind uns eben so gegeben mit der ursprünglichen Einigung (§. 186—189) *). Der erste Mensch ist eine nicht zu vollziehende Vorstellung, ebenso auch das Entstehen der Racen aus einem ge-

---

*) Man erinnere sich, daß diese zwei Begriffe hier nicht neu eintreten, sondern schon eingeführt wurden, wo für die ins unendliche sich verlaufenden ethischen Charaktere der Identität und der Individualität bestimmte Maaße zu suchen waren. Dort wurden (§. 192.) beide von der Natur her aufgenommen.

meinschaftlichen Paar. Wir sezen also die Familie als gegeben,
aber zugleich die Stiftung derselben als sittliche Thätigkeit. Entgegengesezte Ansichten: platonische Gleichheit, welche die Differenz auf die Geschlechtsfunction beschränken will, und die im Alterthum allgemeine Zurüksezung. Analogie mit der Ansicht von
der Differenz der Völker. Hellenen und Barbaren *).

Von den Geschlechtern und der Familie.

§. 259. Die Einheit der Geschlechtsgemeinschaft
mit ihrer Unauflöslichkeit zugleich gesezt ist der wahre
Begriff der Ehe.

Der Geschlechtscharakter ist mit der Persönlichkeit zugleich
gegeben, und zwar nicht in der Geschlechtsfunction allein, sondern
durch den ganzen Leib durchgehend. Jeder erkennt auch in den
psychischen Organen, also auch in der Art wie die Vernunft ursprünglich sich der Natur einverleibt, den Unterschied an als einen gegebenen. Das Wesen desselben geht aber aus der Geschlechtsfunction am deutlichsten hervor, wo im weiblichen Uebergewicht der Receptivität und im männlichen der Spontaneität
ist. Daher: eigenthümliches Erkennen: Gefühl weiblich, Fantasie männlich. Aneignung weiblich, Invention männlich; eigenthümliches Bilden: nach Sitte weiblich, über Sitte hinaus männlich; identisches Erkennen: weiblich mehr Aufnehmen als Fort-

---

**) Vorlesg. Die Geschlechtstheilung ist gegeben beim Eintreten ins Da-
sein mit der Richtung auf die Vereinigung zur Reproduction. Dies ist
gegeben als natürliches, also nicht absolut ursprünglich, sondern nur
für den sittlichen Verlauf ursprünglich. Absolut ursprünglich betrachtet ist es vorgeschichtlich, und man muß bei einem ersten Paare stehen
bleiben, da man dieses nicht als zuerst Kinder gewesen denken kann,
weil Kinder immer Eltern voraussezen, ohne die sie nicht bestehen könnten. Diese Differenz ist physisch sehr verschieden entwickelt, im Menschen am freisten von Naturnothwendigkeit, bei Thieren an Naturgesetze,
an Perioden gebunden, weil sie kein Bewußtsein haben.

bilden; identisches Bilden: weiblich mehr mit Bezug auf die eigenthümliche Sphäre, männlich mehr mit reiner Objectivität.

Mit der Geschlechtsdifferenz ist auf der organischen Seite verbunden ein Trieb zu einer eigenthümlichen Gemeinschaft, an welche die Erhaltung der Gattung geknüpft ist, und welcher sich durch die allmählige Entwikkelung der Geschlechtsdifferenz bildet. Jedem Geschlecht wird das andere nach Maaßgabe der Entwikkelung auch von geistiger Seite fremder, und dies Gefühl geht in einen Trieb aus die Geschlechtseinseitigkeit in jener Gemeinschaft, inwiefern sie die Identität von Geschlechtsvermischung und Erzeugung ist, zu erstikken. Das eigenthümliche der Geschlechtsgemeinschaft ist das momentane Einswerden des Bewußtseins und das aus dem Factor der Erzeugung hervorgehende permanente Einswerden des Lebens *). Die Geschlechtsgemeinschaft finden wir ethisch mit ihrer Bestimmtheit zugleich, indem sie nur zwei Personen umfassen kann, denn im einzelnen Act ist das ganze Bedürfniß befriedigt, und es entsteht zugleich in der Voraussezung der Thätigkeit des andern Factors das Zusammenleben für das gemeinsame Product.

(d.) An den Act der Geschlechtsvereinigung ist zugleich die Fortpflanzung der Gattung geknüpft. Ganz natürlich; denn in diesem Act ist zugleich die Differenz aufgehoben. Die Gattung aber existirt in der Indifferenz; sie existirt aber zugleich nur in der Reproduction, also ist die Aufhebung der Differenz zugleich die Reproduction. Also wie Liebe gleich Ehe, so Ehe gleich Familie.

(z.) Die Geschlechtsfunction läßt sich nicht isoliren, die Identität der Vernunft läßt sich nicht verkennen. Also ist zwar eine

---

*) Vorlesg. Die sittliche Ehe ist unauflöslich, da sogar problematisch ist, ob nach deren Auflösung eine zweite möglich sei. Tendenz zur Auflösung ist ein Zeichen, sie sei nicht recht geschlossen. Bestimmungen über die Scheidung lassen sich weil auf unwahres eingehend nicht wissenschaftlich geben und gehören nicht in die Ethik, welche nur Vernunftthätigkeit nicht deren Mangel beschreibt. (§. 91.).

Ungleichheit, aber nur eine qualitative. Die daraus mögliche
Einseitigkeit wird aufgehoben durch das an die Geschlechtsvermi=
schung als momentane Identität des Bewußtseins angeknüpfte
Zusammenleben, Ehe *).

§. 260. Wo die Individualität schon dominirt,
soll eine persönliche Wahlanziehung auch die ethische
Seite des Geschlechtstriebes leiten.

So lange sich die Individualität noch nicht herausgearbeitet
hat, sieht jeder in dem einzelnen nur den Repräsentanten des Ge=
schlechtes, fühlt sich also an die Person weniger gebunden, wird
aber an sie gebunden durch den gemeinschaftlichen Besiz der Kin=
der. Auch eine solche mehr universelle Ehe wird also unauflös=
lich durch den Gemeinbesiz der Kinder, und kann nur getrennt
werden, wenn sich in dem einen Theil etwas entwikkelt, was die
gemeinsame Erziehung unmöglich macht. Diese Ehe im Charak=
ter der Universalität hat entweder äußere Bestimmungsgründe.
Die edelsten sind die nicht eigennüzigen, welche sich auf das Ver=
hältniß des einzelnen zu dem ganzen beziehen, das er repräsentirt.
Negativ Uebereinstimmung mit der Sitte, positiv Beförderung
des Gemeinwohls. (Entschuldigung für die Ehen der Fürsten.)
Oder nach Vergleichung. Die edelsten sind die nach der Schön=
heit d. h. nach der Freiheit und Vollständigkeit der producti=
ven Kraft.

Sobald aber Individualität sich entwikkelt hat, ist positive
Wahlanziehung, die nicht wieder auf Vergleichung beruht. Es
kann aber hier ein falsches Resultat herauskommen durch Leicht=
sinn, von dem aber gewöhnlich ein Uebergewicht der physischen

*) Dieser ganze Abschnitt ist um so sorgfältiger zu behandeln, da der
Verfasser in seiner Kritik aller bisherigen Sittenlehre 2te Ausg. S.
203 u. s. w. klagt, wie gänzlich der Geschlechtstrieb in den Systemen
der Ethik noch in Verwirrung liege, wogegen S. 201 in allgemeinen
Umrissen die bessere Auffassung schon angedeutet ist.

Seite oder die Eitelkeit, welche über dem zufälligen das wesentliche übersieht, die Ursache ist. Es kann gar kein Resultat daraus hervorgehen bei anmaßender Aengstlichkeit, welcher nichts vollkommen genug ist um sich zu entscheiden; denn in der natürlichen Lage eines Menschen muß die Möglichkeit liegen seine sittliche Bestimmung darin zu erreichen. Absolute Einzigkeit, Ideal der romantischen Liebe, sezt Vollendung des individuellen voraus. Nur durch diese, also in der Wirklichkeit gar nicht, wird die Deuterogamie ausgeschlossen *).

Die Ehelosigkeit kann also nur in derjenigen Classe, wo die Individualität heraustritt, und auch da nur durch besondere Lebensverhältnisse und nur als eine nicht gewollte entschuldigt werden.

Da jede persönliche Wahlanziehung Freundschaft ist: so kann es so viele Formen individueller Ehe geben als es Formen der Freundschaft giebt. — Die spätere Meinung, als ob mit einer andern Person **) eine vollkommnere Ehe möglich wäre, darf nicht trennen sowol wegen des Gemeinbesizes der Kinder als wegen des schon vorhandenen gegenseitigen Personenbesizes.

(z.) Polygamie ist nur ein Durchgangszustand von vager Geschlechtsgemeinschaft zur Ehe (von der vagen so wie von der

*) In diesen beiden Säzen findet seine Beurtheilung, was über das Ehelossein Christi wunderlich vermuthet wird von Haase im Leben Jesu §. 43.

**) Wie dieses und z. zu verstehen sei, zeigen die Vorlesg. Die vage Gemeinschaft ist nicht sittlich, da sie nicht beider zeugenden Einfluß auf das kommende Geschlecht zuläßt. Polygamie ist Uebergang zur Ehe, weil bald Ein Weib das rechtmäßige wird mit Entwikkelung des Volkes, und Polygamie nur noch als Luxus bleibt; auch physisch ist sie nicht gewollt, da die numerischen Verhältnisse ihr nicht entsprechen. Die Ehe ist universell, wo die Persönlichkeit dem Geschlechtscharakter untergeordnet wird, individuell, wo sich jenes umkehrt. Dann beruht sie auf gemeinsamem Bewußtsein specifischer Zusammengehörigkeit. Trennt der Tod, so ist für den überlebenden keine so vollkommene Ehe mehr möglich, sondern mehr universelle, oder doch nur in dem Maaße individuelle als es die erste nicht war.

solitären Befriedigung (§. 261.) kann nur parenthetisch die Rede sein), denn einige find immer mehr dienende, und nur zugleich auch ihr Geschlechtsgebrauch zugelassen. Sie wird bald Sache des Lurus, aber ist doch herrschend so lange Monogamie nur als Sache der Noth volksthümlich ist. Diese leztere Form ist zuerst mehr universale Geschlechtsverbindung, Bestimmung aus Wahl nach Vergleichung, mehr der vagen ähnlich, wenn nur nach äußern Merkmalen bestimmt wird. Die individuelle aus Wahlanziehung, die aber, wo nichts krankhaftes obwaltet, auch zu Stande kommt. Diese von Natur unauflöslich, jene nicht. Deuterogamie bei beiden Arten möglich.

§. 261. Der Maaßstab der Vollkommenheit einer Ehe ist das Extinguiren der Einseitigkeit des Geschlechtscharakters und die Entwikkelung des Sinnes für den entgegengesezten.

Die vage und momentane Geschlechtsgemeinschaft ist unsittlich, weil sie Vermischung und Erzeugung trennt; frevelhafter, wenn das psychische des Geschlechtstriebes mit concurrirt, thierischer, wenn der physische Reiz allein wirkt. Die Befriedigung der Geschlechtsfunction innerhalb desselben Geschlechts ist unnatürlich schon innerhalb der physischen Seite selbst, und kann also durch nichts dazukommendes ethisches veredelt werden. Diese Abnormitäten weisen, wo sie in Masse vorkommen, auf allgemeine sittliche Mißverhältnisse zurükk, es sei ungleichförmige Entwikkelung der physischen und psychischen Seile des Geschlechtscharakters, oder bei gleichförmiger Entwikkelung nicht Zusammentreffen der äußern Bedingungen zur Bildung eines selbständigen Lebens. Dieses gereicht dem einzelnen aber nicht zur Rechtfertigung eines unreinen Willens, indem bei dem Wechselverhältniß des einzelnen und gemeinsamen Seins die Heilung des einen bei dem andern beginnen muß.

Da mit dem Act der Geschlechtsvermischung die Ehe gesezt ist wegen der Anerkennung der Vollständigkeit der gegenseitigen Wahlanziehung, und weil hiedurch der Act als ein bestehendes Verhältniß gesezt ist: so kann an der Unauflöslichkeit der Ehe ihre Unfruchtbarkeit nichts ändern. Da bei dem Menschen der Geschlechtstrieb nicht periodisch ist: so ist auch der Natur hierin ein so freier Spielraum gestekt, daß man die Unfruchtbarkeit immer nur als etwas temporäres ansehen kann. Als unnatürlich ist man auch leicht geneigt sie als verschuldet anzusehen und wenigstens einem Mißverhältniß zwischen der organischen und intellectuellen Seite zuzuschreiben, aber sie ist in der größern Freiheit der Natur als Ausnahme wesentlich mitgesezt. In der Identität der Geschlechtsgemeinschaft und der Erzeugung ist die Extinction der Einseitigkeit gesezt, in jener mehr als Sinn, in dieser mehr als Trieb.

§. 262. (z.) Die Geschlechtsdifferenz giebt sich zu erkennen in dem Verhältniß beider Theile zum Kinde. Der Mutter war es ein inneres, dem Vater ursprünglich ein äußeres.

Wie das Kind allmählig aus einem innern ein äußeres, aus einem Theil des bewußten Selbst ein Object der Anschauung wird: so leitet sich an dem mütterlichen Instinct, der Fortsezung des eignen Gefühls ist, das Vermögen der Anschauung fort, und das Kind wird Vermittlungspunkt der eigentlichen Erkenntniß. Umgekehrt ist es dem Vater ursprünglich ein äußeres, wird ihm aber durch die Art, wie er die Mutter hat, ein inneres und der Vermittlungspunkt für die Thätigkeit seines Gefühls überhaupt. Auch das Vaterland fühlt er als ein zu erhaltendes und zu schüzendes. Vor der Ehe fehlt dem Manne der Trieb auf das specifische Eigenthum, der in diesem Zustande als weibisch erscheint. Die Aeußerung desselben wird aber in der Ehe von der Frau ausgehend ein wahrhaft gemeinschaftliches Handeln wegen seiner Beziehung auf die gemeinsame Sphäre überhaupt und auf die eigenthümliche Seite der erkennenden Function. (§. 259.)

Vor der Ehe fehlt der Frau der Trieb auf die Rechtssphäre (daher sie auch allem identischen Produciren, wenn auch nur äußerlich, Schönheit als Schmuck anhängen), der auch als männlich erscheint. In der Ehe muß ihr der Sinn dafür aufgehen durch den Sinn für den Mann und die Beziehung auf die eigenthümliche Sphäre.

Die Familie als lebendiges ganze enthält nun für alles bisher unbestimmt gefundene nicht das Begrenzungsprincip, aber die lebendige Anknüpfung, ohne welche auch jeder Anfang rein willkührlich wäre, da ein sittlicher Anfang nicht durch Zeit und Raum, sondern nur durch einen innern Grund bestimmt sein kann.

(d.) Die freie Geselligkeit muß vorangehen für die Liebe, aber sie kann nur entstehen durch die Familie, weil sie das Eigenthum vorausfezt. Also muß die Familie als ein ursprünglich gegebenes angesehen werden. Die freie Geselligkeit aber auch. Daher ist beides (§. 266 gegen Ende) identisch. Die Familie zugleich die ursprüngliche Sphäre der freien Geselligkeit. Zufolge des Geschlechtscharakters sind die Frauen die Virtuosinnen in dem Kunstgebiet der freien Geselligkeit; richten über Sitte und Ton. Also sind sie es auch in der Familie. Hierauf geht nun der ganze Gebrauch des Eigenthums, also sind die Frauen dessen sittliche Besizerinnen, die Männer nur die rechtlichen als Repräsentanten der Familie beim Staat. Ueberhaupt was wahres an der Galanterie ist, muß auch in der Familie sein, und allgemein was wahre Sitte ist muß identisch sein in der Familie und im freien Verkehr. Der Mann, in der freien Geselligkeit Beschüzer und Diener, muß es auch in der Familie sein.

(z.) Die Untrennbarkeit von Erzeugung und Erziehung verdammt die vage Gemeinschaft. Ehe hängt also wesentlich zusammen mit häuslicher Erziehung, und kann diese nie ganz an den Staat überlassen. Das ethische des Actes ist Zusammenfließen zur Identität des Selbstbewußtseins, aber das Resultat ist immer unwillführlich. Kinderlosigkeit kann reines Schikksal sein *).

§. 263. Die Identität der Eltern mit den Kindern ist die ursprüngliche Gemeinschaft der Organe, mit welcher also der Schematismus des Naturbildens anfängt; und das Eigenthümlichwerden der Kinder jenem subordinirt die ursprüngliche Art, wie sich die individuelle Sphäre aus der universellen heraushebt.

1) In der Gemeinschaft der Kinder mit den Eltern bildet sich ihr Denken an der schon gegebenen Sprache, und ihr ursprüngliches Sprachbilden legt sich nieder wenigstens in der Familie vermittelst ihres eigenthümlichen Denkens, welches als solches die Eltern vermittelst der ursprünglichen Identität verstehen können. — Da jeder über dem steht, welcher universell ist wo jener individuell: so stehen die Kinder in dieser Hinsicht nie über den Eltern als Eins angesehen, wenngleich das eigenthümliche sich stärker herausbildet. Dies Gefühl ist die Wurzel der Pietät der Kinder gegen die Eltern. So lange diejenige Lebenskraft, welche sich durch mehrere Generationen derselben Familie als identisch ansehen läßt, im Zunehmen ist, wird auch der Entwikkelungsproceß der Eigenthümlichkeit in ihr im Zunehmen sein. Die intensive Fortschreitung des ethischen Processes einer Familie im allgemeinen beruht auf dem Angeborensein der Vernunft als System der Ideen, aber daß die folgenden Glieder gleich in den Besiz des gegebenen Zustandes gesezt werden, beruht auf der Tradition. Daher die Kinder, auch wenn sie intensiv über den El-

*) Vorlesg. Zur Mutter, weil hier Mittheilung der Eigenthümlichkeit, also gegenseitiges ist, gestaltet sich mehr ein Verhältniß der Gleichheit; zum Vater mehr der Abhängigkeit, weil das Kind von ihm in den Bildungsproceß eingeübt wird. — Auch dieser § enthält einzelnes, was anderswo stehen müßte (z. B. §. 259.) bei vollkommnerer Ausarbeitung. Bestimmte Einheit fehlt ihm leider. Der unbefangene sieht, daß hier nur Umarbeitung helfen könnte, die mir nicht zusteht.

tern ſtehen, dies doch als die That der Eltern auf ſie zurükfüh=
ren, welches den andern Faktor der Pietät ausmacht.

2) Unter allen Gliedern einer Familie iſt auf eine urſprüng=
liche Art beſeſſene Gemeinſchaft. und gemeinſchaftlicher Beſiz. Die
Gemeinſchaft der Geſchwiſter iſt die urſprüngliche innere Geſellig=
keit. Denn hier iſt eine Identität ſowol des Gefühls in der
durch die Eltern vermittelten Einheit des Bewußtſeins, als auch
der unmittelbaren Darſtellung vermittelſt der nach dem gleichen
Typus gebildeten Organe, und der mittelbaren durch die gemein=
ſchaftliche Maſſe von Anſchauungen, die die Familienerkenntniß
bilden, gegeben; alſo ein Maaß für die Analogie. Daher iſt auch
die Geſchwiſterliebe der höchſte Typus der inneren Geſelligkeit.

3) Außer Eltern und Kindern und mittelbaren Familien=
gliedern finden ſich noch in der Familie dienſtbare Perſonen, de=
ren Exiſtenz in unendlicher Abſtufung von der Knechtſchaft bis
zum freien Geſinde, theils auf kriegeriſchem Verhältniſſe, theils
auf Stammesverſchiedenheit, theils auf dem natürlichen Zwiſchen=
raum zwiſchen dem väterlichen Hauſe und der Familienbildung
beruht. Die ſittliche Behandlung des Verhältniſſes hängt ab
von dem größeren oder geringeren Unterſchied der Bildungsſtufe.

Die Bildung der Kinder ruht auf der Pietät, und geht,
weil urſprünglich das bildende Princip ganz in den Eltern iſt,
vom Gehorſam aus. In den Eltern iſt aber zugleich ein Su=
chen der ſich entwikkelnden Eigenthümlichkeit, und eine Neigung
in demſelben Maaß als dieſe ſich entwikkelt frei zu laſſen. Da
die Pietät auf die Verlängerung des Gehorſams, die elterliche
Liebe aber auf die Verkürzung deſſelben geht: ſo können die na=
türlichen Modificationen des Verhältniſſes bis zum Ende der Fa=
miliengemeinſchaft ſich ohne allen Zwieſpalt abwikkeln, worauf
eben alle Sittlichkeit beruht. Die techniſche Seite iſt nur in der
beſondern Diſciplin der Pädagogik darzuſtellen, deren urſprüng=
liche Mannigfaltigkeit von den verſchiedenen Formen der Familie
und den verſchiedenen Verhältniſſen zum Staat ausgeht.

(d.) Weil der Mensch außer der Familie gar nicht zur voll=
ständigen Individualität gelangt: so muß derjenige, der seine ur=
sprüngliche verloren hat, sich an eine fremde anschließen, woraus
der dienende Zustand wird. Auch die Kinder, wenn sie nach ih=
rer Mündigkeit noch in der Familie bleiben, nähern sich diesem.

(z.) Die Emancipation der Kinder geschieht allmählig, zu=
gleich durch äußere Verhältnisse bedingt. Berufswahl erscheint
als vorbereitender, Gattenwahl als definitiver Punkt. Wenn die
Einstimmigkeit zwischen beiden Theilen fehlt: so ist das Verhält=
niß nicht sittlich gewesen *).

§. 264. Die Familie als Einheit angesehen steht
auch unter der Form der Persönlichkeit, indem sie eine
kommende und verschwindende numerische Einheit ist,
und eine eigenthümliche Gestaltung des Seins der Ver=
nunft in der Natur darstellt.

Die Dauer der äußern Persönlichkeit der Familie beruht da=
rauf, ob in ihr überhaupt der Familiencharakter über die persön=
liche Eigenthümlichkeit dominirt oder umgekehrt, welche beide For=
men mit dem Bestehen des einzelnen aus diesen beiden Factoren
zugleich gegeben sind. Wenn die persönliche Eigenthümlichkeit
dominirt: so hört beim Zerstreuen der Kinder und Tode der El=
tern die Seele der vorigen Person auf, und der Leib, nämlich
der Complexus der erworbenen Organe, verliert seinen Werth und
kehrt als relativ roher Stoff in das Verkehr zurück. Dies ist
der demokratische Charakter der kurzlebigen Familien. Wenn hin=
gegen der Familiencharakter dominirt: so bleibt auch unter den
zerstreuten Kindern diese Identität ein festes Band, ihr Leben er=

*) Vorlesg. Da die Schließung der Ehe auf dem beiderseitigen Bewußt=
sein specifischer Zusammengehörigkeit ruht: so kommt den Eltern, die
das Familienbewußtsein theilen, wenn sie die Ahnung der Nichtzusam=
mengehörigkeit haben, zu dieses zu äußern. Aber nur diese negative
Einwirkung von ihrer Seite ist sittlich, jede positive wäre Zeichen des
die Kinder nicht Emancipirenwollens.

scheint ihnen mehr als Fortsezung des der Voreltern, daher herr=
schende Pietät und Anhänglichkeit an die in der Familie gebilde=
ten Dinge. Dies ist der aristokratische Charakter der langlebigen
Familien *).

(d.) Die Familie wird eine Totalität alles dessen, was sonst
nur zerspalten vorhanden ist, der Geschlechter sowol als der Alter.
Dadurch wird nun die Zeit und der Raum gleichsam aufgeho=
ben und die Familie eine vollständige Repräsentation der Idee
der Menschheit. Daher ist sie auch selbst ein völliges Indivi=
duum und gewinnt eine eigne Seele, in welcher ebenfalls jene
Beschränkungen aufgehoben sind.

(z.) Relativen Gegensaz bildet die demokratische Vergäng=
lichkeit und die aristokratische Stabilität.

§. 265. Die dem Manne und der Frau gemein=
schaftliche Eigenthümlichkeit ist der Familiencharakter.

Er ist, da die Eigenthümlichkeit beider nicht streng identisch
ist, auch nicht eine strenge Einheit, sondern eine die Vielheit in
sich tragende und aus sich entwikkelnde. In der Erzeugung stel=
len die Eltern zwar die reine Indifferenz der Gattung dar, und
das erzeugte ist das sich selbst frei differentiirende Resultat dieser
Indifferenz; aber sie stellen doch die Gattung nur dar unter der
bestimmten Form ihrer zusammentretenden Individualität, unter
welcher also auch das erzeugte steht. Wie der physiognomische
Ausdruck der Eltern **) sich immer mehr nähert, und sie in die=
ser nie vollendeten Aehnlichkeit den Familencharakter darstellen:

*) Vorlesg. Beide Charaktere sind an Sittlichkeit völlig gleich bei jeder
Culturstufe; der leztere wird am überlieferten festhalten bei einem Mi=
nimum des Veränderns, der erstere aber ist bei einem Minimum des
Festhaltens auf das Verändern gerichtet, weil er unabhängig ist von
frühern Generationen. Dies ist das Wesen beider.

**) Selbst lange in einer Familie bleibende, besonders schon da erzogene
Dienstboten werden ja im physiognomischen Ausdruck etwas von dem
der Familie annehmen.

so zeigen die Kinder in aus beiden Eltern gemischten Zügen eine freie Modification jenes Charakters. Ausnahmen lassen sich daher begreifen, daß auch jeder elterliche Theil nur Modification seines Familiencharakters ist, und also die Aehnlichkeit oft an einem Seitenverwandten heraustritt.

§. 266. In jeder Familie als Einheit ist eine Zulänglichkeit für den ethischen Proceß gesezt.

Zuerst so lange die Blüte des Lebens dauert in den Eltern selbst, wobei die Kinder nur als annexa erscheinen. Dann während die Blüte der Kinder beginnt und die Reife der Eltern noch fortdauert in beiden gemeinschaftlich, das organische mehr in den Kindern, das geistige noch in den Eltern, zulezt nur in den Kindern, in welchen aber die Eltern Geschichte geworden sind und abzusterben beginnen. Der Tod ist unter diesen Voraussezungen ein genehmigtes Naturereigniß um so mehr, wenn dies Abnehmen der Organe zusammentrifft mit dem Bewußtsein in das ganze des Bildungsprocesses nicht mehr zu passen. Wenn dies vorangeht, ist es die traurige Seite des Alters.

Die erscheinende Unsterblichkeit des einzelnen in der Familie ist das unbestimmte Wiedererscheinen desselben Typus in ihren Generationen. Das steigende oder fallende Wiederkehren ausgezeichneter Individuen beruht theils auf der Vortrefflichkeit des Familiencharakters selbst, theils auf der Lebenskraft der größern Masse, welcher die Familie angehört.

Die Zulänglichkeit der Familie ist nur da, nachdem sie einmal gesezt ist: zu ihrem Entstehen aber ist sie nicht zulänglich, wenn man nicht annimmt, daß die stiftenden Glieder in Einer Familie erzeugt, also Geschwister sind. Wenn die Ehe auf einer Wahlanziehung ruhen soll, und die Geschwisterliebe der ursprünglichste Typus der Freundschaft ist: so scheint gegen eine Geschwisterehe nichts einzuwenden. Nimmt man den Ursprung des Menschengeschlechtes von Einem Paar an: so würde von diesem aus Geschwisterehe nothwendig, und da sie also nicht unsittlich sein könnte: so ist nicht zu begreifen, wie sie es in der Folge sollte geworden sein. Wären solche Ehen einmal sittlich gewesen: so wären sie auch gewiß Sitte geworden, und dann wäre das ganze menschliche Geschlecht nur ein einziger Familientypus anstatt der unendlichen Mannigfaltigkeit sowol innerlich als äußerlich, und es wäre keine Anschauung des menschlichen Geschlechts als solchen möglich. Daher ist als in der Natur liegendes Minimum anzusehn die Richtung des Geschlechtstriebes aus der Familie heraus auf die Darstellung des menschlichen Geschlechtes als Totalität. Ausnahmen lassen sich denken im unvollkommensten Zustand der Familie, wo die Eigenthümlichkeit wenig heraustritt, und also die Differenz zwischen der Schwester und der fremden nicht bedeutend wäre. Dieses Herausgehen darf aber deshalb nicht gesezt werden als in das möglichst ferne, sondern hat sein Maaß darin, daß eine Wahlanziehung möglich sein muß, welches eine Andeutung giebt auf die höhere gemeinsame Eigenthümlichkeit, nämlich die Nationalität. In einer Masse von Familien, welche ein Connubium unter sich haben, muß also eine äußere und innere Geselligkeit stattfinden, welche wir hier nur betrachten in Bezug auf das Verhältniß der Geschlechter gegen einander.

Anmerkung 1. *) Kein geselliges Verhältniß zwischen unverehlichten Personen verschiedenen Geschlechts aus Einem solchen Gebiet kann ohne Tendenz auf Liebe sein, da beide im Suchen nach der Ehe müssen begriffen sein. Die Darstellung dieser Tendenz in dem Verhältniß, insofern es doch nur ein allgemeines bleibt, ist das Wesen dessen was man Galanterie nennt oder Frauendienst, worin jedoch der specifische Charakter der germanisch romantischen Zeit mit ausgedrükt ist. Die Sittlichkeit dieses Verhältnisses beruht auf dem Gleichgewicht beider Seiten des Geschlechtstriebes, und auf der Gleichmäßigkeit der Annäherung von beiden Seiten.

---

*) Diese allgemeinen Anmerkungen wollen sich nicht etwa an den nächst vorhergehenden § besonders anschließen, sondern zum ganzen Abschnitt überhaupt gehören.

Anmerkung 2. Unter verehelichten Personen verschiedenen Geschlechts kann ein freundschaftliches Verhältniß ohne Liebe statt finden. Ebenso zwischen verehlichten von der einen und unverehlichten von der andern Seite nach Maaßgabe als die Heiligkeit der Ehe in der Masse geltend geworden ist, und der einzelne Fall sich zur Subsumtion qualificirt, weil dann die verehlichte Person von dem Suchen völlig ausgeschlossen ist.

Von der Nationaleinheit *).

§. 267. Wenn eine Masse von Familien unter sich verbunden und von andern ausgeschlossen ist durch Connubium: so stellt sie eine Volkseinheit dar.

Nicht das Connubium selbst ist die Volkseinheit, sondern dieses beruht auf einer realen Identität, und ist durch diese bedingt. Auf niedrigen politischen Stufen kann sich das Connubium weiter erstrekken als der Staat, wenn dieser eine große Erweiterungstendenz hat; auf einer hohen bei ausgebreiteter freier Völkergemeinschaft aber lezteres ohne politische Bedeutung.

Die reale Identität bringt hervor auf der einen Seite ein Gefühl von Verwandtschaft der persönlichen Familienindividualitäten, auf der andern erscheint sie in einem gleichförmigen Typus der erkennenden und organisirenden Function, und einem Sezen der Sphäre dieser Function als einer gemeinsamen Einheit. Schon als Bedingung für die Reproduction der Familien muß eine Mehrheit von Volkseinheiten gesezt werden, und diese können von sehr ungleichem äußeren Umfang sein. Je mehr die Verwandtschaft dominirt, desto kleiner die Einheit; je mehr die Gleichförmigkeit des Typus, desto größer kann sie sein, weil eine Menge kleiner Differenzen in dieser Hinsicht sich durch das Verkehr auf-

*) Was hier nun über den Staat folgt, bedarf weniger Erläuterung im einzelnen, da S's. Vorlesungen über die Politik auch herausgegeben werden. Der ganze Abschnitt würde bestimmter geordnet werden müssen, wenn freiere Bearbeitung uns erlaubt wäre.

löſen laſſen. Identität im Typus der erkennenden und der bil=
denden Function laſſen ſich nicht ganz trennen; es folgt aber
nicht, daß nicht die eine wo ſie überwiegt eine kleinere und die
andere eine größere Einheit bilden könne.

(z.) Die Vorſtellung der erſten Familie iſt eben ſo wenig
zu vollziehen als die des erſten Menſchen, weil ſie auf Geſchwi=
ſterehe führt. Wir können alſo den ſittlichen Verlauf nur ſtätig
beſchreiben, indem wir Volksthümlichkeit als gegeben anſehen.
Aber der Geſchichte nachgehend, wie die Geſellſchaften nur all=
mählig zuſammenkommen, fangen wir zunächſt an bei dem klein=
ſten Complexus bewußtlos *) im Connubium neben einander le=
bender und verwandter Familien d. h. der Horde. In der menſch=
lichen Vernunft als Einheit, wie ſie jedem als Gattungsbewußt=
ſein wenn auch latitirend einwohnt, liegt der Grund, weshalb in
einer ſolchen Maſſe irgend einmal dieſe Zuſammengehörigkeit zum
Bewußtſein erwachen muß, und dies iſt der Uebergang in den Staat.

(d.) Eine freie Gemeinſchaft von Familien iſt durch das
bisherige ſchon aufgegeben und geſezt. Denn die Geſchwiſterliebe
kann nicht ſelbſt in Ehe übergehen. Hieraus würde keine neue
Familie, nicht einmal eine erneuerte Perſönlichkeit der Familie
entſtehen, ſondern nur ein verſchrobenes Verhältniß der verbun=
denen Kinder unter einander und gegen die Eltern. Daher die
allgemeine Mißbilligung der Blutſchande. Neue Familien müſſen
ſich alſo durch Copulation bilden, und hieraus entſteht ein erwei=
tertes Verhältniß der Verwandtſchaft; daraus die freie Geſellig=
keit, alſo eine Identität der Sitte, eine Aehnlichkeit des Fami=
liencharakters und, weil dieſe Verbindung nur in einem gewiſſen
Umkreiſe möglich iſt, eine organiſche Gleichheit. Allein dies iſt
noch keine lebendige Einheit, keine Individualität; ſondern dieſe
kann nur entſtehen durch Einpflanzung eines Charakters der ab=
ſoluten Gemeinſchaftlichkeit.

---

*) d. h. der Zuſammengehörigkeit unbewußt.

Ethik. S

Vom Staat *).

§. 268. Der Staat besteht in dem gleichviel wie
heraustretenden Gegensaz von Obrigkeit und Unterthas
nen, und er verhält sich zur Horde insofern wie bewußs
tes zum unbewußten.

Eine zu einer Einheit im Typus der bildenden Function
verbundene Maffe von Familien ist ursprünglich eine Horde, in
welchem Zustande die Gleichförmigkeit der neben einander seien=
den dominirt. Das Entstehen des Staates aus diesem Zustande
ist als ein in Vergleich mit demselben höheres Leben nicht völlig
zu begreifen, wie es auch gewöhnlich nicht geschichtlich kann nach=
gewiesen werden. Der Staat kann von gleichem Umfang sein
mit der Horde; in welchem Fall der Uebergang gegründet ist in
dem sich allmählig entwikkelnden Bewußtsein, welches dann bei
einer oft nur kleinen Veranlaffung heraustritt und den Gegensaz
gestaltet. Er kann auch entstehen als Verschmelzung mehrerer
Horden, indem das Bewußtsein der größern lebendigen Einheit,
die in ihnen dieselbe ist, sich ausbildet und in irgend einem Punkte
energisch heraustritt; was aber nicht ohne eine größere Veran=
laffung geschehen kann. Eine solche Entstehung des Staates wird
immer revolutionär sein.

(z.) Indem in dem Erwachen (des Bewußtseins der Zu=
sammengehörigkeit einer Maffe) das allgemeine hervortritt, stellt
es sich zugleich dem einzelnen gegenüber; und dies ist das Ent=
stehen des Gesezes im weitesten Sinn des Wortes. Wo nun
Gesez ist, unterscheidet sich auch die einzelne Handlung von dem

---

*) Die Anordnung des Abschnittes vom Staat giebt S. in den hier rei=
chern Erläuterungen (z.), nach welchen als nach dem neusten ich also
die Paragraphenmaffe in (c.), welche sich nicht in so bestimmten Grup=
pen und Sonderungen findet, anzuordnen habe. — S. hat die im §
folgenden Ausdrükke Obrigkeit und Unterthanen immer abwechselnd ge=
braucht mit denen von regierenden und regierten.

Bewußtſein des Geſezes; und dies begründet den Gegenſaz zwi=
ſchen geſezgebender und vollziehender *) Thätigkeit. Der Staat
iſt alſo nichts anderes als die naturgemäße Entwikkelung einer
höhern Stufe des Bewußtſeins.

§. 269. Ein Entſtehen des Staates durch Ver=
trag oder Uſurpation iſt nicht zu denken.

Theils weil der Vertrag in ſeiner Form nur durch den
Staat beſteht, durch dieſen weſentlich bedingt iſt, dem Zuſtande
der bloßen Vertragsmäßigkeit aber gerade etwas fehlt zum Staat;
theils weil jener Vertrag durch die Kraft der Ueberredung ent=
ſtehen müßte, dem einzelnen aber ſolche Kraft, wo das Bedürf=
niß nicht bringt, nie beiwohnen kann; wo es aber bringt, da iſt
auch die Naturgewalt wirkſam, und der einzelne mit ſeiner Ueber=
redungskraft kann nur als ein Moment auftreten. Ein auf Ver=
trag gegründeter Staat kann auch nicht beſtehen; denn dem Ver=
trage als ſolchem wohnt keine Kraft bei, zerſtörende innere Be=
wegungen zu hemmen. Am wenigſten alſo kann dem Begriff ei=
nes durch Vertrag entſtandenen Staates ein höherer Werth bei=
gelegt werden als dem andern. Das wahre daran iſt, daß die
Bildung des Gegenſazes als ein gemeinſchaftliches muß angeſe=
hen werden können; denn wenn ſie einſeitig deſſen iſt, der ſich
zur Obrigkeit aufwirft: ſo bleibt in der Maſſe ein Vernichtungs=
ſtreben geſezt, und es iſt alſo nur eine Uſurpation vorhanden.

Randbemerk. Der Staat kann nicht durch Vertrag ent=
ſtehen, weil Vertrag nur im Staat iſt, eben ſo wenig durch

*) Es iſt nicht von vollziehenden Behörden hier die Rede, ſondern von
den Unterthanen oder einzelnen, welche das Geſez befolgen. — Geſez
iſt das zum Bewußtſein gekommene identiſche Verfahren. In den
Vorleſungen zeigte S., wie je nachdem das politiſche Bewußtſein der
Zuſammengehörigkeit einer Maſſe überwiegend in allen oder in einigen
oder in einem einzigen entſteht, ſich folgerichtig die demokratiſche oder
ariſtokratiſche oder monarchiſche Form bilde. Alles dieſes behandelte
er weitläuftiger in ſeinen Vorleſungen über die Politik.

Usurpation, weil auch dem, der Unterthan wird, nichts genom=
men wird.

(z.) Vom Entstehen des Staates. Die Erklärungen aus
Vertrag und Usurpation sind beide falsch. Denn der Vertrag ist
selbst bedingt durch den Staat. Entstände aber der Staat so
willkührlich: so fehlte theils auch der Grund zu bestimmter Be=
grenzung (Tendenz nach Universalmonarchie), theils kann die Ab=
zwekkung nur negativ sein (Sich selbst überflüssig machen). Das
Entstehen ist, daß das Bewußtsein der Zusammengehörigkeit die
Masse durchdringt. Je frühzeitiger dies geschieht, desto mehr
Analogie mit Vertrag; je ungleichzeitiger und so, daß es nur
von Einem oder Wenigen anfängt, desto mehr Analogie mit
Usurpation.

(d.) Der Staat kann nicht willkührlich entstehen wie durch
Vertrag, daß die Menschen sich berathschlagten, wie sie sich zu
einem gewissen Zwekke vereinigen sollten. Vielmehr sind in dem
durch die Familienverbindung gegebenen alle einzelnen prädeter=
minirt zu einer individuellen Idee der Cultur, zu der sich die
bildende Thätigkeit aller einzelnen nur verhält wie Theile ihres
organischen Vermögens. Und diese Idee bricht irgendwo und ir=
gendwie aus. Dies ist das natürliche Entstehen eines Staates.
Durch Berathschlagung kann kein Staat entstehen, weil sonst die
Idee etwas willkührliches wäre.

§. 270. Die Basis des Staates ist eine gemein=
same Eigenthümlichkeit.

Die gemeinsame Eigenthümlichkeit ist Basis des Staates,
theils inwiefern er zugleich Familienverband ist, theils weil nur
insofern jeder einzelne die Totalität der äußeren Sphäre des
Staates als auch seine sittlich eigenthümliche Sphäre als absolut
heilig und unverlezlich sezt, worauf allein die Vertheidigung des
Staates beruht *).

_____

*) Scheußliche Erfahrungen der neuern Zeit! findet sich hier an den
  Rand geschrieben, ohne Zweifel zum Behuf mündlicher Ausführung sich

Ist der Verein nicht in einer Eigenthümlichkeit gegründet: so kann er nur eine negative Basis *) haben, nämlich jedem seine Thätigkeit zu sichern, wobei die einzelnen im Gegensaz gedacht werden. Soll dann der Staat nicht eine bloße Criminalanstalt sein: so muß er den Grund der Störung aufzuheben suchen. Dann ist er selbst entbehrlich, und die Menschen leben entweder wieder als Horden, wobei aber doch ein individuelles Bindungs= mittel muß gedacht werden; oder ganz vereinzelt, und es wird als Zielpunkt gesezt derjenige Punkt, bei welchem der ethische Proceß nicht einmal anfangen kann.

Der Staat ist darum eine Identität von Volk und Boden, ein wanderndes Volk ist selten schon Staat; Menschen und Bo= den gehören wesentlich zusammen, daher auch der Boden das erste Object der Anziehungskraft der Liebe für alle ist, und ein Volk es immer als Beraubung fühlen muß, wenn es einen Theil sei= nes ursprünglichen Bodens einbüßt. Die Nationaleigenthümlich= keit wird äußerlich repräsentirt durch die Sprache und durch die Physiognomie. Der natürliche äußere Umfang eines Staates geht also so weit Sprache und Gestalt gehen über Menschen und Boden.

§. 271. (z.) Sein eigenthümliches Wesen auf die= ser Basis hat der Staat allein in der identisch organi= sirenden Thätigkeit.

Die organisirende Thätigkeit wird erst im Staat vollendet, Rechtszustand (§. 177) und Vertrag völlig bestimmt, Theilung der Arbeiten und gegenseitige Garantien systematisirt, und Verei= nigung der Kräfte nach allen Seiten eingeleitet. Die Richtung auf das Wissen findet Anfangs Widerstand und bleibt ihm im=

---

beziehend auf den Länder= und Regententausch, welche in der falschen Ansicht wurzeln, daß das Regieren ein Besiz sei und das regierte Ge= genstand des Verkehrs.

*) Vergl. deren Schilderung in den Monologen S. 57, 58.

mer fremd, und die religiöse ist nur in den Staaten niederer Ordnung mit der Regierung verbunden.

(c.) Die alten beschränkten den Staat nicht auf das Culturgebiet; er war ihnen ein zur Hervorbringung des höchsten Gutes hinreichender, also den ganzen ethischen Proceß umfassender Familienverein. Bei ihnen aber war alles mehr unter der Potenz der Natur, und die andern Functionen zurükkgetreten; Religion unterm Staat, Wissen kaum geduldet. Nachdem sie sich gleichmäßig entwikkelt haben, können wir nicht annehmen, daß Wissen und Religion durch denselben Gegensaz von Obrigkeit und Unterthan oder Spontaneität und Receptivität könnte gemacht werden. Da aber Wissen und Religion ebenfalls einer Organisation bedürfen, und diese auch an einer größeren oder kleineren Nationaleinheit bei jenem, und wenigstens an einer Raceneinheit bei dieser hängt: so ist das Ineinandersein beider Functionen dennoch gesichert. Wenn der negativen Ansicht gemäß der Staat die persönliche Freiheit auch in Sachen des Wissens und der Religion schüzen soll: so darf deshalb seine positive Thätigkeit nicht über das Culturgebiet hinausgehen; denn alles Aeußerlichwerden von jenen beiden fällt wesentlich in dieses.

In der aufgestellten Ansicht liegt der Rechtsgang wesentlich mit, denn der Organismus muß das fremdartige entweder assimiliren oder auswerfen, den Staat aber bloß in eine Rechtsanstalt verwandeln heißt den ethischen Proceß rükkwärts schrauben. Durch den Staat entsteht zuerst die lezte vollständige Form für Vertrag und Eigenthum in allgemeingültiger Bestimmung der Kriterien ihres Daseins und ihrer Verlezung, da in der Horde hiezu die äußere Seite fehlt, weshalb die Restitution immer nur Privatsache ist.

Vom Eigenthum läßt sich eben das Dilemma aufstellen, es könne erst durch den Staat sein, weil Allgemeingültigkeit der Bezeichnung beruhe auf äußerm Heraustreten der Einheit, und der Staat könne erst durch das Eigenthum sein, weil um einen

gemeinschaftlichen Act zu produciren die einzelnen einander müſ=
fen äußerlich gegeben, alſo mit ihrer Perſon d. h. ihrem primiti=
ven Eigenthum anerkannt ſein. Alſo ſind beides nur zwei Mo=
mente eines und deſſelben Naturactes. Durch den Staat ent=
ſteht erſt die volle Garantie für die Theilung der Arbeiten, das
Geld, alſo auch dieſe ſelbſt erſt in ihrem vollen Umfang.

Randbemerk. Geld vor dem Staat iſt nur die am mei=
ſten geſuchte Waare, der eigenthümliche Charakter entſteht erſt
durch das beſtimmte Ausſprechen mit der Bezeichnung, die nur
im Staate möglich iſt. Sicherheit des Vertrags iſt erſt im
wirklichen Eintreten des ganzen zum Schuz des beeinträchtig=
ten, d. h. in der öffentlichen Gewalt; vorher iſt dies nur eine
unſichere Vorausſezung. Sicherheit gegen Mißverſtändniſſe iſt
erſt in der Autoriſation der Sprache für das Verkehr, und dieſe
nur im Staat; ja auch der Beſiz iſt erſt vollſtändig, wenn
die Bezeichnung ausgeſprochen und feſtgeſezt iſt.

(d.) Ungeachtet wir den Staat aus der Idee der Cultur
conſtruiren, ſo weiſen wir doch dabei auf die factiſche Einheit der
bildenden und der erkennenden Function zurükk. Eben die eigen=
thümliche Anſchauung von der Cultur iſt ja ſelbſt ein Erkennen.
Daher auch natürlicher Weiſe im Staat ebenſo gut Sorge für
das Erkennen als in der Akademie (§. 280.) Sorge für die Cul=
tur; aber die Sorge für Zunahme und Verbreitung der Erkennt=
niß iſt im Staate unter die Potenz der anderen Function geſezt,
nur von der Ausbildung der erkennenden Organe ausgehend.
Cultur nicht etwa im engern Sinn von Cultiviren, ſondern Na=
tionalſitte, Nationalerziehung mit begreifend.

§. 272. Wie Befehlen und Gehorchen den Gegen=
ſaz zwiſchen Obrigkeit und Unterthanen ausdrükken: ſo
drükkt der Begriff der bürgerlichen Freiheit als Mini=
mum der Beſchränkung der Unterthanen durch die
Obrigkeit die Relativität dieſes Gegenſazes aus.

1) Da durch Theilung der Arbeiten die Sphäre eines jeden ein Fragment wird, und er ihr Verhältniß zum ganzen nicht übersieht, sondern oft erst zu spät aus den Folgen wahrnimmt: so muß von der Obrigkeit ausgehen die beschleunigende Einsicht in dieses Verhältniß, und als Folge davon die richtige Direction der Kräfte. Der bildende Proceß selbst aber muß überall von den einzelnen selbst ausgehn, und wenn die Obrigkeit ein Gewerbe treibt, zerstört sie den Gegensaz wieder. Da aber das Bedürfniß mancher Thätigkeiten sowol ganz als in einzelnen Punkten mehr nur durch die Uebersicht des ganzen kann empfunden werden: so darf natürlich hier von der Obrigkeit Incitament ausgehen. Die dem Volke eigenthümliche Form muß in keinem Theile des Culturprocesses als Einwirkung der Obrigkeit auf die Unterthanen erscheinen. Denn da man nicht befiehlt was von selbst geschieht: so erscheinen dann beide Glieder als hierin im Gegensaz, und das angeborne erscheint als aufgedrungen. Woraus folgt, daß überall die Ausbildung dieser eigenthümlichen Form von den mittlern Stufen der Hierarchie, aber nicht inwiefern sie Obrigkeit sondern Unterthan, höheres Volk sind, am natürlichsten ausgehen wird. Dagegen wird das im Volk von selbst sich bildende mit Recht von der Obrigkeit her bestimmte Gestalt erhalten, die das Volk ihm nicht geben kann, und darin die Einheit beider sich wirksam darstellen.

Randbemerk. Also die bildende Thätigkeit mit ihrem Schematismus geht im Staat von den Unterthanen als solchen aus. Aber da nur die Obrigkeit die zusammenlaufenden Fäden kennt, muß sie das Bewußtsein von den Verhältnissen des ganzen in alle Theile verbreiten. Wo diese Mittheilung fehlt, ist ein wesentliches Staatselement zurükkgedrängt.

2) Inwiefern der einzelne zugleich in der wissenschaftlichen und religiösen Organisation ist, fordert er mit Recht, da der Staat diese Processe nicht betreibt, daß er ihn in Betreibung derselben nicht störe. Inwiefern die religiöse Sphäre weit ausge-

dehnter ist als der Staat, und dieser also in eine solche größere
Sphäre eingetaucht ist, muß sich das Bewußtsein hievon freilich
in ihm ausdrükken aber nicht als Bestreben jene Sphäre zu be=
herrschen. — Dasselbe gilt von der specifischen Bildung des Ei=
genthums im strengsten Sinn. Auch diese als Sache des Ge=
schmakks muß dem einzelnen ganz selbst überlassen sein. Da in
der Familie und im Hause die Identität dieser Function ist: so
ist jedes Eindringen der Obrigkeit in das Interesse des Hauses
das verhaßteste, und die Heiligkeit desselben ist die erste Forde=
rung der persönlichen Freiheit. Wenn aber der einzelne verlangt
mit irgend etwas zu seiner Eigenthumssphäre gehörigem sich vom
Staate zu isoliren: so ist dies unstatthaft. Denn da die ge=
sammte Staatseigenthumssphäre als Gemeingut gesezt wird: so
nimmt auch jeder einzelne seine Eigenthumssphäre, indem der
Staat ihr die lezte formale Vollendung giebt, zu Lehn. Da je=
der das Gefühl haben muß, daß er den Bildungsproceß nur als
Glied der Nation treiben kann: so muß er auch um die Totali=
tät der Resultate die Erhaltung der Form als der lebendigen
Reproductionskraft erkaufen wollen. Der Staat, welcher nur in
der Lebendigkeit und dem Reichthum des Bildungsprocesses sich
fühlt, muß nothwendig wollen die Erhaltung und das Wachs=
thum der Sphäre jedes einzelnen. Die wahre Sittlichkeit des
Staates besteht also hier darin, daß nach der sogenannten bür=
gerlichen Freiheit gar nicht gefragt werde *).

Randbemerk. Das Streben nach Freiheit im Unterthan
als solchen kann sich nur beziehen auf das außerhalb des Staats=
zwekks gelegene; wissenschaftliche, religiöse und häusliche Frei=
heit. Aber keine ist absolut, weil kein absolutes Außereinander
des Staates und der andern Sphären statt findet. Keine Noth=
wendigkeit, daß der Staat allen Religionsverwandten gleiches
Bürgerrecht ertheile, oder im Hause auch das schöne, was noch

---

*) So zum Theil wie in der sittlichen Familie die aufblühenden Kinder
nach ihrer Emancipation weder fragen wollen noch müssen.

nicht hätte Haus werden sollen. Innerhalb des Staatszwek=
kes kann der Unterthan als solcher nur, streben nach lebendi=
ger Wechselwirkung mit der Obrigkeit; welches gleich ist mit
der Selbsterhaltung des Staates. Nicht nach Unbeschränktheit
des Besizes, sondern nur daß die Beschränkung verfassungs=
mäßig sei.

§. 273. Die Art und Weise des Gegensazes
zwischen Obrigkeit und Unterthan ist die Verfassung
des Staates.

Diese ist außer dem Einfluß, welchen das Entstehen des
Staates darauf hat, so mannigfaltig, als, inwiefern der Staat
Familienverband ist, die aristokratischen und demokratischen Fa=
milien sich gegen einander verhalten; und, sofern der Staat ein
ganzes der Naturbildung ist, als diejenigen, die nur im Besiz
der mechanischen Seiten sind, sich zu denen verhalten, die auch
im Besiz der intelligenten sind. Da theils diese Verhältnisse
selbst sich allmählig abändern, theils auch das Entstehn des Staa=
tes nur Anfang des Werdens ist, und die darin ursprünglich ge=
sezte Ungleichheit sich immer mehr ausgleichen muß: so muß auch
jeder langlebige Staat Veränderungen in seiner Constitution er=
leben. Diese sind ebenfalls entweder nur das heraustretende An=
erkennen eines schon gewordenen, oder sie sind revolutionär.
Willkührlich können sie nicht gemacht, und noch weniger kann
durch willkührliche Aenderungen in der Verfassung irgend etwas
im innern des Staates verbessert werden. Nur inwiefern die
Sache schon da ist, kann das Hinzukommen der vollendeten Form
bessern.

Der Staat als Person hat eben wie der einzelne eine innere
und eine äußere Seite. Die innere ist die im Bildungsproceß
sich manifestirende Nationaleigenthümlichkeit, welche sich unter al=
len ihren verschiedenen Entwikflutgen und allen correspondiren=
den Veränderungen der Verfassung immer gleich bleibt, eben wie

der Charakter des einzelnen Menschen. Veränderungen in der Verfaſſung müſſen auch ein gemeinſchaftlicher Act der Obrigkeit und der Unterthanen ſein. Um dies zu werden müſſen ſie aber doch vom einen ausgehen. Gehen ſie von der Obrigkeit aus, und dieſe hat ſich geirrt: ſo entſteht ein Schein von Tyrannei, weshalb dieſe lieber quiescirt. Gehen ſie von den Unterthanen aus: ſo entſteht, bis ſie gemeinſchaftlicher Act geworden ſind, der Schein der Rebellion; und werden ſie kein gemeinſchaftlicher Act: ſo kann der Unterthan, wenn er in dem Unternehmen ſein Ver= hältniß zur Obrigkeit verletzt hat, als Rebell beſtraft werden. Die ächt bürgerliche Geſinnung beſteht alſo hier nur darin, daß was einer für das allgemeine Heil anſieht er mit Daranwagung ſeiner eignen Exiſtenz durchzuführen ſuche. Das momentane Ge= lingen beweiſt nicht immer die Sittlichkeit, denn manches kann für den Augenblick gelingen wegen ſeines Einflüſſes auf den Privatvortheil Einiger. Das momentane Mißlingen beweiſt auch nicht die Unſittlichkeit, vielmehr kann als Vorbereitung nöthig ſein, was erſt ſpäter völlig real werden kann.

(z.) Die Form des Staates muß mit dem Entſtehen zu= ſammenhangen, und iſt urſprünglich nur zwiefach, je nachdem die Entſtehung (§. 267.) gleichzeitig iſt, welches die Demokratie giebt, deren Weſen darin beſteht, daß der Unterſchied zwiſchen geſezge= bender und vollziehender *) Function gar nicht perſönlich iſt, ſon= dern alle möglichſt gleich abwechſelnd an beiden Theil nehmen. Iſt das Erwachen ungleichzeitig: ſo muß auch Einer der erſte ſein, und Monarchie iſt dann das natürliche. Ariſtokratie iſt auf dieſer Stufe der Staatsbildung nur ein Schwanken zwiſchen je= nen beiden Hauptformen.

*) Vollziehende heißt auch hier nicht die im engern Sinn regierende Ge= walt, ſondern es iſt die Ausübung der Geſeze von Seite der Bürger gemeint inwiefern ſie Unterthanen ſind. Wo dieſelben Perſonen am Geſezgeben und Ausüben Theil haben, da iſt der Gegenſaz kein per= ſönlicher.

(d.) Man kann allerdings auch denken, daß wenn die innere Einheit gegeben ist oder ruhig wird, die äußere, das Gesez, die Verfassung nicht anders heraustritt als durch Reflexion auf dasjenige, was schon lange geschehen ist. Beide Arten der möglichen Entstehung des Staates bilden sich auch in seinem Fortgange ab; die eben erwähnte wird die Quelle des Gewohnheitsrechtes, welches sich sonst sittlich gar nicht begreifen ließe. Die Zurükführung auf einen einzelnen Heros, der als Gesezgeber größtentheils als inspirirter dasteht, ist gleichsam die universellere Entstehung, durch welche nur erst die Masse soll gebändigt werden durch die Intelligenz, und die Individualität erst allmählig nachkommt. Diese wird repräsentirt durch das Strafrecht und durch den allgemeinen Zwang. Die Entstehung durch Freundschaft ist die, wo die Individualität das unmittelbar hervortretende ist, repräsentirt durch die eigentlich reale Gesezgebung, durch die von der Regierung ausgehende Gesammtthätigkeit des Staates. Die Constitution macht nicht den Staat. Machte sie ihn: so wäre England ein bloß negativer Staat. Der Staat ist aber weit älter als die Constitution. England kann seine Constitution leicht ändern, eben weil sie bloß negativ ist, wird aber immer derselbe Staat bleiben. — Selbst die Monarchie ist innerlich republicanisch, wenn der Monarch nicht umhin kann der öffentlichen Meinung nachzugehen. Die Aristokratie kann despotisch sein, wenn die Masse sehr ungleich von der Intelligenz durchdrungen ist. Je mehr noch zwischen den einzelnen Gliedern eines jeden Verhältnisses Eifersucht ist, um so weniger ist der Staat gebildet *).

*) Man sieht, wie vorübergehende Zeiten des gegenseitigen Mißtrauens keinen Einfluß auf diese Theorie gewinnen durften. S. basirt den wahrhaft gebildeten Staat nicht so sehr auf geschriebene Constitutionen als auf das erwachte politische Gesammtbewußtsein. Was aus Mißtrauen entsteht ist ohne Zweifel bloßer Durchgangszustand, ob noch so nothwendiger.

§. 274. Das innere Wachsen des Staats besteht
darin, daß das Materiale, die bildende Thätigkeit, und
das Formale, die Verfassung, sich immer mehr ent=
wikkeln ausbreiten und einander durchdringen.

Das leztere geschieht, indem der politische Gegensaz den
nothwendigen Einfluß der erkennenden Thätigkeit auf die bil=
dende regelmäßig einleitet, und wiederum die eigenthümliche Form
des Culturprocesses den politischen Gegensaz in seinen Entwikke=
lungen und Abänderungen bestimmt. Der politische Gegen=
saz selbst aber breitet sich immer mehr aus dadurch, daß er
jedem einzelnen eingebildet wird, und jeder irgendwie am Sein
der Obrigkeit Antheil nimmt; und er entwikkelt sich dadurch, daß
die Functionen beider Theile bestimmter auseinander treten, und
sich in einer der Größe des zusammenzufassenden ganzen ange=
messenen Stufenreihe entwikkeln sowol absteigend als aufsteigend.
Endlich der Culturproceß gelangt zu seiner Vollständigkeit im
ganzen Umfange des Staasgebiets, indem aller rohe Stoff nach
Maaßgabe der Nationalanlagen organisirt wird; und als reines
Resultat der Nationalthätigkeit erscheint er in dem Maaß, als
der einzelne sich nicht von der Gemeinschaft mit dem ganzen iso=
liren kann, und als der Zufall durch die vielseitigsten Verbin=
dungen seine Kraft verloren hat. — Vom einzelnen aus ange=
sehen und für den einzelnen ist das Leben des Staats in dem
Maaß vollkommen, als die Duplicität der Nationalität und der
Persönlichkeit in ihm auseinander tritt und sich combinirt. Die
Nationalität aber giebt der Persönlichkeit nur Genugthuung, in=
wiefern er sich in beiden Gliedern des Gegensazes fühlt; und die
Persönlichkeit nur der Nationalität, inwiefern er immer von dem
ganzen ergriffen und demselben untergeordnet ist; d. h. der ein=
zelne darf weder Knecht sein noch Despot.

§. 275. (z.) Eine höhere Stufe entwikkelt sich, wenn das staatsbildende Princip über die Grenzen einer Horde hinausgeht *).

Die Bedingungen sind hier dreierlei. Eine Staat geworbene in Berührung mit einer des politischen Bewußtseins noch unfähigen fremden, welche also die Entwikkelung hemmt. Wenn diese unterworfen wird, tritt ein Verhältniß von Dienstbarkeit und Hörigkeit ein, und es entsteht aristokratische Monarchie, oder Aristokratie aus der Demokratie. Mehrere verwandte Horden, wenn gleichzeitig das Bewußtsein der größern Volkseinheit sich in ihnen entwikkelt nachdem sie schon für sich politisirt waren, schließen einen Staatenbund oder Bundesstaat **), in welchen die verschiedenen kleinern Formen unverändert eingehen können. Zum Behuf der äußern Vertheidigung entsteht dann gewöhnlich eine Hegemonie. Entwikkelt sich das höhere Bewußtsein ungleichzeitig: so entsteht ein Staat von höherer Ordnung, aber auch mit politischer Ungleichheit. Staaten, welche aus disparaten Volkstheilen zusammengesezt sind, können nicht als strenge Einheiten angesehen werden. (Im Oesterreichischen sind daher auch die verschiedenen Staaten gegen einander abgeschlossen). Da nun aber aus der Gleichheit immer wieder neue Ungleichheiten entstehen, und die ursprüngliche Ungleichheit allmählig verschwindet: so erfährt auch jede Verfassung Veränderungen, welche Reformen sind, wenn sie in Uebereinstimmung aller Theile geschehen; Revolutionen aber, wenn mit dieser Zusammenstimmung aller auch die

---

*) S. unterscheidet zwischen dem einfachen Staat und dem der höhern Ordnung, welcher aus dem Zusammenwachsen mehrerer verwandter Horden oder einfacher Staaten entsteht. Vom leztern ist im § die Rede. Wir geben hier, was sich in (z.) findet, da in (c.) diese Idee noch viel weniger hervorgehoben ist und nicht für sich hervortritt.

**) Vorlesg. Ueberwiegt das Bewußtsein der größern Einheit, so entsteht der Bundesstaat; überwiegt das der engern Persönlichkeiten, so wird der Staatenbund.

Lebenseinheit selbst verschwindet, und also nur aus der Auflösung des bürgerlichen Vereins sich erst ein neuer erzeugt.

(d.) Alle Staaten gehen solche Veränderungen in der Form durch, die oft in gewissen größern Staatenmassen wie Naturre= volutionen zugleich ausbrechen.

§. 276. (c.) Man kann drei verschiedene Arten na= türlicher Kriege unterscheiden, Vereinigungskriege oder staatsbildende, Grenzkriege oder Gleichgewichtskriege, und Bedürfnißkriege oder staatsvertheidigende.

Da einander subordinirt bestehen die kleinere Einheit des Stammes und die größere Einheit der Nation: so kann die eine oder die andere staatsbildend sein und beide mit einander im Streit. Da verwandte Stämme und Völker einander umgren= zend sich in ruhigen Zeiten, wo irgend eine Tendenz zur Völker= gemeinschaft ist, nicht streng werden gesondert halten können: so kann der äußere persönliche Umfang des Staates streitig werden. Wenn der Umfang durch Oscillation im Bestimmtwerden bleibt: so ist dieses der Zustand des Krieges. Bei besonneneren Völkern können beide Einheiten in die Staatsbildung eintreten, welches Föderationsverfassungen giebt. Auch diese sind, da ein reines Gleichgewicht zwischen beiden Einheiten nicht denkbar ist, im Schwanken, woraus also ein innerer Kriegszustand entsteht. Wenn in diesem die eine Einheit ganz vernichtet wird: so war der fö= derative Zustand nur ein Uebergangsmoment. Bleibender Typus ist er nur da, wo die große und kleine Einheit einander abwech= selnd zurükkdrängen, ohne daß eine untergeht.

Jeder Staat bedarf (§. 270.) einer Zulänglichkeit des Bo= dens, weil er mit seinen wesentlichen Bedürfnissen nicht abhän= gig sein darf. Diese aber vermehren sich, wenn die Völkergemein= schaft zunimmt. Er strebt dann zurükkzudrängen, um sich das fehlende zu verschaffen, und dies sind Bedürfnißkriege.

Der gewöhnliche Unterschied zwischen offensiven und defensiven Kriegen ist ganz leer *).

Randbemerk. Die Zulänglichkeit des Bodens besteht darin, daß die wesentlichen Bedürfnisse in natura erzeugt werden. Denn wenn auch der Staat sich nicht isoliren soll: so gehört doch zu seiner Freiheit das Gefühl, daß er sich isoliren kann. Daraus entsteht das Bedürfniß für kleine Staaten in einen größern, der die Volkseinheit repräsentirt, zusammenzuschmelzen. Dies kann friedlich geschehen oder kriegerisch, zu absoluter Einheit, oder zu föderativer.

(z.) Die Bildungs= und Bedürfnißkriege sind als Resultat zu großer Ungleichheit unvermeidlich. Jene sollen jedoch nur in der allgemeinen Staatsbildungsperiode vorkommen, diese bei zunehmender Einsicht verschwinden, und alle streitigen Interessen schiedsrichterlich ausgeglichen werden; ein Ziel, zu welchem der europäische Völkerverein in der lezten Zeit ungeheure Fortschritte gemacht hat.

§. 277. Wenn sich berührende Staaten nicht in der gegenseitigen Bestimmung durch Krieg begriffen sind: so stehn sie soweit in natürlichem Frieden, als sie ihre Bildungssphären gegenseitig anzuerkennen vermögend sind **).

---

*) Vorlesg. Man kann die Schuld der streitig gewordenen Verhältnisse nie auf bestimmte Thaten zurükführen; solche Manifeste, die immer den Feind als den angreifenden darstellen, sind nichtig. — Eroberungskriege, die nicht Bedürfniß sind, bringen keinen realen Gewinn, sondern schädigen die Volksindividualität.

*) Vorlesg. Das Gleichgewicht der Staaten als Werk künstlicher Politik ist ein Vorurtheil. Bleibe jeder Staat naturgemäß, so wird jenes von selbst; nur wenn sie naturwidrig sind, bedarf es eines Zwangs für das Gleichgewicht, der aber als unsittlich fallen muß. Für Entfernung der Kriege sind große Fortschritte gemacht durch schiedsrichterliches Entscheiden, dem aber die Sanction noch fehlt; man erstrebte

Die nächſte Stufe iſt, wenn der Staat dem Bürger aus ei=
nem andern Staat gegen den ſeinigen Recht giebt, welches theils
zwar ohne Bezug auf den Kläger geſchehen kann, um in dem
Thäter das Unrecht nicht zu hegen, vornämlich aber wol aus
ſtillſchweigendem unvollkommnem Vertrag, daß der andere Staat
daſſelbe in gleichem Falle leiſten werde. — Eine nähere iſt das
erweiterte Tauſchverkehr im großen, oder die gegenſeitige Freizü=
gigkeit der Dinge, welche weder an ſich eine Unvollkommenheit
iſt, noch auf der andern Seite jemals unbeſchränkt ſein kann,
theils weil jeder Staat Heiligthümer d. h. vollkommen indivi=
dualiſirte Beſizungen hat, theils weil jeder Staat in Abſicht auf
weſentliche Bedürfniſſe ſelbſtändig ſein muß. Aus beidem zuſam=
men kann theils wenn eine nähere Verwandtſchaft ſtatt findet,
theils wenn beſondere Verhältniſſe eintreten, noch eine nähere
Verbindung entſtehen, ein näheres Intereſſe des einen Staates
am andern, das einen Charakter der Freundſchaft hat. Dies iſt
der eigentliche Charakter der Vertheidigungsbündniſſe. Die lezte
Form des Vertrages kann keines dieſer Verhältniſſe an ſich tra=
gen, wenn beide Staaten unabhängig und völlig ſelbſtändig
ſind; daher dauern ſie ihrer Natur nach nicht länger als der
Trieb dazu lebendig iſt, und ſind am ſicherſten, wenn ſie nur
auf kurze Zeit abgeſchloſſen werden mit vorbehaltener Erneuerung.
Wenn ein Staat über ſeinen Vortheil hinaus einen Vertrag hält:
ſo kann es nur geſchehen um ſeines Credits willen, welcher ge=
ſchwächt wird wenn man ſieht, er verſtehe ſeinen dauernden Vor=
theil nicht zu berechnen, wogegen die Erzwungenheit an ſich ei=
nen Vertrag nicht ungültig machen kann.

(z.) Der Staat kann ohne alle Berührung mit andern
Staaten ſein und jede Berührung einzelner mit einzelnen frem=

---

denſelben Zwekk durch Erzwingung eines Univerſalſtaates, aber dieſer
müßte erſt die natürlichen Verhältniſſe im Bewußtſein der Menſchen
tödten. Das Gattungsbewußtſein beſteht immer nur mit dem Bewußt=
ſein der Differenz.

ben ignoriren, so wie fremben ben Eintritt verwehren. Diese
Rohheit bauert aber nicht lange im geselligen Zustanb. Also
Gastfreundschaft gegen ben einzelnen, Vertrag mit andern Staa=
ten um ben Rechtszustanb aufrecht zu erhalten, enblich gegensei=
tige Freizügigkeit ber Dinge unb Menschen. Nur baß einer sollte
Bürger sein bürfen in zwei Staaten, sezt entweder Staatenbunb
voraus, ober ist ein Verschwinden bes individuellen Interesse, ober
Resultat einer falschen Theorie. — Die Vollenbung ist also, kein
Volk ohne Staat, alle Staaten niederer Ordnung zu höheren Ein=
heiten unter irgend einer Form verbunden, Staaten unb Völker
sich bekkenb, alle in friedlicher Gemeinschaft zu allgemeiner Ver=
tragsmäßigkeit unb Freizügigkeit verbunden.

Von der nationalen Gemeinschaft des Wissens.

§. 278. (z.) Dasselbe Maaß *), Familie unb
Volksthümlichkeit, sondert nun auch unb bindet die iden=
tische symbolisirende Function in ebenso verbundene
ganze der Wissenschaft.

Können wir nicht weiter als auf zwei zugleich bestehende
Generationen zurükkgehen: so muß auch die Sprache schon ge=
geben sein.

(c.) Da auch diese Seite bes Processes nicht an die bloße
Persönlichkeit geknüpft werden kann, die Familie aber aus sich
hinausweiset: so fällt die Organisation der objectiven Seite bes
erkennenden Processes offenbar berselben höhern Einheit anheim,
wie die bes bildenden. Die Gemeinschaft des Wissens ist also
die andere Seite der Nationaleinheit. Beide Organisationen wer=
den aber in einer Nation wenn auch auf dieselbe Einheitsstufe
gegründet doch nicht Eine sein, weil bei ber relativen Trennung
ber Functionen kein innerer Grund ba ist, warum die functio=
nellen Differenzen zusammentreffen müßten. Da das Connu=

---

*) Wie schon §. 189. entwikkelt, wozu §. 194. zu vergleichen ist.

bium auf einer nähern Homogenität beruht, und diese sich nicht in der bildenden Function manifestiren kann ohne die erkennende: so sezt es ebenso eine gemeinschaftliche Eigenthümlichkeit des Erkennens voraus. Die absolute Identität des Schematismus im Wissen existirt nur als Anspruch einzelner, aber es ist nichts ihr vollkommen entsprechendes aufzuweisen; vielmehr ist die nationelle Eigenthümlichkeit gegeben und geht durch alle vier Gebiete (§. 239 u. 240.) durch, sowol in der strengern Form der Wissenschaft, in der sie freilich im mathematischen und transcendenten Gebiet am wenigsten heraustreten soll, als noch mehr im weitern Sinn.

Randbemerk. Der Gegensaz der verschiedenen Systeme beweist nichts gegen die Nationalität des Wissens. Sie sind nur Uebertreibung nothwendiger Richtungen, und müssen also nothwendig überall zusammen sein, wenn gleich in verschiedenem Verhältniß. Aber jedes System hat in jedem Volk seinen eignen Charakter. Eben so wenig die wissenschaftliche Mittheilung zwischen verschiedenen Völkern. Denn theils wird das meiste doch nur als Stoff genommen und erst eigenthümlich verarbeitet, welches selbst vom mathematischen gilt, theils wird geradezu angenommen wol nur, und auch das nur temporär, was ein Volk besser macht, eben wie im Gebiete des Verkehrs. Das Verkehr wird auf unserem Culturgebiet, wo es am stärksten ist, sehr erleichtert durch die gemeinschaftliche gelehrte Sprache, in deren verschiedenartigem Gebrauch selbst sich aber die Eigenthümlichkeit offenbart. —

Die Naturanschauung eines Volkes ist natürlich bedingt durch seinen Stand in der Natur, so wie das ethische Wissen durch die geselligen Verhältnisse, und gegenseitig, so daß beides sich gegen einander verhält wie die ideale und reale Seite desselben. Am stärksten manifestirt sich diese Differenz in den Sprachen, welche nicht nur dem Tone sondern auch der Bedeutung nach so unterschieden sind, daß dies durch alle materiellen und

T 2

formellen Elemente durchgeht, und also in jeder Sprache ein ei=
genthümliches System von Begriffen und von Combinationswei=
sen niedergelegt ist.

§. 279. Die Einheit der Organisation hängt auch
hier ab vom Erwachen eines Gegensazes, wodurch erst
die Function selbst ins Bewußtsein tritt.

Die homogenen Massen leben auch ursprünglich nur hor=
denweise neben einander, nämlich in jeder Familie ist ziemlich die=
selbe Tradition, ohne durchgreifende Theilung der Geschäfte oder
Abstufungen der Thätigkeiten. Da nun alle Actionen um so
mehr einander gleichen werden, als in allen dasselbe Verhältniß
der organischen zur intellectuellen Seite stattfindet: so ist die grö=
ßere Gemeinschaft des Wissens bedingt durch das Heraustreten
beider Seiten in den Gegensaz unter mannigfaltigen Formen.
Die Entwikklung dieses Gegensazes ist das Eintreten der bilden=
den Thätigkeit ins Bewußtsein. Die gemeinsame Eigenthüm=
lichkeit wird darin zugleich combinatorisches Princip. — Da in
der größern Organisation alle Punkte Einfluß auf einander ha=
ben müssen: so ist sie allerdings bedingt durch die Schrift als
allgemeines Communicationsmittel, welche aber nur in dem
Maaße sich bilden kann, als die erkennende Function aus ihrer
Mischung mit der bildenden heraustritt.

Der Gegensaz aber, welcher durch die Benennungen, das
Publicum und die gelehrten, so bezeichnet wird, daß jenes den
Unterthanen, dieses der Obrigkeit entspricht, ist keineswegs so zu
fassen, daß gelehrte die schreibenden wären und Publicum die
nichtschreibenden, denn die Schrift dient alsdann jedem auch der
erkennenden Function an sich ganz fremden Interesse. Wenn
dieser Gegensaz auf dem Auseinandertreten der organischen und
intellectuellen Seite in verschiedene Verhältnisse beruht: so ist
dies nicht so zu verstehen, als ob die Philosophen im engern
Sinne die Obrigkeit sein könnten; denn diese würden am wenig=

ften im Stande fein die organifche Seite und deren Ueberein=
ftimmung mit der intellectuellen zu leiten. Dies geht auch fchon
um deswillen nicht an, weil die Verfaffung fonft Bürgerkrieg
oder Despotismus fein müßte. Der Gegenfaz kann alfo nur
ein functioneller fein, kein rein perfönlicher, weil niemand in je=
dem Act des Wiffens das Verhältniß deffelben zum ganzen mit=
gefezt hat. In diefem die einzelnen Actionen als leitende Idee
begleitenden Sezen des ganzen befteht das Wefen der Function
des gelehrten. Diefes fchließt die Befchäftigung mit dem einzel=
nen nicht aus. Vielmehr ift die Function in diefer, wenn das
einzelne in feiner betreffenden Wiffenfchaft und für fie gefezt wird.
Denn die Wiffenfchaft ift diejenige Conftruction gleichartiger Ac=
tionen, welche den Grund ihrer Form in der Idee der Einheit
und Totalität des Wiffens hat (Vergl. allgem. Einl. 1.). In
der Befchäftigung mit dem allgemeinen an fich ift die Function
nicht nothwendig. Nicht wenn das allgemeine als das nur von
unten auf gebildete betrachtet wird; nicht wenn man fich getrennt
von der organifchen Seite damit befchäftigt; alfo auch nur info=
fern, als es als Princip der einzelnen Wiffenfchaft behandelt wird.

Randbemerk. Das Publicum producirt nur das Erken=
nen abhängig theils von der bildenden Thätigkeit theils vom
Gefühl; die gelehrten produciren in Bezug auf die Idee des
Wiffens. Ihre Autorität und Einfluß hängt ab wie die der
Obrigkeit von der öffentlichen Meinung, nämlich von der
Ueberzeugung derer, welche ein Intereffe an dem nationalen
Typus haben, daß diefer von ihnen ausgefprochen werde. Diefe
erwerben fie aber nur durch Hinabfteigen in den Proceß des
Publicums, worin Engländer und Franzofen die Deutfchen über=
treffen. Der Unterfchied ift nur, daß wenn man auf die äu=
ßere Seite fieht, der wiffenfchaftliche Gegenfaz fich zwifchen je=
dem einzelnen in jeder Action gleichfam neu erzeugt, welches
im Staat nicht fo klar heraustritt, im wefentlichen aber auch
da ift; und daß man die Strafe im Gebiet des Wiffens, eben

weil sie sich nur auf dieses bezieht, nicht so anerkennt. Die erste Production innerhalb eines Volksgebietes geht immer vom Volk aus, aber sie wird erst vollständig im ganzen und einzelnen durch den Einfluß der gelehrten *).

(z.) Die Sprache (§. 249.) entwikkelt sich zunächst nur als dienend der organisirenden Thätigkeit und als Gefühlsausdrukk; so ist sie der Horde gemeinschaftlich, desto ärmer je weniger noch Tausch und Verkehr entwikkelt sind, und ihre ursprünglichen gemeinschaftlichen Productionen sind Sagen. Der Entwikklungspunkt ist, daß die Sprache als Gemeingut und als identische Production zum Bewußtsein kommt. Sprachlehrige und logische Säze entsprechen dem Gesez, und gelehrte und Publicum verhalten sich wie Obrigkeit und Unterthan. Die sich ihrer als reines Denken bewußt werdende Sprache sondert nun die geschäftliche und poetische **) von sich aus, und erneuert sich für das Wissen. Und so beginnt erst in diesem zweiten Zeitraume die bewußte Bildung jener vier Regionen. Diese bewußte Erneuerung soll keinesweges den eigenthümlichen Sprachgebrauch aufheben, wiewol vieles davon allmählig antiquirt werden muß, aber nur sofern es aus der Unbildung entstanden ist. Auch das bleibende wird dadurch, daß es auf Analogien gebracht wird, veredelt. Nur die bleibende Productivität zieht sich in die Function der wissenden, welche aber auch die beiden andern Sphären durchdringt.

Ist nun aber die Sprache so ganz der Gedanke geworden: so können die Sprachgenossen es unter sich zu einer absoluten

*) Ganz parallel wie im Staate die organisirende Thätigkeit vom Volke ausgehen soll, so daß die Obrigkeit mehr nur leitet.

**) Die geschäftliche Seite, d. h. die Sprache insofern sie dem Verkehr, und die poetische, d. h. insofern sie der Gefühlsoffenbarung dient, ist das hier von der wissenschaftlichen Sprache ausgeschlossene. Die Ausschließung des erstern ist begründet gerade so, wie umgekehrt vom symbolisirenden Gebiet dasjenige ausgeschlossen und zum organisirenden gestellt wird, was Apparat des Erkennens oder Sammlung hieß. (§. 208.)

Verständigung bringen; aber die Vernunft bliebe dann gänzlich
in der Getheiltheit des Seins *) eingeschlossen, und diese Be=
schränkung muß daher aufgehoben werden, die Sprachen müssen
in Gemeinschaft treten. Eine solche besteht zwar schon vorher auf
dem geschäftlichen Gebiet, weil von der Anschauung und dem
Calculus unterstüzt, mit absoluter Befriedigung, auf dem poeti=
schen mit dem Bewußtsein, daß in dem Verständniß vieles nur
Ahndung ist. Auf dem mathematischen Gebiet ist die Gemein=
schaft sehr leicht, weil wenig Sprache nöthig ist sondern das
meiste durch Zeichen abgemacht wird, die nichts individuelles an
sich tragen. Auf dem transcendenten Gebiet ist die Gemeinschaft
fast überall zu finden unter der Form von Sprachmengerei **),
und vermittelst dieser die Reduction erleichtert, welches fälschlich
auf mathematische Weise durch ein allgemeines Zeichensystem ist
versucht worden. Auf den realen Gebieten macht sich theils in
einzelnen Disciplinen Eine Sprache herrschend, theils werden
Sprachschäze mit Bezug auf die Reduction angelegt.

§. 280. Die sittliche Gemeinschaft der gelehrten
ist das, was wir die Akademie nennen.

Indem wir den Gegensaz nur functionell betrachten, die
Function der gelehrten aber als Einheit: so sezen wir voraus,
daß die Personen, welche diese Function ausüben, insofern in ei=
ner lebendigen Verbindung stehen, so daß die Entwikkelung der
Wissenschaft selbst eine lebendige Einheit bildet. Diese Verbin=
dung ist aber mit der Schrift selbst gegeben und bedarf keiner
äußern Form (als nur inwiefern bestimmte Abstufungen zwischen
gelehrten und Publicum bezeichnet werden sollen, welche doch im=
mer willkührlich sind?) ***).

---

*) Nämlich in der nationalen, und jedes Volk hätte seine absolut eigene
Wissenschaft.

**) Die eigentlich philosophische Kunstsprache ist ja ein solches Gemengsel
aus Elementen verschiedener Sprachen.

***) S. sezt selbst dieses Fragezeichen, war also damals nicht völlig mit

Die ursprüngliche Thätigkeit des Publicums ist die materiale productive, entweder mit Uebergewicht des Nationaltypus, welcher ihm aber nur als Herkommen erscheint, oder mit Uebergewicht der Persönlichkeit, die aber nur als willkührliche Combination heraustreten kann. Die ursprüngliche Thätigkeit der gelehrten aber ist die formelle. Sie bezieht sich theils auf die Production des gegebenen Publicums, und ist insofern theils leitend, die Production nach den Seiten des wissenschaftlichen Bedürfnisses oder der wissenschaftlichen Kraft hinwendend, theils scheidend, assimilirend dasjenige was in die lebendige Nationaltradition einzugehen würdig ist, theils auswerfend, der Vergessenheit übergebend was antiquirten Begriffsbildungen angehört oder roh oder willkührlich oder fremd ist. In beiden Beziehungen bilden die gelehrten das, was wir Akademie nennen. Die leitende Thätigkeit bezieht sich auf die extensive, die scheidende auf die intensive Richtung des Processes. Wenn man die leztere auf den Begriff der wissenschaftlichen Literatur bezieht: so kann man die Function der gelehrten auf die Formel reduciren, daß sie das classische produciren. Theils bezieht sich ihre Function auf die Erhaltung der Totalität des Nationalprocesses d. h. darauf, daß der Gegensaz zwischen gelehrten und Publicum permanent sei. Dies ist ihre pädagogische Wirksamkeit.

(z.) Der Staatenbildung correspondirt das Erwachen des Bewußtseins über die Sprache. Dies giebt die Sonderung zwischen dem Denken an sich und den beiden andern, diese werden außerhalb jenes gestellt. Die Sprache wird zwar als das gegebene zum Grunde gelegt, aber sie fixirt sich erst nach diesem Entwikkelungspunct, die Formen bleiben länger bestehen als vorher, das Materiale nimmt rascher zu, alles ins Bewußtsein aufgenommene Sein wird in allen seinen Verhältnissen in der Sprache

---

sich im reinen betreffend das eingeklammerte; in den Vorlesungen ließ er dieses fallen.

firirt. Aber sie bildet sich auch in relativem Gegensaze aus, in=
dem man immer unterscheiden kann das Hinaufsteigen vom ein=
zelnen und das Herabsteigen vom absoluten. Die Entwikkelung
erfolgt aber nie innerhalb des Dialektes *), sondern entweder ist
das Bewußtsein der größern Spracheinheit schon früher entwik=
kelt, oder dies erfolgt gleichzeitig, und die Dialekte ziehen sich
von diesem Punkt an immer mehr auf das Geschäfts = und Kunst=
gebiet zurükk. Die Entstehungsweise kann nie monarchisch sein oder
demokratisch, sondern hier ist aristokratisch die Grundform, gleich=
viel ob unabhängig oder aus dem Geschäft und der Poesie her.
Sie besteht aber nicht, so lange diese nur unter sich bleiben, son=
dern nur wenn ihnen Empfänglichkeit entgegenkommt, und hie=
durch wird zugleich die Form, wie gelehrte und Publicum beste=
hen und sich reproduciren, bestimmt. In zwei Generationen ist
immer auch vor dieser Entwikkelung eine Mittheilung, der um=
laufende Sprachschaz wird überliefert. Der neue Zustand besteht
zunächst nur dadurch, daß das sprachlehrige Element in die Ueber=
lieferung mit aufgenommen wird. Dies bildet die Schule als
den fortwährenden elementaren Einfluß der gelehrten auf das Pu=
blicum. Eine Horde hat keine Schule.

Die gelehrten organisiren sich unter sich zur Akademie, wel=

*) Vorlesg. Durch das Eintreten der Vernunft ins getheilte Sein ent=
stehen wie größere und kleinere Volksthümlichkeit so hier Sprachen und
Dialekte. Das Bewußtsein sprachlicher Einheit ist erwacht, wenn die
Identität nicht für Zufall genommen sondern von innerer Constitution
abgeleitet wird. Erst wenn das Denken um seiner selbst willen von
dem der organisirenden Thätigkeit dienenden sich sondert, ist die Rich=
tung auf das Wissen da. Die Entwikklung des Sprachbewußtseins ist
die Absonderung der leztern und der Sprache des Kunstgebietes, welche
persönliche Eigenthümlichkeit, nicht aber das Sein an sich ausbrükkt.
Vergl. den vorigen §. Das Bewußtsein des Dialektes erwacht erst mit
dem der Spracheinheit, welche von einem gewissen Punkte an die Na=
tionaleinheit fast allein repräsentirt und die Dialekte zurükkbrängt, bis
diese nur noch in untergeordneten Verkehrsgebieten und kleinern poeti=
schen Formen sich halten.

che alle vier Regionen in sich aufnehmen muß, jedoch so daß das
transcendente nur in den speculativen realen Wissenschaften ist.

(d.) Wie das nationale Wissen Eins ist, muß es sich auch
zu Einem ganzen vereinigen, das der Idee des Staats entspricht,
und dies ist die Akademie, das nationale Erkennen zu einem organischen ganzen vereinigt. Die Nationalindividualität des Erkennens ist aber nur in der Totalität ihrer Modificationen in den
einzelnen gegeben; so ist in jedem einzelnen ein besonderes, zugleich beschränkendes relatives gesezt, und nur durch diese Totalität das ganze in seiner Virtuosität gegeben. Für diese soll jeder ein eigenthümliches Organ sein, und das Leben besteht also
in der vollen Thätigkeit eines jeden mit allen seinen Kräften nach
ihrem eigenthümlichen Verhältniß. Es liegt darin auch die Aufhebung des Gegensazes zwischen Speculation und empirischem
Wissen; denn es giebt keine Anschauung der Ideen als im realen Wissen, dieses muß also zugleich mit jenem producirt werden,
sonst ist jenes leere Träumerei und innerliches Grübeln. Ferner
findet in der Akademie statt eine Vertheilung der Geschäfte, denn
allerdings soll und kann auch jeder Organ des andern sein, aber
nur der wissende ist es recht für den wissenden. — Zum ersten
Moment ist noch zu bemerken, daß das Aufheben des Gegensazes
freilich nur im Hervortreten der Elemente gegeben ist; es giebt
ein vorherrschendes Talent der reinen Combination mit weniger
empirischer Fertigkeit, und eine empirische Virtuosität, in welcher
die Idee fast nur unbewußt liegt und nicht als Glied eines ganzen Systems hervortritt, daher die aus der Anschauung folgenden
Combinationen dem anschauenden verborgen bleiben. Von dem
zweiten Moment, daß aber auch hier das ganze nur in der Thätigkeit derer, welche die Idee desselben in sich haben, und durch
diese Thätigkeit gegeben ist. Was in ihnen freies Leben ist, das
offenbart sich bei den andern als Gesez, und was sich auch dem
Gesez nicht fügen will, wird aus dem ganzen ausgeschieden, d. h.
sie können als Organe für das ganze nicht gebraucht werden, weil

sie sich nicht assimiliren wollen. Nur kann sich dies Gesez nie als äußerlich zwingender Buchstabe manifestiren, weil es selbst für die äußere Constitution der Akademie nur ein freies Anschlie=ßen giebt. Absolut frei sich verbreitende Thätigkeit und Mitthei=lung ist ihr einziges Lebenselement. Wie beim Staat, so giebt es auch hier Versuche zu Eroberungen über die Persönlichkeit der Akademie hinaus und ein System von Colonisirung. — So wenig ein Staat entstehen kann aus einer nur mit Einem Cul=turzweig beschäftigten Horde, so wenig die Akademie, ehe eine To=talität der einzelnen Zweige des Erkennens gegeben ist. So lange ist fortwährende Sehnsucht nach Vereinigung mit andern. Die Einheit des Wissens kommt aber auch als Forderung nur spät zum Bewußtsein. Sofern die Akademie nicht nach reiner Idee des Wissens gebildet ist, sondern nach Beziehung des Wis=sens auf die Idee der Cultur, bildet der Staat sie oder vielmehr ein Analogon der Akademie; sie selbst aber muß von ihm nicht gesezt sondern nur anerkannt und geschüzt werden, sich einer eig=nen Gesezgebung erfreuen (auch wenn beide Institute persönlich vereinigt sind.) Was vom Wissen gesagt ist, gilt auch von der Sprache.

§. 281. Die Fortbildung derer, welche einen Trieb zur Gelehrtenfunction zeigen, kann nur geschehen durch Vorhaltung der Idee des Wissens. Dies geschieht in der Universität.

Und zwar theils auf indirecte Art im realen, theils auf di=recte Art für sich. Je mehr die eine Form auf Kosten der an=dern heraustritt, um desto mehr werden entweder nur leere Grüb=ler gebildet, oder solche die ins Empirisiren zurückfallen. Die Jugend ist die Indifferenz von Publicum und gelehrten, aus der sich beides erst bilden soll. Ihre gesammte Bildung vor dem Scheidepunkt, und ihre Ausbildung als Publicum nach dem Scheidepunkt, ist in dem System der Schulen. Dieses unter

dem Einfluß der gelehrten muß die Tendenz haben ihnen Recep=
tivität für den Einfluß der gelehrten zu erhalten, indem die Tra=
dition des Wissens und die Bildung der Fertigkeiten so einge=
richtet werden, daß sie von der höhern Beziehung und Organi=
sation des Wissens eine Ahndung haben.

Die geschichtlich gegebene Abhängigkeit dieser Institute vom
Staat kann erklärt werden entweder als noch nicht völlig Aus=
einandergetretensein der Gebiete beider Functionen von der Fa=
milie aus, in der sie Eines sind, oder als eine Begünstigung des
Staates, der der wissenschaftlichen Organisation ihre Basis sichert,
um ihres Einflusses auf die bildende Function sicher zu sein. In
beiden Fällen streitet es nicht gegen die Idee, wenn nur im er=
sten Fall beide Gebiete als im weiter Auseinandertreten begriffen
können angesehen werden.   Im lezten Falle, wenn der Staat sich
materialiter gar nicht einmischt, weder die Richtung noch die ein=
zelnen Resultate bestimmen will, auch in jene Institute keine an=
dern, als die für gelehrte anerkannt sind, einschiebt.   Wo aber
der Staat realiter in diesem Gebiete dominirt, da ist sowol die
bildende als die erkennende Function krank.   Jene, weil sie sich
unnatürlich ausdehnt, diese, weil sie wenn sie gesund wäre ne=
ben den vom Staat unterjochten und von ihr nicht anzuerken=
nenden Instituten andere gleichartige freie gestalten müßte.

Randbemerk. Wenn die Schulen in einem Volke über=
wiegend als Gewerbe getrieben werden: so herrscht noch eine
untergeordnete Ansicht und ein geringer Einfluß der gelehrten.
Die Schulen müssen durch dasselbe Verfahren in den einen
die Receptivität, in den andern die Spontaneität entwikkeln.

Anmerkung 1. (z.) Die Frage, ob der aristokratische Unterschied hier
unverändert bleibe, beruht darauf, ob die Richtung auf das Wissen
als ein specifisches Talent anzusehen ist oder als eine allgemeine
Function. Im lezten Fall muß das Beharren des Unterschiedes auf
Hindernissen beruhen, die aber in der Organisation unserer Function
nicht liegen dürfen, da diese ja der Vernunft über das getheilte Da=
sein hinauszuhelfen aufgiebt.   Er bliebe also nur, sofern das Hin=

berniß im Uebermaaß der organiſirenden Thätigkeit und zwar des
Mechanismus liegt. Im erſten Falle kann es doch nur erkannt wer=
den, wenn ein Reiz darauf gebracht wird. Die Handlungsweiſe iſt
alſo in beiden Fällen dieſelbe, und die Scheidung entſteht, wie ſie je=
desmal kann, durch das Zurükktreten der einen in die Gewerbsſphäre,
und durch den Uebergang derer, welche dem Reiz nachgehen, in die
höhern Bildungsanſtalten, und ſo tritt eine Vermittlung beider Glie=
der des Gegenſazes ein, das gebildete Publicum ſteht zwiſchen dem
Volk und den Meiſtern des Wiſſens. Wenn dieſes zu klein iſt: ſo
iſt entweder die Empfänglichkeit überhaupt gering, was man nie be=
haupten kann, oder es müſſen zu viele am niedrigſten Mechanismus
Theil nehmen. Dieſes wird aufgehoben in dem Maaß als Maſchinen
an die Stelle der menſchlichen Leibesanſtrengungen treten, worauf die
organiſirende Thätigkeit von Anfang an ausgeht.

Anmerkung 2. Ebenſo giebt es eine Wechſelwirkung zwiſchen dieſem
Gebiet und dem formellen des Staats. Denn Revolutionen*) können
nur entſtehen, wenn es viele giebt, in tenen die Idee des Staates
nicht lebt, ſo daß nicht zur rechten Zeit der jedesmal erſcheinende Zu=
ſtand mit der Idee verglichen werden kann. Beide durch Volks=
thümlichkeit gemeſſene Gebiete können alſo nur mit einander voll=
kommen werden.

§. 282. So lange Erkennen producirt wird, muß
auch Sprache producirt werden **).

Das materielle Abſchließen der Sprache ſezt voraus, daß
auch das Wiſſen abgeſchloſſen ſei, denn ſo wie neue Anſichten
entſtehen werden ſie auch ſprachbildend wirken; das formelle Ab=
ſchließen muß der Grund werden, daß individuelle Combinationen
aufhören und das Denken ſich am Faden der Sprache mechani=
ſirt. Daher je freier und ungeſchloſſener die Sprache, deſto mehr

---

*) Die Revolution iſt alſo erſt zu erklären durch Combination des Staa=
tes und des Gebietes der Wiſſenſchaft, daher konnte ſie oben beim
Staate nicht ſo abgehandelt werden wie der Krieg, indeß findet man
leicht die Punkte, wo ſie dort anzuknüpfen iſt.

**) Von hier an ließ S. in den Vorleſungen weg was wir als im Ma=
nuſcript ſtehend noch folgen laſſen, obgleich es wenig neues bringt,
vergl. §. 170 u. ſ. w.

tritt in einer Nation die perſönliche Individualität hervor, je
gebundener, deſto weniger. Die nationale Individualität und die
perſönlichen werden vermittelt durch die Differenz der Schulen,
welche Zwiſchengeſichtspunkte aufſtellen, theils allgemein, theils
für beſondere Gebiete des Wiſſens. An die Hauptformen, zumal
die Akademie, ſchließen ſich an eine Menge von kleinern, die
theils von der Akademie zum Publicum hinunter, theils von die=
ſem zu jener hinaufſteigen, um entweder Ideen populariſirt in
die gemeine Production einzuführen, oder Maſſen zu ſammeln
und für die wiſſenſchaftliche Bearbeitung vorzubereiten. Erſt
durch dieſe offenbart ſich das allgemeine nationale Leben in der
Function, und ſie werden in jeder Nation eigenthümlich geſtaltet
ſein. Unter dieſen Formen enthält die nationale Einheit alle
oben erſt geſuchten Bedingungen für eine reale Gemeinſchaft des
Erkennens. Als Familenband enthält ſie ein lebendiges Intereſſe
aller auch in Abſicht ihrer Fortſchritte noch ſo differenten Punkte.
Als identiſcher Typus der Organiſation beſtimmt ſie auch Iden=
tität der Naturpoſition und der Bedeutung der organiſchen Zei=
chen, und als durch die Sprache beſtimmt ordnet ſie die perſön=
liche Eigenthümlichkeit der gemeinſchaftlichen auf eine ſolche Art
unter, daß jene kein Hinderniß der Gemeinſchaft ſein kann. Die
Sprache müſſen wir freilich als gegeben ſezen, aber ſie iſt ſo nur
ein Minimum und wird erſt durch den Proceß der Function. Alles,
was in dieſer geleiſtet wird, geht in die Sprache über, und man kann
ihr geſammtes Reſultat reduciren auf die Idee der Sprachbildung.
Auch hier geht die Maſſe und der repräſentative Charakter im
allgemeinen vom Verkehr des Volkes aus; die Abſtufung der
verſchiedenen Sphären und die Claſſicität von den gelehrten.
(Vergl. §. 280. z.)

(d.) Zwiſchen der nationalen und perſönlichen Individuali=
tät ſteht als Mittelglied die Schule correſpondirend der Familie.
Die Stelle der Liebe als belebendes Princip vertritt das Genie,
welches nichts andres iſt als das mit belebender Kraft ſich offen=

barende individuelle Wissen. Diejenigen nun, welche das Wissen
eines andern beleben können, verbinden sich mit ihm. Willkühr ist
hiebei nicht; es liegt innere Homogenität zum Grunde. Wie
bei der Erziehung so ruht auch hier alles bloß im erweckenden
Umgang. Ihre Methode hängt von dem Charakter der Individualität ab. Auch hier soll Selbständigkeit das Resultat sein.
Es giebt *) Schulen, die den Charakter unverändert lange erhalten; Zeichen größtentheils eines quiescirenden Triebes der höhern Anschauung, der nur stark genug ist Nachahmer hervorzubringen; bisweilen auch Zeichen eines überwältigenden gemeinschaftlichen Charakters. Dies ist der wahre philosophische Aristo-
kratismus, der mit allen Forderungen auf Ehrfurcht auftritt.
Andere, die den Charakter bald wechseln, theils weil die Anhän-
ger sich schneller zur Individualität ausbilden, Zeichen eines ra-
schen Lebens, oder weil die Persönlichkeit das historische Princip
gestört hat. Der besondere Sprachgebrauch einer Individualität
heißt Styl; Gewöhnung an eine beschränkende Auswahl der
Elemente ist Manier und schlecht, Combination in einem eigenthümlichen Gebrauch der Elemente ist Styl und gut. Es giebt
Schulen in der Sprache, deren organisirender Punkt das Genie
ist. Die individuelle Einheit der Sprache kommt nie an sich
sondern nur in der Totalität der Schulen und Style zur Anschauung.

Schlußbemerkung über die Nationalität **). (c.)

Anmerkung 1. Die Völker sind als Personen auch sterblich, wozu in
ihnen selbst, da die leibliche Seite immer reproducirt wird, kein

___

*) Wie oben langlebige Familien.

**) Auch diese Ueberschrift verräth die noch unvollendete Form, und wäre
in späterer Bearbeitung nicht mehr geduldet worden, weil dann alles
wie oben in den Organismus der Darstellung selbst aufgenommen wäre.
Ein Appendix enthält immer nur, was noch nicht gehörig dem Organismus sich assimilirt hat.

Grund zu liegen scheint. Ein Volk stirbt aber theils wenn seine eignen Einrichtungen veralten, weil es nicht Kraft genug hatte sie den Bedürfnissen seiner wechselnden Bildungsstufen und Verhältnisse gemäß umzugestalten; denn dann wird es auch nicht Kraft genug haben sich durch eine gewaltsame Umwälzung zu helfen. Oder es stirbt, wenn für die ganze Gattung oder für dasjenige Gebiet, mit welchem es in lebendigem Verkehr steht, eine Bildungsstufe eintritt, in welche es seiner Natur nach nicht paßt.

(d.) Beim einzelnen war die bestimmte Form der Familie das Gegengewicht gegen das Verschwinden. Denn aus der Familie reproducirte er sich wieder. Eben so die bestimmte Form des Staates für das Verschwinden der Familie, die sich als einzelner Factor aus der höheren Einheit wiederherstellt. Wenn nun die Gemeinschaft der Staaten nicht wieder in eine solche bestimmte und besondere höhere Einheit zusammengeht, wie kommen wir hier zu einer Repräsentation des ewigen im wechselnden? Es fragt sich, ob der Staat so verschwinde wie der einzelne und die Familie. Wenn das Leben eines intellectuellen nichts andres ist als die Identität von Individualität und Persönlichkeit: so verschwindet freilich der Staat in der Erscheinung, wenn man dabei auf die Persönlichkeit sieht. Allein bedenkt man, daß in der Erscheinung auch wieder die Individualität nur ein werdendes ist: so verliert der Begriff des Verschwindens seine Anwendbarkeit, und man sieht, daß das vermeinte Object nur eine Oscillation war im Werden eines oder zweier andern. Dies geht besonders auf das Verschwinden in einem andern gleichzeitigen Bei dem Verschwinden in einem spätern findet sich immer, daß dem frühern noch ein Element gefehlt, weshalb die Individualität nicht konnte fixirt werden. Der Occident bietet lauter solche Erneuerungen dar, Staaten in einem beständigen Werden und Umbilden, auch eine Unsterblichkeit aber eine negative. Dagegen der Orient dieselbe positiv darbietet, Staaten in einem beständigen Sein, gerade das innere, das individuelle Erkennen der Cultur als ein unveränderliches. Die ungeheuren Perioden sind gleichsam Negationen der Zeit. Sogar die Persönlichkeit der herrschenden ändert sich wie in China, und die Individualität des Staates stirbt doch nicht. Alles was bei uns in der Zeit erfunden wird ist dort gleichsam von Ewigkeit her. Ja es giebt Staaten, in denen der Friede bloß etwas zufälliges ist, wie Persien und zum Theil Indien, und die doch immer dieselben bleiben. Inwiefern also Staaten unvollendet sterben, ist Sterben und Leben nur scheinbarer Gegensaz, und sie sind im Werden unsterblich. Vollendet sterben sie eigentlich beständig, weil man ihre Persönlichkeit nie firiren kann. Hier ist also Leben, Tod, Wiedergeburt durchaus Eins. Insofern sie aber verschwinden, verschwinden sie allerdings in einer höhern Individualität *), nämlich in der des Erdgeistes, den wir ja auch als ein Individuum begreifen müssen. Wie nun die Selbstbildung in der Cultur, das Durchdringen seines Leibes mit Bewußtsein die eine Function seines sittlichen Lebens ist, so ist jede individuelle Ansicht der Cultur eine nothwendige Idee, und jeder Staat ein organisches planetarisches Kunstwerk, dessen Ideen und Kunstwerke wiederum die einzelnen organisirenden Individualitäten sind; und durch diese Ansicht ist erst die Darstellung der organisirenden Function des sittlichen Lebens vollendet. Zur Bildung der Erde sind wir berufen.

Anmerkung 2. Eine kritische Disciplin, welche der Politik entspräche, giebt es nicht. Die Einheit der Form tritt zu wenig heraus. Weit höher aber ist die Aufgabe, über aller individuellen Speculation stehend und eben deshalb nur kritischer Natur, die verschiedenen nationalen Systeme des Wissens zu vergleichen, an welche aber noch gar nicht zu denken ist.

---

*) Dieses Wort widerlegt diejenigen hinlänglich, welche hier Pantheismus finden zu müssen glauben. Was in ältern Manuscripten Erdgeist genannt wird, wurde oben in jüngern bezeichnet als die Art und Weise der Vernunft auf der Erde da zu sein mit Hindeutung auf die sich aufdrängende Voraussezung, daß die Vernunft auf andern Himmelskörpern in andrer Weise zum Dasein komme. Also früher wie später dieselbe Ansicht, die den Theismus ganz gut kann bestehen lassen.

Anmerkung 3. Eine technische Disciplin, welche sich auf die Organisation der Gemeinschaft bezieht, ist die Didaktik. Sie verdient
in einem größern Sinn und Styl behandelt und mit beständiger Beziehung auf die Volkseigenthümlichkeit durch alle Formen der Mittheilung durchgeführt zu werden.

Anmerkung 4. Von Seiten der Sprache angesehen entsteht die technische Disciplin der Hermeneutik daraus, daß jede Rede nur als objective Darstellung gelten kann, inwiefern sie aus der Sprache genommen und aus ihr zu begreifen ist, daß sie aber auf der andern
Seite nur entstehen kann als Action eines einzelnen, und als solche,
wenn sie auch ihrem Gehalt nach analytisch ist, doch von ihren minder wesentlichen Elementen aus freie Synthesis in sich trägt. Die
Ausgleichung beider Momente macht das Verstehn und Auslegen
zur Kunst.

Anmerkung 5. Die kritische Disciplin auf diesem Gebiet ist die Grammatik. Auch die absolute Grammatik ist kritisch wegen der Art, wie
der Ausdruck mit dem Gedanken zusammenhängt. Auch das beste
in diesem Fach ist nur erst rühmlicher Anfang, vornämlich wegen
der Dunkelheit, die noch auf dem physiologischen ruht. Die einzelne
darstellende Grammatik schwankt eben deshalb noch immer zwischen
dem mechanischen und dem willkührlich hypothetischen. Die Annäherung zur absoluten Grammatik ist für jezt noch in der comparativen, die auch desto genialer sein muß je mehr man auf das ganze
des Nationalcharakters sieht.

Allgemeine Vorerinnerungen zu den ethischen For-
men, welche sich auf die eigenthümliche Seite
beider Functionen beziehen.

Da die Gemeinschaft der Staaten und der Sprachgebiete
mit einer Gemeinschaft einzelner anfängt: so muß, wenn diese
auch bloß durch Geschäfte des Tausches veranlaßt würde, bei der
ursprünglichen Trennung der Sprache ein Verständigungsmittel
vorausgesezt werden, welches nur in der Geberde als dem unmittelbaren Ausdruck des Gefühls zu finden ist. Also wird ein
gleicher Schematismus von diesem vorausgesezt als über die Nation hinausgehend. Aber eben so oft geht ohne bedeutendes Tausch-

intereſſe die Gemeinſchaft unmittelbar aus von dem Intereſſe der freien innern Geſelligkeit, nämlich eigenthümliches anzuſchauen und zur Anſchauung zu geben. Dieſem entſpricht ein gleicher Trieb Religion darzuſtellen und aufzufaſſen, wie denn Identität des Gefühls als Grund des Vertrauens auf jeden Fall auch muß urſprünglich vorausgeſezt werden. Daß alſo beide Sphären über die Nationaleinheit hinausſtreben, iſt klar; die Natureinheit aber, durch welche ſie gebunden ſind und ihr Umfang ihnen beſtimmt iſt, kann nicht allgemein angegeben werden, da es die Einheit der Menſchenracen nicht iſt. Daß ſie eine Grenze haben, erhellt auf dieſelbe Weiſe daraus, daß es Völker giebt, zwiſchen denen keine Gemeinſchaft der einzelnen ſtatt findet, ſondern wo jeder einzelne als Feind angeſehen wird. Man könnte meinen, beide repräſentirten eigentlich nur die urſprüngliche Richtung des ein= zelnen gegen die Totalität der Perſonen und würden mehr äu= ßerlich gehemmt, als innerlich durch ſich ſelbſt begrenzt.

1) Von der freien Geſelligkeit *).

§. 283. Die Sphäre der freien Geſelligkeit wird abgeſchloſſen durch die Identität des Standes. Die Verſchiedenheit der Bildungsſtufe iſt der Gehalt des ſittlichen Begriffes von Stand.

Die Gemeinſchaft der Mittheilung des angeeigneten kann zwar nicht im Verhältniß des einzelnen zur Totalität unmittel= bar realiſirt werden, das beſtimmende Princip iſt aber das am

---

*) Dieſe ethiſche Form, welche das Ineinander aller vier ethiſchen Thä= tigkeiten unter der Potenz der individuell organiſirenden darſtellt, iſt verhältnißmäßig am wenigſten hervorgehoben und ausgearbeitet, welches Verhältniß ſich auch in der Geſchichte ſo geſtaltet hat. S. hat daher bisweilen in ſeinen Vorleſungen die auf dem Ueberwiegen des indivi= duellen Symboliſirens ruhende vorangeſtellt; aber da dies nicht immer geſchah: ſo bleiben wir bei der im bisherigen immer befolgten Rei= henfolge.

schwierigsten aufzufassende. Denn sie geht über die Nationalität und über die (religiöse Gemeinschaft) Kirche hinaus, wenn gleich sie sich in der Erweiterung schwächt, und braucht auf der andern Seite auch nicht einmal die Familie zur Haltung, indem sie auch unmittelbar vom einzelnen zum einzelnen geht, jenes in der Gastfreiheit, dieses in der Freundschaft *). Die Grenze jener nach außen ist nur da gesezt, wo ein allgemeiner Zustand der Feindschaft den ins unbestimmte gehenden Trieb hemmt.

Die Pluralität der Sphären kann also hier nur bestimmt werden durch die der Bildungsstufen, wie auch die Erfahrung zeigt, daß einer mit einem gleicher Bildungsstufe und fremder Nation leichter in freier Geselligkeit verkehrt, als mit einem gleicher Nation und differenter Bildungsstufe. Daß aber die Bildungsstufen nicht scharf abgeschnitten sind, sondern allmählig übergehen, ist nur die Eine Seite der Sache, denn von der andern angesehen sind sie in untergeordnetem Sinn doch auf dieselbe Weise getrennt, wie die verschiedenen Potenzen des organischen Lebens, deren jede ein neues System entwikkelt z. B. unmündig und mannbar, wahrnehmend und construirend, naturförmig und ethisirend.

Die freie Geselligkeit tritt aber nur dadurch als eine eigne Organisation auf, daß sie sich hierin ganz vom Staate trennt; denn dieser kann den Stand nur an äußeren Kennzeichen festhalten, welche im einzelnen sehr oft da sein können, wo die innere Qualification nicht ist. Die freie Geselligkeit aber erstirbt, sobald sie sich nach äußern Kennzeichen organisiren will **).

*) Mit Recht hat S. später die Freundschaft hier weggelassen und der individuell symbolisirenden Thätigkeit zugetheilt.

**) Vorlesg. Beim Charakter der Identität konnte die zum organischen ganzen gestaltete Zusammenfassung für alle identisch sein, wie Staat und Gesez auf der organisirenden, Sprache und Complex des Wissens auf der symbolisirenden Seite. Wo hingegen das individuelle überwiegt, ist auch das Auffassen des Complexes diesem Charakter unter-

(d.) Das begrenzende Princip für die freie Geselligkeit ist die Verständlichkeit, die von der Identität der organischen Operationen abhängt. Diese kommen hier in Betracht als verständliche Symbole, als Sprache, mit einem bestimmteren Wort, Sitte. Die Identität der Sitte hängt ab nächst den klimatischen Bedingungen von der Identität des Verhältnisses zwischen der persönlichen und nationalen Individualität. Die Sitte ist vor der freien Geselligkeit oder mit ihr zugleich gegeben, die Sprache selbst erscheint in dieser Beziehung nur als Sitte, und bestimmt auch nur in diesem Sinne nicht in ihrem ganzen grammatischen Umfange das Gebiet der freien Geselligkeit *). Dieses ist nun die sittliche Bedeutung des Wortes Stand. Einen Stand bilden diejenigen Menschen, die durch Identität der Sitte in ein Verkehr der freien Geselligkeit treten können. Wie man das Wort gewöhnlich auf die freie Geselligkeit bezieht, aber doch durch politische Verhältnisse bestimmen will, hat der Gedanke gar keine Haltung.

§. 284. **Die freie Geselligkeit kann nur da sein in dem Maaß, als sich die persönliche Eigenthümlichkeit aus der Masse heraushebt.**

Wenn gleich die verschiedenen Bildungsstufen sich im ethischen Proceß überhaupt als Mehr und Weniger verhalten: so hat doch als Sphäre der freien Geselligkeit an sich jede den gleichen Werth, und ihre Vollkommenheit hängt nur davon ab, wieviel richtige Anschauung und reine Mittheilung sich aus ihr entwikkelt. — Die durch alles hindurchgehende Identität des Typus

---

worfen. Die ursprüngliche Abgeschlossenheit sezt einen schwankenden Zustand voraus jedes gegen alle, daher das Zusammengefaßtsein der Manifestationen nicht für alle auf gleiche Weise bestimmt sein kann, und das Maaß schwankend ist und abhängig vom Princip der Wahlanziehung.

*) Vorlesg. Geselliges Gespräch will die Fertigkeit der Combination darstellen, nicht das innere aufschließen.

in den Thätigkeiten der bildenden Function, welche durch den
Charakter einer bestimmten Bildungsstufe oder eines Standes
firirt wird, ist die Sitte (Hofsitte, Weltsitte, Volkssitte). Jede
wahre ächte Sitte ist also gleich gut. — Die Stärke mit welcher die Sitte heraustritt, d. h. mit welcher jeder einzelne seine
Eigenthümlichkeit nur in diesem Typus offenbart, und mit welcher die Stufe ihre Dignität ausdrükkt, ist der Ton der Gesellschaft. Der gute Ton ist also die möglichste Freiheit des einzelnen unter der Potenz des Typus, und der reine Ausdrukk der
Stufe ohne Sinken oder affectirtes Steigen; jedes Gegentheil ist
der schlechte. — Das Object für die Mittheilung ist nicht nur
die Totalität der gebildeten Dinge, sondern zugleich die angebornen Organe in ihrer lebendigen Bewegung sowol der gymnastischen als der dialektischen *). Ent- oder ist an allen gebildeten
Dingen Kunst als Accidens, oder es ist unter ihnen ein eignes
System eigner oder angeeigneter Kunstproductionen, und zwar in
der Duplicität des religiösen und des profanen Styls.

In diesem ganzen Umfang also ist die freie Geselligkeit nothwendig an das Haus gebunden, und der Wirth **) überwiegend
der gebende, die Gäste aus der Totalität ihrer eigenthümlichen
Sphäre herausgesezt sind die empfangenden, und stehen unter der
Potenz von jenem. Wenn aber die freie Geselligkeit sich vom

---

*) In den Vorlesungen ist dies als Spiel bezeichnet, gymnastisches, welches
durch Bewegung die Eigenthümlichkeit der ursprünglichen leiblichen Organe darstelle; dialektisches, welches ebenso die eigenthümliche Fertigkeit der psychischen Organe an die Geselligkeit hingebe; daher hier organisirende und symbolisirende Thätigkeit genau verbunden seien. Sitte,
Ton, Spiel und Kunst wurden hier zusammengestellt.

**) Dieser Gegensaz von Wirth und Gästen ist hier so kurz behandelt,
daß er nicht wohl in einen eignen § konnte gebracht werden; obwol mir
scheint, daß der Gegensaz hier völlig das vorstelle, was oben der von
Obrigkeit und Unterthanen, von gelehrten und Publicum, und unten
von Priestern und Laien, worauf wenigstens hiemit aufmerksam gemacht
werden muß.

Hauſe losſagt und eine Art von öffentlichem Leben wird: ſo muß theils wegen Abweſenheit der ſtehenden Kunſtmaſſe Rohheit, theils wegen Mangels an Beziehung auf die Totalität eines eigenthüm= lichen Lebens Einſeitigkeit entſtehen, welche nur dadurch gut ge= macht werden kann, daß ſich ein ganzer Cyclus ſolcher Verbin= dungen bildet, woraus bei eigentlichem innern Verfall der Schein eines größern Styls entſteht.

Obgleich die freie Geſelligkeit nur da iſt in dem Maaß als die perſönliche Eigenthümlichkeit, ſo iſt doch die Tendenz darauf eher da, und ſo bildet ſich früh ein Analogon, welches ſich zu ihr verhält wie Horde zum Staat, wo nur im Nebeneinander= ſein die gemeinſame Eigenthümlichkeit dargeſtellt wird. — Wenn der beſizbildende Proceß weit vorgerükkt, der eigenthumbildende aber unverhältnißmäßig zurükkgeblieben iſt: ſo wird außer der gemeinſamen Eigenthümlichkeit nur der perſönliche Beſiz ausge= ſtellt, und es herrſcht in der freien Geſelligkeit die Pracht, wel= ches ein krankhafter Zuſtand iſt. — Wenn die Darſtellung der intellectuellen Fertigkeiten über die formloſe Rede hinausgeht: ſo muß ſie unter eine beſtimmte Form des gegenſeitigen Eingreifens gebracht werden, welches den Begriff des Spiels bildet. Die Sittlichkeit des Spiels beſteht darin, daß es nur zuſammenhal= tende Form für eine reiche Entwikkelung intellectueller Thätig= keiten wird, je vielſeitiger deſto beſſer. Deſto weniger ſittlich je mehr die Form Mechanismus wird, und die freie Thätigkeit ſich nur im kleinen und zufällig zeigen kann, wie im Kartenſpiel.

Da das eigenthümliche auch in den Actionen des entgegen= geſezten Charakters untergeordnet vorkommt, und in allen Thä= tigkeiten auch der entgegengeſezten Function die Organe zur An= ſchauung kommen: ſo giebt es nichts, was nicht Material der freien Geſelligkeit ſein könnte, und ſie dient in dieſer Hinſicht zum Maaßſtabe, in welchem Verhältniß in einer Maſſe die ver= ſchiedenen Richtungen des ethiſchen Proceſſes ſtehen.

§. 285. Aus dem Verkehr der freien Geselligkeit
sollen sich Freundschaften einzelner entwikkeln, und diese
sollen hinwieder die Basis geselliger Verbindungen wer=
den. Je mehr beides der Fall ist, desto lebendiger ist
die Function.

Unter dem oben gestellten Begriff der Freundschaft ist nicht alles
diesem Namen sonst angehörige befaßt. In Perioden der Staats=
und Kirchenbildung zeigt sich die gemeinsame Eigenthümlichkeit
zuerst in wenigen einzelnen, die dann sich einander anziehen, welche
Verbindung aber mehr den Charakter einer Gemeinschaft der Organe
trägt, und auf die Bildung des Staats oder der Kirche ausgeht.
Diese heroischen Freundschaften, welche mehr Bündnisse sind, kön=
nen sich auch später in Bezug auf untergeordnete Individualität
oder auf Parteien in Kirche und Staat wiederholen.

Qualitativ unterscheidet sich die Freundschaft von der freien
Geselligkeit durch das gänzliche Zurükktreten der starren und Her=
vortreten der psychologischen Seite, und dadurch, daß das Erken=
nen der Individualität dort mehr auf dem Wege der Beobach=
tung entstehen soll, hier auf dem Wege des Gefühls vorausge=
sezt wird und sich bewähren soll. Die Blüte der Freundschaft
fällt natürlich in die Zeit, wo die Familie zurükktritt, und wo
der einzelne sich im Uebergange aus ihr zu Staat und Kirche
befindet, und sie tritt hernach hinter diese Lebensformen zurükk,
oft aber im Alter aus denselben Gründen stärker heraus. Jenes
Zurükktreten beweist nichts gegen ihre sittliche Dignität.

(d.) Unser Gebiet theilt sich in zwei, je nachdem mehr das
Gefühl hervorsticht oder das Erkennen. Nämlich die Individua=
lität ist etwas durch den Gedanken nicht erreichbares. Durch
die vergleichende Anschauung ihrer einzelnen Aeußerungen kommt
man zu einer Annäherung, welche aber nie vollendet werden
kann. Im Gefühl ist die Art, wie das fremde Leben das unsrige
ergreift, unmittelbar gegeben; allein es findet seine Wahrheit und

Beglaubigung nur in der Uebereinstimmung des Anschauens ein=
zelner Thätigkeiten mit dem Gemeingefühl. Beide Arten sind
also durch einander bedingt. Wo nun vorzüglich durch die Beob=
achtung erkannt werden soll: da ist freie Geselligkeit; wo das
Gefühl die Grundlage ist: da ist Freundschaft. Jede Verbindung
der ersten ist eine Tendenz die lezte zu werden; und jede der lez=
ten stiftet immer freie Geselligkeit. Unterscheidende Merkmale von
beiden sind für die Geselligkeit Zurükkhaltung, nämlich mit der
erworbenen Kenntniß des anderen gegen ihn selbst, weil sie noch
unvollendet ist; vollendet wird sie nur durch die Ergänzung des
Gefühls, mit welcher zugleich auch Freundschaft eintritt, die nun
den Charakter der Offenheit hat, Mittheilung des Gefühls über
den anderen, weil es sich seiner Wahrheit bewußt ist. Jede Zu=
rükkhaltung ist hier noch Begrenzung. Ferner in der freien Ge=
selligkeit will man die einzelnen Thätigkeiten nur, um darin das
combinatorische Gesez anzuschauen. Es kommt also mehr auf
das freie Spiel des Gemüths an als auf die Resultate. In der
Freundschaft hat man das Combinationsgesez schon im Gefühl,
und gebraucht nur die Individualität als Organ für das Uni=
versum. Daher es hier mehr auf die Resultate ankommt als
auf das freie Spiel. Die Kenntniß jedes Individuums ist ein
eignes Organ für die Kenntniß des Universums; das allgemeine
Medium derselben ist nur die Sphäre des Eigenthums.

Anmerkung. Die kritische Schule rechnet die Freundschaft unter das=
jenige, wozu man keine Zeit haben müsse. Dies stimmt ganz zu
dem Ausschließen der Individualität. Wenn jeder bloß Organ, In=
strument ist: so dürfen sich diese freilich nicht gegenseitig beschauen.

§. 286. Wie zwischen mehreren Staaten und Kir=
chen die Gemeinschaft von der freien Geselligkeit aus=
geht: so kommen die verschiedenen Sphären der leztern
in Gemeinschaft durch das Einessein im Staat und in
der Kirche.

In der Kirche muß der Cultus absolut populär sein, also alle Stände vereinigen, und je mehr dann das religiöse Interesse vorherrscht, um so mehr bilden sich auf den Grund desselben vom Cultus ausgehend gesellige Verbindungen, auch ohne genau die Grenze des Standes zu halten. Jeder Staat muß Institute haben, um die Stände zu vereinigen, von welchen dann das nämliche gilt nach Maaßgabe des politischen Interesse. Hieraus geht schon hervor, wie das gesellige Band in jeder Sphäre über die Grenzen des Staats und der Kirche hinaus nur lose sein kann. Die Möglichkeit dieser Erstrekkung ruht nur auf der einen Seite in der specifischen Neigung einzelner das fremdartige durch unmittelbare Anschauung kennen zu lernen, und auf der andern Seite darin, daß derjenige, welcher sein Haus öffnet, keinen, der ihm durch äußere Verhältnisse zugeführt wird, und der sich ihm mit der gehörigen Receptivität gegenüber stellt, ausschließen soll *).

Schlußanmerkungen. Allgemein ist die Neigung jeder großen moralischen Person mit der Vergangenheit und mit der Zukunft in Gemeinschaft zu treten, welche Neigung zwar immer nur durch Werke der (Wissenschaft und?) Kunst realisirt werden kann, aber doch ebenso oft von der freien Geselligkeit und vom Staat als von dem Wissensverein und der Kirche ausgeht.

Wo die Neigung mit der Kunst unmittelbar für die Nachwelt zu arbeiten über den Instinct hinausgeht, ruht sie auf der Anschauung eines so erhaltenen Alterthums, und beides ist in Zeiten vollendeter Bildung durch einander bedingt. Je instinctartiger die Neigung, um desto mehr liegen ihre Producte in der Masse, wie die

---

*) Vorlesg. Die Eröffnung der Abgeschlossenheit ist gefordert, aber jeder öffnet sich nur seinen Umgebungen und damit auch dem Einfluß der andern auf diese, was jedoch ein bloßes allmähliges Sichverlieren ist. Daher ist in einzelnen immer die Richtung auf das entfernte aus Ahnung des besondern im andern, eine Tendenz, die nur von einzelnen repräsentirt wird. Dieses beides durchbricht die Abgeschlossenheit, und nun erst wird die eigenthümliche Thätigkeit eine recht freie, wenn sie in Beziehung auf alle andern gesezt ist.

ägyptische und orientalische Architektur gleichsam als die späteste Erd-
schicht anzusehen ist. Je mehr sie aber einseitig in der Luft und
dem Licht schweben durch Malerei und Drukkerei, um desto weniger
ist das Leben, welches sich mittheilen will, wol von seiner realen
Seite vollständig.

Nur in der Folge und dem Zusammensein der verschiedenen großen ethischen Individuen, deren Cyclus zu verstehen die ewige Aufgabe der Geschichte ist, offenbart sich die menschliche Natur, die wir
aber eben deshalb in unserm innersten Gefühl selbst nur für eine individuelle Form des Seins des idealen im realen ansehen können.

(z.) *) Ich habe in diesen Stunden die eigenthümlich organisirende Thätigkeit allerdings besser von der eigentlich freien Geselligkeit
geschieden als im Manuscript, indem ich die Freundschaft ganz weggelassen, und so auch das Spiel als Kunst. Ich hätte aber noch bestimmter sagen sollen, daß die Auffassung hier wieder organisirende
Thätigkeit werden soll. Die Wahlanziehung und die Differenz der
Stände habe ich vielleicht hier mehr urgirt als richtig ist; es hätte
mehr sollen auf die Differenz des Besizstandes gegeben werden, die
aber freilich auch überwunden werden kann durch Wahlanziehung.
Auch die leztere habe ich hier wol zu viel geltend gemacht, wogegen
ich ein wichtiges Moment, nämlich die Industrieausstellung, ganz
übergangen. Als Vollendung habe ich gesezt, daß mittelbar in jedem
die ganze organisirende Thätigkeit gesezt sei, welches auch kein sehr
bestimmter und deutlicher Ausdrukk ist.

---

*) Diese Selbstrecension ist das einzige, was S. über unsern Abschnitt
in seinen neusten Bemerkungen niedergelegt hat. Unter ihrer Leitung
die Verbesserung zu versuchen hätte den Herausgeber zu sehr aus seinem Verhältniß zum handschriftlichen Nachlaß hinausgedrängt. In den
1832 gehaltenen Vorlesungen war aber von der Industrieausstellung
auch nicht die Rede, währen in c. am Rande sich wenigstens findet,
Das feinste in der Geselligkeit ist Ausstellung der symbolisirenden Thätigkeiten. Wie die Sammlungen als Apparat des Erkennens auf die
organisirende Seite gestellt wurden, mit demselben Rechte gehören eben
dahin auch die Darstellungen des Gefühls, insofern sie gleichsam ein
Apparat sind für das Innewerden der Gefühle anderer.

2) Von der Kirche *).

§. 287. Es sind als von Natur gegeben zu sezen mehrere große Massen eigenthümlicher Schematismen des Gefühls.

Wenn auch einzelne Kirchen einen ins unbestimmte gehenden Ausbreitungstrieb haben: so sieht man doch, daß sie auf vielen Punkten ihren eigenthümlichen Charakter verlieren, und nur in einer gewissen Masse ein productives und reproductives Leben haben, welche Masse aber durch Raceneinheit doch nicht kann bestimmt werden. Wenn dagegen einzelne Kirchen die Nationaleinheit nicht überschreiten: so kommt das theils daher, weil sie sich vom Staate nicht gehörig losgemacht haben (Extrem sind hier die Juden, die jeden, der sich zum Glauben bekannte, auch nationalisirten), theils von ursprünglich schwacher verbreitender Kraft. Der Hordenzustand der Religion, gewöhnlich der patriarchalische genannt, geht in den organisirten Zustand, den der Kirche auch nur über durch Erwachung eines Gegensazes, nämlich des zwischen Klerus und Laien **), die sich verhalten theils wie gelehrte und Publicum, theils wie Obrigkeit und Unterthanen.

Randbemerk. Im patriarchalischen Zustand ist das bestimmte bewußtlos; das gleichartige besteht mehr neben einander als durch einander; der hierarchische Zustand entwikkelt sich durch Offenbarung (Analogie mit Staat und Wissen), in der das bestimmte erst ein bewußtes wird. Der Gegensaz mit seinem Inhalt kann sich in mehreren Punkten zugleich entwikkeln, was bei den meisten mythologischen Religionen zu sein

---

*) Vergl. die Vorbemerkungen vor §. 283. Zum ganzen Abschnitt auch in der Glaubenslehre I. §. 3—6.

**) Auch dieser Gegensaz mußte in einem besondern § hervortreten, §. 289, daher oben der von Wirth und Gästen in der freien Geselligkeit dieselbe Dignität hätte erhalten sollen.

scheint. Eine Offenbarung kann nicht angenommen werden, wenn sie nicht das religiöse Bewußtsein einer Masse wirklich ausdrükkt. Also ist jede geschichtlich gewordene auch wahr, wenn= gleich unvollkommen. —

Wenn die aus dem Gegensaz erwachsenden religiösen Insti= tute auch in der Abhängigkeit vom Staat erscheinen: so ist dies wie §. 281 zu beurtheilen. In dem Maaß nun als eine Reli= gionseinheit sich als Kirche ausbildet, bildet sie sich auch ein Kunstsystem an. Es zeigt sich immer unmöglich den Charakter eines Kunstsystems in das Gebiet einer andern Religion überzu= tragen; alle mühsamsten Versuche gaben doch nur todte Resul= tate, wogegen die Poesie eines fremden Volkes, aber aus dersel= ben Religionseinheit, sich leicht und schnell aneignet.

(z.) Das religiöse Bewußtsein erwacht ursprünglich im Zu= sammensein beider Generationen, weil die erzeugende sich in der Erzeugung absolut abhängig findet als von aller Willkühr ent= blößt, und zwar abhängig nicht nur von dem Geschlechtsleben sondern auch von dem dinglichen Sein, indem auch die äußere Natur auf die Fruchtbarkeit und ihre Bestimmungen Einfluß hat. Somit hat auch das religiöse Bewußtsein seinen ersten Ort in der Familie, patriarchalischer Zustand, gleichmäßig sich entwikkelnd in allen Familien einer Horde, die Gemeinschaft vermittelt durch symbolische Handlung und Kunstwerk, beides im einfachsten Sinn. Auch hier schon könnten sich aber anknüpfen aus Wahlanziehung persönliche Verhältnisse, als Freundschaft, die wenn sie sich auch nach außen in andern bestimmten Verhältnissen äußert, doch ihre Haltung innerlich hat in einem gewissen Maximum von innerer Verständigung. Der bestimmte religiöse Gegensaz Priester und Laien entsteht im patriarchalischen Zustand eigentlich noch nicht.

(d.) Lassen wir einen Augenblick den Gegensaz von gut und böse hier gelten zur Erläuterung: so ist böse das Heraustreten aus der Identität der Vernunft und der Organisation, wenn die Gemeinschaft subjectiv nur auf die Organisation bezogen wird.

Dies ist nun, wenn von allem objectiven abstrahirt wird, Lust und Unlust. Also das subjective Erkennen auf Lust und Unlust beschränken ist das böse, die sinnliche Denkungsart Egoismus, und in der Reflexion eingestanden Eudämonismus. Das gute ist nun die subjective Seite der Gemeinschaft auf die Identität der Vernunft und der Organisation beziehen d. h. sie als Beziehung des abgeschlossenen Daseins auf das übrige als ganzes, als Welt sezen; denn nur so hat das Afficirtsein der Organisation eine Beziehung auf die Vernunft. Hiedurch wird das Gefühl auf die Potenz der Sittlichkeit erhoben, und dieses Verfahren ist nichts anderes als das was wir Religion nennen. Man nennt sie Beziehung des endlichen auf das unendliche, und dies ist ganz dasselbe; denn wenn das endliche die in der einzelnen Organisation eingeschlossene Vernunft ist: so ist das unendliche die Identität der Vernunft mit der Totalität des realen. Eben so sagt man, Religion sei Streben nach der Wiedervereinigung mit dem All. Soll nun dieses Streben von der Identität der Vernunft mit der Organisation ausgehen: so kann seine Tendenz nicht Zerstörung der Organisation sein; also nur absolute Gemeinschaft derselben als eines einzelnen für sich abgeschlossenen mit dem ganzen. Auch sagt man, Religion sei Gemeinschaft nicht mit der Welt sondern mit Gott. Allein wie man beides gegen einander stellen mag, so ist immer Gott das, in welchem die Einheit und Totalität der Welt gesezt wird. Also ist das aufgezeigte geradezu Gemeinschaft mit Gott. Da Empfindung und Anschauung in einem und demselben Act entstehen: so kann sich der Mensch nicht mit dem einen auf einer andern Potenz befinden, als mit dem andern. Wo also Eudämonismus, da auch Empirie, und beide sind ihrer Natur nach irreligiös und atheistisch.

§. 288. Der gleiche Typus ist ursprünglich in der homogenen Masse wenngleich ganz unentwickelt gesezt*).

---

*) Leider ein sehr vager §.

Die Differenz (der Gefühlsſchematiſmen) beruht auf dem
Verhalten der vier verſchiedenen Beziehungen des Erkennens, und
ſo zwar, daß ein Uebergewicht der mathematiſchen und transcen=
denten Seite über einander nur den Grad bezeichnet, in welchem
das Gefühl ethiſirt oder ethiſirbar iſt, und in welchem es durch
Ablöſung vom realen corrumpirt werden kann; ob aber das phy=
ſiſche unter die Potenz des ethiſchen geſtellt iſt, oder umgekehrt,
dieſes die beiden Hauptclaſſen von religiöſen Charakteren unter=
ſcheidet *).

Randbemerk. Ethiſche und phyſiſche Religion verhalten
ſich wie Schikkſal und Vorſehung. In jeder iſt mangelhaft das
mindere Erhobenſein des andern auf die religiöſe Potenz. —

Nach einer andern Richtung findet ein Unterſchied ſtatt, wel=
cher auf dem Gegenſaz der Temperamente beruht, welche Formel
freilich, da die Religionseinheit ſogar über die Nationaleinheit
weit hinausgeht, erſt ſehr geſteigert werden muß.

Anmerkung. Indiſch = phlegmatiſch; griechiſch = ſanguiniſch; jü=
diſch = choleriſch; chriſtlich = melancholiſch? **)

Diejenigen, welche in räumlicher Berührung ſtehen, ſind als
homogene angezogen, und ihre Gemeinſchaft fällt ganz unter den
Charakter und Umfang der Horde.

(z.) Es fragt ſich nun, da bei dem Fortwirken der Wahlan=
ziehung keine äußeren Begrenzungen gelten, ob alles in Eins zu=
ſammenfließen ſoll, oder ob es innere Unterſchiede giebt. Wenn
die vier Regionen in einander ſein ſollen, ſo läßt ſich dies unter
zwei Formeln bringen: ***) A producirt B, weil D gerade C pro=

---

*) Vergl. S's. Glaubenslehre 1. Bd. §. 7—10.

**) Dieſe von S. ſelbſt fragweiſe hingeſtellte Anmerkung hat er ſpäter
nicht berükkſichtigt; ſie trägt jedenfalls den Charakter der bloßen Ver=
muthung und ſcheint im Syſtem nicht organiſch begründet.

***) Vorleſg. Das transcendente Selbſtbewußtſein ſei A, die allgemeinen
Poſitionen B, das Bewußtſein des Ich als veränderlich D, und ein=
zelne Zuſtände C.

ducirt, d. h. die allgemeinen Richtungen (Neigungen und Hand=
lungsweisen) entwikkeln sich in dem einzelnen, so wie wir sie
finden, weil er an und von seinem Ort so afficirt wird.   Dies
ist die Formel der Naturreligionen, deren höchste Idee das Schik=
sal ist.   Denn wo das innere durch das äußere und das allge=
meine durch das einzelne bestimmt wird, da waltet das Geschikk.
Die andere Formel: D producirt C, weil B durch A producirt
ist,° d. h. der einzelne faßt seine veränderlichen Zustände so auf,
wie die allgemeinen Richtungen, zu welchen er sich entwikkelt hat,
es verlangen.   Dies ist die Formel der ethischen oder Geistesre=
ligionen.   Hierin also ist ein Theilungsgrund gegeben, aber wir
können beide nicht gleich stellen, weil offenbar in den Naturreli=
gionen die Intelligenz unter die Potenz der Natur gestellt ist.
Also müssen wir doch Naturreligionen als früheres und vorüber=
gehendes ansehen, und den ethischen eine Richtung auf Univer=
salität beilegen, also hier aufnehmen was auf der politischen
Seite verwerflich erschien.   Die weiteren Entwikklungen gehören
der Religionsphilosophie, so wie auch auszumitteln, wenn eine
Religion Universalreligion würde, auf welche Weise sie sich un=
tergeordnet theilen würde, ob in nationale Kirchen oder nach spe=
cifischen Charakteren.   Die Ansprüche auf Universalität concentri=
ren sich jezt in Christenthum, Buddaismus und Muhamedanis=
mus *).

§. 289.   Das Wesen der Kirche besteht in der or=
ganischen Vereinigung der unter demselben Typus ste=
henden Masse zur subjectiven Thätigkeit der erkennen=
den Function unter dem Gegensaz von Klerus und
Laien.

---

*) Dieses Gebiet faßte der Herausgeber zusammen in der Abhandlung
  über die Dignität des Religionsstifters, welche in den theol. Studien
  und Kritiken 1834 3tes und 4tes Heft niedergelegt ist.   Erst jezt sehe
  ich, wie sehr ich dort Schleiermachers Ansichten durchgeführt habe.
  Nur wäre Religion und Kunst noch enger zu verbinden.

Das Entstehen der Kirche kann eben sowol analog sein dem Entstehen des Staats als schlichte Demokratie, aber dann mit geringer Lebenskraft, die sich theils durch unvollständiges Losreißen vom Staat, theils durch leichteres Zusammenschmelzen mit ähnlichen Systemen und also nicht reines Heraustreten der Eigenthümlichkeit zu erkennen giebt. Theils auch ist es analog dem Entstehen des Staates aus der in einem einzelnen vorwaltenden Idee, welches der eigentliche Inhalt des Bewußtseins der Offenbarung ist, wobei aber doch vorausgesezt wird, daß der Typus bereits in der Masse vorhanden sei, weil sonst die Offenbarung keinen Glauben finden würde, ja daß auch der kirchliche Gegensaz schon angelegt und präformirt ist. Dies findet auch Anwendung auf das Entstehen einer neuen Kirche im Gebiet veralteter und im Untergang begriffener.

Randbemerk. Vollkommnere Offenbarungen werden angenommen auf höheren Bildungsstufen. Dann natürlich ein Gegensaz. Es kann nicht an sich unsittlich sein das alte zu vertheidigen, auch nicht wenn man sich schon dem sich hervorarbeitenden neuen Princip widersezen muß; sondern dies sind natürliche und nothwendige Zustände. Eben so kann frühes Annehmen unsittlich sein. Schlechthin unsittlich ist nur das Behandeln der Sache nach einem ihr fremden Princip. —

Es giebt von der Kirche eine negative Ansicht, analog der vom Staat, als sei sie nur ein Institut, um die Leidenschaften zu reprimiren. Allein theils kann dieses nur geleistet werden, wiefern in jemandem das religiöse Princip ist, theils bedarf es dann dazu nicht der Kirche. Es giebt aber auch eine überschäzende Ansicht, welche die Kirche als die absolute ethische Gemeinschaft sezt, und ihr Staat und Wissen unterordnet. Eine solche kann ihre geschichtliche Bewährung nur in einer Zeit finden, wo die Tendenz zur Völkergemeinschaft, welche mit von der Religion ausgeht, ein großes Uebergewicht hat über die zur Beschränkung auf die Nationalität. — Indem in der Kirche jeder sein religiöſes Gefühl nicht allein als ein perſönliches ſondern zugleich als ein gemeinſames hat, ſtrebt er alſo ſeine Affectionen in die andern Perſonen fortzupflanzen, und wiederum ihre Affectionen mit darzuſtellen. Alle Abſtufungen des kirchlichen Gegenſazes ſind nur verſchiedene Sphären und Formen, in denen dieſes geſchieht.

(z.) Wie ein Staat kleiner Ordnung entſteht und Perſönlichkeit bekommt: ſo kann auch in dieſer das religiöſe Bewußtſein erwachen, weder nothwendig monarchiſch noch weniger demokratiſch, ſondern der öffentliche Cultus entſteht überwiegend ariſtokratiſch, und mit ihm ein Syſtem von ſymboliſchen Handlungen und Kunſtwerken. Das Princip der Wahlanziehung kann aber auch von hier aus fortwirken entweder im großen, Maſſen ergreifend, oder im kleinen durch Anziehung einzelner ſich fortbewegend auch außerhalb der politiſchen Einheit. Hält ſie ſich an das politiſche: ſo entſteht entweder Hierarchie oder Cäſareopapat; beides können wir als eine die weſentlichen Charaktere verwiſchende Vereinigung deſſen, was geſchieden ſein ſoll, nicht ins höchſte Gut aufnehmen.

§. 290. Wie alles Wiſſen auf die Sprache, ſo laſſen ſich alle Actionen des ſubjectiven Erkennens auf die Kunſt reduciren. (§. 255.)

Die höchſte Tendenz der Kirche iſt die Bildung eines Kunſtſchazes, an welchem ſich das Gefühl eines jeden bildet, und in welchem jeder ſeine ausgezeichneten Gefühle niederlegt und die freien Darſtellungen ſeiner Gefühlsweiſe, ſo wie ſich auch jeder, deſſen darſtellende Production mit ſeinem Gefühl nicht Schritt hält, Darſtellungen aneignen kann. Die Totalität iſt hier nicht möglich auch nur anzuſtreben, wenn nicht beide Kunſtformen da ſind, die welche bleibende, und die welche vergehende Werke erzeugen. Inſofern der Kunſtſchaz eine reale Maſſe bildet, hat jeder jeden Augenblick Zutritt dazu. Für die Darſtellung unter

den vergänglichen Formen aber muß ein Zusammentreten um
das gemeinsame Leben auszusprechen und zu nähren da sein,
weshalb sich an jede Kirche ein Cultus anbildet. Nach derselben
Analogie, wie manches in der Kirche ist und nicht im Cultus,
ist es auch zu beurtheilen, daß manches zum Kunstgebiet gehört,
was nicht im religiösen Styl ist.

Randbemerk. In ethischen Religionen geht extensiver und
intensiver Fortschritt mehr auseinander, darum trennen sich
auch Kirche und freie Geselligkeit schärfer; in physischen beides weniger. —

Im Alterthum gab es weniger einen religiösen und profanen Styl, als nur einen öffentlichen und Privatstyl, und alle
öffentlichen Erhibitionen hatten mehr oder minder einen religiösen Charakter. Beides ist also erst spät aus einander gegangen.

Was im Gefühl zu unterscheiden ist im Gedanken, aber nicht
getrennt sein kann in der Wirklichkeit, weil eines das Maaß des
andern, und beides in Wechselwirkung steht, nämlich die Richtigkeit des Gefühls, inwiefern nämlich die Affection einer einzelnen
sinnlichen Richtung auf die Totalität der sinnlichen Person richtig aufgefaßt wird, und seine Sittlichkeit, daß nämlich die Affection der sinnlichen Person selbst nur auf die sittliche Person
bezogen wird: das geht in der Darstellung mehr auseinander.
Die mehr auf das sittliche gerichtete Darstellung ist die religiöse,
die mehr auf die Richtigkeit ist die profane. Beides bleibt aber
so verbunden, daß alles einzelne profane als Material im religiösen vorkommen kann, und daß alles profane, wiefern es eigentlich irreligiös wäre, auch nicht in das Kunstgebiet gehören
könnte.

Im religiösen hohen Styl tritt die Eigenthümlichkeit des
darstellenden ganz zurück. Er stellt nur dar als Organ und Repräsentant der Kirche, denn seine Darstellung muß für das ganze
Gebiet des bestimmten religiösen Typus möglichst objectiv sein.
In religiösen Privatdarstellungen, wie sie die Kirche in der Fa-

milie repräsentiren, tritt die Eigenthümlichkeit etwas mehr her=
vor, indem der kirchliche Typus hier durch den Familiencharakter
specifisch modificirt erscheinen soll. Im profanen Styl nun soll
die persönliche Eigenthümlichkeit ganz heraustreten, und der kirch=
liche Typus verhält sich fast nur leidend als Grenze, aus der
nicht darf herausgegangen werden. Hierin liegt auch der Grund,
warum in den modernen großen Religionsformen im hohen Kir=
chenstyl die Nationalität wenig oder gar nicht heraustritt im Ver=
gleich mit dem profanen Styl, worin sie dominirt. — Da die
Richtigkeit des Gefühls auf dem Gleichgewicht der sinnlichen
Functionen beruht, und eben dieses die Schönheit hervorbringt,
das Gleichgewicht aber allein in der Ethisirung fest gegründet
ist: so erhellt, wie die Schönheit als das Ziel des profanen Styls
kein anderes ist als das des religiösen.

§. 291. In Naturreligionen steht das Selbstbe=
wußtsein überwiegend unter der Potenz der Nothwen=
digkeit, in Vernunftreligionen unter der der Freiheit.
Jene sind ein unvollkommnerer Grad und gehen in diese
über *).

Eine Mehrheit von Naturreligionen neben einander sind in
einem ursprünglichen friedlichen Verhältniß, ja sogar geneigt von
einander zu entlehnen, da das nur individuell d. h. der Form
nach verschiedene leicht angesehen wird als materiell verschieden,
also reale Beziehungen enthaltend, die in der andern fehlen, wel=
ches großentheils die Ursache ist von der ungeheuern Form, welche
die meisten mythologischen Religionen mit der Zeit annehmen.
Das feindselig=Verhältniß, Intoleranz im Zusammensein sowol
der Naturreligionen mit Vernunftreligionen, als einer Mehrheit

---

*) Der § sollte eigentlich das Verhältniß dieser verschiedenen Religions=
formen in ihrem Nebeneinandersein ausdrükken. Indeß kann er auch
so stehen, da doch wenigstens vom Uebergehen der einen Form in die
andere die Rede ist.

von Vernunftreligionen, ist zu weit verbreitet, als daß man es nur zufälligen Ursachen zuschreiben könnte, sondern man muß es für ein durch die Bildung dieser Formen selbst veranlaßtes und nur durch Mißverständniß falsch gewendetes aufzufassen suchen. Der Gegensaz ist offensiv auf der Freiheitsseite, und nur defensiv auf der Seite der Nothwendigkeit. Denn jene muß stre= ben die Natur von dem bloßen Schein einer Einigung mit der Vernunft zu befreien, wohingegen diese den Schein der Freiheit unter den Begriff der Nothwendigkeit subsumiren kann *). Daß dennoch auf der defensiven Seite zuerst die äußere Gewalt her= austritt, ist darin gegründet, daß die Naturreligion sich noch nie völlig vom Staat losgemacht hat. — Da Vernunftreligionen den Andeutungen der Geschichte nach als ein Fortschritt der Re= ligionsbildung anzusehen sind: so endigt das feindliche Verhält= niß im Aufgehen der Naturreligion in die Vernunftreligion in dem Maaß, als diese sich das Material jener auch auf dem Wege der Ueberzeugung durch Proselytenmachen aneignen konnte.

Randbemerk. Natürlich, daß die, welche eine höhere Re= ligion verbreiten wollen, auch eine höhere Bildungsstufe ver= breiten müssen. Eben deshalb gedeiht die Mission nur recht bei wirklicher Colonisirung. —

Da in Vernunftreligionen das Gefühl von ihrer Identität über das von ihrer Differenz überwiegen muß (indem alles nur Nebensache ist in Vergleich mit dem Gefühl von der Einheit des absoluten als Agens in der Natur): so wird die individuelle Differenz sehr leicht verkannt und für Folge des Irrthums ge= halten. Daher hier ein feindliches Verhältniß, welches aber nur bei eingewurzelter Rohheit als äußere Gewalt auftreten kann.

Die modernen großen Formen der Vernunftreligion beobach= ten ein der Naturreligion ganz entgegengeseztes Verfahren, indem

---

*) Wie in der Glaubenslehre I. §. 9. S. 61 der Islam dargestellt ist mit diesem fatalistischen Charakter.

sie sich auf den Grund untergeordneter Gegensäze mit der Zeit in kleine individuelle Formen spalten. Hier werden die individuellen Verschiedenheiten sehr natürlich mißverstanden, und als Differenzen im Grade der Vollkommenheit angesehen. Da nun die Spaltung aus früherer Einheit hervorgeht, erscheint eine Partei der andern als Festhalten einer antiquirten Unvollkommenheit, oder als Losreißung eines Theiles vom ganzen, und die positive Feindseligkeit ist dann auf Seiten jener. Es ist Sache der kritischen Disciplin, die man gewöhnlich Religionsphilosophie nennt, die individuelle Differenz der einzelnen Kirche in comparativer Anschauung zu fixiren; so wie die technische Disciplin der praktischen Theologie für jede einzelne Kirche die Handhabung des kirchlichen Gegensazes lehrt. Es ist Sache der kritischen Disciplin, welche wir jezt Aesthetik nennen, den Cyclus der Künste zu deduciren und das Wesen der verschiedenen Kunstformen darzustellen; so wie die Technik einer jeden Kunst die Handhabung sowol des idealen als des organischen Theils für die einzelne Production lehrt.

Anmerkung. (z.) Hierauf folgte noch eine vergleichende Betrachtung der vier Sphären. Entgegengeseztes Verhältniß des eigenthümlichen Charakters in beiden Thätigkeiten. Die eine wird fest in der Vielheit der Staaten, die andere in der Einheit der Kirche; wogegen die identische Manifestation in der Vielheit fest wird der Sprachen und Begriffssysteme, die identische Organisirung aber in der Allgemeinheit des Verkehrs und des Rechtszustandes die volksthümlichen Differenzen mehr verlöscht. — Zum Schluß eine Betrachtung der Persönlichkeit als in allen vier Sphären sich bewegend, wie die Gleichheit am meisten zur Darstellung kommen kann in der Kirche, im Wissen aber nur wenige die transcendente Voraussezung zum Bewußtsein bringen. Wie Annäherung hieran und größere Allgemeinheit der individuellen Organisation abhängig ist von der Befreiung von mechanischer Thätigkeit, jedes Einzelwesen aber doch an dieser einen Theil haben muß. Dies die Aufgabe der identischen Organisirung die ausübende Thätigkeit in die angebildeten Organe zu le=

gen und dem Individuum nur die leitende zu überlassen *). Eben
so größere Ausgleichung der Lebensdauer, Euthanasie nach überwun=
dener Krankheit. —

*) Vorlesg. Vergleichen wir die vier Gebiete noch einmal: so stellen sich
die Verhältnisse so: 1) Die organisirende Thätigkeit im Charakter der
Identität fixirt sich in großen ganzen des Verkehrs; als eigenthümlich
dagegen blieb sie immer bei einem Verhältniß stehen, das sich mehr in
den einzelnen als solchen constituirt. Aufstellung der Resultate von
Nationalindustrie ist am größten auf einem allgemeinen Weltmarkt, wo
ein individuelles Gebiet das andre anregt. Das sich zur Anschauung
geben leitet schon zum Symbolisiren hinüber. 2) Die symbolisirende
Thätigkeit als identisch erschien als Richtung auf das Wissen, und die=
ses als differirend in den verschiedenen Sprachen, so daß die Identität
nur in der Annäherung besessen wird. Aber wenige haben auch auf
diese Weise den ganzen Proceß des Wissens. Eine Ergänzung bietet
die individuelle Seite, wo jeder im religiösen Bewußtsein das transcen=
dente hat, denn dadurch wird allen das Bewußtsein der Identität.
    Viele werden vom Symbolisiren abgehalten durch äußere Hinder=
nisse, und so entwikkeln sich die einzelnen ungleich. Diese Unvollkom=
menheit als nicht in der Idee des höchsten Gutes erwartet also ihre
Aufhebung. Dies begründet die zwei andern Formen der Sittenlehre,
die nothwendig aufs Einzelwesen zurükkgehen, indem die Tugendlehre
zeigt, durch wie beschaffene Einzelwesen das höchste Gut realisirt werde,
und die Pflichtenlehre, wie die Handlungsweisen der Einzelwesen auf
jedem Punkt beschaffen sein müssen, um in der Annäherung zu dem=
selben Ziele zu sein.

Der Sittenlehre zweiter Theil.

Tugendlehre (b.) *).

Einleitung.

§. 292. Der Gegenstand der Tugendlehre ist unmittelbar nicht die Totalität der Vernunft gegenüber der Totalität der Natur, sondern die Vernunft in dem einzelnen Menschen.

Also auf der einen Seite alles was im höchsten Gut gesezt ist, weil die Vernunft auf keine andere Weise da ist, auf der an-

---

*) Eine Bearbeitung von 1827, die wir mit (b.) bezeichnen, da sie neuer ist als (c.) der Güterlehre, obgleich auch nur in §§ ohne weitere Ausführungen, ist hier zum Grunde zu legen. Auf sie bezogen sind die Bemerkungen (z.) von 1832. Daneben gebe ich (e.), eine bloß die Tugendlehre umfassende Redaction, die älter ist als (b.), und sehr verwandt dem fast die ganze Ethik enthaltenden folglich auch hier fortgehenden (d.). Diese beiden sind nicht in §§ gebracht, sondern fortlaufendes ganze. Ein dem (a.) und (c.) in der Güterlehre paralleles giebt es nicht.

Man vergleiche des Verfassers Grundlinien einer Kritik der bisherigen Sittenlehre von S. 151 an, und seine Abhandlung über die wissenschaftliche Behandlung des Tugendbegriffs in den Jahrbüchern der k. preuß. Akademie der Wissenschaften, vorgelesen 1819.

dern Seite aber ausgeschlossen alles Product. Nämlich nicht nur
die gebildete äußere Natur, sondern auch der Organismus als
gebildetes, denn er tritt hier nur auf als agirendes. Beiläufig
daher, wie steht es mit der Differenz von Tugend und Talent?
Aus dem Standpunkt des höchsten Gutes ist zu sagen, Wieviel
Tugend soviel Talent und umgekehrt; aus dem Standpunkt der
Tugendlehre nicht, denn an dem Talent des Einen, d. h. dem
sittlich gebildeten Organismus, hat auch Antheil die Tugend
des Andern.

(e.) Der Sittenlehre zweiter Theil. Die Tugendlehre. Einleitung. I. Verhältniß der Tugend zum höchsten Gut. 1. Scheinbare Antinomie zwischen beiden. Das höchste Gut (vgl. §. 110
bis 122) war die Intelligenz als Geist des ganzen identisch mit
seinen Producten. Die Tugend dagegen ist die Intelligenz als
inwohnender Geist des einzelnen. Jenes kann in der Totalität
nicht anders zu Stande kommen als durch das vollständige sittliche Handeln der einzelnen, denn die Producte der Intelligenz
sind nichts anderes als das organisch gebildete aus dem sittlichen
Handeln des einzelnen *). Also sezt das Wirklichwerden des
höchsten Gutes die Vollkommenheit der Tugend voraus. Umgekehrt fällt erst in die vollständige Realisirung des höchsten Gutes
auch die gänzliche Bildung der Persönlichkeit im ganzen Umfang
durch die inwohnende Intelligenz. Denn diese war ein organischer Theil desselben, und diese können nicht getrennt sondern nur
alle zugleich wirklich werden. Erst mit dieser Bildung aber ist
auch die vollkommene Tugend gegeben; denn dann erst ist die
Intelligenz **) ausschließend leitender Geist des einzelnen. Also

*) Daher in den Vorlesungen gesagt wurde, Kinder haben keine Tugend.
**) Man erinnere sich, daß Intelligenz als synonym mit Vernunft von
dieser Ethik gebraucht wird. — Hier hat der Herausgeber Ausführlichkeit für Pflicht gehalten, weil diese Einleitung mit den Constructionsprincipien zusammenhängt, und alle dann folgende Ausführung
begründet.

sezt die Vollkommenheit der Tugend das Wirklichgewordenfein des höchsten Gutes voraus.

2. Auflösung dieser Antinomie. a) Die Persönlichkeit im ganzen Umfang, welche durch die inwohnende Intelligenz gebildet werden soll, bezieht sich nicht auf diese Intelligenz allein, sondern ist, wie alles äußerliche, zugleich ein gemeinschaftliches. Ihre vollständige Bildung also kann nur das Resultat sein von einer durchaus sittlichen Wechselwirkung aller Individuen, welche mit ihr in Gemeinschaft stehen, und diese sezt freilich das höchste Gut voraus.

Coroll. Dies die Ursache, warum bei den alten manches als Tugend und auch als Gut, ja von einigen im allgemeinen die Tugend als ein Gut *) gesezt wurde.

b) Die Tugend selbst ist, wenn man das höchste Gut in der Erscheinung als ein werdendes ansieht, auch ein werdendes, sofern sie in der Persönlichkeit und durch sie erscheint; und daß jedes Werden des einen ein Gewordensein des andern vorausfezt, ist nur zertheilter Ausdruff der Wechselwirkung. Die Tugend geht also als Gesinnung dem höchsten Gut voran, als Lebenskraft desselben einem bestimmten Punkt inwohnend; als Erscheinung hingegen folgt ihr Werden demselben, wie ein bestimmtes Organ nur durch das ganze kann gebildet werden.

(z.) Wenn wir die verschiedenen Sphären des höchsten Gutes betrachten, wie sie durch die einzelnen werden: so finden wir, daß sie um so besser fortschreiten, je mehr jeder einzelne dasjenige schafft, wozu er am meisten Geschiff hat. Dieses bezeichnen wir durch den Ausdruff Talente (§. 214 heißen sie Geschifflichkeiten). – Ist nun Tugend und Talent dasselbe? Dies ist zu verneinen, weil das Talent seinen Siz im Organismus hat, und unter der Einwirkung der frühern Organisation geworden ist. Talente können zum Theil Resultate der Tugenden sein, aber

---

*) Vergl. Grundlinien einer Kritik der bisher. Sittenlehre S. 188.

Tugend ist nur die Thätigkeit der Vernunft auf die Natur, und für sie gehört das Talent, wiewol später entwikkelt, nur zur eigenthümlichen Bestimmtheit der Natur.

> **Anmerkung.** (z.) Der Gegensaz Tugend und Laster liegt (§. 91.) außerhalb der wissenschaftlichen Entwikklung, wie der zwischen gut und böse. Der positive Gegensaz muß einen andern Ort haben. Auch wenn wir Laster zurükkführen wollten auf habituelle Naturthätigkeiten, können wir nicht den Widerstand gegen diese in unsre Darstellung aufnehmen, weil dies in die Zeit gehört, wo das Individuum noch nicht sittlich selbstständig ist. Gehen wir auf das Zusammensein zweier Generationen zurükk: so haben wir nicht die zu betrachten, welche sich an der andern entwikkelt. Im Kinde (unmündigen) ist keine Tugend.

§. 293. Wenn von der Tugend etwas zu sagen sein soll: so muß sie zugleich Eines und Vieles sein, und die Frage also, welches von beiden sie sei, hat keinen Sinn. Es bleibt nur übrig die Frage, In welchem Sinne ist sie Eines und in welchem Vieles?

Man könnte sagen, sie wäre Eines, inwiefern das höchste Gut Eines ist; Vieles, insofern das höchste Gut aus verschiedenen Sphären besteht. Dies kann aber nicht sein. Theils weil diese vier Sphären ihre gemeinschaftliche Wurzel in der Familie haben, die auch eine Sphäre bildet, so daß in der Tugend, vermöge deren der Mensch in der Familie ist, die andern Tugenden, vermöge deren er in jeder andern Sphäre ist, wieder Eins wären. Theils auch weil keine Sphäre ist ohne Erkennen, keine ohne ein äußeres Eigenthum, keine ohne freie Geselligkeit und keine ohne fromme Gesinnung, so daß also die Tugend in jeder nicht eine besondere sein kann im Gegensaze zu der Tugend in einer andern. Das Verhältniß zum höchsten Gut muß sich vielmehr in den beiden Formeln ausdrükken lassen, Jede Sphäre des höchsten Gutes bedarf aller Tugenden, jede Tugend geht durch alle Sphären des höchsten Gutes.

Beiläufig von hier aus zu verstehn die Frage, ob die Tugend zureichend sei, um das höchste Gut hervorzubringen, welche Frage, wenn von beiden im ganzen die Rede ist, keiner Antwort bedarf, denn nur die Tugend Aller kann das höchste Gut produciren, wenn aber von beiden im einzelnen die Rede ist, keinen Sinn hat, weil kein einzelner das höchste Gut besizen kann. Es ist daher besser die Formel, ob die Tugend zureichend sei die Glükseligkeit hervorzubringen, wobei Glükseligkeit als Antheil des einzelnen am höchsten Gut zu verstehen ist. Sie ist zu verneinen, inwiefern jede Sphäre empirisch mehr oder weniger dem einzelnen geben kann als in seinem Streben liegt, so daß theils die Tugend unglükselig macht, theils die Glükseligkeit wird ohne die Tugend. Sie ist zu bejahen, inwiefern des einzelnen Antheil am höchsten Gut eigentlich darin besteht, wie er es werdend fühlt und sich in demselben. Beide Antworten sind vereint in der recht verstandenen Formel, daß die Tugend die Würdigkeit glükselig zu sein bestimmt. — Man könnte ferner sagen, die Tugend sei Eines, inwiefern die Vernunft Eines ist, und Vieles, inwiefern die Natur, in der die Vernunft ist, Vieles ist. Nur darf die Tugend weder nach den einzelnen Functionen der Natur getheilt werden, weil die Herrschaft der Vernunft in allen dieselbe ist, noch nach den verschiedenen Complexionen der Natur in den einzelnen, weil man sonst vom Einen gleich zum unendlich Vielen käme. Man kann das Verhältniß der Vernunft zur Sinnlichkeit in der Tugend ansehen als Einerleiheit, denn die Tugend ist nur insoweit vollendet, als keine Neigung von ihr zu unterscheiden ist. Aber die Arten, wie die Neigungen für sich betrachtet sich theilen, können eben deshalb nicht die Beziehung sein, wonach die Tugend getheilt wird. Man kann das Verhältniß als Widerstreit ansehen, und also alle Tugend als Kampf, weil sie nur in diesem wird und fortschreitet, aber man kann die Tugend nicht theilen, wie das getheilt wird, dem die Vernunft widerstreitet. Fälschlich wird also die Tugend als Neigung betrachtet bei den alten in der ariſtoteliſchen Theorie, wo jede Neigung Tugend iſt, wenn ſie ein gewiſſes Maaß hält, und bei den neuern in der Theorie der Harmonie, wo die Tugend beſteht in einem Verhältniß jeder Neigung zu allen übrigen. Aber weder jenes Maaß noch der Exponent dieſes Verhältniſſes kann ange= geben werden.

(e.) II. Folgerungen aus dem über das Verhältniß der Tu= gend zum höchſten Gut geſagten. 1. Verhältniß der Tugend zur perſönlichen Vollkommenheit. Dieſe, wie ſie nur aus der durch= gängigen ſittlichen Wechſelwirkung hervorgehen kann, iſt dann die gänzliche Einheit der Natur mit der Intelligenz, indem auch das unmittelbare Lebensgefühl der erſtern ſich ganz auf die lezte bezieht und jede andere Bedeutung verloren hat. Dies iſt die wahre und höchſte Idee von Glükſeligkeit, nämlich die aus je= ner Wechſelwirkung hervorgehende gänzliche Befriedigung dieſes ſo beſtimmten Lebensgefühls. Dieſe Glükſeligkeit nun kann, ſo lange die Tugend nur in einzelnen wohnt, auch in dieſen ein= zelnen nicht ſein. Und ſo iſt demnach der tugendhafte außer dem höchſten Gute.

(Coroll. Hieraus ſind entſtanden a) die peripatetiſche Be= hauptung, daß die Tugend nicht hinreiche zur Glükſeligkeit, ſon= dern noch ein äußerlich vollkommnes Leben dazu gehöre; b) die ſtoiſche Maxime, alle Unluſt als etwas fremdes außer ſich zu ſe= zen, um die Identität der Tugend und des höchſten Gutes zu retten; c) die kantiſche Anſicht, daß die Tugend nur Würdigkeit zur Glükſeligkeit iſt, weil nämlich doch der tugendhafte ſo be= ſchaffen iſt, daß, wenn alle ſo wären, er ſelbſt und ſie glükſelig ſein würden. Auf dieſen Grund zurükgeführt ſpricht der Saz das Verhältniß gut aus, taugt aber als Ausdruk einer Rela= tion gar nicht zum Princip, weder der Tugendlehre noch der Pflichtenlehre noch der Metaphyſik der Sitten.)

Dieſe Privation nun ſteht in gar keinem Verhältniſſe mit dem Grade der Tugend, auch nicht mit einer quantitativen Be=

schränktheit derselben, sondern ist absolute Anomalie, und müßte auch dem tugendhaftesten eben so begegnen. Dieser aber darf nicht außer dem höchsten Gute leben, sondern wo das vollkommene Lebensprincip des höchsten Gutes ist, da muß es auch selbst in= wohnend sein und sich ausgebären.

Es fragt sich also, wie kann der tugendhafte ohnerachtet je= ner Privation im höchsten Gute leben? Die Auflösung geht hervor aus der vorigen. Indem er seine Persönlichkeit, sofern sie ihm nicht ganz unterworfen ist, zur gemeinschaftlichen Masse rech= net: so bezieht er alles, was von da ausgeht, auf sich selbst nur objectiv als Erkenntniß; die Unlust ist also der Ausdruck der Vollkommenheit seines Organs in Beziehung auf diese Erkennt= niß. Sein Wirken auf diesen Theil der Masse erscheint ihm als Kunst, deren Werk das fortschreitende Werden derselben ist, wel= ches also den Widerstand eines rohen Stoffes voraussezt. Der tugenhafte lebt also im höchsten Gute, sofern alles in ihm Er= kenntniß ist und Kunst.

Coroll. a) Also auch nur in Erkenntniß und Kunst, beide in der höchsten Beziehung auf das höchste Gut gedacht, kann sich die vollkommene subjective Sittlichkeit aussprechen, und zwar nur in der rein subjectiven Erkenntniß und Kunst, durch welche also der Mensch selbst im absoluten ist. In allem gemeinschaftlichen Wissen und Handeln spricht sich nur aus die unvollkommene Ein= wirkung der gemeinschaftlichen Sittlichkeit. b) Also kann auch nur durch Erkenntniß und Kunst das Annähern an das höchste Gut objectiv befördert werden. c) Es giebt also ein zwiefaches Leben des tugendhaften, wenn man ihn als Person betrachtet in Beziehung auf das höchste Gut. Das vollkommene, ohne Uebel und Gemeinschaft mit den bösen, in Erkenntniß *) und Kunst. Das unvollkommene, in dieser Gemeinschaft und mit Uebeln. Daher die Vorstellung von zwei Welten.

---

*) Erkenntniß, sagt S. (d.), umfaßt hier sowol Wissen als Gefühl, wie beides unzertrennlich mit einander verknüpft ist.

2. Von der Fortschreitung der Tugend in Beziehung auf das höchste Gut als ihr Werk. Es giebt kein Handeln in der Tugend, als Erkenntniß und Kunst. Das lezte in der Tugend, wodurch das höchste Gut vollkommen realisirt wird, ist die persönliche Vollkommenheit. Auch diese muß erscheinen als Erkenntniß und Kunst. Eben so aber auch das ursprüngliche erste von der persönlichen Vollkommenheit entfernteste positive, nämlich die Einwirkung fremder subjectiver Sittlichkeit auf eine innerlich noch nicht ethisirte Person. Dies sind die beiden Enden der Einwirkung der Intelligenz als sittlichen Princips auf die Intelligenz als Natur, und zugleich die beiden Enden der Realisirung des höchsten Gutes.

Anmerkung. In der Tugendlehre selbst darf nun keine Beziehung auf das höchste Gut unmittelbar vorkommen, daher dies alles in die Einleitung zu bringen war.

(z.) Noch weniger kann also Tugend auf Neigung zurükgeführt werden, wie Aristoteles gethan. Nicht nur weil eine Mitte nicht construirt werden kann, sondern auch weil auf diese Weise niemals das Wesen der Tugend beschrieben werden kann, sondern nur eine durch sie bewirkte äußere Erscheinung.

§. 294. Es bietet sich Ein Theilungsgrund dar, wenn man beim Einswerden der Vernunft und Sinnlichkeit auf dasjenige sieht, was in der Vernunft gesezt ist und nicht in der Sinnlichkeit, und umgekehrt, was in der Sinnlichkeit gesezt ist und nicht in der Vernunft. Jenes ist der Idealgehalt, dieses die Zeitform. Die Tugend als reiner Idealgehalt des Handelns ist Gesinnung, die Tugend als unter die Zeitform gestellte Vernunft ist Fertigkeit.

Beides kann nie ganz getrennt sein. Gesinnung ohne Fertigkeit ist nur denkbar in einem hypothetischen Moment, sonst wäre sie keine Kraft sondern nur ruhende Vernunft. Fertigkeit

ohne Gesinnung wäre entweder nur sinnlich, oder hätte ihre Sitt=
lichkeit in dem, der die Gesinnung dazu besäße, und für den je=
ner nur das Organ wäre.

(d.) Die Sittlichkeit ist Ein untheilbares, aber ihre Erschei=
nungen sind ein mannigfaltiges. Hierunter sind nicht die ein=
zelnen Thaten zu verstehen, sondern der durch die Thätigkeit des
Geistes gewirkte organische Zustand. Beides muß nun ineinan=
der geschaut werden. Wenn man nur das innere untheilbare
Wesen der Sittlichkeit sieht ohne jenes mannigfaltige: so kann
man zwar ein richtiges Gefühl haben, aber es fehlt an dem wah=
ren Bilde des Lebens. Wer das mannigfaltige anschaut ohne
das einfache, der hat zwar ein buntes Bild des Lebens, aber er
kann das sittliche darin nicht sehen. Daher muß verbunden und
in einander dargestellt werden die Tugend als die Gesinnung und
die Tugend als Fertigkeit, was hinausläuft auf die Identität des
Seins und Werdens. Man darf nicht Gesinnung und Fertigkeit
als getrennt denken, als ob eines ohne das andere sein könnte,
aber die Tugend erscheint bald mehr unter jener Form als Ge=
sinnung, bald mehr unter dieser als Fertigkeit. Jene Anschauung
ist die fundamentale, denn ohne sie kann die andere nicht gelin=
gen. In der Fertigkeit tritt die Tugend als Macht über die
Organisation auf als ein Quantum.

(z.) Soll eine Tugendlehre aufgestellt werden: so muß die
Tugend zugleich als Vielheit gesezt sein. Die Frage, ob sie Ei=
nes ist oder Vieles, hat für uns keinen Sinn mehr. Soll aber
die Tugendlehre eine unabhängige Darstellung sein: so darf die
Tugend nicht Vieles sein auf dieselbe Weise, wie das höchste Gut
getheilt ist; sondern wir müssen in dem Begriff selbst den Thei=
lungsgrund finden. Wenn wir nun im voraus wenigstens eine
Mannigfaltigkeit von Darstellungen der sittlichen Kraft anneh=
men müssen: so können diese different sein quantitativ in jedem
einzelnen, während doch die Intelligenz gar nicht in diese quanti=
tative Betrachtung fällt; und hiedurch ist ein Theilungsgrund

gegeben. Die Tugend in der Intelligenz an und für sich als die sich selbst gleichbleibende, und die Tugend als Wirkung auf den Organismus.

§. 295. Ein anderer Theilungsgrund liegt in der ursprünglichen Form des Lebens, welches als einzelnes nur im Gegensaz des Insichaufnehmens und Aussichhinstellens besteht. Die Tugend in Beziehung auf jenes ist die erkennende, die andere die darstellende.

Beide können nie ganz getrennt sein. Denn weil alles Handeln auf einem Typus als Vorstellung beruht: so kann jenes nicht Idealgehalt haben, wenn diese ihn nicht hat. Und da alles Insichaufnehmen weil es zugleich Gefühl ist auf Darstellung ausgeht: so muß diese Idealgehalt haben, wenn jenes ihn hat.

(e.) Erster Abschnitt. Allgemeine Construction der Tugend. Grunderklärung. Tugend ist die Sittlichkeit, welche dem einzelnen einwohnt = Idee, als Seele des einzelnen.

I. Das mannigfältige der Construction.

1. a) Die Idee als Seele eines besonderen muß auch eine besondere sein. Sonst wäre die Vereinzelung nur eine organische, und müßte dann auch ganz organisch sein, d. h. das besondere müßte mit keinem anderen in Verbindung stehen. Die Idee als ein besonderes ist Individualität. In der Tugend ist also Individualität gesezt.

b) Indem aber die Idee nur als Seele eines besonderen gesezt ist: so ist dieses nur Relation. Relatives ist nur, wo absolutes ist. Das absolute in Beziehung auf das relative ist das allgemeine. In der Tugend ist also allgemeines gesezt.

c) Das besondere innerhalb des allgemeinen ist die Idee als Gemeinschaft. Das allgemeine, in sich fassend das besondere, ist die Idee als Erkenntniß.

2. a) Die Idee als Seele ist die Idee als Princip des Lebens. Das Leben ist ein von innerer Einheit ausgehendes

Ethik.　　　　　　　Y

mannigfaltige von Thätigkeit, also successives und differentiirtes. Die Idee ist also Princip einer solchen Thätigkeit, d. h. die Thätigkeit geht aus ihr hervor, d. h. sie selbst ist nur, sofern die Thätigkeit ist.

b) Indem aber die Idee nur als Seele gesezt ist: so ist auch dieses nur Relation. Wo relatives, da absolutes. Das absolute zu einem relativen als Thätigkeit ist Sein; zu einem relativen als mannigfaltigem und successivem Einheit und Innerlichkeit außer der Zeit.

c) Das permanente Sein einer Idee, inwiefern successive und mannigfaltige Thätigkeit daraus hervorgeht, ist Gesinnung. Die mannigfaltige und successive Thätigkeit, wiefern sie aus dem Sein einer Idee hervorgeht, ist Fertigkeit.

Anmerkung. Unter diesen beiden Eintheilungsgründen muß der lezte der oberste sein. Denn das Eintreten der Idee in die Zeit ist die größte und ursprünglichste Relation. Es ist also darzustellen die Tugend als Gesinnung und die Tugend als Fertigkeit, und beide wiederum als Erkenntniß und als Gemeinschaft.

Coroll. 1. Das Leben der Intelligenz als Natur, dessen Princip, die Idee, durch Tugend werden soll, besteht aus zwei Oscillationen: von außen nach innen, Anschaun; von innen nach außen, Darstellen. Es fragt sich, mit welchem von beiden das Leben der Idee in der Person anfängt. Die in der Tugend gesezten mannigfaltigen, der Individualität auf der einen und der Erkenntniß und Gemeinschaft auf der andern Seite, ergeben offenbar, daß, was individuelles Handeln des einen in der Gemeinschaft gewesen ist, für den andern Erkenntniß sein kann. Es kann also bei einigen mit der Anschauung anfangen. Dagegen, wenn es nicht bei anderen mit der Darstellung anfinge: so gäbe es für die anderen keine Anschauung; also muß es bei anderen mit der Darstellung anfangen. Auch das erste Können ist aber ein Müssen, wenn man darauf sieht, daß a) das höchste Gut ein werdendes ist, nicht ein auf einmal gewordenes; b) die Aufgabe

auf die Anschauung anderer zu wirken schon in der Idee der Ge=
meinschaft enthalten ist. Es giebt also beiderlei Anfang. (NB. An=
fang geht hier auf das jedesmalige Verfahren beim sittlichen Le=
bensproceß überhaupt). Es ist aber der beim Darstellen anfan=
gende als unabhängig die höhere, der beim Anschaun als abhän=
gig die niedere Potenz der Sittlichkeit. Beide sind also bei je=
dem einzelnen Moment aufzuzeigen.

2. Da jede Lebensäußerung der Idee in eine einzelne That
ausgeht, die in der Persönlichkeit gewirkt ist, und also auch durch
die Persönlichkeit hätte gewirkt werden können: so entsteht eine
Schwierigkeit die Tugend aus den Factis zu erkennen, und ein
Schein der Sittlichkeit in dem, was bloße Natur ist. Dieser
Schein ist a) aufzulösen durch den Begriff der Handlungsweise,
der als Maxime im Subject vorkommt, b) nicht zu vergessen,
daß alles, was auch nur den Schein der Sittlichkeit haben kann,
ein sittliches Fundament haben muß, wenngleich nicht im Sub=
ject selbst.

Anmerkung. Dies ist nun die allmählige Stufenfolge des Verbreitens
der Idee über die Intelligenz als Natur.

(d.) Eben so sind auch Erkenntniß und Kunst in der Tu=
gend Eins. (Dieser Gegensaz fällt nicht etwa mit dem vorigen
zusammen, denn der Kunst liegt auch Gesinnung zum Grunde,
und Erkenntniß kommt nicht ohne Fertigkeit zu Stande.) Denn
die Darstellung geht immer von einer innern Anschauung aus,
von einem lebendigen Erkennen, und die Erkenntniß in der Wirk=
lichkeit ist ebenfalls Kunst, weil eine Verrichtung der Organe
dazu gehört, und weil sie auch nach einer Idee zu Stande ge=
bracht wird. — Hieraus zusammengenommen beantworten sich
nun die von den alten aufgeworfenen Fragen über das Entstehen
der Tugend. 1) Sie ist lehrbar, inwiefern sie durchaus Erkennt=
niß ist, und auch die Art und Weise des Darstellens, der Cha=
rakter der Fertigkeit auf einem Erkennen beruht. Wobei natür=
lich Lehren nur als ein Erregen der Selbstthätigkeit zu nehmen

ift. 2) Sie ift ἀσκητόν, inwiefern fie Fertigkeit ift und ein Quantum. Allein ein Quantum entfteht auf diefe Weife nur aus einem Quantum, und diefes urfprüngliche Quantum muß doch vorausgefezt werden. 3) Göttliches Gefchenk ift fie als Ge= finnung, und dies ift die Anficht, welche das mangelhafte der beiden vorigen ergänzt; zugleich die wahrhaft religiöfe.

(z.) Auf der andern Seite unterfcheiden wir die Tugend, inwiefern fie repräfentirt das Ingegenfazgetretenfein des geifti= gen und dinglichen, alfo die Richtung der Intelligenz auf das Sein (fofern wir nämlich die abfolute Einheit über das Sein ftellen), und zwar foll dabei das denkende Sein nicht ausgefchlof= fen fein. Neben diefem aber muß die Tugend auch repräfenti= ren das Eingegangenfein der Intelligenz felbft in das getheilte Sein, in welcher Beziehung wir aber als handelnd befchränkt find auf die im menfchlichen Gefchlecht zertheilte Intelligenz. Je= des menfchliche Einzelwefen hat alfo als Agens im fittlichen Ver= lauf eine Richtung auf das Sein an fich, und eine Richtung auf die Gefammtheit der menfchlichen Einzelwefen; eine dritte läßt fich nicht denken. Diefe beiden müffen alfo die ganze Tu= gend enthalten, aber jede von beiden kann gefezt fein als fich felbft gleich-bleibend d. h. als Gefinnung, und quantitativ d. h. als Fertigkeit *).

§. 296. Beide Gegenfäze durchkreuzen fich. Die Gefinnung im Erkennen ift Weisheit; die Gefinnung im Darftellen ift Liebe. Das Erkennen unter die Zeit= form geftellt ift Befonnenheit; das Darftellen unter die Zeitform geftellt ift Beharrlichkeit.

Vermöge diefes Kreuzens der Gegenfäze find alle Glieder unter fich gebunden, und man kann innerlich angefehen fagen,

*) Daß die drei verfchiedenen Bearbeitungen bei aller Differenz des Aus= drukks denfelben Gehalt haben und als fynonym einander erklären, be= darf wohl keiner Nachweifung.

Wo Eine Tugend ist, da sind Alle; wogegen freilich empirisch die eine sehr zurükgedrängt, die andere zu einer ausschließenden Virtuosität gesteigert sein kann. Dasselbe gilt dann auch bei den in jeder Tugend anzunehmenden Unterabtheilungen. Man kann also sagen, Wo Weisheit ist, ist auch Liebe, und umgekehrt; aber es kann eines Weisheit größer sein als seine Liebe, und eines Besonnenheit größer als seine Beharrlichkeit.

Dagegen würde man sagen können, daß jemandes Beharr= lichkeit das Maaß seiner Liebe wäre, und Besonnenheit seiner Weisheit, wenn alle gleichnamigen Actionen im Leben Eine Reihe bildeten. Da aber dieses nicht ist: so kann einer mehr Liebe zei= gen im Anknüpfen neuer Verhältnisse, als Beharrlichkeit im Durchführen der alten.

(e.) II. Die Einheit des construirten. 1. Da die Idee als Princip Eine und untheilbar ist, und allgemeines und indivi= duelles nothwendig vereinigt in ihr; da auch von ihr als Seele das Erkennen und das Darstellen gleicherweise ausgeht, und in ihr als Intelligenz beides sich nothwendig auf einander beziehen muß: so ist also auch die Tugend nothwendig Eine und untheil= bar, und Gesinnung und Fertigkeit, Erkennen und Darstellen, als sittlich auch in einem und demselben Subject vereinigt. Wer Eine Tugend hat, hat Alle.

2. Es giebt keine andere Eintheilung der Tugend als die aufgestellte aus dem Wesen der Intelligenz als Seele selbst ge= schöpfte. Unterabtheilungen jener Eintheilung, wie sie hernach vorkommen werden, sind noch weniger abgesonderte einzelne; Ein= theilungen, die sich auf ein Object beziehen, sind gar nicht sitt= lich, und können, wenn man sie als für sich bestehend betrachtet, nur auf organische Verschiedenheiten führen.

3. Da aber die Subjecte der Sittlichkeit als Individuen qualitativ verschieden sein müssen: so muß auch das nothwendig gefundene mannigfaltige die verschiedenen möglichen Combinatio= nen in sich enthalten. Diese müssen nun liegen theils im Ver=

hältniß der erkennenden Seite gegen die darstellende, theils in der
Regel, nach welcher die Fertigkeit ihr Verhältniß zur Gesinnung
ändert. Hierin also liegen die Fundamente einer künftigen Cha-
rakteristik. Eben so werden die Unterabtheilungen harmonisch mit
jenen größeren Indicationen relative Differenzen enthalten.

4. Die erscheinende Tugend, oder die Tugend als Fertigkeit,
kommt zur Anschauung als ein Quantum, und ist ihrer Natur
nach ein immer wachsendes. Diese veränderliche Größe ist aber
nicht zu verwechseln mit dem Coroll. 1. (§. 295.) angegebenen
Unterschied der sittlichen Potenzen. Diese kann man sich in manchen Subjecten getrennt denken, in manchen vereinigt. Es ist
aber das Uebergehen von der niederen zur höheren etwas eben
so absolutes, als das Erwachen der Sittlichkeit überhaupt. Und
will man ein Subject zu gleicher Zeit, nur in verschiedener Hinsicht, auf beiden Stufen denken: so kann es auf der geringeren
nur stehen durch Irrthum, ist also immer nur scheinbar auf beiden.

5. In jeder Aeußerung der Sittlichkeit müssen alle einzelnen
Tugenden vereinigt sein. Denn jede muß aus der Gesinnung
herkommen und in eine Darstellung enden.

6. Jede einzelne Tugend ist mitwirkend zu allen Theilen
des höchsten Gutes. Denn in allen ist Erkenntniß der Ideen
das Wesen, und Darstellung die Wirklichkeit; und in allen ist
Allgemeinheit und Individualität.

Zweiter Abschnitt. Betrachtung des einzelnen. Vorläufige
Erklärungen.

1. Die Tugend als Gesinnung ist eben das nicht erscheinende.
Sie ist das Princip des wirklichen Handelns; das Handeln selbst
aber das Werk der erscheinenden Tugend, oder der Tugend als
Fertigkeit, also auch von der Quantität der leztern abhängig.
Was also als Mehr oder Minder im Handeln sich zeigt ist nicht
auf die Gesinnung zu reduciren, sondern nur auf die Fertigkeit.
Die Gesinnung ist also ein unwandelbares, das nie unmittelbar

aufgezeigt werden kann, zu welchem sich das wirkliche Handeln nur verhält, wie Symbol zur Idee.

Sie ist unwandelbar in ihren beiden Stufen, als Sinn und als productive Kraft, d. h. sowol ihre ursprüngliche Vereinigung mit einer Persönlichkeit, als auch ihr Uebergehen zu einer höheren Potenz ist nicht ein allmählig wachsendes, sondern ein auf einmal daseiendes, ein absoluter Act der Freiheit. (In Beziehung auf das empirische Bewußtsein ist Erwachen das rechte Bild). Das Erwachen des Sinnes, weil er an Handlungen erwacht, kündigt sich natürlich an durch Reflexion über das eigne vorige Handeln und Streben nach einem neuen, Bekehrung; das Erwachen der productiven Kraft, weil sie sich ihrer erst durch Reflexion über ihre neue Darstellung bewußt wird, als ein erhöhtes Denken, Entwikkelung des Genies.

Randbemerk. Die Tugend als Gesinnung hat für die Wissenschaft ein Theilungsprincip in sich, indem sie entweder gesezt wird als Seele des besonderen; dann ist alles wirkliche und einzelne, was von ihr ausgeht, ihr Symbol. Oder indem sie als ein besonderes bestimmtes aus dem allgemeinen herausgesezt wird; dann ist sie mit allem, was von ihr ausgeht, Organ des ganzen. — Wenn die Idee, wie sie von innen heraus wenngleich nur mittelbar ins Bewußtsein tritt, als ein äußeres behandelt wird: so ist auch nur ein Schein der Sittlichkeit vorhanden.

2. Die Tugend als Fertigkeit ist nichts anderes als die im Leben erscheinende Gesinnung, und also mit der Gesinnung zugleich gesezt. Es giebt keine Gesinnung ohne Ausübung. Da aber die Fertigkeit besteht im Gebrauch der ganzen Persönlichkeit als Organs der Gesinnung: so ist sie eben so gut ein wachsendes, als das persönliche Leben, welches im Gebrauch des Körpers als Organs des Bewußtseins besteht. Das Wachsen aber kann schnell sein oder langsam, und der Exponent desselben bildet die veränderliche Größe, welche mit der unveränderlichen, der

Gesinnung, zusammen die eigenthümliche Formel der individuellen Sittlichkeit darstellt.

Der Gesinnung als dem Unzuvermindernden ist also nur die absolute subjective Unsittlichkeit entgegengesezt. Man kann nicht sagen, das rechte sei nicht geschehen, weil die Gesinnung zu schwach war. Der Fertigkeit dagegen sind Fehler entgegengesezt, Einzelheiten des Handelns, welche nicht aus der Gesinnung als Seele hervorgegangen.

Coroll. 1. Da die Fehler ihren positiven Grund in der Persönlichkeit haben, und nur durch die Kraft der Gesinnung, die erst dadurch Fertigkeit werden soll, müssen überwunden werden: so kann man nicht, wie die Fehler, so die Fertigkeitstugenden eintheilen, und es steht also keinesweges jedem Fehler eine Tugend gegenüber. 2. Jenes ist nun das wahre in dem Spruch, daß der gute Wille, d. h. die Gesinnung, das beste ist. Dieses, daß es keine Gesinnung giebt ohne Fertigkeit, und daß diese als ein Minimum anfängt, ist der Sinn des anderen, daß der gute Wille von unten auf dienen muß. Dasselbe ist der alte Gegensaz zwischen Glaube und Werken.

Randbemerk. Die Tugend als Fertigkeit hat für die Wissenschaft einen Eintheilungsgrund in ihren beiden Verfahrungsarten, dem combinatorischen, sofern sie schon wirksam ist auf die Persönlichkeit, und dem disjunctiven, sofern sie sich erst die Persönlichkeit unterwerfen muß. — Wenn dasjenige, was als Beseelung der Idee nur Ein untheilbares sein soll, als ein trennbares und vielfältiges unabhängig von einander behandelt wird: so ist die Fertigkeit auch nur ein scheinbar sittliches.

3. Die Tugend als Erkenntniß ist nicht etwa das Zustandebringen eines bestimmten materiellen Wissens; dieses gehört vielmehr zur Tugend als Darstellung. Sondern eben nur die Idee als Erkenntniß, d. h. das Bewußtsein der sittlichen Handlungsweise, die ideale Seite der Sittlichkeit selbst. Hierüber muß auf die eigne unmittelbare Anschauung verwiesen werden. Strin-

gentes Factum ist im Gegensaz gegen das materielle Wissen der Unterschied zwischen dem construirten Wissen, welches Darstellung ist, und dem Begriff eines Construirens als einer Handlung, welcher die ideale Seite der Handlung selbst ist, und also die Tugend als Erkenntniß. Im Gegensaz gegen die Darstellung die Art, wie man sich der Gesinnung bewußt ist als Gedankens, nämlich als Weisheit, und verglichen mit der Art, wie man sich ihrer bewußt ist als Gefühls, nämlich als Liebe.

Coroll. Auf diesem Gegensaz nun beruht die so sehr beschränkte und mißverstandene Vorstellung der Sittlichkeit als eines Gesezes, weil nämlich das Bewußtsein der Gesinnung als Gedanke zugleich Princip ist aller einzelnen Begriffe des Handelns, und sich zu diesen verhält wie die Gesinnung selbst zur Fertigkeit.

Randbemerk. Eintheilungsgrund für die Wissenschaft die abgesonderte Beziehung auf das in ihr synthetisch vereinigte allgemeine und individuelle. — Wird aber dies als subjectiv in Praxi trennbar gedacht: so ist eben dies ein Beweis, daß die Erkenntniß nur dem Schein nach sittlich ist.

4. Die Tugend als Darstellung ist nichts anderes als die reale Seite zu jener idealen, das gedachte hingestellt im Medio der Gemeinschaft, also allemal für die Gemeinschaft. Alles wirkliche einzelne sittliche Erkennen gehört aber auch schon zur realen Seite, ist schon Darstellung der Sittlichkeit in der Persönlichkeit, also der Gemeinschaft. Dagegen gehört der Trieb des Realisirens und der Gemeinschaft eben schon zur Tugend als Darstellung, und ist nichts anderes als die innere Seite derselben. Deshalb auch kündigt er sich nicht an als Gedanke, sondern als Gefühl.

Coroll. Da nun die Darstellung als das reale sich zu der Idee als ihrem idealen nur verhält wie Symbol: so beruht auf diesem Verhältniß die Vorstellung, daß alle Sittlichkeit Kunst ist.

Randbemerk. Eintheilungsgrund für die Wissenschaft, insofern die Darstellung bloß als eine Reihe, also quantitativ, betrachtet wird, und insofern mit ihrem bestimmten Inhalt, also qualitativ. — Wenn aber dagegen ein Gegensaz des subjectiven und objectiven in der Persönlichkeit als etwas bestimmendes gesezt wird: so wird nur dem Schein nach etwas sittliches dargestellt.

(z.) Unsre Theilungsgründe nehmen sich also gegenseitig auf, und es erscheint als gleich, ob wir zuerst wollen die Richtung auf das Sein auf beide Weisen, und dann die auf die Gesammtheit ebenso, oder zuerst die ganze Tugend als Gesinnung, und dann die ganze Tugend als Fertigkeit behandeln. Das lezte scheint das vorzüglichere, weil wir so eher eine Uebersicht des ganzen bekommen, und so auch hernach das, was sich auf die unmittelbare Zeiterfüllung bezieht, beisammen behalten. Also handeln wir zuerst von der Tugend als Gesinnung. Betrachten wir nun die Richtung auf das Sein an sich: so kann sie nur darin bestehen in jedes Glied des Gegensazes das andere auf seine Weise hineinzusezen, damit so untergeordnet in jedem Gliede das ganze, mithin der Gegensaz relativ aufgehoben, sei. Also die Intelligenz bildet sich dem Sein realiter ein, und nimmt das Sein idealiter in sich auf. Dieses geschieht durch das Denken aber des Seins; jenes durch das Einbilden aber des Gedankens in das Sein. Für dieses Gebiet haben wir in unserer Sprache den Ausdruck Weisheit, der freilich bald überwiegend für das theoretische, bald eben so für das praktische gebraucht wird (φρόνησις, σοφία), eben dadurch aber seine Indifferenz beweist. Die Richtung des Einzelwesens auf die Gesammtheit derselben kann nur darin bestehen, daß die Differenz aufgehoben werde, und jedes solche das Wesen der Gattung rein repräsentire, sowol als Intelligenz als auch als Gattung. Hiefür haben wir den Ausdruck Liebe. — Betrachten wir die Tugend als Fertigkeit: so haben wir für die Richtung auf das Sein an sich den Ausdruck

Befonnenheit. Denn wenn wir einen Moment vollziehen, ohne in dem einzelnen Gegenstand das gesammte Sein mitgesezt zu haben: so qualificiren wir dies als Unbesonnenheit, und der Impuls ist dann auch nicht von der Intelligenz an sich ausgegangen. Für die Richtung auf die Gesammtheit der Einzelwesen scheint Beharrlichkeit nicht ausschließend zu sein. Allein nur hier findet Wechsel und Unterbrechung statt; die Richtung auf das Sein an sich wird nicht unterbrochen, wenn man von einem Gegenstand zum andern übergeht.

§. 297. Die Eintheilung giebt gar keinen Vergleichungspunkt mit den Darstellungen, welche eine Menge von Tugenden empirisch construiren wollen, ohne einen Cyclus zu deduciren; sondern nur mit denen, welche auf das lezte ausgehen.

In der antiken Eintheilung fällt die φρόνησις mit unserer Weisheit zusammen per se, die ἀνδρεία mit unserer Beharrlichkeit, da die alten selbst dazu Beziehung auf ein ideales fordern, die σωφροσύνη mit unserer Besonnenheit, weil sie nämlich auch nicht vom primitiven Auffassen eines neuen, sondern nur eines solchen, welches mit einem frühern in bestimmtem Zusammenhang steht, also als Richtigkeit in der Währung gebraucht wird, endlich die δικαιοσύνη mit unserer Liebe, weil zu δικαιοσύνη bei ihnen das Bilden des alten selbst mit gehörte, und alle andern ethischen Formen bei ihnen unter der Potenz des Staates standen, wir hingegen bei der größern Selbständigkeit jeder Form *) einen

---

*) Es zeigt sich hier, wie auch aus der ganzen Anlage der Güterlehre, in welchem Sinn S. eine freie Kirche wolle, gerade so nämlich wie er den Staat, die Geselligkeit und die Wissenschaft frei will als die vier relativ, aber nur relativ geschiedenen ethischen Formen. Die Kunst gehört dann zur Religion als deren Darstellung; alle vier Formen gleich sehr von einander unabhängig und doch in Wechselwirkung und Verzweigung, so daß jede die andern drei in ihrer relativen Selbständigkeit haben will.

Terminus brauchen, der an die eine nicht mehr erinnert als an
die anderen.

In der modernen christlichen Eintheilung entspricht die Liebe
der unsrigen, und der Glaube unsrer Weisheit, indem die Si=
cherheit der Ueberzeugung die Hauptsache dabei ist, und er auch
auf das ursprünglich anfangende bezogen wird. Da aber in der
religiösen Ansicht nur vom Princip die Rede ist, und alles quan=
titative ganz zurükktritt: so ist die Tugend als Fertigkeit in die=
ser Trias gar nicht dargestellt, sondern nur das Princip des Aeu=
ßerlichwerdens überhaupt, welches eben darin liegt, daß ohnerach=
tet der einzelne seines Erfolges nicht sicher ist die Idee doch ge=
wiß werde realisirt werden; und dies ist die Hoffnung.

(d.) Daß φρόνησις unsre Weisheit sei, beweist die darin
gesezte Identität des praktischen und theoretischen, und daß über=
all keine richtige Ansicht des Lebens ohne sie möglich gesezt
wurde. Σωφροσύνη ist Besonnenheit, doch ist sie von der φρό=
νησις nicht überall streng getrennt. Διχαιοσύνη ist Liebe, consti=
tutives Princip, wobei freilich der Staat über alles andre her=
vortritt, daher auch die Benennung von ihm hergenommen wird.
Wo von Bildung der Individualität die Rede ist (Plat. Re=
publ.) wird daher der Staat als Bild gebraucht, weil dieselbe
Tugend beides hervorbringt. Ἀνδρεία dehnen sie selbst auf Wi=
derstand gegen jede Lust und Unlust aus. In der stoischen
weitern Eintheilung dieser Quadruplicität ist viel willkührliches.

(z.) Vergleichung unsrer Construction mit hellenischer weiset
nur einen Unterschied nach, statt Liebe die Gerechtigkeit, der da=
rauf beruht, daß die alten nicht zum reinen Gattungsbewußtsein
durchgedrungen waren. Vergleichung mit der christlichen Trias
weiset nur eine Uebereinstimmung nach, in Liebe. Aber Glaube
ist dem Inhalt nach unsrer Weisheit gleich, denn er geht zurükk
auf die gegenseitige Gebundenheit des Seins und des Geistes
an einander, und Hoffnung repräsentirt das Princip des quan=

titativen, nämlich daß die Intelligenz sich im Sein realisiren werde *).

A. Die Tugend als Gesinnung.

§. 298. (e.) Die Gesinnung als das nie unmittelbar erscheinende sittliche ist eben dasjenige, was allem wirklichen und erscheinenden im Bewußtsein zum Grunde gelegt wird als das innere, seiende **).

Also das ὄντως ὄν des Platon, das angeborene der neuern, die Freiheit als νοούμενον des Kant. Wie sie sich nun theilt nach dem andern Eintheilungsgrund in Gesinnung als Erkenntniß, und Gesinnung als Darstellungsprincip: so giebt es also ein angeborenes sittliche als Gedanke, und ein angeborenes sittliche als Gefühl oder Trieb; Weisheit und Liebe.

Coroll. 1. Es kann nichts in den Darstellungstrieb kommen, was nicht auch in die Erkenntniß käme; also ist beides nothwendig überall Eins. 2. In der Gesinnung kann sich aber gar nicht das gedachte zum gefühlten verhalten wie Zwekkbegriff, sondern beide sind reine Correlata, die Uebergangsarten der Idee in das Sein, und eben dadurch erhebt sich das sittliche über den Instinct. Eben so wenig steht also die Gesinnung als Gedanke etwa hinter dem Triebe als Reflexion. 3. Eine relative Differenz aber ist allerdings denkbar, und da dies die größte Relativität ist: so fällt sie auch natürlich zusammen mit der größten äußern Differenz, welches die Geschlechtsdifferenz ist. Bei den

---

*) Vorlesg. Die Hoffnung soll die Besonnenheit und Beharrlichkeit ersezen. Ist die Hoffnung schwach: so fällt man leicht aus diesen beiden heraus. Die christliche Trias stimmt also mit unsrer Eintheilung überein, nur stellt sie das quantitative in den Hintergrund. Ganz mit uns gemein hat sie die Liebe, das allgemeine Gattungsbewußtsein, welches der hellenischen Tugendlehre fehlte.

**) Dieser § mußte aus (e.) genommen werden, beim folgenden tritt wieder h. ein.

Männern tritt die Gesinnung am stärksten ins Bewußtsein als Erkenntniß, bei den Weibern am stärksten als Trieb.

(d.) Hier wird also von allem quantitativen, was sich als Product darstellt, keine Notiz genommen, sondern bloß die dem sittlichen Handeln inwohnende Form des Geistes angeschaut. Diese ist nun, daß er als Vernunft Seele des einzelnen ist. Hier gehen aber wieder zwei Factoren auseinander, indem einmal die Form der Vernunft, des Erkennens im Handeln, angeschaut wird, ein andermal die Form der Beseelung der Organisation, jenes Weisheit, dieses Liebe, und dies sind die beiden Anschauungen der Gesinnung. Es ist leicht einzusehen, daß unter Weisheit nichts anderes verstanden wird, als daß alles was im Menschen vorgeht sich auf Ideen bezieht. Wenn diese in der Form des Handelns oder Denkens und in der Combination fehlt: so wird das Gegentheil gesezt, und das Wort geht gleich sehr auf das theoretische und praktische. Auch von der Liebe erhellt es besonders daraus, wie man etwas auf sich selbst gehendes Liebe nennt. Es geht also von der Vernunft aus auf die Natur; auch jede bildende Liebe ist nichts anderes als ein gemeinschaftliches Seeleseinwollen. Dasselbe von der ehelichen Liebe; so auch Liebe zu Dingen. Daher geht nun auch dieses auf das ganze Gebiet.

1) Die Weisheit.

§. 299. Die Weisheit ist diejenige Qualität, durch welche alles Handeln des Menschen einen idealen Gehalt bekommt.

In die Augen fallen hier als relative Differenz das Gefühl und das Wissen. Keines von beiden kann idealen Gehalt haben ohne das andere; aber jedes ist eine andere Thätigkeit, und zwar so daß nicht nur das organische differirt, sondern erst in der Vereinigung der Vernunft mit dem Organismus ist die Differenz, weil gerade im animalischen Leben Anschauung und

Gefühl nicht recht auseinander gehen. Die Weisheit des Ge=
fühls also besteht darin, daß nichts in dem Menschen Lust und
Unlust werde als nur vermöge seiner Beziehung auf das ideale.
Da nun aber animalische und rein organische Affectionen in dem
Menschen sind und nothwendig sein müssen: so will dies nur
sagen, das animalische bildet nie eine ganze Action sondern ist
nur Element, d. h. vom animalischen allein geht keine Reaction
aus, sondern es muß erst auf ein intellectuelles reducirt werden.
Da ferner in jedem Moment nicht nur das animalische sondern
auch das intellectuelle afficirt ist, der Zustand jedes Moments
aber nur Einer ist: so ist auch die diese Einheit darstellende Lust
oder Unlust überwiegend intellectuell bestimmt. Der Saz also,
daß der weise über den Schmerz erhaben sei, kann nicht so ver=
standen werden, daß hemmende organische Affectionen nicht als
Unlust gefühlt würden, und so auch von der Lust, denn die ei=
gentliche Apathie an sich wäre nur eine Negation im Organis=
mus und also auch nie ethischer Proceß; sondern daß beides kei=
nen ganzen Zustand für sich bildet. Der unmittelbare organische
Ausdruck des Gefühls ist nur ein Annex desselben, und kann
nicht als eine eigne Thätigkeit angesehen werden, daher er auch
nach der Seite des unwillkührlichen hin liegt.

Die zusammengesezte Darstellung des Gefühls aber als Com=
bination sowol in Kunst als Leben bildet eine eigne Action, da
beide im Moment von einander unabhängig sind, indem gleich
starke Affectionen sehr differente (auch dem Grade nach) Darstel=
lungen hervorbringen, und gleiche Darstellungen auf sehr diffe=
renten Affectionen beruhen können.

(z.) Es ist besser mit der ganzen Tugend als Gesinnung
anzufangen, weil man so eher eine Uebersicht des ganzen erlangt,
als wenn man erst eine Richtung ganz behandeln wollte. Wir
beginnen also mit der Weisheit. Durch sie bekommt unmittel=
bar jeder Moment seinen intelligenten Gehalt.

§. 300. Die Weisheit des Gefühls spaltet sich in die contemplative, welche es auf die obige Art mit den Affectionen zu thun hat, und die imaginative, welche die Typen zu darstellenden Combinationen producirt.

Die eine kann ohne die andere nicht sein, denn die Darstellung kann kein anderes Dasein ausdrükken, als was in der Art afficirt zu sein gesezt ist; und diese kann nicht auf der sittlichen Potenz stehen, ohne sich auch eine sittliche Combination zu gestalten. Die imaginative Seite besteht also darin, daß kein Typus einer Darstellung sich erzeuge, welcher nicht einen idealen Gehalt hätte. Auch hiebei kommt es darauf an die Einheit der Darstellung richtig zu fassen, denn Elemente dieser Art giebt es ja offenbar. Diese Einheit wird nun bestehn im für sich genommenen Bezogensein auf das Gefühl als Action. Inwiefern das darzustellende nur als Element gesezt und auf ein ideales mittelbar bezogen wird, kann auch sinnliches auf sittliche Weise imaginirt werden. — Alles, was scherzhaft ist im Leben und in der Kunst, scheint auch mehr sinnlich als ideal imaginirt zu sein, und doch finden wir es übertrieben außer es völlig als unsittlich zu verwerfen. Es ist aber doch unsittlich, wenn es nicht mit dem Bewußtsein imaginirt wird, daß es nur untergeordneter Bestandtheil eines größern ist; daher wir uns der Geringschäzung nicht erwehren, wenn ein ganzes des Lebens nur aus solchen Elementen zusammengesezt wird.

(z.) Wenn wir die Weisheit theilen als sich manifestirend im Selbstbewußtsein und im objectiven Bewußtsein: so ist sie in jenem Vertiefung, d. h. Zurükgehen auf die transcendente Voraussezung, Andacht; und Verbreitung, d. h. Richtung auf das einzelne und getheilte. Hier darf aber keine sinnliche Beziehung den Moment abschließen. Angenehmes und unangenehmes ist zwar, aber nicht im Moment abschließend, wogegen im intelligenten Selbstbewußtsein kein Gegensaz sein kann, wenn jeder die transcendente Voraussezung in sich trägt. (Daraus die Theorie von vermischten

Empfindungen zu erklären.) Diese Sicherheit ist negativ ausge=
drükkt Gemüthsruhe, positiv ausgedrükkt Heiterkeit *). Damit die
Kunst entstehe, muß man eigentlich die Liebe voraussezen; aber
doch gehört sie ihrem Inhalte nach hieher als die imaginative
Seite des Selbstbewußtseins. Das Miteinbilden des afficirten
Selbstbewußtseins in alle erfüllten Momente ist die Gemüthlich=
keit, das Produciren selbständiger Symbole derselben ist die Begei=
sterung. Die scheinbare Seltenheit der leztern verschwindet, wenn
man auch die Aneignung schon als Begeisterung ansieht.

(d.) Im Handeln unterscheiden wir nun das überwiegende
des Gefühls und das überwiegende der Anschauung; ferner die
hervortretende Receptivität und die hervortretende Spontaneität.
Das Gefühl ist sittlich, wenn das abgeschlossene, in welches das
ganze hineintritt, kein anderes ist als die inwohnende Vernunft,
und nichts anderes daran als Einheit aufgefaßt werden kann.
Die Anschauung ist sittlich, wenn das Object, in das sich das
abgeschlossene verliert, nur unter der Potenz der Idee angeschaut

*) Vorlesg. Vertiefung und Verbreitung bilden das Selbstbewußtsein als
contemplatives. Wenn das Leben der Idee der Weisheit entsprechen
soll: so muß jeder Moment angesehen werden als in der Richtung auf
die Vertiefung hervorgegangen aus der auf Verbreitung. Beide bezie=
hen wir bloß auf das Innerlichwerden des Seins als das Selbstbewußt=
sein afficirend und zur transcendenten Voraussezung leitend. Beide
bilden die Richtung der Intelligenz aufs Sein. Denken wir das Selbst=
bewußtsein von außen afficirt: so giebt dies den Gegensaz von ange=
nehm und unangenehm, je nachdem die Affection zur Einheit des psy=
chischen Organismus fördernd oder hemmend tritt. Unter die Weisheit
subsumirt kann das angenehme oder unangenehme nie den Moment er=
füllen, sondern muß auf das intelligente Leben bezogen werden. Man
nannte dies gemischte Empfindungen, d. h. die Beziehung des Moments
auf das intelligente Leben könne den andern Charakter haben als die
aufs sinnliche Leben. Das intellectuelle Leben kann aber auch ohne die=
sen Gegensaz werden, wenn nur jeder Moment das geistige fördert als
Annäherung an die Reinheit des Selbstbewußtseins, welche wir Selig=
keit nennen, für welche das sinnlich angenehme oder unangenehme völ=
lig indifferent ist.

Ethik. 3

wird, und sonst keine Einheit vorkommt. Die Receptivität ist sittlich, wenn sich das Leben jeder Anregung nur in so fern auf= thut, als das Vermögen der Ideen damit Eins werden kann. Die Spontaneität, inwiefern alle Combination nur ein Produ= ciren für die Vernunft ist. Zu betrachten ist also Gefühl mit vorwiegender Receptivität = Empfindung; der Zustand ist Con= templation. Alle Sittlichkeit insofern religiös. Anschauung mit hervortretender Receptivität = Erfahrung; der Zustand ist In= tuition. Anschauung mit hervortretender Spontaneität = inne= res Bilden; der Zustand ist Imagination. Gefühl mit hervor= tretender Spontaneität = Fantasie; der Zustand ist Speculation. Diese Thätigkeiten verhalten sich zu den großen Sphären des höchsten Gutes so, daß in einer jeden alle sind *).

§. 301. Die Weisheit des Wissens besteht darin, daß nichts gedacht werde als mit idealem Gehalt.

Hier unterscheidet sich der Proceß mit überwiegend analyti= schem Charakter und der mit überwiegend synthetischem. In je= nem wird die Synthesis als vollendet gesezt, die Thätigkeit ist ihr also abgewendet, und das eigentliche Object ist das einzelne, was unter das ganze, oder das besondere, was unter das allge= meine subsumirt wird. In diesem wird die Synthesis als Auf= gabe gesezt, und die Liebe und Thätigkeit ist ihr also zugewen= det und vom besondern ab, welches eigentlich nur als Anknüp=

---

*) Diese Auseinanderlegung (d.), und weiter unten auch (e.) ist allerdings in (b) bestimmter, und dadurch, daß statt Gefühl und Anschauung nun Gefühl und Wissen einander gegenübertreten, auch mit der Behandlung der symbolisirenden Thätigkeit conformer geworden. Dies ist aber kein Grund ältere Abschnitte nicht aufzunehmen, sondern bloß eine Rechtfer= tigung für die Art und Weise, wie ich sie aufnehme, nämlich mit der Bezeichnung des Manuscriptes, aus dem sie genommen sind. Ihre er= läuternde Kraft ist darum die genetische, indem sie andeuten, wie S. selbst seine Ethik nach und nach vervollkommnet hat. Das Manuscrip (e.) werde ich, damit die Uebersicht erleichtert werde, am Schluß jedes Hauptabschnittes der Tugendlehre ganz und vollständig mittheilen

sungspunkt gebraucht wird. Jene Seite, die intuitive, diese, die speculative, sind different, da sie einander nicht messen; aber unzertrennlich, da jedes Verfahren auf dem andern beruht, indem das besondere erst durch die Subsumtion firirt wird, und man also auch nur insofern anknüpfen kann, und jeder Begriff, unter welchen subsumirt werden kann, erst das Product der Synthesis ist. Beide, Intuition und Speculation, sind nicht bloß im strengen Gebiet der Wissenschaft zu sezen; auch speculative Elemente kommen überall im Leben vor. Nur wer so fragmentarisch producirt, muß wissen, daß seine Production an sich nicht dieselbe Gültigkeit haben kann.

(z.) Das objective Bewußtsein auch in dem Innerlichwerden des Seins betrachtet. Hier ist vom sinnlichen aus die Richtung auf das transcendente der Tiefsinn; vom transcendenten aus die Richtung auf das sinnliche der Scharfsinn. Jenes, sofern dadurch in allem einzelnen die Gesammtheit des Seins angestrebt wird, dieses, sofern die Ideen den ganzen Raum erfüllen sollen. In beiden beruht die Vollkommenheit einerseits darauf, daß das ideale auch wirklich das reale in sich trägt = Richtung auf die Wahrheit, und darauf, daß das einzelne auch bestimmt aus einander tritt, so daß weder die allgemeinen Positionen an der Gegensazlosigkeit des transcendenten, noch die einzelnen an der chaotischen Verworrenheit des mathematisch erfüllten Theil haben, = Richtung auf die Klarheit. Man sagt mit Unrecht, daß die Richtung auf die Tiefe, das speculative, eine seltenere Gabe sei als die Richtung auf die Fülle, das empirische. Denn es giebt eben so wenige, die richtig und allseitig beobachten, als die gründlich speculiren und forschen. Der sich mißverstehende Tiefsinn ist der weit verbreitete Aberglaube *).

*) Vorlesg. (vergl. § folgb. zu Ende). Die Richtung auf die allgemeinen Positionen ist Richtung auf Tiefe, die auf die einzelnen ist Richtung auf Fülle. Wir finden oft statt Fülle Leerheit, statt Wahrheit Irrthum. Dies gehört in die Betrachtung der Tugend als Quantität,

§. 302. Das intuitive verhält sich zum speculativen wie das contemplative zum imaginativen, wegen der überwiegenden Spontaneität in den lezten Gliedern. Ebenso das intuitive zum contemplativen wie das speculative zum imaginativen, wegen des subjectiven in den lezten Gliedern. Auch das intuitive zum imaginativen wie das contemplative zum speculativen. Denn man kann nur speculiren, wie man contemplirt hat; und kann nur imaginiren, was man in der Intuition gehabt hat.

Man ist in jeder sittlichen Sphäre nur religiös vermöge des contemplativen, sonst mit aller Thätigkeit nur isolirt, nicht im ganzen; in jeder nur selbstthätig vermöge des imaginativen, sonst nur Organ dessen, in dem der Typus der Handlung concipirt ist; in jeder nur sicher vermöge des intuitiven, denn ohne Intuition kann man nur aufs Gerathewohl herumgreifen; und in jeder nur die Fortschreitung befördernd vermöge des speculativen, weil die Selbsterkenntniß jedes ganzen nur ein werdendes, also die Synthesis immer aufgegeben ist.

Im Gebiet des intuitiven wird manches nicht unter wahrhaft objective Formen des Denkens sondern unter subjective subsumirt. So alle Begriffe von Eigenschaften der Dinge, welche nur Eindrükke aussagen. Dies ist nicht falsch, wenn es nur nicht als Erkenntniß des Seins der Dinge, sondern als Erkenntniß der subjectiven Sphäre, und also als Relation der Dinge gesezt wird. Es müßte sonst der Uebergang aus dem dem animalischen analogen Zustand in den des eigentlichen Wissens etwas

denn dieser entsteht aus Mangel an Besonnenheit, jene aus Mangel an Beharrlichkeit. Es ruht bloß in quantitativer Differenz, nicht aber in entgegengesezten unsittlichen Tendenzen etwa gar analog dem Gegensaz von gut und böse.

unsittliches sein. Aber das für objectiv halten ist das unsittliche. Das speculative, wie es aus dem contemplativen hervorgeht, kann zwar irrig sein; aber der Irrthum ist kein unsittlicher. Nur wenn jemand statt von dem reinen Gefühl des Zustandes einer Sphäre aus zu speculiren von dem Gefühl seiner Position in derselben oder seines Verhältnisses zu andern in derselben Sphäre geleitet wird, ist die Basis egoistisch, und der Irrthum ist Sünde.

Randbemerk. Der Irrthum ist unvermeidlich, weil die Klarheit nie vollendet ist. Die Unvollkommenheit ist immer nicht nur Mangel des Wissens, sondern Vermischung der Einsicht mit dem Irrthum. Er ist unsündlich, wenn der Zweifel die Ueberzeugung begleitet; denn dann ist die innere Wahrheit heilig gehalten, und der Fortschritt der Erkenntniß nicht gehemmt. Er ist sündlich, wenn die gleiche Ueberzeugung den Irrthum begleitet; denn dann ist die innere Wahrheit profanirt, und die Fortschreitung gehemmt. Eben so ist er sündlich, wenn Vorstellungen, die nur Relationen auf das sinnliche Interesse aussagen, als objective das Wesen der Dinge bezeichnende angesehen werden.

(z.) Von Irrthum und Wahn kann hier eigentlich nicht die Rede sein; sie gehen aus den Principien, welche wir gesezt haben, nicht hervor. Dennoch ist zu gestehen, daß sie die größte Masse ausmachen. Aber der Grund dazu ist immer schon gelegt, ehe die sittliche Selbständigkeit angeht. Die Besserung muß also ausgehen von der Einwirkung auf die zu entwikkelnde Generation.

(d.) Wenn man von der Grundanschauung des Lebens ausgeht: so ist eben das zwiefache Verhältniß der Vernunft als Geist des ganzen und als inwohnender Geist der einzelnen Organisation die Spannung, in welcher das sittliche Leben beruht, und die immer aufgehoben wird und sich auch immer wieder herstellt, wenn das einzelne bestehen soll. Es besteht nur dadurch, daß Gefühl und Anschauung aus einander gehen (denn wo sie zusammenfallen, wie bei den Thieren, da giebt es kein sittliches

einzelne), also müssen sie auch immer zusammen sein als Gegen=
säze. Wenn aus dem Gefühl nicht immer unmittelbar die pro=
ductive Anschauung hervorträte: so wäre der einzelne durch Ein
Gefühl im ganzen verschlungen. Eben so wenn aus der An=
schauung nicht das productive Gefühl hervorträte: so wäre der
einzelne in Einem Gedanken versteinert. Also müssen auch beide
auf Einer Potenz stehen, denn eine unsittliche Anschauung kann
nicht das sittliche Gefühl halten, und umgekehrt. Eben so müs=
sen hervortretende Spontaneität und hervortretende Receptivität
auf Einer Potenz stehen, weil in den Thätigkeiten jede zugleich
die andere ist, und also sonst in jeder eine widersprechende Du=
plicität sein müßte. Also ist die Weisheit entweder ganz da
oder gar nicht *).

Zusammen gehören Receptivität des Gefühls und Sponta=
neität der Anschauung, und eben so Receptivität der Anschauung
und Spontaneität des Gefühls.

(e.) I. Von der Weisheit. Erklärung. Die Weisheit,
oder das innere sittliche als Erkenntniß gesezt, ist die Wurzel
aller Tugend. Denn keine Fertigkeit ohne Gesinnung, und keine
Gesinnung kann gesezt werden als in der Duplicität von Er=
kenntniß und Trieb, von welchen nun eben der Betrachtung jene
als die erste, den Primat habende, erscheint. Leerer Streit über
den Vorzug zwischen Weisheit und Liebe.

Coroll. 1) Ja nicht die Eintheilung so zu mißverstehen,
als ob die Weisheit bloß das theoretische wäre, und die Liebe
das praktische. Alles, was aus der Liebe hervorgeht als seinem
realen Princip, das muß auch enthalten sein in der Weisheit als

*) Von hier aus wird der Uebergang zur Liebe also gemacht in den Vor=
lesungen. Die Weisheit kann in allen Menschen sein wenn schon in
verschiedenem Grad und in vielen als Minimum. Dies gehört ins
Gebiet der Art und Weise wie die Intelligenz zerfällt in die Gesammt=
heit der Einzelwesen. Dies führt auf das Sein der Einzelwesen als
Gattung, also auf das zweite Hauptgebiet.

seinem idealen, und umgekehrt. 2) Die Weisheit ist also das ideale Princip alles sittlichen in jedem einzelnen.

Die Potenzen der Weisheit. Wenn das angeborne ursprüngliche sittliche als Erkenntniß nur zum Bewußtsein kommt auf Veranlassung eines gegebenen äußeren, das ein Werk der Gesinnung ist, und in welchem sich die Idee abspiegelt (Anmerk. Dies gegebene kann auch ein mitgetheilter Gedanke sein): so erscheint es nicht als unabhängig in dem einzelnen, sondern nur als in ihm in Verbindung mit anderen vorhanden, also als ein gemeinsames, Gemeinsinn, Vernunft. Kommt es zum Bewußtsein als Princip unabhängigen eignen Mittheilens und Darstellens: so erscheint es als Princip einer dem einzelnen unabhängig inwohnenden Combination und Freithätigkeit, also als Fantasie.

Beide können sich nur durch Anerkennung der Identität ihres Princips mit der anderen als sittlich bewähren. Die Vernunft, welche die Fantasie nicht anerkennen will, wird negativ; die Fantasie, welche die Vernunft nicht anerkennen will, wird persönliche Willkührlichkeit.

Unterscheidung des scheinbaren. Dies stimmt überein mit den oben gegebenen Kennzeichen des Scheins der Weisheit (§. 269. (e.) zweiter Abschn. 1 und 3.), wonach dieser da wäre, wo das allgemeine und individuelle der sittlichen Erkenntniß getrennt als ein äußeres angesehen wird. Wird die Idee des sittlichen allgemeinen unabhängig vom sittlichen besondern gesezt: so wird sie auch ein äußeres d. h. abstractes. Wird das sittliche besondere getrennt vom sittlichen allgemeinen: so erscheint es als Abweichung, die ihren Grund im sittlichen äußeren hat, nämlich in der Persönlichkeit, also als ein verursachtes nothwendige. Wo demnach die Ideen nur als Abstracta gedacht werden, und die Individualität des Erkennens als ein in sich zufälliges: da ist zwar ein materialiter sittliches; daß aber das sittliche auch als Princip da sei, ist nur Schein.

Eintheilungsgrund. Die angeborne sittliche Idee ist nach dem obigen als Erkenntniß entweder Princip der individuellen Anschauung des besonderen, oder der allgemeinen Erkenntniß des ganzen, und als Gesinnung entweder Princip des symbolischen Erkennens, oder des organischen. Hieraus entstehen vier Momente. 1) Organische Anschauung des individuellen = Princip der Selbsterkenntniß. 2) Organische Erkenntniß des ganzen = Princip des Wissens. 3) Symbolische Anschauung des ganzen = Princip der Kunst. 4) Symbolische Anschauung des individuellen = Philosophie.

Anmerkung. 1. Schon aus der Art der Dichotomie sieht man, daß die Momente nicht als unabhängig oder getrennt in der Wirklichkeit existiren können. Wohl zu merken aber ist, daß hier nur von der Existenz eines inneren Princips die Rede ist, welches die größte Relativität zuläßt in allem was Fertigkeit ist, ja auch schon in der Art und dem Grade von Lebendigkeit, womit das Princip selbst zum Bewußtsein kommt. 2. Die Untrennbarkeit dieser Momente folgt auch aus dem vorigen. Denn sobald man sie getrennt sezt, tritt auch das Merkmal des sittlichen Scheins ein.

Coroll. Die Trennung hat keinen andern Sinn, als daß dadurch sollen die Relativitäten bezeichnet werden. Sie sind also folgende. 1) Uebergewicht des organischen Erkenntnißprincips = Wissenschaft. 2) Uebergewicht des symbolischen = Kunst. 3) Uebergewicht des individuellen = Mysticismus. 4) Uebergewicht des allgemeinen = Idealismus. Der Mysticismus im organischen Erkennen ist das religiöse, der Idealismus das scientifische Princip. Der Mysticismus im symbolischen ist das romantische, der Idealismus das antike.

Anmerk. Man sieht, wie jeder abgesonderte Gegensaz einseitig ist ohne den andern.

1. Die angeborne Idee als Princip der Selbsterkenntniß, oder Contemplation.

Erkl. Das Princip der Selbstbeschauung hat keine objective Beschränkung. Denn einerseits kommt die eigne Individualität niemals als einzelnes Object zur unmittelbaren Anschauung. Andrerseits ist in jeder Thätigkeit Selbstbeschauung möglich, weil in der eigenthümlichen Handlungsweise sich beständig die Individualität ausspricht. Die Contemplation ist also nichts als die ideale Seite der Individualität im Handeln und Denken.

Stufen. Die niedere, wo das Bewußtsein der Individualität nur comparativ ist, und immer von der Anschauung fremder Individualität ausgeht, der man sich entweder entgegensezt, oder nachbildend anschließt. Die höhere, unmittelbares ursprüngliches Bewußtsein des charakteristisch besonderen, und Bestreben es überall anzuschauen.

Schein. Wo das eigenthümliche als ein äußeres nothwendig verursachtes durch Umstände und Einwirkungen erscheint. So wird das innere von dem äußeren gar nicht unterschieden.

Anmerk. Der Determinismus hängt also mit sittlichem Schein zusammen.

2. Die angeborne Idee als Prinzip der Weltanschauung, oder Intuition.

Erkl. 1) Die Gesinnung sezt sich hier als Organ des ganzen. Denn es ist das allgemeine Wesen der Intelligenz die Natur anschauend zu durchdringen. Es liegt auch in aller Weltanschauung als solcher der Charakter der Allgemeinheit. 2) Nicht nur auf das scientifische Wissen geht dies Princip, sondern aller Anschauung liegt es zum Grunde, und ist insofern eigentlich Princip der Religiosität, alles Wissen als Anschauen Gottes oder in Gott gesezt. 3) Die Sphäre seiner Anwendung ist daher nicht nur die Natur im engern Sinne sondern auch die Geschichte.

Stufen. Niedere, wo die inwohnenden Geseze der Anschauung erst durch die Darstellung eines andern müsse aufgeregt werden. Verhältniß wie Glauben zum Wissen. Die Geseze erscheinen auf diese Art schon fast als eine aufgestellte Theorie, zu der man die Anwendung sucht. Auf dieser beschränkten Ansicht beruht dann auch der Unterschied des theoretischen und praktischen.

Höhere, wo ursprünglich das Bewußtsein der Identität der idea=
len und realen Welt das ganze Geschäft der Anschauung leitet,
und dies Bewußtsein auch immer über jeder Darstellung, eigner
wie frember, schwebt, so daß sie Gegenstand der Kritik wird (um
nämlich das individuelle auszuscheiden und zurükkzugehen auf
Contemplation).

Schein. Wenn das höhere und allgemeinere als ein ab=
stractes, d. h. an sich leeres, gesezt wird: so fehlt natürlich ganz
die inwohnende Identität und das sittliche Princip der An=
schauung. Die ideale Bedeutung der höhern Formen geht ver=
loren, und alle Erkenntniß erscheint als abgeleitet aus sinnlichem
Eindrukke, das theoretische aus dem organischen, das praktische
aus dem vitalen.

3. Die angeborne Idee als Princip der Kunstanschauung,
oder Imagination.

Erkl. 1) In jedem einzelnen wird durch Imagination das
ganze angeschaut, und es wird dadurch Symbol des ganzen.
Dagegen die Intuition jedes einzelne im ganzen und für das
ganze anschaut. 2) Allgemein ist die Anschauung schon in ih=
rem innersten Princip, weil überall die Aufgabe vorausgesezt
wird alle übrigen Relationen, die nicht symbolisch sind sondern
nur zu der sinnlichen Einzelheit des Symbols gehören, hinweg=
zudenken. (Anmerk. Die Imagination ist das Wunder der
Speisung. Im einzelnen das ganze, und es bleibt noch viel
übrig von dem einzelnen.) Freilich kommt die Individualität
allemal mit in die Anschauung: allein die Richtung ist auf das
allgemeine. 3) Das Princip ist nicht auf die Sphäre dessen be=
schränkt, was man im engern Sinne Kunst nennt, sondern allge=
genwärtig. Es giebt eine allgemeine Imagination, die sich zur
eigentlich künstlerischen verhält, wie die religiöse Intuition zum
scientifischen Wissen.

Stufen. Niedere, wenn die Imagination erst muß aufge=
regt werden durch Kunstwerke. Dabei wird 1) nothwendig die

Kunst als ein besonderes Gebiet gesezt, und dann auch leicht durch Irrthum als ein willkührliches. 2) Wenn sich diese Stufe als die einzige ansieht, was freilich schon, wenn es zur Marime wird, an den sittlichen Schein grenzt: so wird dann natürlich die Kunst entweder ein übernatürlich gelehrtes, oder eine Nachah= mung der Natur; welche beide Ansichten also einerlei sittlichen Werth haben und auf gleichem Mißverständniß beruhen. Höhere, wo die symbolische Bedeutung als Seele der einzelnen An= schauung qua talis gesezt wird. Hier erscheint dagegen die ganze Natur selbst als Symbol, und also Kunst und Natur als identisch.

Schein. Wenn von der beschränkteren Ansicht der niederen Stufe noch der Gedanke der inneren Nothwendigkeit des symbo= lischen hinweggenommen wird: so bleibt nichts übrig als die Wirkung, welche das schöne aufs Gefühl thut, und so wird es eine Sublimation des angenehmen, wenn es auch mit ihm in Gegensaz gestellt wird.

4. Die angeborne Idee als Princip der Philosophie, oder Speculation.

Erkl. 1) In der Speculation als System wird die allge= meine Anschauung des ganzen verwandelt in Symbol für die besondere Individualität. Ein philosophisches System ist allemal ein individuelles aus allgemeinen Elementen, eine Vereinigung also von allem vierfachen, aber symbolisches und individuelles ist das, was die andern beiden potentiirt. 2) Nicht nur für das System liegt das Princip in diesem Moment der Gesinnung, sondern für die Subsumtion unter das Systematisiren überhaupt, und so ist dasselbe auch das Princip für das individuelle in der Religion, das auf eben dem Wege entsteht. Daher nun auch die Sphäre der Anwendung dieses Princips in alles eingreift.

Stufen. Niedere, wo die Speculation ihre Haltung nur findet entweder als Polemik oder als Schule. Die Individuali= tät der Speculation befangen unter der höheren Individualität eines Zeitgeistes, entweder eines vergehenden oder eines werden=

ben. Auf dieser beschränkten Ansicht beruht die unkritische und unhistorische Opposition der Systeme.

Schein. Man vergleiche Contemplation. Wenn die Individualität darin nur als ein äußeres gesezt wird: so ist sie Abweichung von dem allgemeinen, das dann allein als inneres übrig bleibt, und man sucht nun von diesem innern aus eine allgemein gültige Philosophie.

2) Die Liebe.

§. 303. Die Liebe ist das Seelewerdenwollen der Vernunft, das Hineingehen derselben in den organischen Proceß, so wie das Hineingehen der Materie in den organischen Proceß Leibwerdenwollen ist.

Das Resultat der Liebe kann nie etwas anderes sein, als was unter dem Begriff der Weisheit gesezt ist, wenn man nämlich vom quantitativen abstrahirt. Aber die Liebe ist die Vernunft in der Action auf die Natur, so wie die Weisheit die Vernunft in der Action in der Natur. Daher ist hier vorzüglich zu sehen auf das verschiedene in dem Verhältniß der Vernunft zur Natur *).

Randbemerk. Liebe kann unbesonnen sein und unbeharrlich, bleibt aber Liebe eben so gut. Sie kann aber nicht unweise sein, ohne mit sich selbst in Streit zu gerathen. Denn sie ist nur unweise, wenn der Gegenstand mehr oder weniger geliebt wird, als seiner Stellung in der Totalität angemessen ist. Also folgt, daß in der Liebe nichts sein könne, was nicht in der Weisheit gesezt ist. Darum sagt man auch umgekehrt, daß allen Operationen der Weisheit Liebe zum Grunde liege. Weisheit ist die Thätigkeit der Vernunft in der Natur, mehr

*) Von hier an ist nun angeschlossen, was sich am Rande findet; ich bemerke dies, damit niemand allfällige kleine Wiederholungen dem Verfasser schuld gebe.

abſtrahirt von dem Nochnichtgeeinigtſein der Natur. Liebe
mehr die Thätigkeit auf die Natur, mehr abſtrahirt von dem
Schongeeinigtſein. — Liebe iſt Seeleſeinwollen der Vernunft,
dem entſpricht das Leibſeinwollen der Materie. Daher ver=
wechſelt und vermiſcht man ſo oft phyſiſche und ethiſche An=
ſicht der Liebe. Leben iſt Liebe, und Schöpfung iſt Liebe.
Von der ethiſchen ausgehend muß alſo Vernunft das thä=
tige, liebende ſein; Natur das leidende, geliebte. Hieburch
ſcheint vertilgt zu werden das Schema, Liebe zu Gott, und
doch ſoll die Stellung unſers Begriffs die Chriſtlichkeit unſe=
rer Philoſophie ausbrükken *). Die Löſung iſt die, daß wie
es kein ausſchließend erfüllendes Bewußtſein Gottes giebt
(§. 238.); ſo auch keinen ausſchließend erfüllenden Trieb auf
Gott. Die Liebe zur Natur iſt nur ſittlich als Liebe zu Gott,
die Liebe zu Gott iſt nur wahr als Liebe zur Natur. —
Schlimmes Dilemma entſteht durch die Selbſtliebe. Iſt ſie
nicht Tugend: ſo iſt es auch alle andere Liebe nicht, weil ſich
alle an Selbſtliebe anknüpft. (Elternliebe, Geſchlechtsliebe,
Vaterlandsliebe). Iſt ſie Tugend: ſo iſt alles andere nur in=
ſofern Tugend, als es ihr angehört, und alles edelſte ſcheint
verloren zu gehen. Iſt nur zu löſen durch Aufhebung des
Dilemma. Die Selbſtliebe iſt nur ſofern ſittlich, als ſie alle
andere Liebe in ſich ſchließt; und alle andere iſt nur inſofern
wahr, als ſie die Selbſtliebe aufnimmt. — Wenn die Ver=
nunft liebt, und die Natur geliebt wird: ſo kann man glau=
ben, es gebe keine nach oben gehende Liebe. Wenn die Natur
liebt (wie es ſcheint, da viele Liebe durch natürliche Relation
bedingt iſt — platon. Formel, daß das weder gute noch böſe

---

*) Vergl. §. 297, wo S. ſeine Ethik mit der chriſtlichen zuſammenſtellt,
weil das Gattungsbewußtſein in beiden erwacht iſt und eben als Liebe
auftritt gegenüber der antiken Ethik, welche auf Koſten des Gattungs=
bewußtſeins den Staat als das oberſte hatte, und darum die Gerech=
tigkeit ſezte, wo eine chriſtliche Philoſophie die Liebe.

das gute liebe —): so könnte es keine nach unten gehende geben. Es liebt aber immer die schön der Natur inwohnende Vernunft.

(z.) Liebe zu Gott ist ein uneigentlicher Ausdruk. Selbstliebe ist der Liebe zu andern völlig gleich als Interesse der Gattung am Einzelwesen *).

(d.) Bei der Liebe sehen wir auf das Seeleseinwollen, wodurch die Vernunft Eins wird mit der Materie, oder vielmehr im allgemeinen mit der Natur. Liebe ist der unmittelbarste Wendepunkt zwischen physischem und ethischem. Das Aufsteigen zur Organisation ist das Leibseinwollen der Materie, daher die alte Anschauung, daß Liebe das Princip des Daseins der einzelnen Dinge ist. Dies gilt auch ethisch. Ohne Liebe gäbe es keine Identität des Seins und Werdens, kein Heraustreten der Vernunft als eines objectiven. Alles was wir als seiend der Form nach in der Weisheit gesehen haben, gelangt in der Liebe zur Identität des Seins und Werdens, daher jene wie diese auf das ganze sittliche Handeln geht.

§. 304. Die Liebe theilt sich in gleiche und ungleiche, freie und gebundene. Die eine Theilung bezieht sich auf das Verhältniß der Vernunft in den zur Liebe vereinigten, die andere auf das Verhältniß der Natur in ihnen. **).

---

*) Vorlesg. Die Eintheilung in Liebe zu Gott, zu dem nächsten und zu uns selbst ist schon darum falsch, weil der Begriff der Liebe nicht an allen drei Orten derselbe ist, sondern am ersten Orte der Begriff der Gegenseitigkeit ein andrer ist, nämlich das der Liebe wesentliche Moment der Einwirkung auf ihren Gegenstand fällt dort weg. Liebe zu Gott verstanden wir schon unter der Weisheit als die Richtung des Selbstbewußtseins das absolute immer zugleich mitgesezt zu haben.

**) Dieser den ohne Zweifel spätern Randbemerkungen entnommene § scheint am besten zusammenzufassen, was dann ausgeführt wird, obgleich seine Terminologie schon eine bestimmtere ist, als die dem Hefte selbst eigene,

Randbemerk. Daher ist die Eintheilung erschöpfend. Der
Gegensaz ist aber nur relativ, wie überall. Die gleiche
Liebe (bürgerliche) ist ursprünglich ungleich gewesen. (Despo-
tismus, Usurpation.) Die ungleiche (Eltern- und Kindesliebe)
geht über in gleiche. Die freiste (Freundschaft und Geschlechts-
liebe) entsteht aus gebundener. (Identität des Volks und der
Bildung). Die gebundene (bürgerliche) entsteht aus freier
Zuneigung mehrerer Stämme u. s. w. —

(b.) Es bieten sich hier dar zwei Theilungsgründe. Wenn
wir die Vernunft an sich, als System der Ideen, der Natur
oder dem realen an sich gegenüber stellen: so ist theils jedes
Uebergehen jenes Systems in Reihen von einzelnen Gedanken
schon an sich ein Einssein der Vernunft mit der Natur, ein bestimmtes Verhältniß zu der Art, wie das mannigfaltige in der
Natur sich in der Zeit entwikkelt; theils sezt ein solches Uebergehen, weil die Vernunft es aus sich selbst nicht zu Stande bringen kann, eine organische Verbindung mit der Natur voraus.
Dieses also giebt die eine Duplicität, die auf das Ansichziehn der
Natur unter der Form des Bewußtseins gerichtete Liebe, und die
auf die organische Vereinigung gerichtete, d. h. die Natur zum
Organ der Vernunft bildende Liebe *).

Wenn wir ferner die Vernunft an sich der Natur an sich

welche in der Ausführung folgt. Die differentiirte oder individuelle
Liebe heißt in spätern Bearbeitungen die freie; so läßt sich die nicht
differentiirte oder universelle auf die späterhin gebundene genannte Liebe
zurükkführen. (Vergl. §. 307 und 309 **)

*) Was hier und in (d.) (so wie auch in (e.), siehe unten) noch symbo-
lisirende und organisirende Liebe heißt, nannte S. später die gleiche
und ungleiche; leztere als Liebe der erwachsenen Generation zur wach-
senden (§. 307.) ist offenbar eine bildende; die zwischen erwachsenen
aber (§. 308.) ruht ganz auf gegenseitiger Offenbarung der Eigenthümlichkeit, also ist sie eine erkennende zu nennen. So glaube ich,
was mir anfänglich nicht leicht schien befriedigend zu lösen, das spätere auf das frühere richtig reducirt zu haben.

gegenüberstellen: so sehen wir keine andere Art hineinzukommen als unter der Form der Persönlichkeit. — Darin liegt aber ein anderes Verhältniß der der Person inwohnenden Vernunft zu der die Person bildenden Natur, als derselben Vernunft zu jeder andern Natur, und als jeder andern Vernunft zu derselben Natur. Wogegen die unter der Persönlichkeit nicht befaßte Natur sich zu aller Vernunft gleich verhält. Dies giebt die zweite Duplicität, nämlich die durch die Persönlichkeit differentiirte Liebe, und die durch sie nicht differentiirte. — Beide Theilungen durchschneiden sich, und es giebt differentiirtes und undifferentiirtes Erkennen und Bilden.

Alle Liebe, die eine Richtung auf das individuelle hat, ist differentiirt, sei sie nun erkennend, oder bildend. Es treten also hier dieselben Haupteintheilungen ein, die wir beim höchsten Gut gehabt haben, erkennend und bildend, individuell und universell, welches auch natürlich und die Ursache ist, warum, wo die praktische Richtung dominirt, die Liebe eben so für die Haupt- und Urtugend gilt, wie die Weisheit, wo die theoretische.

Anmerkung 1. Gegen den Saz, daß die Liebe ein Verhältniß der Vernunft zur Natur ist, streitet nicht, daß ein Verhältniß zwischen einzelnen Menschen nur in so fern Liebe ist, als es auf die Vernunft gerichtet ist. Denn geht die Liebe auf das Erkennen aus: so will ja in diesem Verhältniß die menschliche Natur d. h. die mit der Vernunft geeinigte erkannt werden, und eine andre Bildung kann es nicht geben als die für die Vernunft.

Anmerkung 2. Dasselbe erhellt daraus, daß wir nicht die vernünftigsten am meisten lieben, sondern manche minder fortgeschrittene mehr. Auch daher, daß die Liebe, welche gegen alle dieselbe ist, zu der Liebe, welche gegen einige eine andere ist, sich verhält wie die Rükksicht auf Individualität zur Abstraction von der Individualität. Sind nun beide hiedurch verschieden: so müssen sie durch das höhere, nämlich daß die Natur ihr Object ist, einerlei sein.

Anmerkung 3. Die differentiirte und nicht differentiirte Liebe sind nicht durch die Naturmasse geschieden. Denn 1) das persönliche Dasein ist nur ein relativ besonderes; die persönliche Natur kann auch von außen und dann auch gewiß von mehreren gleich beseelt werden. Also ist nicht alle Liebe zur menschlichen Natur differentiirt. 2) Die individuellen Modificationen der organischen Functionen beziehen sich auf ein besonderes in der Natur, und zwar nicht nur das individuelle des Complexus derselben, sondern auch das individuelle jeder einzelnen. Deshalb ist auch die Liebe zur nicht menschlichen Natur zum Theil eine differentiirte.

(z.) Die Theilung in gleiche und ungleiche Liebe ist motivirt durch das Zusammensein der Generationen; die in freie und gebundene durch das Zusammensein der Racen und Volkseigenthümlichkeiten. Die lezte Eintheilung wird vorangestellt *).

(d.) Das Leben selbst ist nur das Einbilden der Vernunft in die Natur als eines in ihr erkennbaren, und das Erkennen der Vernunft in und durch die angezogene und eingebildete Natur. Dies ist nun die erste Duplicität in der Liebe; sie geht auf Bildung und auf Bewußtsein. — Eine andere Duplicität entsteht daraus, daß zwar die Vernunft von dem ursprünglichen Punkt ihrer Vereinzelung aus auf alles geht, aber doch ein anderes Handeln sezen muß auf die schon von andern Punkten aus beseelte Natur, ein anderes auf die von ihr ursprünglich zu beseelende. Allein beide Gegensäze sind bloß relativ. Denn Bildung und Bewußtsein sind Eins in der Idee der Offenbarung. Und im zweiten Gegensaz ist auch nur ein relatives Hervortre-

---

*) Hier tritt die Eintheilung erst völlig klar hervor, findet daher ihre Erklärung erst in den gleichzeitigen Vorlesungen von 1832. Die Liebe als wesentlich ausgehend vom Sein der Vernunft in einer Gattung zerfällt in das Verhältniß des Einzelwesens zu denjenigen von derselben Generation, und in das Verhältniß desselben zu denjenigen der zu entwikkelnden Generation. Jenes ist die gleiche, dieses die ungleiche. Nun von der Voraussezung aus, daß die Vereinigung von Vernunft und Natur gegeben sei in Naturmaaßen, die von klimatischen Bedingungen abhangen, ist die Liebe des Einzelwesens zu den andern innerhalb desselben ganzen oder Naturmaaßes eine gebundene, außerhalb desselben eine freie. Daher ist zu betrachten 1) gebundene Liebe a) als gleiche, b) als ungleiche 2) freie Liebe a) als gleiche b) als ungleiche.

Ethik.   Aa

ten, weil es keine absolut von Einem Punkt aus zu beseelende
Natur giebt, nicht einmal der Leib selbst. — Um nun recht zu
sehen, wie alles sittliche Handeln Liebe ist, muß man darauf ach=
ten, 1) wie Liebe zu sich selbst (§. 303.) und zu andern ganz
dasselbe ist. Dies erhellt theils aus der Relativität des lezteren
Gegensazes *). Denn wenn jeder seine eigne Natur in der Liebe
auch nur als ein gemeinschaftlich zu beseelendes behandelt: so be=
handelt er sie eben so wie die Natur der andern. Theils aus
der Grundanschauung der Liebe selbst. Denn alles Handeln
auf andere ist ja nichts anderes als Seeleseinwollen in ihnen.
2) Wie die Liebe nicht nur im eigentlichen so genannten
Handeln ist, sondern auch im Erkennen. Jedes wirkliche Er=
kennen mit Bewußtsein ist ja ein Einbilden der Vernunft in die
Natur, ein liebendes Schaffen, also gleichfalls Wirken der Ver=
nunft auf die Natur.

§. 305. Die gebundene Liebe im Charakter der
Gleichheit ist Gerechtigkeit **).

Bei den alten deshalb das Schema aller Tugend, weil ih=
nen alles im Staat aufging; bei uns nicht auf den Staat beschränkt,
sondern auf alle concentrischen und sich kreuzenden Sphären ge=
meinsamen Lebens sich erstrekkend. Gewissermaßen in jedem Gebiet
eine andere, gewissermaßen in allen dieselbe. Nur durch das leztere
ist sie wahre Tugend; denn sonst zerstört eine Liebe die andere.
Wer innerhalb des Vaterlandes ganz gerecht wäre, aber das Va=
terland selbst entweder zu wenig oder es auf Kosten der Kirche
oder der Geistesfreiheit liebte, der wäre doch ungerecht.

Wollen wir den Begriff theilen: so ist das nächste auf zwei
Elemente zu sehen. Eines das allgemeine Interesse am gemein=

---

*) Daher es, nur hier verständlich, nicht konnte an den citirten §' ange=
hängt werden.

**) Hier ist alles der neuern Redaction am Rande entnommen. Was
im Manuscript selbst die §§ bildet, paßt nicht mehr zu dieser voll=
kommneren Darstellung.

famen Leben; das andere das specifische an dem bestimmten Gegenstand der Gemeinschaften. Beide sind in verschiedenem Maaße in jedem. Gemeinschaftsmenschen ohne Interesse geben sich am meisten mit Form und Mechanismus ab. Allein das leztere ist durch sich selbst keine Tugend, sondern nur aus dem Gefühl von Unzulänglichkeit des persönlichen Daseins entstanden, und macht keinen Unterschied zwischen sittlicher und willkührlicher Verbindung. Jenes ist nichts was unseren Begriff ausspricht. Durch diese Sonderung dieser Elemente wird also nur die relative Ungleichheit in der Gleichheit begriffen als geringere und größere Thätigkeit im gemeinsamen Leben. — Anders theilt der gemeine Sprachgebrauch, indem er die Selbstsucht zum Grunde legt, und die Liebe nur negativ auffaßt. So Redlichkeit Billigkeit Rechtschaffenheit. Daß es so ist, erhellt aus zweierlei. Erstlich, daß diese Eigenschaften nur vorhanden sein können in Zuständen, die ein buchstäbliches Gesez haben, oder denen eines kann untergelegt werden, indem sie sich nur auf die mögliche Differenz zwischen Geist und Buchstaben beziehen. Zweitens daraus, daß es keine analoge Bezeichnung giebt für die Tugend des Regenten und Gesezgebers (wo Gerechtigkeit nur Unparteilichkeit bedeutet, und man gewöhnlich nur von Weisheit und Gnade redet), weil nämlich hier kein Streit sein kann zwischen gemeinsamem Interesse und Privatinteresse. — Dies führt aber doch auf eine richtigere Theilung. Nämlich einmal ist vorherrschend das Interesse an den einzelnen, die zusammen das ganze bilden; ein andermal das Interesse am ganzen in seiner Entwikkelung. Die Gerechtigkeit ist Gemeingeist und Unparteilichkeit. (Doch ist lezteres nur der negative Ausdruck für das zweite Moment) (vergl. daher z.). Die Gerechtigkeit ist auf jedem Gebiet eine lebendige Bewegung dieser beiden gegen einander.

:(z:) Die gebundene gleiche Liebe ist Gerechtigkeit, dieselbe im vorbürgerlichen wie im bürgerlichen, und auf dem symbolischen wie auf dem organischen. Die Entstehung des bürgerli=

chen Zustandes ist auch aus ihr zu erklären. Das erwachende (§. 268. z.) Bewußtsein wird Impuls durch die Liebe. Ebenso auch in der Organisation des Wissens. — Die Gerechtigkeit theilt sich in Gemeingeist = Richtung auf die Gesammtheit, und Wohlwollen = Richtung auf die einzelnen als in der Gesammtheit. Hieher gehört auch die Wohlthätigkeit (§. 217.), sowol im bürgerlichen als im vorbürgerlichen, als ausgleichende, und Dienstfertigkeit als hülfreiche. (Auch der Gemeingeist ist so zu theilen als Interesse an der Form, Verfassungsliebe, und an dem Wesen, Vaterlandsliebe). Negative Ausdrükke sind Rechtschaffenheit und Unparteilichkeit. Erstere sezt Selbstsucht, leztere wenigstens freie Liebe voraus, welche sich hier eben so wenig einmischen darf *).

(b.) **) Alles Zusammentreten mehrerer Menschen in einen Verein der Gleichheit hat zur Basis das Gefühl, daß die Natur, die jeder hinzubringt, eben so gut von jedem andern in dem Verein für denselben kann beseelt werden, et vice versa; und ruht also auf einer nicht differentiirten Liebe. Dies gilt auch von der freien Geselligkeit, ohnerachtet da die Individualität eigentlich der Stoff ist. Man ist nur mit denen zusammen, von welchen man voraussezt, sie können uns aufregen, wie wir uns selbst, und gegenseitig. Die vielen Tugenden, welche gewöhnlich unter die Liebe subsumirt werden, können nur auf dem Standpunkt des Gegensazes der Persönlichkeit verstanden werden, oder sie sagen nur überwundene bestimmte sinnliche Neigungen aus, und sezen in beiden Fällen nichts besonderes sittliches.

---

*) Als das überwiegende nämlich.

**) Aus dem Hefte selbst, das aber hier nur theilweise wieder gegeben wird, indem es durchführt, was später geändert wurde, nämlich die Gegensäze zwischen universeller und individueller, und zwischen bildender und erkennender Liebe, so daß weder die Gerechtigkeit auftritt noch was ihr coordinirt ist; daher denn S. in einer eignen Anmerkung bespricht, warum es dem gemeinen Sprachgebrauch hier an angemessenen Bezeichnungen fehle.

§. 306. Randbemerk.: Die gebundene Liebe im Charakter der Ungleichheit ist Fürsorge auf der einen Seite, Ehrfurcht auf der andern.

Eben so das Verhältniß der Menschen zu Gott, das ewig ungleiche, bezeichnet. Im menschlichen besteht die Fürsorge aus zwei Momenten. Der freilassenden, welche auf die zunehmende Gleichheit geht, und der leitenden, welche auf die bestehende Ungleichheit. Die freilassende beschränkt die Ungleichheit. Das Sezen der Mündigkeit geht nicht von den Kindern aus, sondern von den Eltern; und so überall. Im Verhältniß zu Gott ist die Mündigkeit da, wenn nur der Geist als geoffenbart angesehen wird, das äußere Gesez aber ganz dem Menschen anheimgestellt; wie auch bürgerlich, wenn einer Antheil an der Gesezgebung bekommt *). Die leibliche Fürsorge ist nichts abzutrennendes; es darf nur besorgt werden in Beziehung auf das geistige. Jedes Mißverhältniß aber zwischen diesen beiden Elementen ist unsittlich. Unbewußt ist es Lieblosigkeit, bewußt ist das Zurükktreten der freilassenden Liebe die übermüthige Gewissenlosigkeit, das der leitenden die träge. — Die Ehrfurcht ist Gehorsam und Scheu. Gehorsam ist Willigkeit aus Gefühl für die überwiegende Vernunftmacht; also nicht äußerlich, sondern Gesinnung, aber weder Gerechtigkeit noch Weisheit. Scheu ist die Abneigung etwas gegen den Willen des übergeordneten Theiles an sich zu haben, aber nicht in Bezug auf ein gegebenes Gebot, sondern aus Ahndung, also als eigne Construction, die aber nur Nachbildung ist. Also, So viel leitende Fürsorge in dem einen, so viel Gehorsam muß in dem andern sein, und so viel Scheu in diesem ist, so viel freilassende darf in dem andern sein. — Die gebundene ungleiche Liebe ist in eben dieser Duplicität auch in der Stiftung eines bürgerlichen Vereins, wenn sie von einer Minderzahl ausgeht.

*) Vergl. §. 272, 2.

(z.) Die ungleiche gebundene Liebe führt zunächst auf die Familie als den ursprünglichen Ort des Zusammenseins der Generationen. Aber es scheint zuvor gefragt werden zu müssen, ob die Geschlechtsgemeinschaft an die Volksthümlichkeit gebunden ist. Das Hinausgehen würde allgemein werdend die natürlichen Charaktere zerstören; es kann aber scheinen, als ob dies nur ein Sieg des Geistes über die Natur wäre. Bedingt wird die Sache durch Gastfreundschaft und Weltverkehr, aber welches ist der positive Impuls? Ist er lediglich ein sinnlicher: so ist er eine Abnormität. Geht er vom Uebergreifen der religiösen Gemeinschaft aus: so ist er um so leichter zu rechtfertigen, je näher doch die Verwandtschaft. Die Missionen haben noch keine Mulatten gemacht *). In jedem Falle ist das einzelne bedingt durch ein allgemeines Verhältniß, welches schon bestehen muß.

Wenn wir die ungleiche gebundene Liebe als Fürsorge bezeichnen: so sezen wir alle erwachsenen den Eltern gleich, wenn auch nicht dem Grade nach. Weder kann man in das platonische Extrem eingehen, noch auch die Jugendbildung ganz in der Familie isoliren. Da nun die Jugend hernach in das Verhältniß der Gleichheit übergehen muß: so ist dieses zwar gesezlich eine Umkehrung; allein in der Gesinnung muß die Richtung auf die künftige Gleichheit schon von Anfang an sein als Anerkennung der steigenden Manifestation der Intelligenz. Sie beginnt mit der Freude an dem ersten Mienenspiel der Kinder. Wenn wir nun auch in dem unvollständigen Menschen keine Tugend anerkennen (§. 292.): so muß doch, damit jenes möglich sei, in der Jugend ein Analogon des sittlichen gesezt sein, welches nur die Anerkennung der wirksamen Intelligenz ist = Ehrfurcht; ne-

---

*) Hier macht sich der Verfasser die Bemerkung, "Dieser Punkt gehört doch principaliter ins höchste Gut." Wirklich ließe er sich bei §. 272 abhandeln, was in den Vorlesungen von 1832 auch geschehen ist, so wie bei den Formen des nationalen Wissens bestimmt wurde, inwiefern fremde Lehrer zulässig seien.

gative; Seite; derselben Scheu, positive; Gehorsam. In Bezug nun hierauf besteht die Fürsorge aus einem leitenden Moment und einem freilassenden; jenes stätig im Abnehmen, dieses stätig im Zunehmen. Die Vollkommenheit besteht darin, daß kein anderes Motiv als die Ehrfurcht in Anspruch genommen wird. Mechanische Einwirkungen sind nur da zulässig, wo noch nicht vernommen werden kann, aber auch diese nie von pathematischen Erregungen aus. Das leitende Element der Fürsorge ist dann das Maaß des Gehorsams, und die Scheu (sofern sie Ahndung enthält) das Maaß des freilassenden Elementes.

Anmerkung. Die Entwickelungsdifferenzen in der leitenden Generation selbst haben wir nicht unter die ungleiche Liebe subsumirt. Sie sind aber analog zu behandeln. Auch wo die Differenz ein Maximum ist, muß doch das Freilassenwollen immer schon mitgesetzt sein.

§. 307. (z.) Die freie Liebe beruht auf dem Princip der Wahlanziehung *), eben sowol innerhalb als außerhalb eines gebundenen Naturganzen.

(b) Randbemerk. Sie enthält das engste (Freundschaft und Ehe), und das weiteste (Mission): In beiden Endpunkten erlangt man nie unwiderstehliches. Das enge geht auf ein gebundenes zurükk. Es ist also nur eine specifische Ausströmung des in diesem herrschenden Gemeingeistes. Kein bestimmter Kreis könnte bestehen, wenn es nicht in ihm persönliche Freundschaften gäbe. Warum nun grade mit diesen, das ist auf klares Bewußtsein nicht leicht zu bringen. Das weite muß man nach derselben Analogie beurtheilen können. Das gebundene ist da nur die Einheit der menschlichen Natur. Es ist die allgemeine Thätigkeit der Vernunft auf das ganze gerichtet, die sich darin offenbart. Daher auch nicht zu allen Zeiten gleich. Die freie Liebe ist daher das, was am meisten das Hineintreten der Vernunft darstellt. In der Erfahrung _____

*) Ist also was die ältern Hefte individuelle Liebe nennen.

zeigt sich überall viel verfehltes und Schein in diesem Gebiet. Dies muß unterschieden werden. Auch könnte man denken, es könne die ganze Sittlichkeit in Einem bestehen, ohne
freie Liebe, und sie sei daher keine Tugend. ad 1. Ist die
Verwechslung nicht anderes als überall, nämlich wenn das
innere zum äußern nicht gegeben ist. Der einzige Unterschied
ist, daß die Reinheit hier nur erkannt werden kann aus der
Abwesenheit andrer Motive. Beispiele von den beiden Endpunkten sind Entdeckungstrieb und Geschlechtsliebe. ad 2. Daß
die freie Liebe nirgend ganz fehlen kann, erweiset sich daraus,
daß sie conditio sine qua non der gebundenen ist. Z. B. Keine
Liebe zum Christenthum (Gemeingeist) ohne Verhältniß zu einzelnen, und in diesem nun Differenzen, aus denen eminente
Punkte als Freundschaft heraustreten. Die Freundschaft
wird vielleicht als wirkliche Relation nicht gefunden, aber die
Tugend besteht auch nur im Bestreben. Fehlt es also einem
überall an freier Liebe: so hat auch die gebundene keine Haltung an ihm.

Von hier aus zur Liebe zur unbeseelten Natur. Derselbe
Charakter der Unwiderstehlichkeit und Unerklärlichkeit. Alles
schöne, alle Kunst daher, wenn die Natur um ihrer selbst willen geliebt zum Gegenstand der bildenden Kraft gemacht wird.
Auch hier beruht alles specielle der Talente auf dem erhöhten
Herausgreifen eines einzelnen aus der allgemeinen Beziehung
der Vernunft auf die Natur. Es ist die allgemeine Thätigkeit
der Vernunft, die im Besiz eines speciell gebildeten Organismus eine eminent specielle wird.

(z.) In der freien Liebe treten die gebundenen Naturganzen
als bestimmte Vielheit zwischen die Einheit der Gattung und die
unbestimmte Vielheit der Einzelwesen als nothwendige Bedingung, damit dieses Sein für das Wissen sei. Es fragt sich daher, inwiefern das Princip der Wahlanziehung diese verschmä-
hen könne. Es gilt nur für das Selbstbewußtsein, und seine Re-

fultate find genau genommen unverftanden, ihre Rechtfertigung nur habend in der Befriedigung des Gefühls; unentbehrlich aber fowol im einzelnen als Princip der Ehe, als) im großen, indem nichts größe Entwikkelungen enthaltendes (z. B. Staatsbildung) geschieht ohne solche *).

§. 308. (b.) Randbemerk. Die freie Liebe im Charakter der Gleichheit erfordert (§. 183.) Theilnahme und Empfänglichkeit **).

Jene als Activität, diese als Paſſipität, Offenheit. Dann auch, daß die Thätigkeit in jedem durch die Billigung des andern bedingt sei, und die Vollkommenheit der Liebe besteht darin, daß diese Uebereinstimmung von selbst da sei, ohne Widerstand und ohne Delicatesse.

(z.) Die gleiche ist nun zwiefach. Auf die Geschlechtsgemeinschaft bezogen Vollkommenheit, wenn jedem Theil der andere das Geschlecht befriedigend aufschließt. In der Geschlechtsgleichheit Freundschaft, die wieder theils mehr ist ein auf Praxis be-

---

*) Vorlefg. Die eigenthümliche Bestimmtheit ist als Abgeschlossenheit eigentlich nicht Gegenstand des Wissens, daher die Abneigung der dem Wissen dienenden gegen die Subjectivität. Sie gehört aber zur Vollkommenheit der Gattung so gut als die zwischen diese und die unendliche Verschiedenheit der Einzelwesen eintretenden Naturganzen. Die Anziehung der Individuen entsteht in zwei Formen, nämlich der Verstärkung und der Ergänzung; jenes, wenn einer angezogen wird durch denjenigen, mit dem er am vielseitigsten zusammen wirken kann, dieses, wenn von dem, welcher die Differenzen zwischen ihm und der menschlichen Gattung am vollständigsten aufhebt. Diese beiden Charaktere ziehen sich durch alle Formen der freien Liebe.

**) Früher von S. individuelle symbolifirende Liebe genannt, so wie die des folgenden § individuelle bildende. Mit der Terminologie wurde aber auch die Fassung der Erläuterungen so sehr anders, daß sich ältere Handschriften hier nicht im einzelnen benuzen lassen, ja mir lange die Identität der ältern und neuern Terminologie sich nicht enthüllen wollte. (§. 305.)

rechnetes: organisches: Zusammenschmelzen, theils auf Ergänzung
beruhendes Zusammenschmelzen des relativ entgegengesezten Selbstbewußtseins zum Gattungsbewußtsein. Wo beides fehlt, Ehe
und Freundschaft, da ist ein wesentlicher Mangel im Individuum.
Betrachten wir nun die Familie als Person: so geht Gastfreundschaft und Geselligkeit auch von Wahlanziehung aus, und dasselbe gilt von Völkern und Staaten. Nationalhaß ist immer ein
unnatürliches Mißverständniß, z. B. zwischen England und Frank-
reich, aus dem noch nicht recht Auseinandergetretensein entstanden,
jezt im Verschwinden *). Aber viele Verbindungen beruhen auf
Wahlanziehung; und Anknüpfung einzelner mit einzelnen in verschiedenen Stämmen und Racen sezt allemal eine größere mehr
nationale Anknüpfung voraus. Die Formel ist gegenseitiges Zusammentreffen von Mittheilung und Empfänglichkeit, befriedigend
durch Ergänzung entweder zum Gattungsbewußtsein oder zur
Gattungsthätigkeit.

§. 309. (b.) Randb. Die freie Liebe im Charakter der Ungleichheit ist nur im Meister= und Schü-
lerverhältniß, welches aber durch alle Sphären hindurchgeht.

Oberes Glied: entweder Leitung durch Attraction oder Sich-
hingeben durch Zuneigung. Unteres: Enthusiasmus. Gefahr:
Nachahmung.

Ungleichheit der Geschlechter und Racen zu verneinen.

*) Vorles. Alle Verbindungen auf Verwandtschaft der Abstammung oder
Bedürfnisse des Verkehrs reduciren wollen, ist verwirrend. National-
freundschaft giebt es sogar zwischen Nationen, von denen die eine nicht
mehr lebt. Freilich ist das Verhältniß dann einseitig. Neuere Staaten haben mehr Wahlanziehung zu den Griechen und Römern, als zu
orientalischen Völkern. Nationalhaß entspringt durch noch nicht gesche-
hene Trennung oder Zusammentreten, die von der Natur gefordert
werden. Ist das Naturverhältniß realisirt: so verschwindet er. Zwischen verwandten Völkern, wie Engländer und Franzosen, kann sich
Haß zeigen, eben so Nationalliebe, unabhängig von Naturbedingungen.

(z.) Die ungleiche ist nur das Verhältniß zwischen Meister und Schüler, auf dem Gebiet der Kunst (der Wissenschaft nur, inwiefern an ihr Kunst ist, daher auch der Philosophie). Hier ist nun begeisternde Kraft auf der Seite des Meisters, Enthusiasmus auf der Seite des Schülers. Der Zwekk wird nicht erreicht durch Nachahmung, sondern nur durch Aufschließung der eignen eigenthümlichen Bestimmtheit. Auch ist die Schule keine Gemeinschaft unter den Schülern selbst (als nur, ausnahmsweise zur Vollbringung größerer Werke), wie die von einem Offenbarungsinhaber ausgehende, religiöse, Gemeinschaft, sondern nur der Schüler mit dem Meister, und da die Schüler nicht nothwendig sich auch zur begeisternden Kraft entwikkeln: so besteht die Gemeinschaft auch nur in dieser Generation, und es ist gewöhnlich eine Täuschung, wenn man sie länger annimmt. (Von der Gemeinschaft konnte nun hier eigentlich nicht die Rede sein sondern nur von dem Princip derselben) *). Die ungleiche Liebe geht hier eben so, wie auf der gebundenen Seite in Gleichheit über, aber die begeisternde Kraft erregt so lange sie besteht immer wieder Enthusiasmus in andern sich entwikkelnden Individuen, bis der Meister dem absterbenden Theil der Generation anheim fällt **).

---

*) Weil die Schule als Gemeinschaft beim höchsten Gut §. 282. abzuhandeln war.

**) Vorlesg. Es handelt sich beim Charakter der Ungleichheit um das Verhältniß zweier Generationen, und bei der freien Liebe wird abstrahirt von den Naturverhältnissen der Familie und des Volkes. Im Verhältniß von Meister und Schüler repräsentirt jeder seine Generation. Entwikkelnwollen und Entwikkeltwerdenwollen ist die Gemeinschaft der Schule im Gebiete der Kunst, denn hier wo Wahlanziehung leitet ist nur das Selbstbewußtsein und dessen Manifestation gemeint. Die Entwikkelung der jüngern Generation wird hier nicht wie in der Familie durch Nachahmung geleitet, sondern durch das anziehende Princip der eigenthümlichen Bestimmtheit. Der Gegensaz ist daher der von Begeisterung und Enthusiasmus, jene auf Seite des Meisters, dieser der Schüler. Beide müssen zusammentreffen.

So gehen die zwei Formen der Tugend als Gesinnung auf einan-

(e.) **II.** Von der Liebe.

Erkl. Die Gesinnung als Trieb gesezt ist die andre Seite der Wurzel alles wirklichen sittlichen Werdens (conf. Weisheit), die nämlich auf Darstellung und Gemeinschaft, welches eins ist, ausgehende. Denn alle Darstellung ist für die Gemeinschaft, und alle Gemeinschaft kann nichts sein als Offenbarung Darstellung, weil es keine unmittelbare Wechselwirkung giebt ohne ein wirkliches Einssein, mit welchem dann natürlich die Gemeinschaft wieder aufhört. Da nun die Persönlichkeit ebenfalls für die Idee ein äußeres ist, und also nothwendig ein gemeinschaftliches: so ist auch alles Handeln auf die Persönlichkeit ein darstellendes, und also aus demselben Princip. Die Liebe ist also das reale Princip alles sittlichen Handelns.

Coroll. 1) Auch alles, was in der Weisheit gesezt ist, hat das Princip seines Wirklichwerdens in der Liebe. Ohne das in der Gesinnung die Gemeinschaft und Darstellung vorbildende Element würde nur ein absolutes Entsagen auf die Persönlichkeit, auch auf die Erkenntniß, stattfinden, und die Idee wäre realiter ein Nichts. 2) Daher hat vom Standpuncte des Reiches Gottes aus die Liebe den Primat. 3) Daher Gott als Schöpfer des äußeren und als Stifter der Gemeinschaft die Liebe ist. 4) Hier liegt auch das wahre der anglikanischen Ansicht, daß das sittliche Gefühl und das gesellige dasselbe sind.

Stufen. Wenn die inwohnende Idee als Trieb nur zum Bewußtsein kommt auf Veranlassung eines äußern, das Werk dieser Gesinnung ist, also einer Gemeinschaft: so erscheint sie auch als ein Product dieser Gemeinschaft durch sie bedingt, in sie ver-

---

der zurück; Weisheit als Richtung der Intelligenz auf das Sein wird nur realisirt durch Liebe, weil ohne diese keine Mittheilung wäre, und jede Generation das Streben nach Weisheit nen beginnen müßte; Liebe aber beruht auf der Weisheit. So gedeihen beide nur in bestimmter Wechselwirkung.

webt, als Rechtsgefühl oder Pietät. (Anmerk. Wie die Weis=
heit als Vernunft.) Kommt sie unabhängig und ursprünglich
ins Bewußtsein: so erscheint sie als freie wählende, anzie=
hende Liebe.

Coroll. 1) Daher auch die höhere Geschlechtsliebe mit
Recht vorzugsweise Liebe heißt, weil sie, wo sie ist, nur ursprüng=
lich sein kann. Daher die große moralische Beweiskraft einer
wahren Ehe. 2) Beide Stufen erhalten sich in ihrer Sittlichkeit nur
durch gegenseitige Anerkennung. Das Rechtsgefühl, welches die
freie Liebe nicht anerkennt, muß negativ werden, und sich auf die
Persönlichkeit zurükkziehen. Die freie Liebe, welche die abgelei=
tete, durch die sie allein als producirend fixirt wird, nicht aner=
kennen will, muß Willkühr werden, also ebenfalls Egoismus.
3) Die auf sich allein reflectirende niedere Stufe sezt alles Stif=
ten in Natur oder Gottheit; die auf sich allein reflectirende hö=
here sezt alles durch die niedere fixirte als schon erstorben.

Schein. Wenn das Princip der Darstellung und Gemein=
schaft als ein von außen bedingtes angesehen wird, das Gefühl
als ein durch Reflexion, also abgeleitet, entstandenes, wobei noth=
wendig zugleich ein Gegensaz entsteht zwischen Selbstliebe und
Sympathie (conf. die Erkl.): so ist alles, was noch für Liebe
gehalten wird, nur leerer Schein. Denn sie bekommt ihren Grund
doch entweder in der Selbsterhaltung, oder in einem unerklärten
Naturtriebe.

Coroll. Was also wahre Liebe sein soll, muß zugleich
und auf gleiche Weise das Subject selbst und andere zum Ge=
genstande haben.

Eintheilungsgrund. Als Gesinnung ist die Liebe or=
ganisch oder symbolisch, als Darstellung quantitativ oder quali=
tativ. Der Gesinnung als Organ des ganzen ist die Darstellung
das lezte, die Gemeinschaft nur Durchgang und Methode. Denn
es ist das ganze Geschäft der Idee in der Wirklichkeit äußerlich
zu werden, die Natur zu durchdringen. Als Seele des besonderen

ist die Gemeinschaft, die Rükkehr zum ganzen, das lezte, und die Darstellung nur Methode. Als quantitativ ist die Liebe der Trieb auf das für die Idee äußert an sich; als qualitativ der Trieb zur Angemessenheit desselben für ein in der Idee bestimm= tes. Daraus hier 4) Momente. 1) Quant. Streben als Organ des ganzen = Princip der Naturbildung. 2) Qualit. Streben als Organ des ganzen = Princip der sittlichen Composition. 3) Quant. Streben nach Symbolik = Princip der Besizergrei= fung. 4) Qualit. Streben nach Symbolik = Princip der indi= viduellen Offenbarung.

Coroll. 1) Die Trennung soll nur Relation bezeichnen. Uebergewicht des organischen = poetischer Sinn. (S. Monolog.) Uebergewicht des symbolischen = praktischer Sinn. Uebergewicht des quantitativen = technischer Sinn. Uebergewicht des quali= tativen = socialer Sinn. 2) Hier liegt auch der antike Unter= schied zwischen gleicher und ungleicher Freundschaft, der aber eben so gut immanent ist als transitiv. Nämlich wo auf Per= sönlichkeit eingewirkt wird von einem als Organ des ganzen, da ist ungleiche Freundschaft; wo von einem als Seele des einzel= nen, da ist gleiche Freundschaft.

1. Die inwohnende Idee als Princip der Naturbildung.

Erkl. Daß alle Natur soll Werkzeug der Idee werden von der niedrigsten physischen Potenz an bis zum eignen und frem= den geistigen Mechanismus. Also in allem Aeußerlichwerden der Idee das Princip der bestimmten Form. 2) Indem es in die Gesinnung als Organ des ganzen gesezt wird, ist es ein absolut gemeinschaftliches, weil hier der Unterschied der Persönlichkeit noch gar nicht existirt.

Stufen. Niedere, nur erregbar durch ein Vorbild, der Exponent also allemal eine Analogie. Höhere, der höhern In= tuition und Imagination correspondirend. Erstere also nur fort= pflanzende, leztere befruchtend.

Coroll. Die niedere nur über, sich selbst reflectirend wird Maxime der Versteinerung, die höhere wird Maxime der Verflüchtigung des gewordenen.

Schein. Wenn die Gesinnung selbst (das innere) als ein bildsames (also äußeres) gesezt wird, woraus denn folgt, daß nur für die Persönlichkeit gebildet wird und also Gegensaz aufgestellt zwischen Einem Subject und den anderen.

Coroll. Genauer Zusammenhang des pädagogischen und ökonomischen der neuen Zeit, als unsittlich.

2. Die inwohnende Idee als Princip der sittlichen Composition. Erkl. Die Gesinnung strebt als Organ des ganzen, ein individuelles zu sezen. Da dies nun dasselbe Princip ist, wodurch sie auch sich selbst als Seele eines besonderen sezt: so ist auch hier die persönliche Individualität nur ein einzelnes. Das Princip des Wirklichwerdens der Individualität in allem, was als ein an sich sittliches gesezt wird.

Coroll. Da alles sittliche ein individuelles werden soll: so hat auch dies die Totalität des sittlichen zu seiner Sphäre.

Stufen. Die niedere ist nur erhaltend, und sezt das Stiften; wenn sie über sich allein reflectirt, als ein übermenschliches; daher sie denn geneigt ist das menschliche Stiften als ein unsittliches anzusehen. Das stringenteste Factum der niederen Stufe ist der Patriotismus. Wie auch hier die höhere, wenn sie sich isoliren wollte, in unsittliche Willkühr sich verwandeln würde, die nur von persönlicher Einsicht ausginge, ist aus dem vorigen deutlich.

Schein. Wenn das innere, nämlich die Individualität des zu bildenden, als ein äußerlich bedingtes angesehen wird, um gewisser Zwekke willen so und anders beschaffenes: so läuft natürlich jede Bestimmung auf einen persönlichen Gegensaz hinaus. Beispiel fast die ganze moderne Politik.

3. Die inwohnende Idee als Princip der Besizergreifung. Erkl. 1) Entspricht als symbolisches der Naturbildung als organischem. Die Gesinnung strebt als Seele eines besonderen

sich eine Sphäre der Aeußerung zum Behuf der Offenbarung
anzueignen. Princip des Triebes auf das bloß äußere vom Be=
wußtsein der Vereinzelung aus. 2) Eben deshalb aber, weil der
Trieb auf das äußere, nur die reale Seite ist von dem Be=
wußtsein der Vereinzelung, ist er auch allgemein persönlich und
nicht subjectiv; also im sittlichen die Identität der Selbstliebe
und Sympathie nothwendig gesezt. Daher auch das Princip
der Besizergreifung zugleich das der persönlichen Gemeinschaft ist.
3) Da das sittlich componirte für die Seele des besonderen, so=
fern es einen Leib hat; auch ein äußeres ist, das sie ergreifen
will: so gehört ihr Antheil hieran auch zu ihrem Besiz. Dies
erstrekkt sich also vom Leibe und den unmittelbaren Organen bis
zur Familie und zum Staat.

Stufen. Die niedere erscheint nur als Nachahmung und
Analogie, und begnügt sich über sich allein reflectirend mit De=
duction des Rechts aus einem gemeinschaftlichen, Vernunft, Ge=
meinsinn u. s. w.

Schein. Aller Besiz hat einen sittlichen Gehalt, weil er
immer in ein sittlich erzeugtes hineinfällt. Subjectiv unsittlich
aber ist er, sobald die Beziehung auf die Gemeinschaft nur als
ein äußeres, also einzelnes, gesezt wird. Denn alsdann kann bie
innere Einheit keine andere sein als bie persönliche; wobei zu=
gleich der subjective Gegensaz wenngleich noch so verstekkt eintritt.

4. Die inwohnende Idee als Princip der Offenbarung.

Erkl. Die reale Seite des Bewußtseins der Individuali=
tät ist eben Trieb nach Offenbarung, er ist also auch als sittlich
seinem Wesen nach gemeinschaftlich, und es ist identisch sich of=
fenbaren wollen und die Offenbarung anderer aufnehmen. Da
nun alles sittliche Handeln zugleich Offenbarung der Individua=
lität sein soll: so hat auch dies Princip die Totalität zu seiner
Sphäre.

Stufen. Das Erregtseinwollen zur Offenbarung durch
Offenbarung erscheint abhängig als Anhänglichkeit, die freie Er=

regung als Offenherzigkeit. Die niedere Stufe, wenn sie die andere sich gleich sezt in der Reflexion, findet den Gegensaz des sentimentalen und naiven.

Schein.- Die Offenbarung, wenn sie auch das sittliche selbst zum Object hätte, ist doch nur egoistisch, wenn der Gemeinschaftstrieb nur als ein äußerlich bedingtes gesezt wird, denn das ganze wird eine persönliche Angelegenheit.

B. Die Tugend als Fertigkeit.

§. 310. Wenn die Gesinnung diejenige Qualität ist, wodurch überhaupt die Einigung der Natur mit der Vernunft producirt wird: so ist die sittliche Fertigkeit diejenige Qualität, wodurch diese Einigung in einem Menschen in einem bestimmten Grade besteht, und von diesem aus sich in allen wesentlichen Richtungen weiter entwikkelt.

Da die Fertigkeit ein in der Zeit wachsendes ist, die Gesinnung streng genommen aber nicht; sondern, wenn man sie als entstehend denkt, sie als in Einem Augenblick ganz entstehend gedacht werden muß: so bezeichnet ein größerer oder geringerer Grad der Fertigkeit nicht ein Mehr oder Weniger der Gesinnung, sondern einen spätern oder frühern Punkt in der Wirksamkeit derselben mit Veranschlagung des individuellen Vor- oder Zurükktretens der bestimmten Richtung. Die Gesinnung ist also nichts anderes als das Produciren der Fertigkeit, und diese ist nur das organische und zeitliche Sein jener. Die Größe der Fertigkeit kann gemessen werden durch die von Handlungen, welche einen Mangel der Tugend sezen, ununterbrochene Folge gleichartiger sittlicher Handlungen in einem gewissen Zeitraum, wobei also alles abhängt von der Bestimmung der Einheit der Handlung. Die Fertigkeit ist ein ihrer Natur nach bis zur Vollendung, welche aber empirisch nie gegeben werden kann, wachsendes. Der Begriff der Vollendung liegt darin, daß es keine in der Sinnlichkeit selbst oder ihrem Fürsichseinwollen gegründete Thätigkeit oder Verknüpfung von Thätigkeiten gebe, sondern jede Activität ihren Grund in der Vernunft habe. — Die Einheit der Handlung ist eingeschlossen zwischen der Identität des Begriffs und Impulses als ihrem Anfang, und der Realisation des Begriffes und Sättigung des Impulses als ihrem Ende. Jede Handlung läßt sich aber ansehn als zusammengesezt aus einer unendlichen Menge gleichartiger, indem der Begriff sich erst im Fortgang näher bestimmt und erweitert, und also auch ein Impuls entsteht auf etwas, worauf er vorher nicht gesezt war. Auch deswegen so, weil der Zwekk ursprünglich bestimmt ist durch den Zustand des Subjects und Objects und des dazwischen liegenden, im Verlauf der Handlung aber alle Momente sich mehr und weniger ändern, also auch der Zwekk und der Impuls sich anders modificiren müssen. Darum läßt sich auch jede Handlung ansehen als Bestandtheil einer größern, und so bis man zum ursprünglichen Auffassen des sittlichen Lebens als Begriff und Impuls, als der Einen Handlung, von welcher die andern Theile sind, zurükkommt. — Hiernach also zeigen sich Gesinnung und Fertigkeit als der Sache nach vollkommen Eines, und es sind nur verschiedene Ansichten die sittliche Qualität bald zu betrachten nach dem rein innern der sich selbst gleichen Kraft zu, bald nach der Größe der Erscheinung.

§. 311. Jede sittliche Fertigkeit als organische Seite der Tugend wird aus zwei Factoren bestehen, einem combinatorischen, nämlich der Leichtigkeit und Richtigkeit des Aneinanderreihens der von der Vernunft ausgehenden organischen Thätigkeiten, und einem disjunctiven oder kritischen, nämlich dem Unterscheiden und Unterdrükken der von der Natur ausgehenden Thätigkeiten.

§. 312. Von dem Moment des Auffassens der sittlichen Aufgabe aus ist eine doppelte Richtung gesezt. Einmal, der persönliche Charakter in allem Handeln soll verschwinden, und die Beziehung auf die Gesammtheit der sittlichen Sphären an die Stelle treten, welches die universelle Seite des sittlichen Handelns ist. Dann, es soll überall diese Natur, wie sie als einzelne von allen andern unterschieden wird, von der Vernunft durchdrungen werden, welches die individuelle Seite des sittlichen Handelns ist.

Wie beide im einzelnen different sein können, erhellt daraus, daß eine eigne Formel der sittlichen Fortbildnng von jeder ausgehen kann. Man denke sich ein fortgeseztes Achten auf alles in der Person vorgehende mit der Tendenz dies zu ethisiren: so wird in der sittlichen Bildung das individuelle dominiren. Man denke sich ein Achten auf die sittlichen Sphären und was die Person von ihrem Ort darin thun könne: so wird das universelle dominiren. — Es giebt einen doppelten Schein, als ob das individuelle dem universellen, und umgekehrt dieses jenem, untergeordnet wäre, wovon aber einer den andern widerlegt, so daß sie auf alle Weise als coordinirt erscheinen. — Da nun dieser Gegensaz sowol auf Seite des Bewußtseins als des Triebes statt findet: so erstrekkt sich auch dieser Theilungsgrund über beide als Fertigkeit gesezte Tugenden.

(z.) Die Tugend als Fertigkeit. Der Impuls der Intelligenz wird wie ihre ursprüngliche Einigung Einzelleben, so auch im einzelnen Dauer, Einheit der Handlung in einer Reihe von Momenten. Im Gegensaz gegen das rein innerliche des Impulses ist der Organismus (psychischer und leiblicher) oder die Natur als Masse gesezt, welche bis zur Oberfläche fortschreitend durchdrungen werden muß. Dieses nennen wir das combinato=

rische Moment (der Ausdruk ist willkührlich; vielleicht ließe sich ein besserer substituiren). Betrachten wir aber die organische Natur im Aufsteigen des Lebens: so erscheint sie als animalisches Leben im wenngleich vor dem Eintritt der Intelligenz unvollkommen entwikkelten Gegensaz von Receptivität und Spontaneität. Diese Lebensthätigkeiten müssen vom Willensimpuls ergriffen, mithin der ursprüngliche Uebergang aus Receptivität in Spontaneität aufgehoben und die lezte überwunden werden. Dieses Moment nennen wir (eben so willkührlich) das disjunctive. Sehen wir aber darauf, wozu der Organismus bestimmt wird: so wird er entweder nur als sittlicher Ort mit Bezug auf die Gesammtheit der sittlichen Aufgabe bestimmt, und die eigenthümliche Bestimmtheit subordinirt, also auf universelle Weise; oder er wird durch die eigenthümliche Beschaffenheit bestimmt, also auf individuelle Weise. Beide Theilungen kreuzen sich, und nehmen sich also auf, so daß in diesen vier Momenten, combinatorisch universell und combinatorisch individuell, disjunctiv universell und disjunctiv individuell, beide Fertigkeitstugenden müssen beschlossen sein.

(e.) B. Die Tugend als Fertigkeit. Allgem. Erkl. Unterschied von der Tugend als Gesinnung. Diese ein innerliches und unwandelbares; jene ein in die Zeit geseztes wachsendes.

Wachsend, weil sie sich zur Gesinnung als ein irrationales verhalten muß, indem 1) nothwendig in die Construction des einzelnen sich Elemente aus dem früher im empirischen Bewußtsein gesezten eindrängen; 2) was das empirische Bewußtsein für sich construiren will, durch die Tugend zerstört oder gehindert werden muß, welche Thätigkeit in zwei Zeitmomente fällt, die niemals so nahe liegen, daß sie nicht noch näher liegen könnten.

Die Construction des einzelnen sittlichen ist nun entweder Construction des Begriffs oder Ausführung. Die erste ist um so vollkommner, je vollkommner der Begriff der Thätigkeit der Idee oder der Gesinnung entspricht. Diese Vollkommenheit ist also gerichtet gegen die Irrthümer. Die lezte, je bestimmter im Verhältniß der entgegenstehenden Hindernisse die Construction in die Wirklichkeit tritt. Die Hindernisse sind aber wieder das äußere, sofern es ins empirische Bewußtsein getreten ist als Lust oder Unlust, oder als Leidenschaft oder Trägheit. Ersteres Besonnenheit, lezteres Beharrlichkeit *).

1) Die Besonnenheit.

§. 313. Wenn man das Auffassen der sittlichen Aufgabe als den ursprünglichen Act ansieht, von welchem alle folgenden nur Fortentwikkelungen sind: so ist die Besonnenheit das Produciren aller Acte des Erkennens in einem empirischen Subject, welche einen Theil der sittlichen Aufgabe in ihm sezen.

Randbemerk. Besonnenheit ist auch auf das Gefühlsmoment auszudehnen. Gemeinschaftliche Benennungen für das einzelne in beiden sind nicht zu finden **).

Unter der Form der Besonnenheit kann jeder Act des Erkennens als Zwekbegriff (im weitern Sinn) einer Handlung angesehen werden. Denn auch dem eigentlichen Erkennen, inwie-

---

*) Vorlesg. Die Tugend als Fertigkeit hat zwei Aufgaben 1) den Organismus als Masse mit der innerlichen Kraft des Impulses vollständig zu durchdringen. 2) Alles aufzuheben und umzugestalten, was nur Thätigkeit des Organismus wäre. Jenes die combinatorische, dieses die disjunctive Aufgabe. Nun hat die Beziehung der Intelligenz auf einzelne Momente wieder jene doppelte Richtung 1) auf die sittliche Aufgabe überhaupt, d. h. universell, 2) auf das Sein als besonderes, d. h. individuell. Wie nun die Tugend als Gesinnung in der Richtung auf das Sein überhaupt Weisheit war, in Richtung des Einzelwesens auf die Gattung aber Liebe: so ist sie als Fertigkeit dort Besonnenheit, hier Beharrlichkeit.

**) Weder der Text in (b.) noch dessen Randbemerkungen genügen dieser Andeutung. Siehe aber das unten folgende (z.); welches nichts zu wünschen übrig läßt.

fern es successives Product ist, liegt ein solcher zum Grunde, und was darin Besonnenheit ist, bezieht sich eigentlich auf diesen.

Die universelle Seite der combinatorischen Besonnenheit ist das, was man in praktischem Sinne Verstand nennt, und bezieht sich sowol auf das richtige Zusammensezen der Bestandtheile eines einzelnen Zwekbegriffs, als auch auf das Entwerfen einer richtigen Ordnung für das ganze Leben, als welche die einzelnen Bestandtheile des allgemeinen Zwekbegriffs bilden.

Randbemerk. Die combinatorisch = universelle Besonnenheit = Klugheit. Die beiden Hauptmomente der Klugheit sind Geistesgegenwart und Aufmerksamkeit.

Die individuelle Seite der combinatorischen Besonnenheit ist das, was wir Geist nennen, und bezieht sich ebensowol auf die eigenthümliche Gestaltung des ganzen Lebens, als auf die eigenthümlichen Combinationen im einzelnen.

Randbemerk. Die combinatorisch = individuelle Besonnenheit = Erfindsamkeit, wo Begriff herrscht, und = Fantasie, wo Bild herrscht.

Die universelle Seite der disjunctiven Besonnenheit bezieht sich darauf, daß von der Sinnlichkeit aus in jedem Moment Activitäten des Bewußtseins ausgehen, welche eine bloß persönliche Beziehung haben. Werden diese auf eine bewußte Weise den von der Vernunft ausgehenden beigemischt: so ist dies eine wissentliche Unsittlichkeit, und die Gesinnung als suspendirt zu denken. Die disjunctive Besonnenheit ist aber die Fertigkeit den Unterschied aufzufinden, und also die unbewußte und unerkannte Einmischung zu verhindern und die Reinheit im Conceptionsproceß zu erhalten. Die universelle Seite der disjunctiven Besonnenheit ist es vorzüglich, um derentwillen die Tugend als Kampf vorgestellt wird.

Randbemerk. Die disjunctiv = universelle Besonnenheit = Rigorismus.

Die individuelle Seite der disjunctiven Besonnenheit bezieht sich darauf, daß etwas gegen die Individualität des Menschen gerichtetes aus ihm selbst insofern hervorgehen kann, als ein sinnliches in ihm gesezt ist, wodurch sein einzelnes Dasein unter die Potenz eines fremden gestellt wird. Dies ist im Nachahmungstriebe gesezt, inwiefern entweder durch unwillkührliche Verwechselung des allgemeinen vorbildlichen in einem anderen mit seinem eigenthümlichen das eigne individuelle zurükkgedrängt worden, oder die Eitelkeit wissentlich auf ein fremdes des Beifalls wegen ausgeht.

Randbemerk. Die disjunctiv = individuelle Besonnenheit = Tact.

(z.) Von der Besonnenheit. Da diese im Bewußtsein versitt, so fragt sich, ob sie auch eine verschiedene ist für das objective und für das subjective Bewußtsein. Zuerst ward gezeigt, daß das objective durch alle vier Momente hindurchgeht, woraus denn folgt, daß das subjective für sich sein muß. — In der Besonnenheit läßt sich alles reduciren auf den Zwekkbegriff in verschiedenen Abstufungen. Die Vollkommenheit für die universelle Formel des combinatorischen ist, daß der allgemeine Zwekkbegriff durch lauter solche realisirt werde, die immer den gleichen Werth behalten und nicht durch künftiges zurükkgenommen werden, und daß er sich durch diese ganz realisire. Dies ist der Verstand im sittlichen Sinn, der sich als Klugheit und Scharfblikk manifestirt. Für das combinatorisch = individuelle ist die Formel, daß die eigenthümliche Bestimmtheit vollkommen sich abspiegle und ihren ganzen Ort finde und fülle. Dies ist Geist, und das Gegentheil ist Geistesarmuth. Der hat am meisten Geist, welcher seine Zwekkbegriffe alle so construirt, daß sich seine persönliche Eigenthümlichkeit darin ausspricht.

Die disjunctive Besonnenheit scheidet universell alles aus, was durch das Spiel der begleitenden Vorstellungen, welches als nicht gewolltes auch nicht vom Impuls der Intelligenz ausgeht, sich beimischt, und dies ist die Reinheit. Individuell kann nur ausgeschieden werden müssen, was aus dem Nachahmungstrieb, wenn er länger als naturgemäß anhält, sich frembartiges einschleichen kann, und dies ist die Ursprünglichkeit. — Das Selbstbewußtsein ist hier ebenfalls ein wesentliches Agens, weil es das Entstehen aller einzelnen Momente vermittelt. Die Thätigkeit als solche muß immer aus einem Affectionszustand hervorgehen, und dieser muß rein intelligent sein, wenn die Thätigkeit es sein soll, weil sonst aus jenem sinnliche und natürliche Elemente sich einschleichen würden. Nehmen wir, daß es überall auf der einen Seite relative Stumpfheit und Verschlossenheit giebt, auf der andern Seite sinnliche Affectionen des Selbstbewußtseins, welche Agentien werden wollen: so erhellt, daß die Eintheilung in das combinatorische und disjunctive hier auch anwendbar ist, wie auch universell und individuell sich von selbst versteht, und zwar in allen Abstufungen. Die universelle combinatorische Besonnenheit im Selbstbewußtsein ist die Gleichmäßigkeit des sittlichen Gefühls. Fast alle sittlichen Streitigkeiten und Parteiungen entstehen aus dem Mangel derselben. Den Frauen wirft man besonders den Mangel des Rechtsgefühls vor (§. 259 und 261). Das individuelle möchte ich das Schicklichkeitsgefühl nennen. Es giebt sich aber mehr im disjunctiven zu erkennen als Tact. Das universelle disjunctive ist das Gewissen, welches die sinnlichen Affectionen abhält Agentien zu werden, so wie der Tact das frembartige Wohlgefallen und Mißfallen, den für jeden nach seiner Eigenthümlichkeit falschen Geschmack, abwendet *).

§. 314. Universelle und individuelle Seite können nicht ohne einander sein; und eben so combinatorische und disjunctive.

Randbemerk. Die individuelle Besonnenheit ist die geist-

***

reiche; die universelle die verständige; die combinatorische die aneignende; die disjunctive die abwehrende.

Universelle nicht ohne individuelle, weil nämlich, wenn sich der Mensch ganz in der ethischen Sphäre betrachtet, ihm in dieser selbst geboten wird ein eigenthümlicher zu sein. Individuelle nicht ohne universelle, weil jenes überall dieses zur Basis hat. Daher sind ohnerachtet des Anscheins, als ob das individuelle die höhere Vollkommenheit wäre, beide auch einander coordinirt, nicht subordinirt.

Randbemerk. Die universelle Besonnenheit darf deswegen nicht allein stehen, weil in dem unvollkommenen Werden des ganzen dem einzelnen nicht immer alles von selbst geboten wird, was zu seiner individuellen Ausbildung dient. Die individuelle deswegen nicht allein, weil im unvollkommenen Zustand des ganzen der einzelne oft eingreifen muß. —

Combinatorische und disjunctive können nie völlig getrennt sein, denn jene vollendet schließt diese in sich, weil, während das fremdartige erzeugt wird, ein gehöriges hätte erzeugt werden können; und diese vollendet auch jene, weil, wenn Trieb auf das sittliche überhaupt da ist, wenn alles fremde abgehalten ist, das gehörige völlig muß herausgekommen sein. So daß beides nur verschiedene Gesichtspunkte sind. Relativ differentiirt sind aber die entgegengesezten Glieder in jedem. Denn es ist eine andre Form sittlicher Bildung, wenn man überwiegend die ethische Sphäre ansieht als Organ für das individuelle Sein, welches das Uebergewicht der individuellen Seite ist, oder sich als Organ der ethischen Sphäre, welches das überwiegende der universellen. Eben so, ob man vom Componiren ausgeht; also rein erfüllt von der Vernunftaufgabe und nicht ausdrükklich achtend auf die Gegenwirkung der Sinnlichkeit, welches das Uebergewicht der combinatorischen Seite, oder ob man erfüllt ist von diesem Gegensaz und nicht ausdrükklich achtend auf das einzelne in der Vernunftaufgabe, welches das Uebergewicht ist der disjunctiven Seite.

Der Gegensaz, den man im gemeinen Leben annimmt zwischen Begeisterung und Besonnenheit, ist der Gegensaz zwischen dem Uebergewicht der combinatorischen und dem der disjunctiven Seite. Da aber bis zur höchsten Vollendung der einen, in welcher die andere mit gesezt ist, der Mensch nicht gelangt: so ist wahre Sittlichkeit nur in dem Zusammensein beider, und der Gegensaz ist streng genommen kein persönlicher sondern nur ein functioneller. Dieses gilt, so wie von der Sittlichkeit des Menschen überhaupt, so auch von seiner Sittlichkeit auf jedem einzelnen ethischen Gebiete. Inwiefern die Besonnenheit die Erscheinung der Weisheit ist, müssen also alle ihre Momente durchgeführt werden können durch alle Momente der Weisheit, wie denn z. B. die Begeisterung im engeren Sinne die individuell=combinatorische Besonnenheit im imaginativen ist, im weiteren Sinn und als wissenschaftliche Begeisterung im speculativen.

(z.) Denkt man an die absolute Vollkommenheit: so kann man wol sagen, Ist das combinatorische da: so ist das disjunctive eingeschlossen, und umgekehrt; aber weil auf diese Weise beides durch einander bedingt ist: so kann vorher auch nur beides mit einander wachsen. Dasselbe gilt vom universellen und individuellen.

(e.)   1. Von der Besonnenheit.

Def. Vollkommen der Idee angemessene Construction des Begriffs und der Anschauung.

Sphäre. Das Einbilden des als Weisheit und Liebe in der Gesinnung gesezten ins wirkliche Bewußtsein unter der Form der einzelnen Thätigkeit. Also überall kann Weisheit und Liebe nur wirklich werden nach dem Maaß der Besonnenheit. Alles sittliche, was in das empirische Bewußtsein tritt, ist als solches Werk der Besonnenheit. Kein besonderes Object wird dadurch bestimmt. Durchführung durch die einzelnen Typen der Weisheit und Liebe.

Scheidung des sittlichen und unsittlichen. Da alles einzelne des Bewußtseins, insofern es eine Idee darstellen soll, in die Sphäre der Natur oder der Geschichte fällt (NB. auch Construction der speculativen Philosophie und der eignen Indivi= dualität): so ist das Interesse für beide sittlich dasselbe. Es muß also auch das Subject sich bewußt sein der Identität der im speculativen und im praktischen sich zeigenden Besonnenheit. Wo beide Fertigkeiten als verschieden gesezt werden: da wird auch ein vom ethischen verschiedenes Interesse als zum Grunde liegend gesezt, und die Fertigkeit ist im Subject nicht Tugend.

Anmerkung. 1) Die Relativität in beiden Aeußerungsarten bleibt vor= behalten. 2) Auch daß die Thätigkeit, die im Subject als unsittlich gesezt wird, in der Gattung als sittlich gesezt bleibt.

Eintheilung der Besonnenheit. 1) Zur Construction des einzelnen gehört Combination des ganz elementarischen, das die Construction ausmachen soll, und Aussonderung desjenigen, was sich aus dem Mechanismus des Bewußtseins selbst eindrän= gen will; oder Disjunction. 2) Das construirte selbst hat den Charakter der Gattung, oder Universalität, und daneben den des besonderen, oder der Individualität. Daher combinatorisch uni= versell und individuell; und disjunctiv ebenfalls universell und individuell.

Allgemeine Beschreibung des eingetheilten. Com= bination ist nichts anderes als Erfindung. Universelle, nach den Gesezen des allgemein gültigen in allen identischen Wissens, Me= ditation. Individuelle, unbenannt in der Sprache. Wiz im höchsten Sinne (könnte man sie nennen).

Disjunction ist Reinigung, Kritik, gegen den Irrthum ge= richtete Thätigkeit, und nichts anderes als Urtheilskraft. Univer= selle ist Scharfsinn, der also nicht dem Wiz correspondirt. Indi= viduelle ist Tact.

A. Combinatorisches Vermögen.

a) Combination mit dem Charakter der Universalität.

Sphäre. Alles Denken. Denn auch, wo die Einheit individuell ist, giebt es Elemente, die universell sind.

Unsittlichkeit im Subject. Die Verschiedenheit der theoretischen und praktischen Fertigkeit als Maxime gesezt. Praktische Fertigkeit ist die sittliche Klugheit, richtige Construction der Zwekbegriffe und des in einer Thätigkeit gesezten mannigfaltigen.

Anmerkung. Beides ist eigentlich eins. Denn die Zwekbegriffe sind eben das mannigfaltige in der Darstellung der Idee im ganzen als Einheit.

Veränderliche Größe in der Sittlichkeit. Als Negation die Leichtigkeit sich zu übereilen. (Sich übereilen heißt die Construction zu früh für vollendet halten). Als positives das leitende Gefühl für die Lükke oder Unvollständigkeit der Construction.

Niedere Stufe das Verstehen. Im engern Sinne ist das Verstehen ein Nachconstruiren, also allerdings Product eigener sittlicher Kraft. Im weitern Sinn ist das niedere Produciren, das nicht über die bereits objectiv construirten Regeln hinausgeht, dem Verstehen ganz analog, eigentlich nur Probe darauf.

Höhere Stufe. Die eigenthümliche Production schließt das Verstehen nicht aus, sondern dies constituirt den größten Theil des Materials für das Produciren. Das eigenthümliche Produciren bewirkt die Fortschreitung im allgemeingültigen Wissen, besonders der Form nach. Beispiel Platon und Fichte als Dialektiker.

b. Combination mit dem Charakter der Individualität.

Sphäre. Alles Construiren im Bewußtsein. Theoretisches Gebiet, epische Combination, Wiz; lyrische Combination Humor. Praktisches Gebiet, wo die Individualität nur accessorisch ist, Originalität; wo sie Hauptsache ist, Charakter im engern Sinn.

Unsittlichkeit im Subject. Zu erkennen aus der Maxime, daß Gemeinheit im Charakter bestehen kann mit Eigenthümlichkeit im Verstande, und umgekehrt. Dann steht gewiß

das ganze Subject auf der Stufe der Gemeinheit, und das beſ=
ſere iſt auch nur mechaniſcher Natur und im empiriſchen Be=
wußtſein angeſeſſen.

Veränderliche Größe. Die negative ſiehe oben. (Wenn
die univerſelle mehr Unachtſamkeit iſt: ſo iſt die individuelle mehr
Leichtſinn). Die poſitive iſt hier was man Geiſtesgegenwart
nennt, das rechte im rechten Augenblikk zu finden.

Stufen. Die Conſtruction der Individualität iſt, wenn
man aufs ganze ſieht, auch ein wachſendes, und beſteht in jedem
Moment aus den bekannten verſchiedenen Elementen, welche die
Durchſchnittsgröße bloß darſtellen, und welche erregend darüber
hinausgehen. Der Unterſchied liegt daher ſo:

Niedere Stufe. Wo die Regel vor der That im Be=
wußtſein iſt, alſo producirt durch die Reflexion, alſo durch Erre=
gung von einem objectiven aus. (Gleichviel ob dieſes objective
ein äußeres iſt oder das früher eigne.)

Höhere Stufe. Wo die Regel mit der That zugleich
entſteht, unmittelbare geniale Production. Dieſe liefert das ob=
jective als ein urſprüngliches, wirkt alſo als erregend auf die An=
ſchauung der darin enthaltenen Regel.

Anmerkung. Das allgemeine Mittel, um die veränderliche Größe des
combinatoriſchen Vermögens zu erhöhen, iſt Nachconſtruction in ei=
ner die urſprüngliche Thätigkeit überall begleitenden Reihe. Auf der
höheren Stufe hat dieſe Nachconſtruction zum Object das innere
Bewußtſein der wirklichen Individualität durch Vergleich mit der
idealiſchen. Dies iſt unmittelbare höhere Reflexion. Auf der niede=
ren iſt das einzelne, wie es ſchon conſtruirt iſt, Object der Reflexion,
und die Beſchaffenheit der wirklichen Individualität wird erſt aus
dem conſtruirten abſtrahirt.

B. Disjunctives Vermögen *).

Erläut. Das höhere Princip in der Erſcheinung entge=
genwirkend dem Irrthum in der Conſtruction des einzelnen, wel=

cher hervorgeht aus der Einmischung des durch mechanischen Zu=
sammenhang im empirischen Bewußtsein angeregten fremdarti=
gen. — Urtheilskraft, weil dieses scheinbar identische nur er=
kannt wird durch berichtigende Subsumtion unter ein verschiede=
nes höheres. — Wachsend, weil das empirische Bewußtsein als
Natur nur roher Stoff ist für die Intelligenz, den sie sich nach
und nach zum Organ bildet.

Höchste Vollkommenheit des disjunctiven Vermögens
ist daher die ausschließende Beseelung des Organs durch die In=
telligenz, so daß die bloße Natur aufhört Seele zu sein. (Näm=
lich als Vorstellungsvermögen.)

Charakter der persönlichen Unsittlichkeit ohnerach=
tet der scheinbaren Tugend. Die Trennung der Fertigkeit für
die theoretische und praktische Sphäre als Maxime gesezt. Rich=
tiges praktisches Urtheil könne bestehen mit Unfähigkeit des Ver=
standes, und umgekehrt. Dann kann das Interesse an der Idee
nicht das sein, was das unterscheidende Gefühl weckt.

Stufen der Sittlichkeit. Niedere, wenn die Unter=
scheidung nicht weiter getrieben wird als bis zu der Vollkom=
menheit, welche als Regel schon aus dem real construirten ab=
strahirt werden kann. Nämlich so, daß die Anschauung des rea=
len als Veranlassung dient zur Erweckung des unterscheidenden
Gefühls. Höhere, wenn es ursprünglich und ohne fulcrum wirkt,
und eben deshalb auch an Tiefe das objective übertreffen kann.

Veränderliche Größe. Negative Seite die Leichtigkeit
sich zu irren. (Anmerk. Wenn das fremdartige nur aus mecha=
nischer Gedankenverbindung entsteht, ist dies der reine Irrthum;
wenn es aus einem Interesse des persönlichen Wohlgefallens an
dem veränderten Resultat entsteht, das ist Täuschung.) Positive
Seite ist das, was man Bedachtsamkeit nennt. — Das Ver=

individuelle in seiner Vollkommenheit hätte als Gipfel auch das lezte
sein müssen.

fahren im Wachsen der veränderlichen Größe ist comparative Reflexion vom Resultat aus, für die niedere Stufe auf die objective Vorconstruction, für die höhere auf die in der Gesammtheit aller eignen Zwekkbegriffe gegebene, oder auf das inwohnende allgemeine Schema der Realisirung der Idee. Gewissen, Gefühl für Wahrheit. Alles dieses ist gemeinschaftlich den beiden einzelnen Momenten des disjunctiven Vermögens.

a) Das disjunctive Vermögen, welches auf das allgemein gültige Wissen geht.

Im theoretischen Gebiete wird dies Scharfsinn genannt. Im praktischen ist es eigentlich was man moralisches Gefühl nennt, welches auch nur auf die gemeinschaftliche Construction geht.

Wenn beides nicht innerlich eins ist — wenngleich relativ verschieden: — so liegt das Interesse an der Richtigkeit des Begriffs nicht in der Beziehung auf die Idee, sondern im theoretischen ist er nur ein einzelnes mechanisches, und im praktischen liegt das Interesse vielleicht wol gar nur in den Folgen der Construction für das Gefühl. Ueberall also bloß persönliches.

Auch von der relativen Fertigkeit darf nur als Grund gesezt werden die zufällige Complication der Aufforderungen im Beruf. Identität des theoretischen und praktischen dadurch bewiesen, daß nur Geister von höherer Sittlichkeit neue Kriterien der Wahrheit entdekkt haben. Spinoza und Platon im Gegensaz von Leibniz und Aristoteles.

b) Das disjunctive Vermögen auf die Darstellung der Individualität.

Das eindringende auszusöndernde kann hier nur herrühren — insofern es nicht auch gegen das allgemeingültige angeht — aus der mimischen aneignenden Neigung des empirischen Bewußtseins.

Der Exponent des Fortschreitens ist daher die Stätigkeit des Bewußtseins der Individualität, welches schon beim Auffassen des fremden zur comparativen Reflexion wird, und es nur als fremdes auffaßt.

Wo theoretisches und praktisches der Fertigkeit vereinzelt erscheint, da wird auch gewöhnlich beides dem sittlichen Gebiet entzogen und als bloße Naturanlage angesehen.

In der höchsten Vollkommenheit muß nur das leitende Bewußtsein der Individualität ganz in den Mechanismus übergegangen sein, und das einzige Associationsgesez bilden für alles, was in eine Construction eingeht. Das Verhältniß der Beseelung durch Intelligenz und durch Natur ist also die veränderliche Größe.

2) Die Beharrlichkeit.

§. 315. Die Beharrlichkeit enthält nicht ein im Begriff besonders geseztes, sondern in dieser Beziehung nur das mechanische der Ausführung als Herrschaft der Vernunft in der Organisation.

So kommt sie freilich auch im Gebiet des Bewußtseins vor, indem es eine Beharrlichkeit im Erkennen giebt und einen Mangel daran, aber auch hier ist das durch sie gesezte nicht im Zwekbegriff der Handlung gesezt, sondern dieser wird vorausgesezt als Product der Besonnenheit, und die Beharrlichkeit giebt nur die mehr oder minder gelungene Ausführung.

Randbemerk. Beharrlichkeit als Zeitlichwerden und bleiben des gesammten sittlichen Impulses bedingt die Vollständigkeit des sittlichen Lebens, und so ist auch die Besonnenheit mit bedingt durch Beharrlichkeit in der sittlichen Begriffsbildung vom Gesammtimpulse aus.

Als Erscheinung der Liebe ist sie nur das quantitative des Vernunfttriebes; denn je stärker dieser, um desto mehr wird was in der Gesinnung als Liebe liegt auch in der Zeit erscheinen. Positiv angesehen ist sie also keineswegs ein mechanisches sondern das quantitative Leben der Vernunft in der Totalität des Organismus.

Randbemerk. Aus ihrem Verhältniß zur Liebe (Zeitlich=
keit des Seeleseinwollens) und zur Besonnenheit entwikkelt sich
auch eines zur Weisheit. Der ursprüngliche Verknüpfungs=
punkt ist der, daß auch das Auffassen einen Impuls zur Thä=
tigkeit nach außen einschließt. Alle Tugenden sind nur mit
einander, aber gesondert, weil jede ihr eigenes Maaß hat.

(z.) Die Beharrlichkeit hat das ganze Gebiet der Ausfüh=
rung des in dem Zwekkbegriff aufgestellten. Dieses scheint etwas
ganz anderes zu sein, als daß sie sich zur Liebe so verhalten soll,
wie Besonnenheit zur Weisheit. Aber beides ist dasselbe. Denn
das Herausgehen des Einzelwesens aus sich selbst geschieht nur
mit Bezug auf die andern, also aus Liebe. — Um aber das
Verhältniß zwischen Besonnenheit und Beharrlichkeit zu bestim=
men, kommt es darauf an, wie man die Einheit der Handlung
feststellt. Wo eine Reihe von Momenten ist, kann der Zwekkbe=
griff eines jeden angesehen werden als Werk der Besonnenheit,
wenn für sich betrachtet, aber als der Beharrlichkeit angehörig,
wenn auf den ersten bezogen. Dies ist aber keine Verwir=
rung; sondern das eigne Bewußtsein entscheidet, ob der erste Mo=
ment noch als Impuls fortwirkt oder nicht.

§. 316. Der Gegensaz des combinatorischen und
disjunctiven beruht hier darauf, daß, da die Organisa=
tion das Leben der Vernunft nicht in sich hat, sie ihr
als Masse entgegenwirkt, so daß die Kraft des Ver=
nunftimpulses allmählig verloren geht, wogegen durch
beständige Erneuerung dieses Impulses gearbeitet wer=
den muß; welches eben das combinatorische ist. Und
daß, da die Organisation nicht ein todtes ist sondern
ein eignes Leben in sich hat, sie Thätigkeiten zu produ=
ciren strebt, welche unterdrükkt und ausgeschieden wer=
den müssen; welches eben das disjunctive ist.

Randbemerk. Der thierische Instinct ist verworren ohne Bestimmtheit des Gegenstandes nur die Bestimmtheit des Lebens selbst, weder bestimmtes Anstreben noch bestimmtes Abstoßen. Im Menschen aber entstehen Gewöhnungen im bestimmten relativen Gegensaz gegen die Allgemeinheit der Lebensrichtung, welche aber doch je länger je mehr die allgemeine Lebensfähigkeit beschränken. Eben so bilden sich aus der Kindheit bestimmte Angewöhnungen und Abstoßungen im Interesse des sinnlichen Selbstbewußtseins. Das durch Gewöhnung schon beschränkte Leben widerstrebt also dem intelligenten Impuls außerhalb dieses Kreises als unbewegliche Masse, und diesen Widerstand zu überwinden ist die combinatorische Seite der Beharrlichkeit; weil sonst keine Reihe von Momenten realisirt werden kann. Wiederholt sich aber der intelligente Impuls auf gleiche Weise: so entsteht auch Gewöhnung, und es fragt sich, ob das so entstandene sittlich ist. Sezt man es unsittlich: so ist auch ein bedeutender Theil der Erziehung so; sezt man es sittlich: so scheint kein wesentlicher Unterschied zwischen engem Schlendrian und weitem. Auflösung. Für die erzogenen ist das Resultat nur eine Verbesserung der Natur, welche sie sittlich zu Gute zu machen haben. Diese aber ist ein Ergebniß der Tugend der Erzieher. Im großen ist freilich ein nach todtem Buchstaben sei es Sitte oder Gesez bewußtloses Fortwirken der so verbesserten Natur keine Sittlichkeit; dann fehlen aber auch die andern Tugenden. Die Beharrlichkeit ist nur, wo sittliche Impulse sind.

Die disjunctive Beharrlichkeit sezt organische Thätigkeiten voraus, welche entstehen aber zurükgedrängt werden. Das sinnliche Leben gestaltet sich zu bestimmter Lust und Unlust; an diese knüpft sich Begehren und Verabscheuen, und wenn solches in eine Reihe sittlicher Bewegungen hineintrifft, hemmt es sie, und muß zurükgestoßen werden. Die Beharrlichkeit auf dieser Seite ist also die Macht der Intelligenz über

-sinnlich entständene Appetitionen und Repulsionen. Es fragt sich, ob es nicht noch besser wäre, wenn sie gar nicht entständen. Das kann nur vermöge der combinatorischen Beharrlichkeit geschehen, deren Gipfel die disjunctive überflüssig macht. Ob Lust und Unlust selbst abgewendet werden soll, ist die stoische Frage. Sie ist zu verneinen, weil der indicatorische Gehalt von Lust und Unlust nothwendig ist, um das Bewußtsein des Gesammtzustandes zu haben. Ist aber dieser vom sittlichen Impuls ausgegangen: so ist das zweite Element nicht sittlich gesezt. Der organische Fortgang kann aber nur unterbrochen werden durch sittlichen Impuls, d. h. durch combinatorische Beharrlichkeit, und bis diese also fertig ist müssen beide mit einander gehen. Denkt man sich aber die Sittlichkeit anfangend mit dem Kampf: so muß, wenn dieser überflüssig geworden ist, auch keine Arbeit und Anstrengung mehr nöthig sein.

§. 317. Das universelle und individuelle bildet auch hier einen Gegensaz, indem auf Seiten des combinatorischen ein ganz anderes Verhältniß besteht, in welchem die Organisation als Masse dem universellen und dem individuellen entgegentritt, und auf Seiten des disjunctiven auch hier etwas gesezt ist in der Sinnlichkeit, wodurch der Mensch unter die Potenz des allgemeinen gestellt wird.

Randbemerk. Der Gegensaz von universell und individuell, abgesondert alles was zur Besonnenheit gehört, scheint hier nicht anwendbar, wenn man denkt, die Willensthätigkeit auf die organischen Functionen gehe nur von der Intelligenz in ihrer Einfachheit aus, und es gebe dabei nur ein Mehr und Minder, welches nur eine ungleiche Vertheilung der Kraft der Intelligenz wäre. Allein es giebt in der Gegenwirkung eine

Differenz der Methode, und die exemplarische Wirkung der beharrlicheren beruht darauf, daß sie einen eigenthümlichen Typus aufstellen, den sich hernach andere, die weniger Eigenthümlichkeit in sich tragen, aneignen. Alle Einwirkung des einzelnen auf die Masse ist dadurch bedingt. Wer das eigenthümliche nicht zur Ausführung bringt, erwirbt sich auch keinen Einfluß und stiftet keine Schule.

Die gegen die Trägheit gerichtete Beharrlichkeit, wenn sie nur den universellen Vernunftimpuls durchsezen will, ist was wir Fleiß nennen oder Assiduität. Durch diese Tugend sezen wir alles als zu Stande gebracht, inwiefern es nicht einen individuellen Charakter hat. Die gegen die Trägheit gerichtete Beharrlichkeit im individuellen ist Virtuosität, das vollständige Heraustreten des individuellen mit gänzlicher Ueberwindung der Masse. Vom Kunstgebiet ausgehend wird der Begriff überall so angewendet. —. Das eigenthümliche Leben der Organisation tritt der Vernunftherrschaft überhaupt als sinnliche Lust oder Unlust entgegen. Die dagegen gerichtete Beharrlichkeit ist im allgemeinen Beständigkeit, d. h. sich nicht durch Lust oder Unlust andre Handlungen aufgeben lassen auf Unkosten einer concipirten und eingeleiteten. Gegen die Lust gerichtet Treue, gegen die Unlust gerichtet Tapferkeit, und zwar Beharrlichkeit in Einer Handlung gegen mannigfaltige Unlust ist Muth, Beharrlichkeit in der Succession der sittlichen Handlungen gegen Eine Unlust ist Geduld. (Vergl. (z.)).

Dem individuellen kann die Sinnlichkeit an sich nicht entgegentreten, da sie selbst die Quelle des individuellen ist, als nur inwiefern in ihr ein Grund liegt ihn unter die Potenz eines fremden zu bringen, und dies ist auch hier die mechanische Nachahmung des bei andern einzelnen oder in größern Kreisen geltenden. Die gegen den Schlendrian gerichtete Beharrlichkeit ist Correctheit, ἀκρίβεια, Genauigkeit. Wir brauchen den Begriff

nur da, wo wir etwas individuelles, wie z. B. der Sprachcharak=
ter, als Maaßstab an eine Handlung legen. Different im ein=
zelnen können sein Fleiß und Virtuosität, viel Beständigkeit und
wenig Genauigkeit und umgekehrt; viel Fleiß und wenig Be=
ständigkeit, viel Virtuosität und wenig Genauigkeit und umge=
kehrt. — Eben so ist es eine differente Bildung, welche von
Fleiß und Virtuosität d. h. von der combinatorischen Seite aus=
geht, als welche von der disjunctiven.

Eines aber im Wesen ist alles; denn jedes einzelne, sobald
man es auch dem Streben nach von dem andern ganz gesondert
denkt, kann nicht mehr als Tugend als aus einem Vernunftim=
puls hervorgegangen gedacht werden. Alle Momente der Beharr=
lichkeit müssen hindurchgeführt werden durch die verschiedenen
Arten der Liebe (vergl. als parallel den §. 314), welches dann
noch genauere Tugendeintheilungen geben würde.

(z.) Wir sind hier im Gebiet der willkührlichen Bewegun=
gen, das Wort im weitesten Sinn genommen. Der Massenwi=
derstand ist hier als Trägheit bezeichnet, und die universelle durch=
dringende Beharrlichkeit ist Fleiß, Assiduität. Um die individuelle
zu bezeichnen, müssen wir uns an die Analogie des Kunstgebie=
tes halten, und sie bezeichnen als Meisterschaft oder Virtuosität,
wenn nämlich alle Theile zusammenstimmen, um das Bild so
wiederzugeben wie es der Ausdruck der eigenthümlichen Combi=
nation war. Wo etwas hieran fehlt, war auch der Organismus
als Masse noch nicht der innern Eigenthümlichkeit assimilirt. —
Die organischen Lebensthätigkeiten widerstehen hier als Lust und
Unlust, welche Agentien werden wollen. Die Wissenschaft kann
aber hier nicht zugeben, daß die Tugend eine andere sei gegen
die Lust als gegen die Unlust, noch weniger gegen eine Unlust
eine andere als gegen die andere. Daher müssen wir auch eine
einfache Bezeichnung suchen, und die universelle Kräftigkeit heißt
hier Beständigkeit, im gemeinen Leben gegen Lust Treue, gegen
Unlust Tapferkeit, Geduld. Wenn wir nun sagen, die Bestän=

digkeit als Eine ist in jedem zu derselben Zeit nach allen Seiten hin gleich: so steht uns die Erfahrung entgegen, daß mancher viel Tapferkeit hat und wenig Geduld oder Treue. Wir können dann nur annehmen, daß im einen Fall ihm sinnliches zu Hülfe kommt, oder in dem andern zugleich sinnliches ihn hemmt. Dies kann auf zweierlei Weise geschehen, wenn z. B. Furcht gegen Lust oder gegen andre Unlust mitwirkt; dann aber auch, wenn nach der einen Seite hin mehr Gewöhnung ist, also eine spätere Zeit repräsentirt wird. —

(d.) Trennt man die Fertigkeit von der Gesinnung: so zerfällt die Organisation in ein mannigfaltiges von Neigungen, und nach dem ihr eigenthümlichen Gesez der Gewöhnung wird dann eines hinter das andere zurükkgedrängt. Dieser sittliche Schein ist aber zwiefach zu erkennen. Erstlich, wenn man die verschiedenen Momente der Beharrlichkeit jeden für sich betrachtet: so macht die Gesinnung zwischen den verschiedenen Arten der Lust und Unlust oder den Zwekken, wozu die Trägheit muß überwunden werden, keinen Unterschied, die Neigung aber und die bloß organische Gewöhnung hat ihr bestimmtes Object. Z. B. dem sittlich tapfern, wenn er sich auch nur gegen Eine Art der Unlust vorzüglich übt, hilft doch diese Uebung auch gegen andere, weil eben seine innere Thätigkeit allgemein ist, dem andern aber nicht u. s. w. Ferner, wenn man die Momente der Beharrlichkeit mit einander vergleicht: so erhebt sich beim sittlichen Schein das eine nur auf Kosten des andern, welches entweder verachtet oder als ein zufälliges Talent verdächtig gemacht wird. Falsche Virtuosität verachtet die Correctheit, falscher Muth die Emsigkeit als gemeines. Dagegen falsche Emsigkeit und Correctheit die Stärke und Anmuth als verdächtige Talente ansehen. Die innere Harmonie, das Zusammenfassen aller Momente der Tugend — denn wie auch wieder die ganze Beharrlichkeit nur mit allen anderen Tugenden kann zusammenbestehen, erhellt von selbst — aber mit einer durch die persönliche Individualität und durch den Ort in der Gesellschaft bestimmten Relativität ist eben die Idee des weisen, die personificirte im lebendigen Zusammenhang angeschaute Tugend, das eigentliche Resultat der Tugendlehre.

Schlußbemerkung. (b.) Wenn man sich in allen Menschen die ganze Tugend als Fertigkeit denkt: so muß dann die Tugend als Gesinnung die verschiedenen Sphären des sittlichen Lebens enthalten, und das höchste Gut nothwendig realisirt werden, und wird also in dem Maaße überall realisirt als es Beharrlichkeit und Besonnenheit giebt.

(e.) II. Von der Beharrlichkeit.

Def. Vollkommen der Idee angemessene Ausführung aller äußeren Darstellung.

Sphäre. Einbildung desjenigen, was als Weisheit und Liebe in der Gesinnung liegt, in die Natur.

Erläut. 1) Die Gesinnung kann der Natur nur eingebildet werden, indem die bestimmte Thätigkeit, welche im dargestellten anzuschauen ist, auf die Gesinnung zurückbezogen wird. Die Beharrlichkeit ist also dies reale Gebären der Ideen in das endliche, wie die Besonnenheit das ideale. (Coroll. Wenn man sich streitet, was früher ist, der Begriff oder die That, wie man das für einen Hauptpunkt gegen Spinoza gehalten hat: so vergißt man, daß das empirische Bewußtsein eben so gut nur Organ ist als der Leib. Es kommt gar nichts auf die Entscheidung dieser Frage an.) 2) Da für die Intelligenz alles Natur ist: so ist es auch das empirische Bewußtsein. Was also in diesem von der Gesinnung aus wirklich dargestellt wird als Glied des Mechanismus, ist auch ein Werk der Beharrlichkeit. 3) Die Beharrlichkeit in der höchsten Vollendung ist also ausschließende Beseelung des ganzen Naturgebietes durch das höhere Princip, und hervorgebrachte Zulänglichkeit der Natur für die Intelligenz. Alsdann würde auch die Benennung unpassend werden, wenn das Verhältniß eines Conflictes zwischen beiden aufhörte.

Wachsende Größe. Da die Gewalt der Gesinnung über das Organ anfänglich ein Minimum ist und zulezt Totalität sein soll: so besteht jedes Glied der Reihe aus zwei Factoren, darstellend den Antheil der Natur und der Intelligenz an der Beseelung des darstellenden Organs, von denen der erste abneh= mend ist und der andere zunehmend. Die Beseelung des darstel= lenden Organs durch die Natur geschieht vermittelst der Gefühle von Lust und Unlust. Die Procedur des Fortschreitens ist also diese, daß die reale Reihe des Handelns oder Darstellens von einer anderen realen begleitet wird, in welcher jede Einwirkung der Gesinnung absichtlich zugleich als Reiz und Gegenreiz auf das Gefühl gesezt wird; d. h. die Thätigkeit der Gesinnung wird durch die bloße Kraft des Willens zugleich Uebung in der Beherrschung des gesammten Organs.

Coroll. Die Asketik sezt eigne abgesonderte Thätigkeiten als Uebung. Allein theils ist für diese kein Raum; theils wer= den sie doch nur eben so wirken, wenn durch sie wirklich etwas im Organ gesezt wird, wie bei den Kasteiungen; theils gar nichts, wenn sie nur ein Spiel von Vorstellungen sind, wie die Gebetsübungen.

Unterscheidungsprincip des Scheins. Da es keine Darstellung giebt ohne Object, und jedes Object eine Beziehung auf die Persönlichkeit hat: so kann wechselseitig was Gesinnung ist der Persönlichkeit und umgekehrt zugeschrieben werden. Da aber für die Gesinnung die Persönlichkeit selbst ebenfalls nur Natur ist, in welcher dargestellt werden soll: so entscheidet die Maxime, daß von der Persönlichkeit keine Ausnahme gilt. Nur muß man in der Anwendung sicher sein Maxime von vorüberge= hendem Irrthum zu unterscheiden.

Unterscheidungsprincip der Dignität. Was auf der niedern Stufe als Erregung wirkt, ist die zu einer gewissen sittlichen Construction schon vereinigte allgemeine Persönlichkeit, in deren künstlichem Bewußtsein als Hülfsreiz sich die eigentliche mit ihren Hindernissen eher verliert. Sittlich ist diese Handlungsweise doch, weil das Bewußtsein der gemeinschaftlichen Persönlichkeit doch auf dem Interesse der sittlichen Aufgabe beruht, welche die Einheit derselben ausmacht. Dagegen die höhere Stufe unabhängig von aller Erregung durch ihre Thätigkeit auf die allgemeine Persönlichkeit und in ihr das erhöhte Bewußtsein derselben in anderen aufregt.

Eintheilungsprincip. Die Darstellung läßt sich ansehen theils als ein werdendes, sowol an sich als Succeſſion eines gleichartigen Handelns, als auch in Beziehung auf die Naturthätigkeit des Organs als im Conflict mit ungleichartigem; theils als ein seiendes, sowol quantitatives als qualitatives.

Anmerk. Ein qualitatives ist die Darstellung auch nur in Beziehung auf das Organ, denn in Beziehung auf die Idee giebt es keine besondere Qualität. Also ist in den Unterabtheilungen auch an beiden Orten derselbe Eintheilungsgrund, so daß vielleicht der beſſere Ausdruck wäre, Als ein werdendes und seiendes. Als ein Aggregat aus gleichartigem. Als ein Wechsel aus ungleichartigem.

Hieraus entstehen vier Momente. 1) Die Fertigkeit im Werden der Darstellung als Succeſſion des gleichartigen, Aſſiduität. 2) Im Werden, sofern es unterbrochen ist von ungleichartigem, Beständigkeit καρτερία. 3) Die Fertigkeit in der Vollendung, sofern nichts persönliches mit darin enthalten ist, Reinheit, Freiheit von Manier. 4) Sofern sie vollkommen der Idee angemessen ist, Virtuosität.

a) Die combinatorische Beharrlichkeit (enthalten in 1. und 4.) Def. Das Aneinanderfügen der einzelnen elementarischen Thätigkeiten, wie sie und weil sie an dem Interesse für Darstellung der Ideen hervorgehen, und durch das Resultat der Besonnenheit vorgeschrieben sind.

Wachsende Größe. Das Organ tritt hier nur entgegen durch seine Beschränktheit. Die Erweiterung deſſelben erfolgt durch die Thätigkeit selbst vermöge seiner mechanischen Natur. Sofern aber das mechanische noch nicht hinreicht, und zum Behuf der Erweiterung, muß die Gesinnung wirken als Reiz. Das Wachsen geschieht also durch Anstrengung.

Das scheinbar sittliche wird hier dadurch erkannt, daß die combinatorische Kraft nicht in die Idee selbst gesetzt wird, und einer nicht will alle Aufgaben, welche aus der Gesinnung entstehen könnten, zu Objecten seiner Beharrlichkeit machen. Relativität der Fertigkeit in Beziehung auf Objecte bleibt natürlich vorbehalten.

Stufen. Auf der niedern verstärkt sich die Kraft durch Wetteifer, wobei die Gemeinschaft nicht in die Kräfte gesezt wird sondern in die Werke. Der Maaßstab der Selbstbefriedigung ist daher die angeschaute Vollkommenheit der bereits von andern ausgestellten Werke.

b) Die disjunctive Beharrlichkeit (enthalten in 2. und 3.)

Def. Die Beharrlichkeit im Wechsel mit ungleichartigem, oder das Vernichten des Einflusses alles desjenigen, was von der bloßen Persönlichkeit ausgehend sich zwischen das Realisiren der Idee drängt.

Wachsende Größe. Das Organ tritt hier gegen die Idee auf mit directem Widerstand, indem der Erhaltungstrieb durch Lust und Unlust organisch wirkt mit denselben Kräften und zu derselben Zeit, da die Idee damit wirken soll. Die Besiegung erfolgt nur durch Fortsezung der aufgegebenen Thätigkeit selbst; die Verminderung des Widerstandes in der Zukunft dadurch, daß in diesem Siege die Kraft der Idee zugleich absichtlich und mit Bewußtsein gesezt wird als Gegenreiz gegen Lust und Unlust. Also durch Abhärtung.

Coroll. Eine besondere Reihe von Thätigkeiten, deren ganzer Endzweck nur die Abhärtung wäre, könnte es sonach gar nicht geben.

Das scheinbar sittliche unterscheidet sich dadurch, daß

die Fertigkeit mit Bewußtsein und Maxime nur auf bestimmte Objecte bezogen, und also als Interesse an der Realisirung der Idee
überhaupt verleugnet wird.

Stufen. Die niedere ist da, wo die Kraft sich verstärkt
durch Gemeingeist, oder durch das Bewußtsein der erweiterten
gemeinschaftlichen Persönlichkeit, in welchem nun dieses bestimmte
Hinderniß gänzlich verschwindet. Daher ist auch der Maaßstab
der Vollendung nur die öffentliche Meinung oder die Ehre, ohne
daß jedoch die Gesinnung unsittlich wäre.

c) Die quantitative Beharrlichkeit (enthalten in 1. und 2.)

Def. Die Beharrlichkeit im Zustandebringen der Succession einzelner Thätigkeiten.

Wachsende Größe. Die Persönlichkeit tritt hier auf gegen die Idee, ohne Beziehung auf besondere Beschaffenheit der
Thätigkeit, ganz im allgemeinen; was also abnehmen soll ist
überhaupt das Auftreten der Persönlichkeit. Dies kann nur geschehen, so lange sie noch auflebt, durch Abstraction von ihr,
welche also der Exponent des Fortschreitens ist.

Das nur scheinbar sittliche ist also das, wo die Persönlichkeit nicht auftritt gegen die Idee entweder aus Unvollkommenheit des Mechanismus, oder weil das Interesse der Thätigkeit gar nicht in der Idee liegt sondern in der Persönlichkeit selbst.

Die niedere Stufe ist da, wo die Leichtigkeit zu ab-
strahiren sich verstärkt durch die Vorstellung von dem gleichen
Leiden der Persönlichkeit in Masse.

d) Die qualitative Beharrlichkeit (enthalten in 3. und 4.)

Def. Die vollkommene Angemessenheit der Darstellung,
welche daraus entsteht, daß die Idee sich des Organs vollständig
bemächtigt hat.

Wachsende Größe. Das abnehmende ist das Einmischen
des von der Persönlichkeit ausgehenden in das Resultat der sittlichen Kraft. Dies erfolgt vermöge der mechanischen Natur des

Organs von selbst durch die fortgesezte Unthätigkeit der Persön=
lichkeit. Diese ist aber nur zu erreichen durch Aufmerksamkeit
auf jede einzelne Thätigkeit.

Das scheinbar sittliche ist da, wo der Darstellung selbst
ihr Object nicht als Idee sondern nur als ein einzelnes zum
Grunde liegt, und sie also nur auf einer specifischen Richtung
der Persönlichkeit und des Organismus beruht.

Die niedere Stufe verstärkt sich dadurch, daß die ein=
zelne Persönlichkeit als etwas absolut zufälliges, also unüberwind=
liches, erscheint gegen die gemeinschaftliche. Daher wird auch
das objective in dieser Maaßstab.

Beschreibung der einzelnen Momente.

1. Assiduität. (Comb. quant.)

Vollkommenheit. Daß jedes unternommene Werk voll=
ständig herauskomme in möglichst kurzer Zeit.

Wachsende Größe. Die Persönlichkeit tritt hier als Hin=
derniß auf, theils als ein zu beschränktes durch Trägheit, theils
als ein selbstthätiges aber offenbar heterogenes durch Zerstreuung.

Zunehmen also soll die Leichtigkeit fremde Gedanken zu ver=
jagen und dem ermüden wollenden Organ immer noch etwas zu=
zusezen. Der Exponent also ist das Maaß von Anstrengung und
Abstraction.

Schein von Sittlichkeit. Wo das Interesse nicht in
dem Zusammenhang des Objects mit der Idee liegt, sondern
entweder in einer besonderen Qualification desselben für die Per=
sönlichkeit, oder in einer mittelbaren Beziehung auf die Persön=
lichkeit überhaupt, etwa vermöge des Lobes oder dergl. Offen=
bart sich durch die Abwesenheit des Strebens sogar, bei anderen
sittlichen Aufgaben dieselbe Akribie zu leisten. Es muß aber diese
Beschränkung Maxime sein, nicht etwa Irrthum. Sehr schwie=
rig in der Anwendung auf das einzelne, weil jeder seinen Be=
ruf hat, und auf diesen vorzüglich beschränkt ist mit seiner Assi=

duität. Man sehe, wie das Bestreben sich verhält bei der freien in Anderer Sphäre eingreifenden Thätigkeit.

Stufen. Auf der niedern verstärkt sich die wachsende Größe durch das Zusammenarbeiten, indem dieses die Anschauung von der gleichförmigen Bewegung vergrößert, die aber von der ungleichförmigen verringert.

2. Beständigkeit. (Disjunct. quant.)

Vollkommenheit. Ununterbrochenes Beharren bei der Ausführung mit Ueberwindung dessen, was die Persönlichkeit auf Kosten der Idee durchsezen will.

Wachsende Größe. Die Persönlichkeit tritt gegen die Idee auf als Selbsterhaltungstrieb vermittelst des Gefühls, ohne Beziehung auf den besonderen Inhalt der sittlichen Thätigkeit. Ihr Treiben also erfordert keine besondere Aufmerksamkeit, sondern die Abhärtung geschieht eben durch Abstraction.

Anmerkung. Die gewöhnlichste Aeußerung ist der Muth gegen die Gefahr. Daher die ganze Tugend oft so angesehen worden. Es gilt aber nicht nur von der Gefahr sondern von jeder Unlust; und nicht nur von der Unlust sondern auch von der Lust, die von außen während der Realisirung entsteht, und welcher der Mechanismus nun nachgehen will.

Schein von Sittlichkeit. Wo man nur supponirt, die Persönlichkeit habe sich entgegengesezt, sie ist aber zu roh und zu träge. (Wie die Gleichgültigkeit gegen das Leben bei gemeinen Menschen.) Oder wo das Interesse, wogegen die Persönlichkeit streitet, doch auch wieder in der Persönlichkeit selbst liegt, wie das Interesse der Tapferkeit bei gemeinen Menschen bloße Gewinnsucht ist oder Gewöhnung oder Furcht.

Anmerkung. Beide Fälle treffen zusammen. Denn wo die Persönlichkeit noch roh ist, kann es kein Interesse an der Idee geben, und wo die Persönlichkeit noch mit sich selbst in Streit ist, muß sie auch in einem anderen Sinne roh sein.

Stufen. Niedere, die endemische Beharrlichkeit, die mit

der öffentlichen Meinung geht. Höhere, die heroische, die gegen
die öffentliche Meinung steht oder sie erst weckt.

3. Reinheit, Correctheit im höhern Sinn. (Disjunct. qualit.)

Def. Beharrlichkeit in Beziehung auf das ungleichartige,
was die Persönlichkeit nicht im offenbaren Streit gegen die Idee,
sondern unter dem Schein derselben, gerade sofern sie ihr Organ
ist, mit einmischen will. Im Erkennen ist also dies ungleichartige
das persönliche des Vorstellungsvermögens; im Darstellen das
organisch=persönliche, die Manier im Gegensaz gegen den Styl,
welcher der reine Ausdruck der Individualität ist.

Vollkommenheit. Der Idee gänzliche Aneignung ihres
Organs, so daß es nur als solches, und gar nicht mehr als Natur thätig ist, so daß in keiner ausgeführten Handlung etwas
vorkommt, was nicht auf die Gesinnung zurükgeht und dem
Zwekk gemäß ist.

Wachsende Größe. Die Persönlichkeit tritt hier mit
demselben Vermögen, durch welches sie Organ sein soll, als Mechanismus auf, als natürliches Combinationsvermögen. Dieser
Mechanismus muß durch Unterbrechung allmählig zerstört werden,
indem auf der andern Seite die Gesinnung selbst immer mehr
mechanischen Einfluß gewinnt. Indem nun die Thätigkeit der
Gesinnung auf das Organ als mechanischer Einfluß gesezt wird,
wird im Organ selbst ein Gegenreiz hervorgebracht gegen den
Naturreiz = Abhärtung. In Beziehung auf das jedesmal gegenwärtige kann das Product des Naturreizes, das unrichtige,
nur erkannt werden durch Aufmerksamkeit. Durch Abhärtung
und Aufmerksamkeit also nimmt die Reinheit zu. In diesem
Exponenten darf nun je stärker die Abhärtung wird um desto
mehr die Aufmerksamkeit aus Mangel an Stoff nachlassen, bis
endlich gar keine mehr nöthig ist.

Scheinbare Reinheit. Wo die Einheit und Gleichartigkeit
der Darstellung nicht daher kommt, daß die Gesinnung sich ganz
des Organs bemächtigt hätte, sondern weil die besondere Beschaf-

fenheit des Organs sich ein Object angeeignet hat, welches man nur von der Gesinnung aufgegeben glaubt. Was also Uebergewicht über die Persönlichkeit zu sein scheint, ist nur eine besondere Modification der Persönlichkeit selbst. Erkennbar nur aus dem Zusammenhang, weil nämlich dies Zusammentreffen der herrschenden Neigung und Stimmung der Persönlichkeit nur ein zufälliges sein kann, und bei andern Förderungen der Idee dieselbe gerade in die Opposition kommen muß. Ohne Vergleichung sehr schwer zu unterscheiden, weil jede Aufgabe der Gesinnung für einen bestimmten Fall auch Aufgabe irgend einer Neigung werden kann, ohne welches kein Uebergang der Gesinnung in den Mechanismus möglich wäre.

Stufen der sittlichen Reinheit. Abspiegeln in objectiven Regeln und Anschließen an gemeingültiges sittliches Urtheil ist die niedere. Die absolute Identität der Fertigkeit und der subjectiv inwohnenden Gesinnung ist die höhere.

4. Virtuosität. (Comb. qualit.)

Def. Die Beharrlichkeit im Zustandebringen einer bestimmten Beschaffenheit einzelner Thätigkeiten, damit die Ausführung der Idee vollkommen entspreche. Ueberhaupt technische Vollkommenheit, im Darstellen durch Leben sowol als in der Kunst, auch im Wissen.

Vollkommenheit. Vollendete Stärke der Idee im Gebrauch ihres Organs, daß alles, was in der Aufgabe liegt, auch wirklich durch dasselbe geleistet werde.

Wachsende Größe. Das Organ tritt entgegen durch seine qualitative Beschränktheit oder seine natürliche Ungeschicktheit. Diese muß von dem Interesse für die Idee überwunden werden durch Erweiterung desselben, welche Anstrengung ist; die Wirkung der Gesinnung auf das Organ wird kraft des Willens als permanent gesezt. Die Anstrengung darf also abnehmen, je mehr das Organ schon erweitert ist; um desto mehr muß aber die Aufmerksamkeit auf das noch fehlende zunehmen. Die Stärke und das richtige Verhältniß von beiden sind der Exponent, nach welchem die Virtuosität zunimmt.

Scheinbare Virtuosität. Wo die Vollendung in der Ausführung gar nicht in dem Interesse an einer Idee gegründet ist, sondern nur in einer Liebhaberei des Talentes. Es fehlt also der Wille zur Virtuosität in der Ausführung anders beschaffener Aufgaben. Schwer, und nur dadurch daß sie sich als Maxime kund giebt, ist diese specifische Beschränkung auf eine bestimmte Sphäre zu unterscheiden von den Extremen der relativen Fertigkeiten.

Coroll. Besondere Anwendung auf die Antipathie der Künstler gegen die politische Thätigkeit, und auf die gegenseitige Antipathie der Geschlechtsthätigkeit.

Stufen der Virtuosität. Niedere, wo sich die Aufmerksamkeit verstärkt durch die angeschaute objective Vollkommenheit der Darstellung, und die Anstrengung durch die objective Anschauung der Persönlichkeit in abstracto, bei welcher die subjective Beschränktheit nur als ein zufälliges erscheint. Höhere, die absolut aus der subjectiv innwohnenden Gesinnung hervorgehende.

Schlußbemerkungen.

1. Die Eintheilung der Tugend fällt zusammen mit der richtig verstandenen hellenischen. Unsre Liebe ist ihre Gerechtigkeit, in welcher nur das persönlich individuelle nicht genug heraustrat; daher alles symbolische im eigentlichen System fehlt. Der Unterschied des quantitativen und qualitativen innerhalb des organischen aber ist bestimmt durch ihre δικανική und νομοθετική. Recht verstanden verhalten sich auch σοφία und σωφροσύνη wie Weisheit und Besonnenheit, und ἀνδρεία ist schon nach Platon, ja selbst im instinctmäßigen Sprachgebrauch, die ganze Beharrlichkeit.

2. Bei der christlichen Eintheilung bilden Glaube und Liebe die Tugend als Gesinnung, und auch als Fertigkeit in der Wurzel betrachtet. Die Fertigkeit aber als Resultat und als ver-

ånberliche Gröſe angeſehen erſcheint mit Bezug auf die eigenthümlich chriſtliche Anſicht als Hoffnung.

3. Mit der Eintheilung in ein mannigfaltiges überhaupt ſtreitet,
wie man ſieht, gar nicht der Grundſaz von der Einheit und
Untheilbarkeit der Tugend; nur als Quantum iſt das man=
nigfaltige überwiegend, theils nach Maaßgabe der perſönlichen
Talente, theils nach Maaßgabe des individuellen Charakters.
So daß eben auf dieſes relativ mannigfaltige eine Theorie der
ſittlichen Individualität mußte gebaut werden.

4. Eben hieher gehört auch das mannigfaltige der ſittlichen Stim=
mung als entweder Demuth oder ſittlicher Fröhlichkeit. Die
lezte iſt das Gefühl von der Geſinnung und der fortſchreiten=
den Fertigkeit an ſich. Die erſte iſt ein vergleichendes Gefühl
der Fortſchreitung als Quantum mit dem Ideal, wobei dann
aus dem Mißverhältniß auch auf die Schwäche der Geſinnung
zurükgeſchloſſen wird.

5. Die alten Fragen über das Entſtehen der Tugend entſcheiden
ſich aus unſerer Behandlung von ſelbſt. Inſofern die Tugend
Erkenntniß iſt, kann ſie allerdings gelehrt werden. Denn
lehren kann nie etwas anderes ſein, als Erwekkung deſſelben
Vermögens durch Darſtellung. Inſofern ſie Darſtellung iſt,
kann ſie allerdings geübt werden, und zwar als Fertigkeit
wächſt ſie durch die Uebung, als Geſinnung iſt ſie mit der Uebung
einerlei. Aber in ihrem genetiſchen Verhältniß zur Perſönlichkeit
und in ihrem individuellen Charakter, welches beides außerhalb
alles Mittheilens und Darſtellens liegt, iſt ſie allerdings ein
Geſchenk der Götter.

6. Dies nun iſt aufs vollkommenſte im Chriſtenthum ausgeſpro=
chen durch die Lehre von der Gnade. Wenn man fragt, wa=
rum der einen Perſon Geſinnung inwohnt, der andern nicht:
ſo iſt nichts zu antworten als, Durch freie göttliche
Gnade. Wenn man fragt, wie ein Menſch zur höheren
Stufe der Sittlichkeit erwacht: ſo iſt nichts zu antworten als,

Ethik. Db

Durch die Erleuchtung des heiligen Geistes. Es ist aber auch Unsinn sich über den Mangel der Gnade zu beklagen. Denn wo darüber geklagt würde, da wäre sie schon, und es wäre von etwas ganz anderem die Rede. Das Verhältniß der inwohnenden Gesinnung zur Totalität der Intelligenz als Natur ist eben der Exponent im Fortschreiten der Realisirung des höchsten Gutes.

Der Sittenlehre dritter Theil.

Pflichtenlehre (b.) *).

Einleitung.

§. 318. (c. §. 1.) Die Pflichtenlehre kann nicht die Totalität der Bewegungen aufzeichnen, sondern nur das
System der Begriffe, worin diese aufgehen.

Sonst wäre sie Geschichte.

*) Die Manuscripte hier dieselben als bei der Tugenblehre, (e.) abgerech=
net, das nur die leztere enthält. (b) bleibt Grundlage, bis es beim
zweiten Theile zu Ende geht. Dazu wird benuzt (d.) nebst (z.), das
aber hier nur wenige Säze darbietet. Zwischen beide tritt hier noch
ein Manuscript, wir nennen es (c.), das schon in §§ und Erläuterun=
gen geformt ist, dessenungeachtet aber nicht Grundlage werden konnte,
schon weil sich (z.) auf (h) bezieht, besonders aber weil es leichter in
(b.) eingefügt werden konnte, als das umgekehrte möglich gewesen
wäre. Denn (b.) enthält, die Hauptmomente angebend, gleichsam die
Ueberschriften, die auszuführen (c.) ein flüchtig gearbeiteter vorläufiger
Entwurf zu sein scheint. Im zweiten Theil, wo (b.) ausgeht, tritt es
als Grundlage ein. Leider aber geht es von da auch allmählig in
Säze aus, die kaum noch Andeutungen sind.

Vergl. Grundlinien rc. 2te Ausgabe S. 131 — 150; 191 u. s. w.,
so wie die in der Akad. der Wissensch. 1824 gelesene Abhandlung,
Ueber die wissenschaftliche Behandlung des Pflichtbegriffes.

§. 319. (c. §. 2.) Die Pflicht iſt nicht Selbſtbewe=
gung der Vernunft, ſondern dieſe iſt das bewegende,
und die Natur das bewegte.

Denn durch Selbſtbewegung der Vernunft könnte keine Na=
turbildung entſtehen. Auch kennen wir die Vernunft nicht iſo=
lirt, ſondern nur in der Natur.

§. 320. (c. §. 3.) Sie iſt alſo weder zu beſchrei=
ben durch die Urſach allein, noch durch die Wirkung
allein, ſondern durch das Ineinander von beiden.

Wenn mir ein Handeln bloß in ſeiner Wirkung gegeben
wird: ſo kann ich nicht wiſſen, ob es ein pflichtmäßiges war.
Denn ich weiß nicht, ob es aus Vernunftbewegung hervorgegan=
gen iſt. Alſo auch ein aufgegebenes kann ich nicht ſo beſchreiben.

Iſt mir nur die Urſach gegeben: ſo kann ich es auch nicht
beurtheilen. Denn es kann ſich Irrthum einmiſchen, oder es
kann jemand böſes thun um des guten willen.

Dadurch ſondern ſich von ſelbſt Pflichtenlehre und Tugend=
lehre und Lehre vom höchſten Gut.

§. 321. (c. §. 4.) Die Pflichtenlehre ſteht ſo zwi=
ſchen den beiden anderen, daß das pflichtmäßige Han=
deln die Tugend vorausſezt und das höchſte Gut be=
dingt; aber eben ſo auch umgekehrt das höchſte Gut
vorausſezt und die Tugend bedingt.

Die Pflichtenlehre als Lehre aber muß unabhängig von den
beiden andern Darſtellungen gehalten werden.

(d.) Hier daſſelbe Verhältniß zum höchſten Gut, wie bei
der Tugendlehre. Wenn Alle ihre Pflicht thun, muß aus dem
Zuſammenfließen ihrer Handlungen das höchſte Gut entſtehen.
Pflichtenlehre iſt alſo auch Darſtellung der ganzen Sittenlehre.
Es giebt kein organiſches im höchſten Gut, was nicht aus pflicht=
mäßigem Handeln entſtanden wäre; es giebt kein Moment der

ſittlichen Qualität, was ſich anders als im pflichtmäßigen Han=
deln erwieſe. — Pflichtenlehre iſt nur Anſchauung der einzelnen
Oscillationen der Geſinnung in ihren äußeren Beziehungen; es
iſt alſo unmöglich, daß ein richtiger Ausdruff der Pflicht nicht
ſollte die Geſinnung in ſich enthalten, ſo wie unmöglich iſt, daß
die Pflichtformeln einen, der die Geſinnung nicht hat, in Stand
ſezen könnten in einem vorliegenden Falle das ſittliche zu ver=
richten. Dies wäre eine Trennung des materiellen und formel=
len, durch welche das ſittliche gleich aufgehoben wird. Die Hand=
lung iſt ja nur dadurch ſittlich, daß die Geſinnung ſie verrichtet.
Ja nicht einmal erkennen kann durch die Pflichtenlehre der un=
ſittliche das rechte, eben weil ihm die Geſinnung fremd iſt, und
er das innere, worauf die Sittlichkeit ruht, die bedingte Con=
ſtruction des Objects in der Totalität, ſich gar nicht nachbil=
den kann.

(b.) Da das höchſte Gut, wie durch die einzelnen Men=
ſchen, ſo auch aus den einzelnen Handlungen entſteht: ſo muß
die Betrachtung ergeben, wie, wenn überall pflichtmäßig gehan=
delt wird, das höchſte Gut nothwendig das Reſultat davon
ſein muß.

§. 322. (c. §. 5.) Jedes pflichtmäßige Handeln iſt
alſo als ſolches unvollkommen, weil es zwiſchen zwei
Geſtaltungen der Tugend und des höchſten Gutes mit=
ten inne ſteht.

Weil nämlich das zweite durch das Handeln werdende et=
was vorher noch nicht geweſenes iſt. Die Unvollkommenheit
aber muß im terminus a quo als ſolchem, nicht im terminus ad
quem liegen *).

_____

*) Hieran ſchließt ſich in (c.) §. 6. ſo lautend.
  §. 6. Die Pflicht iſt alſo Rectification und Production.
  Erläut. Entweder geſondert, ſo daß ſie ſich hiernach theilt;
oder ſo daß beides in jedem Handeln iſt.

§. 323. (b.) *) Die Pflichtenlehre ist die Darstellung des ethischen Processes als Bewegung, und die Einheit also der Moment und die That.

(d.) Die Pflichtenlehre betrachtet die Sittlichkeit nicht wie sie dem einzelnen als ein continuell producirendes inwohnt, sondern wie sie in der einzelnen That als producirendes sich abdrükkt. In dieser soll der sittliche Charakter anerkannt werden. Die Einheit ist also das Produciren als einzelne That angeschaut. Dies ist eine andere Einheit als die des höchsten Gutes. Denn da war auch die kleinste nicht That des einzelnen. Hier haben wir aber ausgeschieden das Handeln des einzelnen zu betrachten.

Und §. 7. lautet dann, Indem jedes Handeln absezt in dem Menschen selbst, und auch in der Natur überhaupt: so ist jedes zugleich Rectification und Production.

Erläut. Nämlich Rectification kann nur statt finden in der menschlichen Natur, wo jede Schlechtigkeit ein sittliches Minus ist. Die Natur überhaupt aber ist nur = Null, und in Bezug auf sie findet nur Production statt. (Außer inwiefern sie schon geeinigt ist; dann ist sie auch der Rectification fähig.) —

Wie sich beide Fassungen des Sazes zu einander verhalten, und was jeder fehlt, haben wir um so weniger zu untersuchen, da er doch wie scharf auch immer gefaßt oder wie richtig erklärt nicht wohl in den Text gestellt werden konnte. Denn da eines seiner Glieder, die Production, später noch einmal vorkommt der Anknüpfung gegenüber: so ist dieser lezteren die Rectification entweder gleich, oder nicht. Im ersten Falle aber ist der Gegensaz zwischen Rectification und Production ganz überflüssig, im zweiten kann er sich nur beziehen auf den Gegensaz von gut und böse, den diese Ethik doch §. 91. als außerhalb ihres Gebietes liegend bezeichnet. In beiden Fällen also gehört er hier nicht in die Reihe unserer Säze, wie er in diesen selbst auch nicht anders berükksichtigt wird, als daß hie und da einzelne Ausdrükke an ihn erinnern (so wird (c) §. 9. s. unten §. 323. die absolute sittliche Wollung, Bekehrungswille genannt); und am Schluß von A. (§. 342. (c.) Berufspflicht, Schlußanmerkung 3.) wird ausdrükklich gesagt, daß nicht sei durchgeführt worden, wie jedes Handeln auch rectificirend d. h. das unsittliche wegschaffend sein muß.

*) Die nun aus (b.) folgenden Säze sind im Manuscript durch einander geworfen. Sie sind hier einigen Randandeutungen und dem Zusammenhange gemäß geordnet.

(c.) §. 8. Das unter den Pflichtbegriff zu subsumirende Handeln ist als Eins bestimmt durch den Moment und durch die Person.

Erläut. Nur in der Persönlichkeit sind Vernunft und Natur wirklich gebunden; also ist auch nur Eins, was auf Eine solche Verbindung zurükzuführen ist. Aber es muß nicht nur von Einem her sein, sondern auch Ein Act, d. h. Eine Wollung.

§. 9. Alle Wollungen lassen sich als Theile von Einer ansehen.

Erläut. Jeder einzelne Entschluß gehört in einen bestimmten Kreis. Das Eingehen in alle Kreise ist etwas coordinirtes, und steht unter Einem größeren. Dies ist der Bekehrungswille, eben darum unendlich, und das Gefühl verlangt übernatürliches dabei.

§. 10. Jede Ausführung eines Entschlusses zerfällt in eine Menge von Handlungen, die doch auch besonders müssen gewollt werden.

Erläut. Die Handlung ist ins unendliche theilbar, wie Raum und Zeit, aber auch unbestimmte discrete Theilung. Gewollt muß jeder Theil werden. Denn mechanisches ist nur unvollkommen, und es muß immer auf mögliche Unterbrechungen gedacht werden.

§. 11. Zwischen der absoluten Einheit und unendlichen Mannigfaltigkeit findet sich die Einheit im Zwekbegriff der Handlung.

Erläut. 1) Der absolute Eine Act wäre kein ethischer, weil die Vernunft immer schon in der Natur ist. Auch verhalten sich die anderen zu ihm nicht wie Theile zum ganzen, sondern nur wie besonderes zum allgemeinen. Die anderen Entschlüsse sind in dem Einen nicht bestimmt enthalten, sondern werden erst durch hinzukommendes anderes bestimmt.

2) Die kleinen Theile einzelner Handlungen müssen zwar gewollt werden; aber wenn sie wirklich Theile sind: so sind sie doch im ursprünglichen Willen mitgesezt, und das Wollen ist kein neues, sondern nur das in der Zeit sich fortstrekende ursprüngliche.

3) Zwekkbegriff braucht aber nicht immer gedacht zu sein, sondern ist nur der Gedanke, welcher das Wollen ausdrükken würde, wenn es gedacht würde. — Beispiel von Composition der Rede, Nothwendigkeit und Unbestimmtheit des Ausdrukks und des Tons.

§. 12. Diese Einheit ist aber nicht allgemein gültig zu sezen, sondern dasselbe kann von Einem für Eine Handlung angesehen werden, von Anderen für Viele.

Erläut. Der Virtuose faßt mehr in Eins zusammen, weil er gleich auch die anderweitigen Bestimmungsgründe für das untergeordnete mit auffassen kann.

(z.) Formel für die Bewegungen oder Thaten. Wo die Einheit der That? Vom mathematischen aus unendlich kleine, die nicht unter allgemeine ethische Positionen befaßt werden können. Vom transcendenten aus Eine alles umfassende, die nicht den Grund zur Mannigfaltigkeit enthält. Gegensaz Bildung und active Besizergreifung der Intelligenz umfaßt alles auch außerirdische in Einem. Aber auch Eingehen der Intelligenz als menschliche Vernunft werdend in das dingliche als menschliche Natur werdend umfaßt wenigstens alles menschliche, und ist erst vollendet, wenn der sittliche Verlauf vollendet ist. Anders ist es, wenn wir dabei stehen bleiben, Pflicht sei die That des einzelnen durch die Geburt werdenden, der schon in das getheilte Sein d. h. in eine Mannigfaltigkeit von Beziehungen hineintritt. Allein hier finden wir uns mit scheinbaren Widersprüchen umgeben, deren Nichtbeachtung Schuld ist, daß in der Pflichtenlehre überall auch von Collision der Pflichten die Rede ist; eine Theorie, bei welcher keine reine Lösung der Aufgabe übrig bleibt. ·

§. 324. Die Säze, In pflichtmäßigen Handlungen muß die ganze Idee der Sittlichkeit sein, und, Jede pflichtmäßige Handlung muß sich auf Eine sitt-

liche Sphäre beziehen, bilden einen aufzulösenden Gegensaz.

Das höchste Gut kann durch einzelne Handlungen nur in dem
Maaß realisirt werden, als in ihnen die ganze Idee der Sittlichkeit
ist; denn soviel an den einzelnen Handlungen fehlt, muß auch
dem höchsten Gut fehlen. Einzelne sittliche Handlungen müssen
ihr Object haben in einer bestimmten sittlichen Sphäre; denn
Eine Einheit des Actes kann nur in Einer Sphäre producirt
werden. Da nun aber in jeder Handlung, sofern sie sich nur
auf Eine Sphäre des höchsten Gutes bezieht, die Idee der Sittlichkeit nicht ganz ist: so bilden jene im § genannten Säze einen aufzulösenden Gegensaz.

Lösung. Da die verschiedenen Sphären des höchsten Gutes nicht absolut getrennt sind, also jede ein Interesse an der
anderen hat: so ist es möglich, daß das Interesse Aller durch
Eine Handlung befriedigt werde, welche nur in Einer etwas bewirkt. In Bezug auf den Gegensaz wird also die pflichtmäßige
Handlung diejenige sein, welche zwar nur in Einer Sphäre etwas bewirkt, aber zugleich im Bewußtsein als das Interesse Aller befriedigend gesezt wird. Wonach denn in dem ersten Sinn
die einzelne, in dem lezten aber die Totalität aller Sphären das
Object der Handlung ist.

Die Lösung reicht hin, wenn in Einer Sphäre eine Nothwendigkeit gesezt ist etwas zu thun, in Anderen aber nicht. Wenn
in mehreren für denselben Moment eine Nothwendigkeit gesezt
ist: so ist pflichtmäßig gehandelt, wenn der handelnde sagen kann,
Jede der anderen Sphären muß damit zufrieden sein, daß ich in
diesem Moment gerade dieses gethan habe. Die Lösung im allgemeinen ist also bedingt durch das Postulat einer solchen Ordnung in allen Sphären, daß die Zeit unter sie getheilt wird;
ohne welche Ordnung keine Pflichterfüllung möglich ist.

(d.) Im höchsten Gut fanden wir actu alle Sphären in
einander greifend. Also muß auch jedes einzelne Handeln in Alle

greifen. Denn wenn es nur eine isolirte zum Gegenstand hätte: so könnte es nicht sittlich producirt sein, sondern würde in das Gebiet des sittlichen Scheines gehören. Nun geht aber doch jedes einzelne Handeln auf ein bestimmtes Object, und die Beziehung auf die anderen ist nicht darin wahrzunehmen. Es kann aber nur dann sittlich sein, wenn es auf Alle geht. Also muß es auf Eins und Alle gehen, d. h. das unmittelbare Object muß nur insofern Object sein, als es in die Totalität aufgenommen ist, und gerade so muß das Handeln in der Pflichtenlehre dargestellt sein. (Dies hebt nun die Behauptung von Collision der Pflichten auf. Collidirende Pflichten sind keine Pflichten. Nach der gewöhnlichen Ansicht aber sind alle Pflichten collidirend, denn indem ich in einer Sphäre handle, vernachlässige ich die übrigen.)

(c.) §. 18. Das gesammte sittliche Sein kann durch den Pflichtbegriff nur ausgedrükkt werden, sofern in jeder pflichtmäßigen Handlung die ganze Idee der Sittlichkeit enthalten ist.

Erläut. Denn ist diese nicht darin: so ist auch die Wirkung kein Element des höchsten Gutes. Die obige Unvollkommenheit ist nur im terminus a quo (§. 322.), und die Unvollkommenheit, die sich hernach auch im Resultat zeigt, darf nicht im Zwekkbegriff liegen, sondern muß aus dem Widerstand der Natur entstehen.

§. 19. Sofern aber jedes durch Zwekkbegriffe construirt sein muß, und diese nothwendig einiges ausschließen, ist in jedem pflichtmäßigen Handeln nicht die ganze Idee der Sittlichkeit gesezt.

Erläut. Das gesammte sittliche Sein kann aber nur wenn Zwekkbegriffe gesezt werden in einer Mannigfaltigkeit von Pflichtbegriffen ausgedrükkt werden.

§. 20. Dieser Widerspruch muß durch die Construction der Pflichtbegriffe selbst gelöst werden.

Erläut. Er ist das negative Element der sogenannten Collision der Pflichten. Denn wenn aus jedem Pflichtbegriff ei-

niges ausgeſchloſſen iſt: ſo werden, indem Eine Pflicht erfüllt
wird, alle anderen nicht erfüllt. Man müßte alſo neue Formeln
haben, um zu entſcheiden, wann jede Pflicht ſolle erfüllt werden, ſonſt könnte man nach dem erſten Saze jede Pflicht auf
pflichtmäßige Weiſe umgehen, nach dem lezten in beſtändiger Unthätigkeit bleiben, um nicht Pflichten unerfüllt zu laſſen. Dieſe
beſonderen Formeln müßten entweder auch auf den Pflichtbegriff
zurükgehen, oder nicht. Im erſten Falle könnten ſie nur als Elemente in den einzelnen Pflichtformeln ſein, im lezten wäre die
Pflichtenlehre nicht unabhängig.

§. 21. In jedem pflichtmäßigen Handeln muß alſo beides
auf verſchiedene Weiſe ſein.

Erläut. In jedem nämlich eine allgemeine Richtung
auf die ganze Idee. Ohne dieſe wäre die beſtimmte That keine
ſittliche. Die Richtung könnte entweder eine ſinnliche ſein, und
doch der Erfolg objectiv angeſehen als ein ſittlicher aufgefaßt
werden; dann könnten aus demſelben inneren Grunde auch pflicht-
widrige Handlungen hervorgehen. Oder ſie iſt eine partiell ſittliche; dann aber hat ſie den Grund ihres Maaßes nicht in ſich,
und es können alſo Handlungen daraus hervorgehen, welche andere Theile des ſittlichen Seins zerſtören.

In jedem auch ein beſtimmtes und ausſchließendes Wollen.
Dieſes ſtimmt in Abſicht auf ſein Ausſchließen mit dem allgemeinen Wollen zuſammen, wenn das Ausſchließen nur ein mo-
mentanes iſt, weil doch indirect alles ſittliche mit gefördert wird,
wenn Eines vollkommen geſezt wird. Es ſtimmt in Abſicht auf ſein
Sezen zuſammen mit jenem, wenn dadurch, daß dieſes nicht geſezt
wird, die Idee zerſtört, d. h. eine Naturbeſtimmung ohne Vernunft erfolgen würde. Das Eintreten einer ſolchen iſt die Aufforderung zur beſtimmten Handlung.

Das allgemeine Wollen muß in jedem pflichtmäßigen Handeln ein lebendiges ſein, der wirkliche Grundtrieb, die urſprüngliche Bewegung, die nur modificirt wird durch die Richtung gebende Aufforderung. — Daher iſt die allgemeine Wollung nicht

ethisch als ein selbständiger einzelner Act zu sezen. Denn jeder solche muß ein besonderer werden. Aber sie bildet als wirklicher Act den primitiven Bestandtheil jedes Handelns.

§. 325. Die Säze, Jede pflichtmäßige Handlung ist ein Anknüpfen, und, Jede ist ein ursprüngliches Produciren, bilden einen aufzulösenden Gegensaz.

1. Jeder einzelne findet in jedem Moment schon alle sittlichen Sphären, und sein Handeln kann also nur an das schon gegebene anreihen. Also ist jede pflichtmäßige Handlung ein Anknüpfen.

2. Da das höchste Gut nur aus pflichtmäßigen Handlungen entstehen kann, indem jedes sittlich gegebene ein ethisirter Stoff ist: so ist die pflichtmäßige Handlung das frühere und schlechthin ursprünglich.

Lösung. Da alle sittlichen Verhältnisse nur in Handlungen bestehen: so würden sie sogleich vernichtet sein, wenn in einem Moment kein neues Handeln hinzukäme. Also ist jedes Handeln als ein ursprüngliches anzusehen, indem das Verhältniß durch dasselbe offenbar neu entsteht. Da der ethische Proceß nirgend absolut anfängt, und jeder einzelne sich in einem sittlichen Verhältniß findet, welches die Keime aller anderen in sich schließt, auch bei Stiftung neuer Verhältnisse ein unbewußtes vorangeht: so ist jedes auch ursprüngliche Handeln immer ein Anknüpfen. Wenn es also hier eigentlich auf den Gegensaz zwischen dem Stiften und Fortsezen eines sittlichen Verhältnisses ankommt: so ist dieser nur relativ, indem jedes Stiften dennoch an ein natürlich gegebenes anknüpft, und jedes Anknüpfen dennoch neu erzeugt, und also beide Forderungen in jedem Handeln sind.

(d.) Sieht man den einzelnen an: so tritt er jedesmal mit seinem Handeln in ein gewordenes hinein; sein Handeln ist ein Anknüpfen, und dieses gewordene ist es nicht durch ihn. Es ist

also für ihn Natur. Wenn er aber an ein unsittliches anknüps
fen müßte: so kann daraus unmöglich das höchste Gut entstehen.
Denn die Pflicht ist ein solches Anknüpfen, worin das folgende
mit dem vorigen dem Princip nach identisch ist. Also muß dem
handelnden das, woran er anknüpft, als durch dasselbe Produciren entstanden erscheinen, und sein anknüpfendes Handeln innerlich wie ein absolut anfangendes. Dies versinnlicht sich am
besten, wenn wir auf den ersten Anfang des einzelnen Lebens sehen. Hier findet sich der Mensch mit dem Leibe im organischen
Assimiliren begriffen, und in der Familie, in welcher alle anderen Sphären dem Keime nach eingeschlossen sind. Dies, was
ihm die Natur giebt, muß er als sein Produciren ansehen können, d. h. er muß es sich als sein Leben im Bewußtsein aneignen. Dies geschieht nun nur durch die Lust an dem was er
vorfindet. Insofern ist also Lust die Basis alles sittlichen, woran sich jedes bestimmte Handeln knüpfen muß. Es ist aber diese
Lust nichts anderes als das Erkennen der absoluten inneren Harmonie zwischen Natur und Vernunft. Dies geht aber eben so
weiter. Denn jedes woran der Mensch anknüpft ist, weil alles
im höchsten Gut gemeinschaftlich ist, ein nicht von ihm producirtes, er eignet sich also jedes im Bewußtsein wieder mit Lust
an, auch das durch sein eigenes Handeln früher gewordene. Also
muß er auch in diesem das reale, positive (aus ethischem Gesichtspunkt) als sein Handeln adoptiren; das negative aber als
ein nicht producirtes als den rohen Stoff ansehen. Demzufolge
ist nun in jedem Handeln dasjenige, was sich auf ein noch nicht
ethisirtes bezieht, ein ursprüngliches Handeln. (Dies giebt eine
neue Ansicht über die negative Ethik. Sie sieht das producirte
als ein unsittliches an (Nothstaat, Nothpublicum u. s. w.), also
auch das ursprüngliche Handeln (radicales böse), und bekommt
das höchste Gut nur durch Revolution zu Stande.

(c.) §. 23. Indem jedes pflichtmäßige Handeln Tugend und
sittliches Sein voraussezt, liegt es in einer schon angefangenen Reihe.

Erläut. Denn das Resultat der Handlung reiht sich an das schon bestehende an, sowol im Subject als im Object. Denn ist das sittliche Sein gesezt: so ist es auch in seinem wesentlichen Schematismus gesezt; und also überall, wo etwas werden soll, ist schon etwas. Dasselbe gilt von der Tugend.

§. 24. Indem Tugend und sittliches Sein nur durch pflicht-mäßiges Handeln können geworden sein: so ist dieses das ur-sprüngliche.

Erläut. Alle Tugend kann nur aus Thätigkeiten der Vernunft, aus einzelnen Bewegungen entstanden sein. Eben so alle äußere Naturgestaltung; sonst wäre sie nur Schein.

§. 25. Alles pflichtmäßige Handeln also, was äußerlich an-knüpfend ist, ist innerlich erzeugend; und was äußerlich erzeugend ist, ist innerlich anknüpfend.

Erläut. Die einzige Art, wie der Gegensaz gelöst werden kann, ist, wenn jedes beides in verschiedenem Sinne ist.

1) Erzeugend äußerlich ist alles, wodurch neue Verhältnisse entstehen. Aber diese sind immer schon prädeterminirt. Staats-stiften. Ehestiften. Wo nichts schon vorhanden, da abenteuer-lich und keine Sicherheit über die Sittlichkeit.

2) Da alle sittlichen Verhältnisse nur durch Forthandeln bestehen, sonst gleich untergingen: so erzeugt jedes anknüpfende Handeln aufs neue. Was also äußerlich nur anknüpfend er-scheint, ist innerlich, wenn man auf die wirkende Kraft sieht, er-zeugend. Wird nicht mit demselben Geist angeknüpft, in wel-chem gestiftet ward: so entsteht Mechanismus, und es ist keine Sicherheit mehr über die Sittlichkeit des Handelns.

§. 326. Die Säze, Jede pflichtmäßige Handlung ist frei, und, Jede ist nothwendig, bilden einen zu lö-senden Gegensaz *).

*) Daß der Gegensaz von Freiheit und Nothwendigkeit hier ein ganz an-derer ist als der §. 104. aus der Ethik verwiesene, lehrt der Zusam-menhang. Vergl. auch §. 337.

~ **Anmerkung.** Dieſer Gegenſaz iſt nicht, wie es ſcheinen könnte, mit dem im vorigen § identiſch. Scheinen nämlich, wenn man verwechſelt das Anknüpfen mit der objectiven Nothwendigkeit, und das urſprüngliche Handeln mit dem freien Erzeugen. Denn es kann auch ein Anknüpfen ohne objective Nothwendigkeit geben, und auch ein urſprüngliches Handeln mit derſelben. Jener Gegenſaz bezieht ſich nur auf die Priorität des Verhältniſſes vor dem einzelnen; dieſer nur auf die Wechſelbedingtheit des Seins und Denkens.

1. Wenn ein Zuſtand einer ſittlichen Sphäre gegeben iſt: ſo iſt durch dieſe und die Vergleichung mit der Idee nothwendig geſezt was geſchehen muß, um die Erſcheinung der Idee näher zu bringen. Alſo iſt jede pflichtmäßige Handlung durch Nothwendigkeit eine ſolche.

2. Als pflichtmäßiges Handeln kann nur dasjenige angeſehen werden, was ſich aus dem Menſchen ſelbſt entwikkelt, und zwar aus ſeinem ſittlichen Triebe. Denn ſonſt iſt es entweder ſein, aber ſinnlich, oder ſittlich, aber nicht ſein. Demnach muß jede pflichtmäßige Handlung eine freie ſein.

Löſung. Da jedes ſittliche ganze nur aus Handlungen beſteht: ſo iſt die objective Nothwendigkeit darin keine andere als der Zuſtand der handelnden, und alſo das in ihnen gedachte; und ſie iſt nur inſofern da, als frei erkannt wird was geſchehen muß.

Da das Produciren eines Zwekkbegriffes ein Act der Vernunft iſt, in welchem eine Einigung der Natur geſezt iſt: ſo muß jedes wahrhaft frei gedachte Handeln auch objective Nothwendigkeit haben.

Da es alſo hier nur auf die Differenz des Momentes ankommt: ſo wird das pflichtmäßige Handeln hier nur ein ſolches ſein, in welchem die innere Anregung und die äußere Aufforderung zuſammentreffen.

(d.) Durch das Ineinander aller Gegenſäze hebt ſich nun zwar die Realcolliſion, aber nicht die Colliſion in Abſicht der Zeiten. Jedes einzelne Handeln muß doch angeſehen werden als

hervorgegangen aus der besondern Hinsicht auf die Sphäre, in
der sein unmittelbares Object liegt, und es könnte nun für den=
selben Moment aus der Hinsicht auf einen anderen ein ganz an=
deres sein gefordert worden. Wir sezen also, wie ja die inwoh=
nende Sittlichkeit muß gesezt werden, ein lebendiges Bewußtsein
der gesammten sittlichen Sphäre, in welchem nun zugleich die
Ideen zu verschiedenen Handlungen sich entwikkeln. Jede ein=
zelne aber als eine solche, welche in die Construction des höchsten
Gutes von diesem Punkt aus gehört. Im höchsten Gut aber ist
nichts Handlung eines einzelnen, sondern alles gemeinschaftlich.
Also gehört auch zum wirklichen Handeln das gemeinschaftliche,
welches sich dem einzelnen als Aufforderung kund geben muß.
Ein solches Kundgeben kann nur in Einen Moment treffen, also
treffen auch nur zu Einem Handeln die Bedingungen in Einen
Moment. Die Ideen zu allem übrigen ruhen in ihm und war=
ten auf die äußere Aufforderung, und in diesem ruhenden liegt
eben die Totalität des sittlichen Zustandes des einzelnen. Nur
muß man noch um dies recht zu verstehen richtig bestimmen,
was ein einzelnes Handeln ist. Dies kann nämlich äußerlich in
sehr viele Momente zerstreut sein, innerlich aber ist es nur Eins.
Z. B. Schließen und Halten eines Vertrages; Eintreten in den
Staat und seinen Gesezen Gehorchen ist nur Eins. Denn es
giebt kein Eintreten, als dieses, weil es kein Sein im Staat
giebt als das Handeln; und so überall. Hier ist nun nicht für
jeden Moment eine eigne innere und äußere Aufforderung nöthig,
sondern die Handlung ist kraft der Gesinnung in beständigem
Fortgehen zu denken, und der handelnde muß sich bei jeder Un=
terbrechung gehindert fühlen.

(c.) §. 22. Die allgemeine Wollung muß in verschiedenen
Momenten verschieden sein, und die Vollkommenheit des pflicht=
mäßigen Handelns besteht im Zusammentreffen der inneren An=
regung mit der äußeren Aufforderung.

Erläut. Nämlich im Triebe muß doch in verschiedenen

Subjecten und zu verschiedenen Zeiten ein einzelner Theil über die anderen überwiegen, und dies giebt bei der Einheit der Wollung die Mannigfaltigkeit wechselnder sittlicher Stimmungen und herrschender sittlicher Neigungen. Es ist immer nur Unvollkommenheit, wenn man in den Fall kommt gegen Neigung und Stimmung handeln zu müssen. Auch unvollkommene Anregungen zu haben, denen keine Aufforderung entspricht.

Die Uebereinstimmung ist divinatorisch in der Anregung zu sein, für welche die Aufforderung kommen muß, und diese beruht auf der Lebensordnung (für die Neigung auf der Berufswahl); oder, daß man die Anregung hervorrufe, wenn die Aufforderung gegeben ist.

§. 327. Die Säze, Jede Pflicht ist die Entscheidung eines Collisionsfalles, und, Es giebt keine Collision von Pflichten, bilden einen aufzulösenden Gegensaz.

1. Da jede sittliche Sphäre immer werdend, und jeder in jeder lebendig ist: so kann auch in jedem Augenblikk in jeder etwas geschehen. Kann nun der Mensch in jedem Augenblikk nur in Einer handeln: so muß der Streit Aller um diesen Augenblikk geschlichtet worden sein, und jede pflichtmäßige Handlung ist die Auflösung eines Collisionsfalles.

2. Das höchste Gut ist die Totalität aller pflichtmäßigen Handlungen. Wären diese also in Widerstreit: so wären einzelne Theile des höchsten Gutes mit einander in Widerstreit. Also kann keine Collision zwischen Pflichten statt finden.

Lösung. Nur diejenige Handlung ist Pflicht, welche in ihrem Zwekkbegriff die Lösung einer Collision enthält; die so construirten Zwekkbegriffe selbst aber stehen nicht wieder in Collision mit einander. Lezteres ist conditio der Realität des sittlichen Strebens, weil der Begriff jeder pflichtmäßigen Handlung die ganze Idee der Sittlichkeit in sich trägt.

Ethik.   Ee

Die im Begriff gelöste Collision wird allemal in jene drei
Gegensäze fallen, welche gelöst- sein müssen, ehe an eine Con=
struction der Pflicht gedacht werden kann. Denn außerhalb der=
selben ist nur Einheit der Beziehung möglich.

Es sind also beide Säze wahr, aber in einer anderen Be=
ziehung. Die aufgehobene Collision ist dasjenige, wodurch sich
ein neuer sittlicher Act ankündigt. Handlungen dagegen, welche
aus dem Eintreten in ein bestimmtes Verhältniß in irgend einer
sittlichen Sphäre nothwendig folgen, dergleichen alle diejenigen
sind, die man Zwangspflichten zu nennen pflegt, und noch an=
dere analoge, sind gar nicht Pflichten, weil sie nicht neue Hand=
lungen sondern nur Fortsezungen einer bereits im Gange seienden
sind, welche auf keine Weise ignorirt oder cessirt werden kann,
als eben so im allgemeinen wie sie gesezt war.

Ob die Lösung einer Collision die rechte ist oder nicht, und
also eine Handlung pflichtmäßig oder nicht, läßt sich auf keine
Weise äußerlich beurtheilen, sondern nur wenn man weiß, was
dabei im Gemüth des handelnden gesezt war. Eine Lösung kann
unrichtig, und doch die Pflicht subjectiv nicht verlezt sein, wenn
das Gefühl dabei war aus vollständigem sittlichem Bewußtsein
gehandelt zu haben. Nur der Mangel dieses Gefühls ist die
vollkommene Verlezung der Pflicht.

(z.) Wir fassen den ersten und den lezten Widerspruch zu=
sammen *) und sagen, Da die verschiedenen Regionen in der
Idee des höchsten Gutes Eines sind: so muß auch in einer That
die Richtung auf das ganze sein können, wenngleich sie nur in
Einem Gebiet producirt. Der Mangel eines Widerspruchs im
Selbstbewußtsein repräsentirt die Zustimmung der anderen Sphä=
ren, die sich natürlich gleiches Recht vorbehalten. Es folgt aber
hieraus, daß eben diese innere Zustimmung ein nothwendiger

*) Der lezte Gegensaz, der im § enthaltene, wird auch in (d.) nicht für
sich, sondern nur an den anderen dargestellt.

Bestandtheil der Pflichtmäßigkeit ist, und daß daher diese nie aus dem äußerlichen allein beurtheilt werden kann *).

(b.) Anmerkung. Die beiden lezten Gegensäze können bei der Beurtheilung einer Handlung erst berükksichtigt werden, wenn der von der Einheit und Totalität aller Richtungen in derselben aufgelöst ist. Auch ist in diesem allein ein materiales gesezt, wobei man bei Theilung des Pflichtgebietes ausgehen kann. Wenn man die Theilung des Pflichtgebietes aus der objectiven Darstellung mit herübernimmt: so wird die Pflichtenlehre völlig abhängig, und es kann nie bestimmt ausgemittelt werden, inwiefern durch allseitiges pflichtmäßiges Handeln das höchste Gut entsteht, wenn man es in seinen Grundzügen schon voraussezt.

§. 328. Die eigenthümliche Eintheilung des sittlichen Gebietes aus dem Standpunkte der einzelnen Handlung muß hervorgehen aus der Anschauung des Lebens als Mannigfaltigkeit von Actionen.

Randbemerk. Die handelnde Einheit ist die Person. (Gleichviel welche. Es giebt eben so Pflichten der Staaten, als der einzelnen.) Diese steht also natürlich in Verhältniß theils zu den mithandelnden; woraus Pflichten entstehen, welche nicht existirten ohne Mehrheit von Personen. Theils zu dem zu behandelnden Stoffe; woraus Pflichten entstehen, die es nicht gäbe ohne die Dinge.

(c.) §. 13. Die Persönlichkeit ist naturphilosophisch als ein verschiedenes gegeben. Volk ist eben so gut Person als der einzelne; und der einzelne ist zugleich Werk anderer einzelner.

Erläut. Daher Differenz in der Zurechnung, auf welche Person ein gegebenes Handeln zu beziehen ist; und in der Zumuthung, auf wen ein aufgegebenes zu beziehen ist.

§. 14. Daher entweder besonderes Pflichtgebiet für die einzelne und die zusammengesezte Person, oder jeder Pflichtbegriff so geordnet, daß er auf beide anwendbar ist.

---

*) Mit dieser Bemerkung gehen die Zettel (z.) zu Ende.

Erläut.. Das erste ist allgemeingültig zuerst nicht zu bewerkstelligen. Auch ist nicht einzusehen, wo der Grund einer verschiedenen Begriffsbestimmung liegen sollte, da beide auf dieselbe Art Person sind.

Ohne das andere, und ohne diese Anwendung wirklich zu machen, kann man unmöglich das ganze sittliche Gebiet nach Pflichtbegriffen ausmessen. Daher auch immer das größte als zufällig erscheint.

§. 15. Vorausgesezt wird also Außereinandersein handelnder Subjecte, und getheilte Richtung in den Handlungen.

Erläut. Das erste mehr auf Nebeneinandersein als Unterordnung zu beziehen; aber die gemischte Zurechnung überall in Rechnung zu nehmen.

Das lezte ist nothwendig, weil ein Zwekbegriff nothwendig in seinem Unterschied vom allgemeinen Wollen einiges ausschließt, indem sonst wol Handlungen getrennt wären, aber nur numerisch ohne begriffsmäßige Verschiedenheit.

§. 329. Hier ist also der Gegensaz zwischen Gemeinschaftbilden und Aneignen der erste.

Er muß aber lediglich auf das Sein der Vernunft in der Natur, also auf den ethischen Proceß bezogen werden.

(c.) §. 16. In Beziehung auf das Nebeneinandersein der Personen ist das pflichtmäßige Handeln ein Gemeinschaft stiftendes oder aneignendes.

Erläut. Nämlich ein Theilungsgrund kann hier nur stattfinden, inwiefern zwischen den Personen Identität und Differenz gesezt ist. Dies ist aber schon in der Naturvoraussezung sowol zwischen den einzelnen durch Volk, als zwischen den Völkern durch Race u. s. w. Die gleichen nun sind in natürlicher Gemeinschaft des Stoffes nur numerisch verschieden; die ungleichen sezen sich zum Stoff in Verhältnisse, welche andere nicht haben können, und ihr Handeln bezieht sich also ausschließend auf sie als Aneignung.

Allgemeingültig ist dieser Unterschied in einer Formel nicht zu firiren, weil Identität und Differenz relativ sind.

§. 330. Der zweite ist der relative Gegensaz in dem einzelnen Leben selbst zwischen dem allgemeinen und besonderen Factor, indem das Unterordnen jenes unter diesen das individuelle, und umgekehrt das universelle Handeln hervorbringt.

Anmerkung. Ganz zurükktretend, weil nur auf den Inhalt gehend, ist hier der Gegensaz zwischen Erkennen und Darstellen.

(d.) Das Hineintreten des Menschen ins sittliche Leben wird immer auch die weitere Anknüpfung bezeichnen können. Denn es giebt auf dem sittlichen Gebiete nichts was für sich abgesondert vom Handeln bestände; jedes Anknüpfen ist ein neues Erzeugen durch Handeln. So kommen wir wieder auf die in der Grundanschauung des Lebens sich offenbarenden Gegensäze Gemeinschaft und Aneignung, Universelles und Individuelles. Und die Sittlichkeit des einzelnen Handelns besteht allein, daß wo in Beziehung auf Eines der Glieder gehandelt wird, es in die Identität mit seinem entgegengesezten aufgenommen werde. So sind offenbar Gemeinschaft und Aneignung entgegengesezt. Hält man nun für eine Pflichtformel, Eigne dir an: so ist sie, unbeschränkt, die Maxime des Egoismus. Beschränkung aber hat sie nicht in sich, und das sittliche könnte also gerade nur durch die Collision hineinkommen, dadurch, daß die Maxime partiell aufgehoben wird durch eine andere eben so unsittliche. Eben so die Formel, Tritt in Gemeinschaft ist an sich und unbegrenzt die Maxime der absoluten Passivität, und ertödtet alle Selbstän= digkeit, hat aber auch die Beschränkung nicht in sich. Dagegen die Maximen vereinigt keinen Keim der Unsittlichkeit in sich selbst haben. Diese kann nur als Irrthum durch verfehlte Anwendung ins Handeln kommen. Die Pflichtdarstellung hat aber diese

Natur, daß die Anwendung der einzelnen Formeln nicht wieder unter eine Formel kann gebracht werden.

(c.) §. 17. In Bezug auf die getheilte Richtung ist auch das pflichtmäßige Handeln ein universelles und individuelles.

Erläut. Denn wenn ein handelnder seinem gleichartigen gleich ist in Bezug auf diese Richtung: so ist das Handeln kein besonderes Verhältniß ausdrükkend, also universell; und so auf der andern Seite.

Die verschiedenen Functionen der Vernunft kommen hiebei nicht besonders in Beziehung, sondern die Pflicht ist dieselbe für die eine wie für die andere.

Aus diesen beiden Gegensäzen (§. 329 und 330.) muß die ganze Theilung der Pflicht construirt werden.

§. 331. Da beide Gegensäze von einander unabhängig sind, und also jedes Handeln in ein Glied von beiden gehört: so entsteht hieraus ein vierfaches Handeln, also vier verschiedene Pflichtgebiete.

§. 332. Das universelle Gemeinschaftbilden ist das Gebiet der Rechtspflicht; das universelle Aneignen das der Berufspflicht; das individuelle Gemeinschäftbilden das Gebiet der Liebespflicht; das individuelle Aneignen das der Gewissenspflicht *).

Anmerkung. 1) Jedes Handeln in diesen Gebieten wird nur pflichtmäßig sein, insofern es die oben aufgestellten Gegensäze in sich vereinigt.

2) Jedes dieser Gebiete hat eine Provinz im Erkennen und eine im Darstellen, welche aber unter denselben Formeln stehen.

---

*) Vorlesg. Diese vier Gebiete constituiren die ganze Pflichtenlehre. Für jedes ist ein Complex von Formeln aufzustellen, welche einerseits die Lösung der getheilten Ansprüche oder Collisionen geben, andrerseits den Widerspruch schlichten zwischen Anfangen und Anknüpfen, und endlich das universelle und individuelle in einander darstellen.

A. Universelle Seite.

I.
Von der Rechtspflicht.

§. 333. Object derselben ist alles Handeln der
Vernunft unter der Form ihrer Identität auf die Na=
tur, anfangend von der persönlichen und durchgehend
auf die äußere. Wesen derselben das Hingeben dieses
Handelns an die Vernunft überhaupt.

(d.) Das Eintreten in Gemeinschaft mit dem Charakter der
Universalität ist Object der Rechtspflicht.

§. 334. Erste Formel. Tritt in jede Gemein=
schaft so, daß dein Eintreten zugleich ein Aneignen sei.

Vermöge dieser Formel ist also das andere Glied des be=
stimmenden Gegensazes auch in diesem Handeln. Hier aber ist
in dem anderen Gliede, im Aneignen, die Indifferenz des uni=
versellen und individuellen Charakters gesezt.

Auf die bildende Provinz angewendet liegt also hierin das
Sezen eines allgemeinen Zustandes der Vertragsmäßigkeit als
identisch mit dem Sezen des Besizes, oder dem Erwerben der
Rechte in der Gemeinschaft überhaupt.

Da der Gegensaz zwischen Ingemeinschafttreten und Aneig=
nen auch nur ein relativer ist, indem das Ingemeinschafttreten
schon in der Identität des Schematismus der Organe mit an=
deren, und das Aneignen schon in der Thätigkeit für andere liegt,
wiefern nämlich diese nicht sein kann ohne ein Resultat in den
Organen zu bilden: so liegt hierin die ganze Reihe der Abstu=
fungen vom Uebergewicht der einen Ansicht über die andere.
Nämlich die Person als Maximum der Gemeinschaft und Mini=
mum des Besizes in der Familie, und als Minimum der Ge=
meinschaft und Maximum des Besizes im äußeren Verkehr. Die
Dinge umgekehrt als Minimum des Besizes und Maximum der

Gemeinschaft im äußeren Verkehr, und als Minimum der Ge=
meinschaft und Maximum des Besizes in der Familie.

Auf die erkennende Provinz angewendet liegt darin das Ein=
richten des Erkennens in ein allgemein geltendes System als
identisch mit dem Festhalten im eignen Bewußtsein. Also Pro=
duciren des Erkennens ohne ein Haben desselben im Gedächtniß
zum Gebrauch fertig ist pflichtwidrig.

(d.) Hier gilt also: 1) Tritt in Gemeinschaft so, daß du
dir zugleich eine besondere Sphäre aneignest. Wir betrachten
dies in der größten Sphäre, nämlich dem Staat. Die besondere
Sphäre eines jeden im Staate ist die des Eigenthums und der
Rechte. Also, Begieb dich in den Staat, so daß du Rechte darin
erlangst. a) Ein anderes Eingehen wäre gar keines, weil ohne
Rechte der einzelne gar nicht als solcher handeln könnte; es wäre
nur ein Untergehen im Staate. (Daher kann die sittliche Mög=
lichkeit der Sclaverei nur durch Bezug auf die Familie ver=
mittelt werden.) Dies ist also keine willkührliche Synthesis.
b) Man kann aber nicht auch sagen, Begieb dich in den Staat,
wo du dir die größte eigne Sphäre bereiten kannst. Denn es
liegt kein unbedingter sittlicher Werth in der Extension, weil das
Handeln in der eignen Sphäre intensiv unendlich ist. c) Ueber=
haupt giebt es auch von dieser Seite keine Willkühr; sondern die
erste Thätigkeit ist ihrer Natur nach ein Anknüpfen. Denn der
Mensch findet sich in der Familie, aus der schon ein Antheil an
einer eignen Sphäre in ihn übergeht, und so wie sich seine Or=
ganisation entwikkelt, muß sich durch ein gemeinschaftliches Han=
deln zwischen ihm und dem Staate eine eigne Sphäre für ihn
neu bilden. Auch dies ist ein Anknüpfen, weil sie schon in der
natürlichen Prädetermination der Organe gegeben ist. Ja diese
Sphäre muß nothwendig ganz adäquat ausfallen (unter Vor=
aussezung der sittlichen Gesinnung). Denn je weniger etwa der
Staat Kenntniß hätte von seinen einzelnen, um desto mehr würde

auch bei der Bestimmung die innere Aufforderung von selbst
mehr Einfluß haben als die äußere.

Jedes Handeln im Staat muß aber auch ein Erkennen des=
selben werden. Die Idee des Staates selbst muß durch jedes
Handeln klarer hervortreten; sonst würde im Darstellen die er=
kennende Function vernachlässigt.

> Anmerkung. Hieraus löset sich auch zum Theil der scheinbare Wi=
> derspruch zwischen dem Gehorsam im Staat und dem Verbessern
> des Staates. Dieses nämlich geht erst hervor als ein unwillkührli=
> ches aus dem Darstellen oder Mittheilen der besseren Erkenntniß vom
> Staat. Ein organisches System, um dieses Erkennen aufzunehmen
> und darzustellen, muß der Staat seiner Natur nach haben. Die
> Besserung des Staates entsteht gerade so wie die Besserung des
> einzelnen.

(c.) §. 1. Der Saz, Tritt in gleiche Gemeinschaft, d. h.
in Gemeinschaft mit denen, in welchen ein selbiges Handeln auf
die Natur gesezt ist wie in dir, ist eine bestimmte sittliche Wol=
lung, welche aus der absoluten heraustritt vermittelst des Be=
wußtseins der Persönlichkeit, d. h. der Spaltung der Vernunft
in eine Mehrheit identischer Subjecte.

Erläut. Ohne diese könnte sie nicht statt finden. Unter
dieser Bedingung ist sie nothwendig, weil sie nichts anderes ist
als Anerkennung dieser Identität, ohne welche die absolute sitt=
liche Wollung keine Realität erlangen könnte.

Sie ist also nur eine bestimmte Art und Weise diese zu
werden.

§. 2. Die in diesem Saz ausgedrükte Wollung sezt auch
das gegenüberstehende Factum, nämlich die Aneignung, voraus.

Erläut. Denn das Subject kann nur als ein real ge=
wordenes in die Gemeinschaft treten, und das ist nur durch An=
eignung möglich.

Eben so aber sezt, wie sich unten zeigen wird, die Aneig=
nung auch die Gemeinschaft voraus. Also sind beide durch ein=
ander bedingt, d. h. sie gehen gleichmäßig vermöge desselben, also

vermöge des Charakters der Identität, aus der absoluten Wol=
lung hervor.

§. 3. Sofern aber die Aneignung vorausgesezt wird, muß
sie auch im Gemeinschaft stiftenden Handeln involvirt sein.

Erläut. Weil nämlich jedes Gemeinschaft erhaltende Han=
deln sich an das stiftende anschließt. Also die im spätern vor=
ausgesezte Aneignung in einem früheren muß begründet gewesen
sein bis zurükk auf das Minimum des bestimmten sittlichen
Wollens.

§. 4. Also bestimmt sich der Saz näher, Tritt in die
gleiche Gemeinschaft so, daß du dadurch zugleich in derselben
aneignest.

Erläut. Dies ist der Unterschied zwischen dem, der in ei=
ner Gemeinschaft wirklich ist, und dem, der nur räumlich und
zeitlich von ihr eingeschlossen ist. Z. B. der Sclave ist nicht in
der politischen Gemeinschaft, sondern nur von ihr eingeschlossen.
Er wäre aber absolut unsittlich, wenn er durch sein freies Han=
deln in diesen Zustand gekommen wäre, und den Schein der Ge=
meinschaft producirt hätte ohne ihr Wesen.

Hierin ist also auch absteigend begründet die Pflichtmäßigkeit
einer Fortschreitung von politischer Ungleichheit zur Gleichheit
nach Maaßgabe der Entwikkelung des sittlichen Bewußtseins.

§. 5. Der Saz verhält sich ganz indifferent gegen die ver=
schiedene Größe der Subjecte, und die Wollung ist also für das
Minimum und das Maximum dieselbe.

Erläut. Als Minimum sezen wir den einzelnen, als Ma=
ximum das Volk. Die Gemeinschaft der Völker kann kein äu=
ßerlich bestimmter Rechtszustand sein, weil sie nicht unter eine
Einheit subsumirt sind, die selbst äußerlich Person ist. Die sitt=
liche Verpflichtung aber ist dieselbe, und keine Differenz der Voll=
kommenheit.

Ein anderer Unterschied ist, daß man sich ein Volk denken
kann, dem noch keine Wahrnehmung eines anderen gekommen

ist. Dann übt es Inhospitalität gegen fremde aus, deren Ma=
ximum die Menschenfresserei ist.

§. 6. Die freiwillige Isolirung ist also auch bei Völkern
eine sittliche Verringerung, und der Streit als die positive
Nichtanerkennung kann nur sittlich sein, wenn er Strafvollzie=
hung *) ist.

Erläut. Die Gemeinschaft ist größer oder geringer nach
der Verwandtschaft, weil identisches und differentes nicht streng
geschieden ist. Darum findet ein Minimum von Gemeinschaft
statt und ein Maximum, aber keine gänzliche Vereinigung. (Auch
die Religion kann diese nicht gebieten.)

Der angreifende Krieg kann immer nur davon ausgehen,
daß man ein Volk nicht anerkennen will als Volk. (La grande
nation.) Gerecht kann er nur sein, inwiefern das bekriegte Volk
der Gemeinschaft wirklich unwürdig ist. (Missionskriege.)

§. 7. Ein Volk kann aber nur in Gemeinschaft treten, in=
wiefern zugleich Aneignung statt findet.

Erläut. 1) Ein Volk, welches als solches wenig oder
nichts aneignet (Nomaden), hat auch wenig Aufforderung zur
Gemeinschaft.

2) Ein Volk kann in keine Gemeinschaft treten, wenn sein
Handeln nicht anerkannt wird.

§. 8. Der Saz verhält sich indifferent zu beiden Functio=
nen der Vernunft, und ist also auf beide gleich anwendbar, und
zwar sowol für die Einzelwesen als die Völker.

Erläut. Auch hier kein so bestimmter äußerlicher Zu=
stand, weil nämlich, indem die Function innerlich ist, ein eigent=
licher Zwang nicht angewendet werden kann; auch weil keine
genaue Beurtheilung der Absicht statt findet. Aber die sittliche
Verpflichtung ist dieselbe.

---

*) Siehe §. 322. Note.

§. 9. Freiwillige Isolirung des Erkennens ist sittliche Verringerung.

Erläut. Verschlossenheit der Gedanken ist pflichtwidrig. Aber nur nach Maaßgabe der Ueberzeugung, daß das gedachte ein wirkliches Wissen ist.

Sprachgemeinschaft unter Völkern ist pflichtmäßig mit der Berührung zugleich.

Randbemerk. Die mangelnde Erkenntnißgemeinschaft der Völker wird nicht eher unsittlich, bis die äußere Aufforderung, die natürlich nicht von Anfang an da ist, und der innere Trieb wächst.

§. 10. Es giebt aber nur Gemeinschaft des Erkennens zugleich mit Aneignung.

Erläut. Die Gemeinschaft ist in der Sprache. Aber jeder ist nur in derselben, sofern er producirt. Sonst ist er nur von der Gemeinschaft eingeschlossen, ein Medium der Verbreitung ein Organ für andere, wie der Sclave.

Die negative Seite der Gemeinschaft ist Besiegung der Hindernisse, Sprachverbesserung; schlecht, wenn sie keine lebendige Production ist, aber an der wahren soll jeder arbeiten.

Gemeinschaft des Erkennens unter Völkern zieht ohne lebendigen Besiz eines eigenen allemal Vernichtung nach sich. — Oft entgegengeseztes Verhältniß der Herrschaft in bildender und erkennender Function.

§. 11. In der bildenden Function ist alle Form wesentlich Tausch. (In der erkennenden überwiegend Gemeinbesiz.) *)

Erläut. Nur so ist in jeder einzelnen Handlung das Ingemeinschafttreten zugleich Aneignung. Jedes Geschäft muß beiderseitiger Vortheil sein. Do ut nec des nec facias ist auch für die Gemeinschaft nichts.

Die negative Seite der bildenden Gemeinschaft, die Ueber-

*) Das eingeklammerte steht am Rande.

winbung der blinden Naturgewalt, ist als gemeinsame Thätigkeit von selbst Aneignung; aber auch als Entschädigung, weil man die Sicherheit gewinnt.

§. 12. Lieber nicht erwerben wollen, um nicht in Gemeinschaft treten zu dürfen, ist die Maxime der sittlichen Nichtigkeit.

Erläut. Die Grenze der Aneignung von der Gemeinschaft aus ist die ganz entgegengesezte, Nicht mehr erwerben wollen, als womit man in Gemeinschaft treten kann. Dies ist die Begrenzung der Ungleichheit, und es entwikkeln sich daraus die verschiedenen Abstufungen des Besizes. Man muß, wo die Ungleichheit groß ist, Besiz abgeben auf untergeordnete Weise, damit die Gemeinschaft lebendiger werde. Complement zu §. 4.

Randbemerk. Leere Habsucht, die keinen sittlichen Grund hat, auch nichts auf dem Erkenntnißgebiet.

§. 335. **Zweite Formel.** Tritt in Gemeinschaft mit Vorbehalt deiner ganzen Individualität.

Vermöge dieser Formel ist also auch der andere Gegensaz in diesem Handeln. Hier aber ist in der Individualität die Indifferenz des Ingemeinschafttretens und Aneignens gesezt.

Da der Gegensaz zwischen universell und individuell nur ein relativer, und in der Realität nie beides völlig getrennt ist: so sind hierin alle concentrischen Kreise gesezt, deren jeder engere die im weiteren vorbehaltene Individualität enthält, welche aber selbst wieder zur Gemeinschaft wird, und so fort bis zur engsten.

Dieses findet statt sowol in der Provinz des Bildens, als in der des Erkennens, wo es von der Sprache im weitesten Sinne anfängt, und von der weitesten Gemeinschaft des Gefühls, bis zur philosophischen Schule und bis zur vertrautesten Freundschaft, insofern man in dieser noch etwas universelles sezen kann.

Wer in eine universelle Gemeinschaft nicht mit seiner ganzen Individualität hineintritt, tritt eigentlich nicht selbst hinein; und es giebt also nur ein Hineintreten und Darinsein mit Liebe.

Jedes von dieser Seite todte ist ein.pflichtwidriges. Die Gemein=
schaft kann nur sein eine Art und Weise zu sein der Individualität.

Randbemerk. Die Individualität einer Gemeinschaft kommt
ihr erst in der Berührung mit anderen zum Bewußtsein. Die
persönliche Eigenthümlichkeit entwikkelt sich lange nach dem
Ich und in ungleichem Maaßstabe. So lange sie sich wenig
entwikkelt dauern Zustände, in denen der einzelne fast über=
all durch die Sitte fast mechanisch bestimmt ist, mit gutem
Gewissen fort, und werden pflichtmäßig wiedererzeugt. — Reform
unterscheidet sich von Revolution nur durch Pflichtmäßigkeit
und Pflichtwidrigkeit der Uebergänge. Aber auch in der Re=
form kann lange Zeit das Gemeingefühl, auch gewissenhaft,
gegen das gute Gewissen des einzelnen entscheiden. Beispiel
von Mesalliance u. s. w. — Es werden auch Individualitä=
ten pflichtmäßig aufgegeben, z. B. Idiome, wenn sich eine
gemeinsame Sprache schon entwikkelt hat, aber nur wenn
sie Beschränkungen sind, welche die weitere Entwikkelung hem=
men. Daher ist in diesem Falle der Versuch die Idiome lite=
rarisch zu machen ein wesentliches Complement. Auch in den
Uebergängen des Aufgebens giebt es entgegengesezte Hand=
lungsweisen mit gutem Gewissen.

(d.) 2) Begieb dich in den Staat mit deiner ganzen In=
dividualität, und behalte sie dir vor. a) Ohne dieses wäre die
Vernunft des einzelnen ganz in die des Staates hineingefallen,
und die Person wäre nur ein Organ des Staates. b) Es giebt
aber auch hier kein willkührliches Aussuchen, welcher Staat der
Individualität eines jeden am meisten convenirt. Sondern es ist
auch hier ein Anknüpfen, indem in einem jeden mit der Präde=
termination zur eignen Individualität auch die zu einer nationel=
len gegeben ist. Dies ist nicht eine Beschränkung der Freiheit,
sondern eine Anticipation, welche die Freiheit adoptiren muß.
Denn ohne eine solche gegebene Harmonie müßte die Entschei=
dung auf einer besonnenen Wahl einer Einsicht des besten beru=

hen, welche herbeizuschaffen unendlich wäre. c) Aber freilich fin=
den im Verhältniß der persönlichen Individualität zur nationellen
unendlich viele Differenzen statt. Je stärker die nationelle her=
vortritt, wie bei den alten, desto bestimmter ist die Verbindung,
und das Sein im natürlichen Staate die Bedingung alles sittli=
chen Wohlseins. Je stärker die individuelle hervortritt, wie bei
den gebildeten unter den neueren, desto leichter wird das Ver=
hältniß zum Staat der von einer anderen Sphäre ausgehenden
Forderung untergeordnet. Allemal aber muß die Bestimmung
zum Expatriiren, wenn nicht ein feindseliges Verhältniß eingetre=
ten ist, von der positiven Forderung einer anderen Sphäre aus=
gehen, nicht von der bloßen Willkühr in Beziehung auf das An=
schließen an Gemeinschaft selbst.

(c.) §. 13. Die in unserem Saz ausgedrükkte Wollung
sezt auch die gegenüberstehende Seite der Individualität voraus.

Erläut. Weil nämlich wesentlich zur menschlichen Natur
gehört, daß die einzelnen Subjecte nicht bloß Exemplare sind, son=
dern auch Individuen: so kann ein bestimmtes universelles Wol=
len, wodurch sich ein einzelner mit anderen identificirt, aus dem
absoluten nur hervorgehen, indem das gegenüberstehende, wodurch
er sich als ein eigenthümlicher von ihnen unterscheidet, auch mit
darin gesezt wird als Bedingung oder Grenze.

Die universelle Gemeinschaft beruht auf dem negativen Mo=
ment der Persönlichkeit, daß nämlich jedes handelnde Subject
nicht die ganze Vernunft ist; aber mit diesem muß immer zugleich
das positive sein, daß jedes ein anderes ist, und also ein ganzes.

§. 14. Er bestimmt sich also näher so, Tritt in universelle
Gemeinschaft mit Vorbehalt deiner ganzen Individualität.

Randbemerk. Die universelle Gemeinschaft ist nie vollkom=
men bestimmt. Das Mitsezen des individuellen ergänzt diese
Unbestimmtheit.

Erläut. Nur die universelle Gemeinschaft ist die rechte,
welche keine Aufopferung der Eigenthümlichkeit verlangt. Dies ist

in Bezug auf den Staat der wahre sittliche Begriff der persön=
lichen Freiheit. Aufopferung des Besizes und Thätigkeit der
identischen Vermögen kann die universelle Gemeinschaft ins un=
endliche fordern, weil, wenn sie recht ist, eben so viel Aneignung
daraus hervorgeht. Aber individuelles kann sie nicht gewähren,
und darf sie also auch nicht fordern.

Die Lösung im allgemeinen liegt darin, daß entweder das
individuelle im und am universellen sein kann, oder daß beides
einander nicht berührt.

§. 15. Diese Bestimmung ist indifferent gegen beide For=
men und gegen beide Functionen.

Erläut. Wenn man sie auch auf die analoge Form zu=
nächst bezieht: so ist doch die andere mit dieser in Wechselverbin=
dung. — Sie ist aber eine Bestimmung sowol der bildenden
Gemeinschaft als der erkennenden universellen Gemeinschaft, also
geht sie auch auf beide Functionen in beiden Formen des indi=
viduellen.

§. 16. Also, Tritt in universelle Gemeinschaft, ohne daß
individuelle ausgeschlossen werde.

Erläut. Da universell und individuell nicht streng ge=
trennt sind: so können die individuellen Gemeinschaften unter den
universellen enthalten sein. Die universellen sind dann der rela=
tiv leere, d. h. nicht völlig erfüllte Raum, worin die individuel=
len sich äußern und ihn dadurch ganz erfüllen, sowol wenn die
individuellen ganz, als wenn sie nur zum Theil in eine be=
stimmte universelle fallen. Beispiel: Verhältniß einzelner Reli=
gionsgenossen im Kriege ihrer Völker. — Fallen sie aber ganz
außer einander: so kann auch kein Streit statt finden außer der
Zeit nach, der nicht gerechnet wird.

Daher kann eine völlige Selbständigkeit individueller Ge=
meinschaften neben den universellen bestehen, und wenn diese jene
beschränken wollen — Kirche Familie Freundschaft: — sind sie
despotisch. — Gastfreundschaft und Kirche wollen oft beschränkt

werden aus politischen Besorgnissen; aber nur in unsittlichem Zustande des bürgerlichen Vereins gegründet.

§. 17. Tritt in universelle Gemeinschaft, ohne daß individuelle Aneignung ausgeschlossen wird.

Erläut. Je individueller mit desto mehrerem tritt einer in die Gemeinschaft hinein, was die Person betrifft, wenn sie nämlich unter der Identität zu befassen, und nichts entgegenstrebendes ist, welches aber gegen die Natur läuft.

Was das äußerlich angebildete betrifft: so könnte scheinen durch das aus dem Tausch ausgetretene Eigenthum das Recht der universellen Gemeinschaft verkürzt zu werden. Allein theils ist z. B. das Geld immer dem Eigenthum gleich und muß erst als Aequivalent dafür gegeben sein, theils ist individuelles Vermögen in jedem Subject nur in bestimmtem Verhältnisse.

Ein Staat, welcher individuelle Ausbildung der Person und individuelle Aneignung der Dinge hindern will, ist despotisch, wie Sparta, gesezt auch er wäre ganz republicanisch.

Eine Sprache ist in dem Maaße unvollkommen, als sie keine individuelle Behandlung zuläßt.

§. 18. Handle daher in jeder universellen Gemeinschaft so, daß sie diesen Regeln immer näher kommt.

Erläut. Nämlich da jede nur wird: so wäre es unsittlich nicht hineinzutreten, weil keine vollkommen so ist.

Die bessernde Wirkung ist theils Einwirkung auf das Gesez durch Aufstellung des richtigen und praktischen nach Maaßgabe der Verfassung, theils Erklärung des Gesezes auf die beste Weise in der Ausübung. Das absolute bürgerliche Wollen muß von der richtigsten Idee der gegebenen Gemeinschaft ausgehen, nicht von ihrem jedesmaligen Zustande.

Randbemerk. Kein Handeln kann vollkommener Ausdruck sein wegen der unvollkommenen Basis.

§. 19. Durch diese beiden Bestimmungen ist der Umfang der universellen Gemeinschaft bestimmt, nämlich vom Minimum

Ethik.   Ff

der Spannung bis zum Maximum sowol zwischen Gemeinschaft
und Aneignung als zwischen universellem und individuellem.

Erläut. Minimum ist Horde, worin kein rechtliches Ei=
genthum anerkannt wird. Maximum ist allseitig bestimmter
Rechtszustand im Staat. Kosmopolitismus, der wieder darüber
hinausgehen will, ist nothwendig abnehmende Gemeinschaft und
abnehmende Aneignung. Der rechte Staat macht sich nicht ent=
behrlich, sondern stellt sich als Maximum hin.

Minimum der andern Art ist rohes Zusammenleben nach
gleichartigem Instinct. Maximum ist Staat mit Bewußtsein
seiner Individualität und persönlicher Freiheit. Abnehmend ist
Staat als bloßes Fundament des äußeren Verkehrs.

In der Sprache Zeichen oder Wurzelsprache, Kunstsprache,
Manier, in welcher alle Individualität incorrect ist.

§. 336. Dritte Formel. Tritt so in die Gemein=
schaft, daß du dich schon darin findest, und finde dich
so darin, daß du hineintrittst.

Diese Formel bezieht sich auf die Identität des Anfangens
und Anknüpfens.

Also das Eintreten des Menschen in den Staat und in die
Sprache darf kein willkührliches sein. Er kann nur in die hin=
eintreten, in welchen er sich schon von Natur findet. Jede Aus=
nahme von dieser Regel, welche immer nur in einem unsittli=
chen Zustande gegründet sein kann, muß doch, wenn sie als
Handlung des einzelnen sittlich sein soll, in dieselbe wieder hin=
ein sich fügen. Er muß sich schon außer der natürlichen Ver=
bindung gefunden haben, und in eine fremde auch nur treten,
inwiefern er sich darin findet d. h. hineingeworfen wird.

Eben so nach dem zweiten Saz der Formel. Das Sichda=
rinfinden ist nur ein sittliches, sofern es ein Hineintreten ist.
Nur durch bestätigende Erwählung, die eben darin besteht, daß
man die Gemeinschaft als angewachsenen Spielraum für die In=

dividualität und als rechteste Form des Aneignens anerkennt, es
sei nun mit höherem oder geringerem Grade des Bewußtseins.

Ehe nicht beide Säze zusammentreffen, ist das Sein in ei=
ner Gemeinschaft noch gar kein sittliches Handeln, sondern nur
Naturproceß.

Die Frage, ob z. B. der Mensch, wenn er sich nicht im
Staat fände, hineintreten müßte, ist also unsinnig, da ja sein
Sichbarinfinden selbst nur dadurch sittlich wird, daß er frei hin=
eintritt, und auf der andern Seite er in keinen treten kann, wenn
er sich nicht darin findet.

Wenn nach der Formel §. 335. das Ingemeinschafttreten
ein fließendes sein könnte: so wird es nun durch diese an die
Naturpunkte gebunden. Menschheit, Race, Volk, Stamm u. s. w.

(d.) Jedes Handeln muß sowol ein Anknüpfen sein, als
ein ursprüngliches Handeln. Also das Hineintreten ist nicht nur
ursprüngliches Handeln, sondern auch Anknüpfen. Hievon siehe
oben (§. 335. (d.) 2. b.). Aber auch das Weiterhandeln im
Staat (dasjenige nämlich, welches eine neue Einheit des Han=
delns constituirt) muß nicht nur ein Anknüpfen sein, sondern
auch ein ursprüngliches Handeln. Nämlich es muß ein Handeln
sein auf etwas noch nicht unter die Form des Staates aufge=
nommenes, ein Erweitern desselben nach außen oder innen, Er=
nährung; und dies gilt von jeder Handlung, die nicht bloße
Fortsezung ist.

(c.) §. 20. Tritt in jede universelle Gemeinschaft so, daß
du dich schon darin findest.

Erläut. Die Naturseite der Gemeinschaft muß schon vor=
her bestehen, ja sie muß schon ein sittliches sein, nur nicht in
dem handelnden Subject. Das Hineintreten ist nicht ein bloßes
Anerkennen, sondern es ist das lebendige Bewußtsein, daß diese
universelle Gemeinschaft die rechte Form ist auch für alle seine
individuellen Actionen.

Auch Ausnahmen können nur sittlich sein, inwiefern sie sich
unter diese Regel fügen. Ein auswandernder muß 1) aus sei=
nem natürlichen Staate herausgeworfen worden sein, 2) in dem
Staate, in welchen er tritt, schon einen Anknüpfungspunkt haben.

Dasselbe von Sprachen. Wir haben noch Nebenmutterspra=
chen, aber nur in bestimmtem Gebiete. Eine todte Sprache
weiter übertragen wollen ist abenteuerlich. Eben so brauchen
wir fremde lebende Sprachen zum Verkehr. Eine ins ganze Le=
ben herübernehmen wäre nur Recht, wenn man zugleich aus=
wanderte.

§. 21. Finde dich so in jeder Gemeinschaft, daß du hin=
eintrittst.

Erläut. Finden heißt fortsezend handeln. Dies jedes=
mal als hineintretend. Mit der ganzen Kraft und (§. 18.) mit
dem Bewußtsein der wahren Idee des Staates.

Eben so muß auch alles Handeln mit der Sprache wahr=
haft sprachbildend sein.

§. 337. Vierte Formel. Handle in jeder Ge=
meinschaft so, daß innere Anregung und äußere Auf=
forderung zusammentreffen.

Diese Formel ist die der Identität von objectiver Nothwen=
digkeit und innerer Selbstbestimmung als Erfindung, und geht
mehr auf die Art und Weise der Gemeinschaft.

Da hier von dem einzelnen Handeln die Rede sein muß,
inwiefern es unter einem früheren allgemeinen nicht schon begrif=
fen sein kann, weil sonst keine besondere innere Anregung nöthig
ist, der Gegensaz zwischen diesen beiden Arten des Handelns aber
auch nur relativ ist. — denn ist, z. B. mein Eintreten in den
Staat ein vollständiges Aufnehmen desselben in mein Bewußt=
sein gewesen: so ist in dieser That jede folgende sich auf den
Staat beziehende Handlung schon von Seiten ihrer innern An=
regung gesezt —: so zeigt sich hier eine Reihe verschiedener Lö=

fungen, in denen bald die Anregung das Maximum und die Auf=
forderung das Minimum ist, bald auch umgekehrt Aufforderung
das Maximum und Anregung das Minimum. Im Grunde aber
ist doch beides überall im Gleichgewicht, nur daß dieselbe Auf=
forderung für den einen so groß nicht ist als für den andern.

Das von der objectiven Nothwendigkeit getrennte wäre das
abenteuerliche. Es wäre immer leer, und könnte nie den sittli=
chen Zustand der Gemeinschaft fördern, sondern geht in leere An=
strengung aus.

Das von der inneren Selbstbestimmung getrennte wäre das
mechanische, und könnte nie die Sittlichkeit des handelnden do=
cumentiren.

(d.) Das Zustandebringen des Zusammentreffens der inne=
ren und äußeren Aufforderung ist eigentlich das, was im sittli=
chen Sinne Berathschlagung oder Ueberlegung heißt, wenn es
eine Zeit ausfüllt im Werden; Ueberzeugung aber, inwiefern es
als vollendet angesehen wird. Die Ueberlegung und der damit
verbundene Zustand der Unentschlossenheit ist allemal etwas sitt=
lich unvollkommenes. Denn das lebendige Bewußtsein der gan=
zen sittlichen Sphäre muß ein permanentes sein, ein beständiges
Erzeugen sittlicher Entwürfe, also das innere Moment immer
da. Aber die lebendige Sittlichkeit wirkt auch erregend auf die
Gemeinschaft, und schlägt also die äußere Veranlassung leicht
heraus *).

(c.) §. 22. In allem Handeln in universeller Gemeinschaft
muß innere Anregung und äußere Aufforderung zusammentreffen.

Erläut. Das Wollen der Gemeinschaft als absolutes an=
gesehen wird sich auch in wechselnden Stimmungen bewegen,
und in jedem einzelnen wird auch eine als herrschende Neigung
hervortreten. Das Handeln ist nothwendig unvollkommen, wenn
dies nicht mit der äußeren Aufforderung zusammentrifft; z. B.

---

*) Hiermit endet (d.).

wenn man produciren will, wo man vertheidigen soll, oder wenn man Thätigkeiten in die Gemeinschaft hineintragen soll, und will lieber Dinge oder Geld hineingeben. Hier hängt also die ganze Sittlichkeit von der Harmonie ab. Es ist unmöglich, wenn 1) die Unterthanen nicht gute Bürger sind, wenn 2) die Gebote der Obrigkeit nicht der wahre Ausdruck des allgemeinen Bedürfnisses sind. Es ist nur ein schlechtes Ersazmittel hiefür, wenn man 1) der Obrigkeit ein Privatinteresse giebt, welches nun mit dem allgemeinen zusammentreffen soll, 2) alle möglichen Leistungen in speciellen Beruf verwandelt, damit immer dafür gesorgt ist, daß welche da sind, die jede übernehmen. Denn wie will man sicher sein, daß diejenigen, die dann immer das Geld geben sollen, nicht auch etwas anderes geben wollen?

Dasselbe gilt auch von aller Verbesserung *) der Gemeinschaft, wo freilich Anregung und Aufforderung noch genauer von selbst zusammentreffen sollten.

Da dasselbe auch für die Gemeinschaft der Völker gilt: so sieht man, wie verkehrt es ist, daß die Verbindungen dieser von gar keiner Neigung sollen geleitet sein. Auch hat die Existenz aller lebendigen Völker dies immer wiederlegt.

In der erkennenden Function wird auch jede Mittheilung ein unvollkommenes sittliches Handeln sein, Tendenz ohne Erfolg bleiben, wenn nur innere Anregung da ist ohne Aufforderung. Ganz leer, wenn nicht Keime zu künftigen Aufforderungen dadurch gelegt werden. Eben so, wenn Aufforderung da ist, ihr aber ohne Anregung soll genügt werden. Daher die höchste Lebendigkeit und die höchste Harmonie hier überhaupt nothwendig ist.

§. 23. Alles Gemeinschaftshandeln, welches calculirt ist, muß als aus freiem Triebe erzeugt erscheinen.

*) Siehe §. 322 Note.

Randbemerk. Der Gegenſaz iſt nicht der zwiſchen univer
ſell und individuell.

Erläut. Wenn auch der Zwekbegriff aus dem beſtimm
ten Bedürfniß des ganzen entſprungen das primitive iſt, mü
doch eben dadurch die freie erzeugende Fantaſie angeregt werde
und in der Ausführung immer zunehmen; ſonſt wird Mechani
mus überhand nehmen.

Auch auf dem Gebiet der Erkenntniß iſt alles todt, was au
dem bloßen Calculus geboren wird.

§. 24. Alles, was aus freiem Triebe erzeugt iſt, muß ſi
in den Calculus auflöſen laſſen.

Erläut. Sonſt iſt es ein dem ganzen nicht zuſagende
Dienſt, und eines muß dem andern nothwendig widerſprechen
Ein frei entſtandenes Wollen darf nicht eher in wirkliche Aus
führung kommen, bis auch ſein nothwendiger Ort in der geſchicht
lichen Entwikkelung des ganzen gefunden iſt.

Auf dem Gebiet der Erkenntniß iſt alles wild, was nich
auf ein allgemeines Syſtem bezogen iſt.

§. 25. Die ſittliche Vollkommenheit jeder univerſellen Ge
meinſchaf, d. h. die Möglichkeit, daß jeder darin unter alle
Umſtänden vollkommen ſittlich handeln kann, beſteht alſo darin
daß in Allen Eine und dieſelbe rechnende Vernunft zum Grund
liegt, und daß die Bewegungen des Triebes in Allen zuſamme
Ein ganzes bilden.

Erläut. Denn zufolge des lezten wird keine nothwendig
Bewegung fehlen, und zufolge des erſten wird keine wirkli
entſtehende Bewegung nichtig ſein.

II.
Von der Berufspflicht.

§. 338. Object der Berufspflicht iſt alles Han
deln der Vernunft auf die Natur, inwiefern es ei

Bilden derselben für die Persönlichkeit und in der Persönlichkeit ist mit dem Charakter der Identität; also sowol das Bilden des Erkenntnißvermögens, als alles eigentlich bildende Vermögen und das Anbilden der äußeren Natur selbst.

(c.) Randbemerk. Gesammtheit des universellen Aneignungsprocesses ist Beruf.

§. 339. Erste Formel. Eigne überall so an, daß
dein Aneignen zugleich ein Ingemeinschafttreten sei.

Im Ingemeinschafttreten ist hier die Indifferenz des identischen und eigenthümlichen Charakters gesezt.

Auf die bildenden Vermögen angewendet heißt also dies,
Indem du besizest, räumest du anderen Ansprüche ein, und zwar
Ansprüche allgemeiner und Ansprüche individueller Art.

Da die Person (§. 334.) das Minimum der Gemeinschaft
ist im äußeren Verkehr: so folgt, daß auch in den Dingen ein
Minimum der Gemeinschaft statt finde, wenn alles Bilden in
der Analogie mit der Person bleibt, d. h. alles in sich vollständig und Eins; welches der Zustand ist, wo keine Theilung der
Geschäfte statt hat.

Das universelle Aneignen muß also in Bezug auf die Person geschehen nach dem Princip der Einheit; in Bezug auf die
Dinge nach dem Princip der Differenz, welche aus den Talenten und der Lage entsteht.

Auf die erkennende Provinz angewendet liegt darin 1) die
Identität des Denkens und Redens, denn die Gemeinschaft ist
in der Rede; 2) auch, da alles angeeignet wird unter dem
Schema des besonderen, die Gemeinschaft aber ist vermittelst des
allgemeinen, die Identität des allgemeinen und besonderen.

(c.) §. 1. Der allgemeine Saz, Eigne an, als Pflichtformel sezt voraus, daß auch die primitivsten Aeußerungen dieser
Thätigkeit schon sittlich sind.

Erläut. Die ersten Acte dieser Thätigkeit laſſen ſich auf den thieriſchen Selbſterhaltungstrieb zurükkführen. Wenn man dies annimmt: ſo gilt es auch von allen folgenden. Denn alles läßt ſich auf Bedürfniſſe zurükkführen, die ſpäter gegeben werden, wie jene urſprünglich gegeben ſind. Dies daher der Punkt, auf welchen ſich die ganze Zurükkweiſung alles ſittlichen auf das eigennüzige ſtüzt, indem hernach alles andere nur das individuelle als Zugabe, das gemeinſchaftliche als Mittel zur Aneignung darſtellt.

Alſo muß man vorausſezen, daß auch das erſte ſchon als menſchlich nicht aus der bloßen Natur zu begreifen iſt, ſondern als Vernunftthätigkeit, wenn auch nur Vernunftthätigkeit anderer.

§. 2. In der näheren Beſtimmung unter dem Gegenſaz von univerſell und individuell geht er aus dem allgemeinen Wollen hervor von dem Bewußtſein, daß das Subject ein Theil der Geſammtvernunft und als ſolcher anderen identiſch ſei.

Erläut. Denn ohne dies könnte die Aneignung nur einfach ſein, und es könnte keinen Unterſchied des univerſellen und individuellen geben. — Alſo auch hier iſt Grund das Bewußtſein der Perſönlichkeit, nur von einer anderen Seite angeſehen.

§. 3. Die Sittlichkeit des Sazes iſt alſo ausgeſprochen in ſeiner Beziehung ſowol auf Gemeinſchaft überhaupt, als auf individuelle Aneignung.

Erläut. Iſt die Aneignung ohne Bezug auf Gemeinſchaft gewollt: ſo iſt das Subject in abſoluter Selbſtändigkeit als vollendeter Selbſtzwekk *) gewollt, aber dann auch nicht als Theil der Geſammtvernunft, und die Vernunft iſt dann dem natürlichen Subject untergeordnet, alſo die Aneignung unſittlich. Iſt ſie ohne den Gegenſaz des individuellen und univerſellen gewollt: ſo iſt ſie auch ohne Bezug auf Gemeinſchaft abſolut gewollt. —

*) Kantiſche Uebertreibung dieſer Theorie vom Selbſtzwekk. Randbemerk. Schl's.

Dahingegen, ist dieses beides gesezt: so ist die Aneignung im Zusammenhang mit allem übrigen sittlichen Thun gewollt, und also Theil und Ausfluß des absoluten sittlichen Wollens.

Daher auch in dem bloß animalischen Aneignungsproceß beides, Beziehung auf eine Gemeinschaft, welche bleiben soll (denn sie hört auf, sobald der Aneignungsproceß zur Selbständigkeit gediehen ist), und auch Einbildung eines individuellen in das universelle, geleugnet wird.

§. 4. Eigne an auf eine mit anderen gleichförmige Weise, so daß alle Aneignung zugleich Gemeinschaft wird.

Erläut. Darin liegt also, Jede Aneignung ist unsittlich, die nicht ganz geschieht in Bezug auf die universelle Gemeinschaft, deren Schematismus sie trägt. Also für nichts angeeignetes kann es einen Vorbehalt geben; daher ein Staat. Jeder ist ein schlechter Bürger, welcher den Anspruch des ganzen auf seinen Besiz beschränken will.

Gleichmäßig anzuwenden auf mittelbare und unmittelbare Aneignung: Alle angebildeten Fertigkeiten gehören der Gemeinschaft, und alle angebildeten Dinge gehören dem bürgerlichen Verkehr. Jede neue Aneignung ist also zugleich Vermehrung der Ansprüche des ganzen.

§. 5. Die Gültigkeit dieses Sazes ist bedingt durch den oben erwiesenen gegenüberstehenden.

Erläut. Denn der Aneignungswille wäre nichtig, wenn das angeeignete in die Gemeinschaft überginge, aber die Gemeinschaft nicht Quelle neuer Aneignung wäre. Das Subject wäre dann bloßer Durchgangspunkt, in dem kein Theil des Zwekks gesezt wäre.

§ 6. Beide können nur zusammentreffen, wenn der allgemeine Wille aus dem einzelnen hervorgeht, und der einzelne aus dem allgemeinen.

Erläut. Nämlich der allgemeine, der die gebildeten Dinge

und die Thätigkeiten in Anspruch nimmt; und der einzelne, der sich einen gesicherten Besizzustand zuschreibt.

§. 7. Der Saz ist indifferent gegen beide Functionen und gegen die Potenz der Subjecte.

Erläut. Auch jedes Volk muß beim Aneignen an Gemeinschaft denken, also auch an einen allgemein anerkennbaren Schematismus, und muß Gastfreiheit constituiren. Der Mangel an dieser ist nur auf der untersten Stufe des Aneignungsprocesses nicht positiv unsittlich. Nämlich Gastfreiheit zwischen Volk und Volk.

In der erkennenden Function muß alles erkannte in der Sprache niedergelegt werden. Nur wo das Erkennen noch in leeren träumerischen Versuchen besteht, ist Verschlossenheit nicht positiv unsittlich.

§. 340. Zweite Formel. Betreibe alles universelle Aneignen mit Vorbehalt deiner Individualität.

Bei dieser den anderen Gegensaz combinirenden Formel ist in der Individualität die Indifferenz des Ingemeinschafttretens und Aneignens gesezt.

Sieht man auf das Gemeinschaftbilden: so ist hier Berufspflicht und Liebespflicht zusammengeknüpft, und das heißt, Alles Eigenthum mit allen Abstufungen, nach denen das äußere Eigenthum in die individuelle Geselligkeit eintritt, muß der individuellen Geselligkeit dienen, und kann kein beschränkendes Princip für dieselbe sein. Wodurch die äußeren Standesvorurtheile als solche als pflichtwidrig gesezt sind.

Sieht man auf das Aneignen: so sind hier Berufspflicht und Gewissenspflicht zusammengeknüpft. Das individuelle Aneignen soll in dem universellen sein. Also nach außen in allem Bilden ein Element von Kunst mit allen Abstufungen, wie die vorbehaltene Individualität die relativ entgegengesezten Gebiete der Gewissenspflicht bildet.

In der Provinz des Erkennens ist hier das Aneignen als Begriff und als Gemeingefühl gesezt. Stellt man diesem das individuelle Ingemeinschafttreten gegenüber: so hat man die concentrischen Kreise der Mittheilung durch Darstellung als mit dem Erfüllen des Bewußtseins zugleich gesezt.

Denkt man an das individuelle Aneignen: so folgt, daß in jedem allgemeinen Sezen zugleich sein soll freie Combination, und das Anerkennen des Schematismus nur sittlich ist, inwiefern es dieser Raum läßt.

(c.) §. 8. Betreibe alles gleichförmige Aneignen mit Vorbehalt deiner ganzen Eigenthümlichkeit.

Erläut. Denn die Person ist nur insofern ein äußerlich selbständiger Theil der Vernunft, auf welchen Aneignung bezogen werden kann, als sie zugleich ein eigenthümliches ist. — An sich ist daher der Saz gleichmäßig auf individuelle Aneignung und Gemeinschaft zu beziehen; allein das Mitgeseztsein der lezten ist doch mehr eine Folge von dem Mitgeseztsein der universellen Gemeinschaft auf der einen, und vom Mitgeseztsein der individuellen Aneignung auf der andern Seite.

Es scheint zwar, als ob die individuelle Aneignung vielmehr müßte durch die universelle in Schranken gehalten werden, weil die leztere nothwendig die universelle Gemeinschaft postulirt, das individuell angeeignete aber nicht in die universelle Gemeinschaft, den Tausch, eingehen kann. Allein 1) postulirt sich die universelle Gemeinschaft selbst die individuelle (s. oben), und diese kann ja nur mittelst individueller Aneignung bestehen; 2) ist auch beides in der Aeußerung nicht gesondert; also ist in jeder individuellen Aneignung auch universelle, und ist also jeder um so mehr in der universellen Gemeinschaft, als er individuell angeeignet hat.

§. 9. Der Saz ist indifferent gegen beide Functionen und gegen die Potenz der Subjecte.

Erläut. Erkennende Function. 1) Eine Sprache, welche keine Eigenthümlichkeit im Gebrauch und in der Combination zuläßt, wie Pasilalie, wäre ein unsittliches Product. 2) Eine Sprache, in welcher nicht individuelle Kreise, welche sich relativ ausschließen, angelegt sind zum Behuf individueller Gemeinschaft, wäre eine höchst unvollkommne.

Bildende Function. 1) Ein Schematismus, der so vollkommen bestimmt ist, sowol in der Bildungsform der Dinge, als in der Uebungsform der Fertigkeit, daß er der Eigenthümlichkeit gar keinen Spielraum läßt, wäre positiv unsittlich. 2) Ein Schematismus, der nicht einen Cyclus von Kunstformen möglich macht oder aus sich erzeugt, wäre höchst unvollkommen. Als Minimum der Sittlichkeit erscheint so in der Uebungsform der Vermögen das ägyptische, in der Bildungsform der Dinge das chinesische. Eben so in beiden das französische.

Der einzelne ist hier schon von selbst mehr unter der Potenz des Volkes betrachtet worden. In diesem ist das individuelle das ursprüngliche, und der Saz muß nur so gefaßt werden, daß die im Verkehr hernach sich bildende universelle Aneignung nicht die ursprünglich individuelle unterdrükken soll. Es darf nicht (auch abgesehen von der Nachahmung) aus Artigkeit gegen andere Völker seinen Nationalcharakter aufgeben.

§. 10. Nimmt man universelle Gemeinschaft und Eigenthümlichkeit als gegeben: so sind wegen dieser Wechselbeziehung beide das Maaß für das Fortschreiten des universellen Aneignens vom Minimum zum Maximum.

Erläut. Das Minimum von Gemeinschaft nämlich muß auch das Minimum von Aneignung sein. Wo jene noch bloßes Zusammenleben ist, da kann auch der Bildungsproceß nur schwach sein; jeder bildet das nothdürftigste der gemeinschaftlichen Form gemäß für sich. Das Maximum der Gemeinschaft (Staat) ist auch die vielseitigste Production; und diese ist mit der Verteilung der Arbeiten eins, weil dann nur rechte Gemeinschaft der Thätigkeit statt findet.

Das Minimum der Entwikkelung des Gegensazes von universell und individuell, nämlich die Bewußtlosigkeit dieser Differenz, ist auch das Minimum von Aneignung. Wenn die persönliche Bildungskraft noch nicht hervortritt, kann auch der ganze Bildungskreis nur klein sein. Das Marimum dieses Gegensazes ist die Entwikkelung eines Kunstcyclus in dem gemeinschaftlichen Bildungstypus. Daraus geht hervor die bestimmte Unterscheidung von Bildung für den Tausch und von Bildung für das Eigenthum. Geschmakk kommt als Accessorium mit in die universelle Production.

Anmerkung. Daß das Darüberhinausgehen wieder ein Abnehmen werden muß, müßte hier auch gezeigt werden.

§. 341. Dritte Formel. Eigne dir so an, daß du das angeeignete schon an dir findest, und finde alles an dir so, daß du es dir aneignest.

Welche Formel die Identität des ethischen und physischen als das, woran alles geknüpft werden muß, ausspricht.

Auf das unmittelbare Aneignen: die Fertigkeit wird nur gebildet, inwiefern man sie schon als eine Naturkraft findet. Daher das successive des ethischen Processes von der successiven Naturentwikkelung abhängt.

Auf das mittelbare: die Dinge werden nur in Besiz genommen, inwiefern sie in unmittelbarem Zusammenhang mit der Natur schon stehen; daher nur in dem Maaß, als sich dieser Zusammenhang im klaren Bewußtsein oder im Instinct allmählig offenbart. Worin also die bestimmenden Geseze des Fortschreitens im großen liegen.

Inwiefern hier vom Verhältniß des einzelnen die Rede ist, sind die speciellen Geseze der Entwikkelung vermöge der Lage der einzelnen im ganzen gesezt, indem nämlich das Sein des Menschen in der ethischen Sphäre hier als Naturverhältniß erscheint.

(c.) §. 11. Tritt in jeden Aneignungsproceß so ein, daß du dich darin schon findest.

Erläut. Jedes wirklich neue Glied muß schon durch eine Naturprädetermination gegeben sein. Die größten Erweiterungen auf der universellen Seite der bildenden Function beruhen auf Naturentdekkungen *).

Da der Saz auch für die Völker gilt: so muß jedes Volk aneignen auf dem Boden, auf welchem es sich findet. Völkerwanderungen sind Ausnahmen, die um desto weniger möglich werden, je mehr nach dieser Regel der Proceß im ganzen im Gange ist. Und doch nur zu rechtfertigen, wenn ein Volk irgendwie aus dem natürlichen Verhältniß herausgeworfen ist. Auch muß ein besonderer klimatischer Zug sein in die Gegend, wohin es geht.

Dasselbe gilt vom Auswandern einzelner. Hier kann der bestimmte Zug irgendwohin von anderer Verwandtschaft abhangen, Glaubensverwandtschaft, auch von einzelnen und zufälligen Verhältnissen. Insofern ist dann das Eintreten auch ein Finden. Je weniger eine solche Bestimmung vorhanden ist, um desto mehr muß ein Herausgeworfensein vorangehen. Religiöse oder politische Verfolgung das natürlichste.

Das ganz willkührliche in einem Bildungstypus, insofern es sich verbreitet, ist Mode, aber immer nur auf Kleinigkeiten beschränkt, gleichsam als Grenze der sittlichen Bestimmbarkeit aufgestellt, theils auch immer einen Cyclus bildend, der sich wieder erneuert, also doch durch verborgene Naturbedingungen beschränkt **).

Da der Saz für beide Functionen gilt: so muß also auch jede Erweiterung des Erkennens schon eingeleitet sein. Wahre

---

*) Bei geringer Kenntniß der ganzen Erde ist der Unterschied auch gering zwischen bekanntem Theil und unbekanntem. Randbem. Schl's.

**) Gehört wol kaum hieher. Randbem. Schl's.

Erweiterungen der Wissenschaft sind auch nie willkührlich. Die Naturbehandlung führt eben so auf die Naturkenntniß wie umgekehrt. Und in der Art, wie durch diesen Saz beide Functionen von einander abhangen, ist die Fortschreitung des ganzen Processes vom Minimum zum Maximum als pflichtmäßiges Handeln begründet. Doch giebt es auch ein Eingeleitetsein des universellen Erkennungsprocesses durch die Natur, wie denn das natürliche Verkehr der Sinne mit der Außenwelt ein solches ist.

§. 12. Jedes Sichfinden in einem Aneignungsproceß sei auch ein Hineintreten.

Erläut. Jede Entdekkung muß auch in den Bildungsproceß hineingehen, d. h. jede wahrgenommene Naturprädetermination. Diese Wahrnehmung selbst ist ein natürlicher Ausfluß des allgemeinen sittlichen Wollens auf diesem Gebiet, beruhend auf einer allgemeinen Voraussezung der Bildsamkeit und Erkennbarkeit der Natur. Die Art und Weise hiervon ist wiederum bestimmt durch den folgenden Imperativ.

Indem nun die Aufmerksamkeit so zugleich auf Naturbehandlung und Naturerkenntniß gerichtet in einzelne Acte ausgeht: so muß, je öfter sich dieses Entstehen einer bestimmten That aus dem absoluten Wollen wiederholt, um desto mehr sich der ganze Proceß entwikkeln; und je mehr alle Aneignung Gemeinschaft wird, muß auch die Entwikkelung von allen Puncten aus übereinstimmen.

Da der Saz auch für Völker gilt: so ist nicht nur jedes Volk ursprünglich im Aneignungsproceß auf seinem Boden begriffen, sondern auch jeder Fortschritt eines einzelnen muß sich im Volke verbreiten. Denn was für den einzelnen ein ursprüngliches Produciren war, das wird hernach für das Volk ein Sichdarinfinden.

Auch ist der Saz das Gesez der innern Vervollkommnung des Processes. Denn wenn jedes Sichfinden wieder ein neues werden soll: so kann dies nur durch ein stärkeres Insichkehren erfolgen. Und dieser Saz ist also die intensivere Formel, wie §. 11. die extensivere.

§. 342. Vierte Formel. Handle in allem Aneignen so, daß innere Anregung und äußere Aufforderung zusammentreffen.

Die innere Aufforderung ist die Neigung, die äußere das Bedürfniß und die Gelegenheit. Die Pflicht ist nur im Zusammensein beider.

Die innere Aufforderung ist permanent, aber auch mannigfaltig, und kann daher kein Handeln allein bestimmen.

(c.) §. 13. In allem Aneignen muß innere Anregung und äußere Aufforderung zusammengetroffen sein, damit aus dem allgemeinen Wollen auf diesem Gebiet eine einzelne That hervorgehe.

Erläut. Da der Saz indifferent ist für die Potenzen der Person, und in den Handlungen der Völker die wenigste Willkühr statt findet: so können wir diese gleich als Beispiel aufstellen. Innere Anregung ist Neigung (Stimmung schon weniger bei Völkern). Aeußere Aufforderung ist Bedürfniß und Gelegenheit. Alle Fortschritte sind durch diese bedingt. Wir tadeln ein Volk nicht über einen nicht gemachten Fortschritt, wenn es ihm dazu an Bedürfniß und Gelegenheit, auch nicht wenn es ihm dazu an Neigung gefehlt hat.

Die Harmonie von beiden kann nicht ein absolutes Gleichgewicht sein. Dieses fände statt, wenn man sagen könnte, Dasselbe, wozu mich die innere Anregung bestimmt, würde auch die bloße Berükksichtigung der äußeren Aufforderungen hervorgebracht haben, und umgekehrt.

Zunächst also, keines von beiden darf in einer Bestimmung ganz ausgeschlossen sein. 1) Die Maxime die äußeren Aufforderungen ganz zu vernachläßigen und bloß der inneren Anregung zu folgen ist Libertinismus. Sie isolirt die Vernunft im Sub-

Ethik.   Gg

ject, und das gewollte sei an sich noch so sittlich, so ist die so
entstandene Handlung immer egoistisch. · 2) Die Maxime die
innere Anregung immer zu überwinden, um den äußeren Auf=
forderungen zu dienen, da diese immer in der Natur liegen, sezt
die Intelligenz in den Dienst der Natur, und die sittliche Thä=
tigkeit wird bloße Receptivität.

Die Richtigkeit hievon zeigt sich auch darin, daß keine von
beiden Maximen allein Entscheidung hervorbringen kann. Die
Anregung läßt immer eine große Mannigfaltigkeit unbestimmt,
und zwischen vielen Aufforderungen müßte bloß zufällig gewählt
werden.

Der Raum zwischen beiden ist nicht näher auszufüllen, son=
dern der Antheil verschieden bestimmt nach dem Charakter eines
jeden. Ob einer Recht hat bei der Stärke einer Neigung sich
Bahn zu machen, bis er auf eine Aufforderung trifft, das kann
ein anderer nur nach dem Erfolg unsicher beurtheilen. Der han=
delnde selbst muß sich auch durch den Erfolg nicht unsicher ma=
chen lassen, wenn er je sicher gewesen ist. Die Sicherheit be=
ruht aber darauf, wenn, je mehr er auf der einen Seite steht,
er auch die andere berükksichtigt hat. — Casuistische Frage:
thut einer recht eine angefangene Laufbahn aufzugeben, um die
seinigen leichter zu unterstüzen?

Der Streit zwischen Anregung und Bedürfniß bringt in der
Gemeinschaft natürlich die Vertheilung der Geschäfte hervor; und
diese ist ein eben so natürliches und nothwendiges Compensa=
tionsmittel als die bestimmte Lebensordnung. (Sie geht aber
aus von Entdekkung der Differenz der Anregungen, also vom
individuellen, nämlich dem Liebestriebe.)

Randbemerk. Vom Einfluß der Gemeinschaft auf die
Aneignung. Unvollkommner Zustand, wenn der Beruf von
außen bestimmt wird; weder von Familie noch von Staat. —
Die Gemeinschaft muß aber die Bestätigung haben.

§. 14. Aus dem allgemeinen Aneignungswillen geht ein bestimmter Entschluß nur sittlich hervor aus dem Zusammentref‌fen von berechnender Intelligenz (Vernunft) und freibildender Intelligenz (Fantasie).

Randbemerk. Freibildend ist die aus der allgemeinen Wollung entstehende besondere. Calculus ist das Verfahren mit der äußeren Aufforderung.

Erläut. Die Handlung entsteht mehr unter der Form des Zwekbegriffs, oder der Lust; aber zusammen muß beides sein. Der construirte Zwekbegriff kann keine That hervorbringen, wenn er nicht Trieb, Affect, wird. Die Lust kann nicht so schnell in That übergehen, daß nicht die Reflexion dazwischen treten sollte.

Die Construction allein kann auch keinen Entschluß hervor‌bringen. Theils kann man was die äußere Bildung betrifft je‌der Aufgabe eine entgegengesezte gegenüberstellen, z. B. der, den vegetabilischen Vorrath zu vermehren, die, die Consumtion zu vermindern. Theils was die innere Bildung anbetrifft ist immer zugleich intensive und extensive Erweiterung zu construiren, auch in Bezug auf das nämliche Bedürfniß, z. B. Gedächtniß zu verbessern oder Constructionsvermögen zu erwerben; Lernen oder Ausüben u. s. w.

Die Fantasie allein kann auch keinen Entschluß hervorbrin‌gen. Sie muß gar zu vieles unbestimmt lassen. Sie kann z. B. nur die Gattung des Berufs bestimmen, nicht den genauen Zweig.

Ein Entschluß aus bloßer Construction wäre also immer Uebereilung, und einer aus bloßer Fantasie wäre Willkühr, wo‌durch sich die Vernunft aus dem Zusammenhange mit den übri‌gen handelnden Subjecten heraussezte; die Aneignung also nicht auf Gemeinschaft berechnet.

Zwischen beiden großer Spielraum für das verschiedene Ver‌hältniß des Antheils beider. In jedem einzelnen ein überwie‌

gendes, seinen sittlichen Charakter constituirendes, aber auch innerhalb desselben abwechselnde Annäherungen. In diesem Punkt
also haben alle Pflichten eine Analogie mit der Gewissenspflicht.

Das höchste Ideal ist Harmonie von Calculus und Fantasie;
schließt in sich Harmonie des einzelnen Bewußtseins und des
allgemeinen.

Schlußanmerkung. Da dies das Gebiet der vollkommnen Pflicht,
also bei der gewöhnlichen Behandlung das einzige strenge Pflichtgebiet ist: so fragt sich, ob unsere Behandlung auch alles geleistet.
1) Vollständiges Herleiten alles hieher gehörigen sittlichen Wollens
aus dem allgemeinen scheint klar, so daß, wenn überall so gehandelt
wird, die vollständige Sittlichkeit auf diesem Gebiete muß erreicht
werden. 2) Daß unsittliches, was in einem aufkäme, nicht könne
ausgeführt werden mit Zuratheziehung unserer Formeln, muß sich
auch leicht zeigen. Alles, was zu Trägheit und Eigennuz gehört,
streitet schon gegen die allgemeinen Säze; so wie alles launenhafte
und ungesezmäßige gegen die näheren Bestimmungen. Daß also unsittliches sich nicht an sittliches anschließen könne nach unseren Formeln, ist klar. 3) Ist aber auch durch dieselben bestimmt, wie sich
an ein gegebenes unsittliche das sittliche anschließen und daraus entwikkeln soll, und nicht aus einem unsittlichen anderes entstehe? Dies
wäre überall bestimmt deutlich geworden, wenn durch alle Punkte
durchgeführt worden wäre, wie alles sittliche Handeln zugleich rectificirend sein muß. Was a) das unsittliche des einzelnen betrifft: so
ist offenbar die Pflicht auf Schadloshaltung in unseren Formeln begründet, weil sonst die Harmonie zwischen Aneignung und Gemeinschaft gestört bleibt. Außerdem aber ist auch eine der wichtig-
sten Tendenzen eines bestimmten bürgerlichen Zustandes die der
Strafgerechtigkeit, und es wird die Pflicht des einzelnen, mag nun
er oder ein anderer beeinträchtigt sein, zur Bestrafung mitzu-
wirken. Läßt die Unvollkommenheit dieses Zustandes noch die Fälle
von Nothwehr zu: so muß diese offenbar in der Absicht (von der
aber der Erfolg sehr verschieden sein kann) nur die Vertheidigung
haben. Der gewaltthätige ist als ein Naturhinderniß anzusehen, welches zu überwältigen, zugleich aber als sittlicher Stoff zu einigen
ist. b) Wenn aber die Repräsentation der bürgerlichen Gesellschaft
selbst sich gegen die Sittlichkeit kehrt: so ist erstlich in der Verbin-

dung beider Functionen die Pflicht aufgegeben dieses auf alle Weise
zur Anschauung zu bringen. Dann aber der Widerstand, jedoch
immer nur als Minimum nach dem Maaßstab, daß von der gesell=
schaftlichen Form alles noch unverlezt vorhandene nicht nur geschont
sondern mit zu Hülfe genommen, also immer an das sittliche vor=
handene angeknüpft werde *).

B. Individuelle Seite. (c.)

Vorbemerkung. Da diese einer strengen Behandlung
nach dem Pflichtbegriff häufig für unfähig gehalten wird: so
scheint es nöthig die Ansichten, welche dafür streiten, daß sie
nicht solle dem universellen coordinirt werden, zuvor zu prüfen.
Die erste ist gegen das individuelle ganz skeptisch, sieht es als
sittlich Null nur als Resultat äußerer Einwirkungen an; also
als dasjenige, was nicht durch sittliches Handeln könne hervor=
gebracht werden. An der Spize steht der Saz, Alle Menschen
werden gleich geboren. Die andere giebt zu, daß das indivi=
duelle einen sittlichen Gehalt habe, allein es brauche nicht und
könne auch nicht besonders hervorgebracht werden, sondern ent=
stehe von selbst. Dafür spricht allerdings, daß das individuelle
nicht kann in Begriffe aufgelöst werden, alle Construction also
nur auf das universelle geht. Allein nichts sittliches kann allein
aus der Construction hervorgehen, sondern eben so nothwendig
ist die Lust, welche das ursprünglich eigenthümliche ist; und auch
das universelle hätte nicht können construirt werden ohne Bezie=
hung auf das individuelle. Ja auch die scheinbare Unvollkom=
menheit, die man dem individuellen zuschreibt, haben wir in der
gründlichen Construction des universellen auch gefunden, nämlich
den Spielraum zwischen Anregung und Aufforderung, Construc=

---

*) Vorlesg. Wir anerkennen im sittlichen Handeln keinen Unterschied zwi=
schen einfachen und zusammengesezten Personen, also keinen zwischen
Moral und Politik dem sittlichen Gehalte nach, weder wo die Identi=
tät noch wo die Individualität überwiegt.

tion und Freiheit, welcher doch auf das eigenthümliche des Cha=
rakters zurükgeht.

Es kommt also alles darauf an, ob das von uns zum
Grunde gelegte Bewußtsein der menschlichen Natur, daß die Vernunft in den Individualisationsproceß thätig hineingeht und eben
dadurch die menschliche ist, mit zum Grunde gelegt wird. Wer
dies nicht thut, muß Ehe und Religion von der sittlichen Behandlung ausschließen, welches auf der andern Seite freilich auch
die thun, die das ethische herabsezen wollen, und es bleiben am
Ende für den Pflichtbegriff dann wieder nur die fortsezenden
Handlungen übrig.

Wir bleiben also bei jenem, und reden so zuerst von dem,
was dem leztbehandelten das verwandteste ist, nämlich der indi=
viduellen Aneignung.

(z.) *) Bei der individuellen Seite Vorbemerkung über die
bisherige Stellung derselben in der Sittenlehre nebst einer Kri=
tik des Begriffs des erlaubten **).

Dann habe ich, wie auch im andern Heft ***), mit Aneig=
nung angefangen. Vorher auseinandergesezt, daß dies wegen
der Unübertragbarkeit nothwendig sei, zurükgehend auf das
transcendente Factum als Anknüpfung, daß die Intelligenz, indem sie in den Gegensaz tritt und nun als Agens in der Natur, sich überall mit dieser individualisire, so daß ihr Werden
als menschliche Vernunft in der menschlichen Natur schon auf
der Aneignung der lezten beruht als individuell, wogegen Ge=
meinschaft hier nur das partielle Aufheben des sonst absoluten
Isolirens ist.

---

*) So bezeichnen wir einige Bemerkungen, die hier mit der Jahreszahl
1832 dem Hefte (b) angehängt sind.

**) Siehe Schl's. Abhandlung Ueber den Begriff des erlaubten, 1826 der
königlichen Akademie der Wissenschaften vorgelesen, und seine Grundlinien einer Kritik der bisherigen Sittenlehre 2te Ausg. S. 135.

***) Nämlich im Hefte (c.)

In der Gewissenspflicht selbst sind nun, um eine beſſere Baſis zu bekommen, die beiden ſonſt lezten Formeln vorangeſtellt, das Anknüpfen als Finden und das Zuſammentreffen von Anre= gung und Aufforderung.

I.

Von der Gewiſſenspflicht *).

§. 343. (c. §. 1.) Der Saz, Sei in individuel= ler Aneignung begriffen, geht aus dem allgemeinen ſittlichen Wollen hervor unter Bedingung der Perſön= lichkeit, inwiefern die Eigenthümlichkeit die eigentlich menſchliche Seite derſelben iſt.

So wie das Aneignen überhaupt darauf, daß die Perſon von ihrem Punkt aus ſelbſtthätig ſein ſoll, ſo das individuelle darauf, daß ſie dieſes ganz ſein ſoll; denn ſie wäre ſonſt für ihre Eigenthümlichkeit ohne Organ.

§. 344. (c. §. 2.) Der Saz iſt indifferent gegen Völker und einzelne und gegen erkennende und bil= dende Thätigkeit.

Das bildende Thun eines Volkes iſt für die einzelnen, die darunter begriffen ſind, ein univerſelles; für das Volk als Ein= heit, wie es anderen Völkern coordinirt iſt, ein individuelles. Dieſe Aneignung iſt in ihm eher als die Gemeinſchaft mit an= deren Völkern. Beruhte ſie aber nicht auf einem ſittlichen Ge=

---

*) Vorleſg. Grund der Benennung. Wo das individuelle das eigentlich ſittlich=productive in den Handlungen iſt: da kann nur der handelnde ſelbſt ſein Richter ſein, und nur ſofern er ſein inneres, ſein Gewiſſen, manifeſtirt hat, kann auch in anderen das richtige Urtheil über ihn als Ahndung ſein. Da dieſes auf dem Gebiet der individuellen Aneignung κατ᾽ ἐξοχήν gilt: ſo wird der Ausdruk Gewiſſenspflicht gerechtfer= tigt ſein.

bot: so müßte das Volk von dem Augenblikk an, wo es solche Gemeinschaften bildet, sich seines eigenthümlichen Schematismus entschlagen, und alles auf einen gemeinsamen zurükkführen. Daß dieses nicht angeht, ist die Wurzel aller individuellen Aneignung.

Das gleiche gilt vom Erkennen. Ein Volk müßte später=hin seine eigenthümliche Begriffsbildung und Sprache aufgeben, um die Gemeinschaft zu einer universellen zu machen.

Muß nun in den Völkern die individuelle Aneignung be=stehen, und aus ihr auch eine individuelle von der universellen verschiedene Gemeinschaft hervorgehen: so gilt dasselbe auch von den einzelnen. Für diese ist der Volksschematismus das uni=verselle. Aus diesem dürfen sie mit der äußeren Naturbildung nicht hinausgehen, weil darauf die volksthümliche Anerkennung beruht; also muß das individuelle innerhalb dieser begriffen sein. Die persönliche Bildung bleibt von selbst in den Grenzen des volks=mäßigen, weil niemand seinen Volkscharakter ausziehen kann; also hier erscheint das individuelle als das hervortretende.

Eben so in der erkennenden Function. Aus der Sprache kann keiner heraus, das individuelle muß innerhalb derselben blei=ben als Combination; aber im Gefühl, welches die absolute Per=sönlichkeit bezeichnet, tritt das individuelle heraus, und das uni=verselle, das Gemeingefühl, ist von selbst in diesem.

Randbemerk. 1) Auf der Selbständigkeit des Gebotes beruht die Unübertragbarkeit des Leibes, und für das Volk des Vaterlandes. 2) Sprachaneignung eines Volkes ist nur bei sehr ungleicher Gemeinschaft möglich, oder bei neuen Ge=genständen, und wird doch immer individualisirt. Die Sprach=gemeinschaft muß jeder bei einzelnen beginnen. Ueber die fremden Versmaaße im deutschen. Alles kommt an auf Rein=heit der Gesinnung d. h. das Leben der Sprache im einzelnen. 3) Da das individuelle nicht im Begriff aufzustellen ist, und als innerer Impuls vorauszusezen: so kann das Gebot nur negativ sein, gegen Nachahmung und gegen Affectation in

Bezug auf das durch das universelle nicht bestimmte. Mittel-
glieder zwischen Volk und einzelnen sind schlecht, wenn sie
durch Nachahmung constituirt sind. Zerfallenheit ist schlecht,
wenn sie durch Willkühr bestimmt ist.

§. 345. (c. §. 3.) Erste Formel. Eigne dir individuell so an, daß du dich findest, wie du anfängst,
und anfängst, wie du dich findest.

Also alles freie Handeln Anknüpfen an das gegebene, daher
auch nicht heraustretend als Willkühr; aber alles Anknüpfen mit
vollem Willensbewußtsein, und zwar als unterschieden vom universellen. Wodurch eben das Bewußtsein der Eigenthümlichkeit
zu Stande kommt.

Daher auch Zurükführen des eigenthümlichen auf das vä-
terliche, und Sezen der eignen Individualität als Keim anderer.

(z.) Das Sichfinden geht nun zurük auf die transcendente
Thatsache der Individualisirbarkeit der Natur. Hiebei entsteht
die casuistische Frage beim Herabsteigen von der höheren Einheit
zur kleineren, ob nicht, wenn die Horde sich als individuelle Einheit gefunden hat, diese beim Uebergehen in einen Staat der höheren Ordnung verloren geht. Alsdann müßte entweder unsere
Formel noch eine Collision enthalten, oder der größere Staat nur
auf unsittliche Weise entstehen können. Die Lösung liegt darin,
daß die Horde früher noch nicht die größere Einheit gefunden,
aber auch ihre Eigenthümlichkeit nur in den Kreisen ausgebildet
hatte, worin sie auch noch besteht; sie aber in das höhere hin-
überzuführen ist Affectation und nicht aufgegeben. Jonisch und
dorisch hätte nicht aufhören müssen, wenn es auch die Griechen
zu einem Staatenbund gebracht hätten. Kommt nun eine Zeit,
wo die kleinere Einheit in der größeren untergeht: so ist dies
ihre Euthanasie, die ganz dem Tode des einzelnen zu vergleichen
ist. Aber auch das kann nie etwas gewolltes sein, sondern nur
etwas gewordenes, und auch dies nur in der Form, daß vorher

schon Anregung und Aufforderung müssen aufgehört haben, wie immer mehr die Aufforderung aufhören wird sich des allemannischen und saffischen zu bedienen.

Wie nun alle individuelle Aneignung auf den Gebieten beider Functionen vom Impuls gewordenen Selbstbewußtsein ausgeht: so ist in diesem die individuelle Aneignung immer schon als ein früheres gefunden.

§. 346. Zweite Formel *). Eigne individuell an, so daß innere Anregung und äußere Aufforderung zusammentreffen.

(c.) Randbemerk. Aufforderung ist hier wol nur der Besizstand in beiden Functionen. Anregung ist die Quantität der Bestimmtheit selbst.

(z.) Das Zusammentreffen innerer Anregung und äußerer Aufforderung erklärt sich so, daß eben dieser Impuls (§. 345. (z.) Ende) die Anregung ist. Sehr verschieden nach Maaßgabe wie in einem Volke und dann im einzelnen der Exponent der eigenthümlichen Entwikkelung ist. Die Aufforderung aber kann hier weder in der Natur im allgemeinen liegen, noch in der Einwirkung anderer, sondern in dem Gebiet der universellen Aneignung, für welche wir schon die individuelle vorbehalten haben. Der Besizstand sowol im Gebiete des Wissens als des Bildens enthält also hier die Aufforderung. Ist für das Gebiet des engeren Eigenthums die Aufforderung groß, die Anregung aber gering: so entsteht geschmakklose Pracht und gehaltloser Luxus. Ist für das Gebiet des Wissens die Anregung groß, aber die Aufforderung gering: so entsteht statt Poesie leere Versmacherei. Bei demselben Verhältniß entsteht auf jenem Gebiet Betrug, um der Anregung zu genügen. Bei umgekehrtem Verhältniß auf dem symbolisirenden Gebiet entsteht geistloses Sammeln **).

---

*) im Manuscript (c.) übergangen.
**) Hier geht (z.) wieder zu Ende.

§. 347. (c. §. 4.) Dritte Formel. Eigne an auf eigenthümliche Weise, so daß die Aneignung zugleich Gemeinschaft wird.

Die sich verschließende Unübertragbarkeit könnte sonst auch die ganze universelle Aneignung verschlingen.

Jeder soll für alle sein wollen, was er kann.

Quantität der Differenz in der Gastfreiheit zu erklären aus der Formel von Impuls und Aufforderung.

Verschiedenheit des Styls.

Ueber Dunkelheit in der Hingebung auf der Seite der erkennenden Function.

Sittlicher Grund im Mittheilenwollen bei Unsicherheit des Gelingens.

Grenze. Falsche; richtige *).

§. 348. (c. §. 5.) Vierte Formel. Eigne individuell an mit Vorbehalt des universellen.

_____

*) Vorlesg. Das individuelle Aneignen sei immer zugleich ein Gemeinschaftbilden. Und zwar a) ein universelles. Das heißt, die individuelle Aneignung soll in die universelle Gemeinschaft mit hineingehen. Dies zeigt sich in der symbolisirenden Thätigkeit darin, daß die Art, wie ein Einzelwesen das objective Bewußtsein in die Gemeinschaft hinausgiebt, erst vollkommen ist, wenn sich darin seine Eigenthümlichkeit manifestirt. Ebenso im organisirenden Gebiet ist das meiste Product mechanischer Thätigkeit. Aber selbst da spricht man von Kunst, wenn auch nicht von der eigentlichen schönen, und meint damit Manifestation der Individualität. b) Dies gilt auch vom Bilden individueller Gemeinschaft. Mit allen kann der einzelne nicht in diese Gemeinschaft treten, obgleich sie ein mannigfaltiges ist von Mehr und Minder. Aber er soll seine Eigenthümlichkeit in die Gemeinschaft mitgeben, damit jeder ihn auffassen kann. Jeder soll durch individuelle Aneignung sein eigenthümliches Dasein erweitern und erhöhen nur um das Gebiet der Liebespflicht auszufüllen Hat er die Richtung nicht auf Manifestation der Eigenthümlichkeit: so fehlt ihm die geistige Lebenswärme. Jeder soll in dem Maaß als er eigenthümlich ist alle Grade eigenthümlicher Gemeinschaft wollen eben so sehr im organisirenden als im symbolisirenden Gebiet.

Conſtituirt das unübertragbare Eigenthum durch das Verkehr ſelbſt; aber auch umgekehrt. Unbegrenzter Anſpruch des
Rechtsgebietes *).

II.
Von der Liebespflicht **).

§. 349. (c. 1.) Der Saz, Knüpfe individuelle
Gemeinſchaft, geht aus der allgemeinen hervor unter
Vorausſezung der Offenbarungsfähigkeit.

§. 350. (c. 2.) Beide Functionen ſind nicht zu
trennen, ſondern müſſen einander ergänzen.

§. 351. (c. 3.) Das Werden der Gemeinſchaft
hängt ab von Auffaſſungsvermögen. Jeder muß nur
alle Grade wollen.

---

*) Vorleſg. Durch dieſe Formel wird das Gattungsbewußtſein ſichergeſtellt, und der Individualität das Ausſchließlichwerden verwehrt. Die
eigenthümliche Beſtimmtheit iſt nichts anderes, als die Art und Weiſe
des intelligenten Einzelweſens da zu ſein als Agens. Das individuelle
iſt alſo nach dem Princip des univerſellen ſittlich. Schon daß individuelles Aneignen von jedem anerkannt werden muß, iſt ein identiſches
Moment. Vollends aber iſt individuelle Gemeinſchaft zwiſchen einzelnen von verſchiedener Race gar nicht denkbar ohne vorhergehende Beziehung auf das identiſche; es muß ſchon Weltverkehr und Verſtändi-
gungsmittel entwikkelt ſein. An dieſes identiſche iſt das individuelle
unter ihnen gebunden. Alſo ſollen Selbſtbewußtſein und Gattungsbewußtſein immer zuſammen ſein.

**) Vorleſg. Dieſes Gebiet ließe ſich zwiefach behandeln, entweder mit
Rükkſicht auf bisher ſtreitige Anſichten apologetiſch und polemiſch, dann
aber würde es ſehr breit; oder nur in der Parallele mit den drei anderen Gebieten, und dann wird es ſehr kurz ſich abhandeln laſſen,
weil man am wenigſten ins einzelne gehen kann. Wir bleiben bei dem
lezten ſtehen.

§. 352. (e. 4.) Individualiſirung des Geſchlechts — der Volksconſtitution — der Speculation — des Gefühls.

§. 353. (c. Randb.) Erſte Formel. Das Stiften individueller Gemeinſchaft *) ſei Finden.

Prädetermination, die nur anerkannt wird.

Willkührlich nichts zu machen.

§. 354 **). Zweite Formel. Jedes Stiften individueller Gemeinſchaft und Handeln darin ſei Identität von innerer Anregung und äußerer Aufforderung ***).

---

*) Vorleſg. In dieſer finde ich mich, wo ich einen Menſchen finde, weil ich das eigenthümliche in ihm ſuche, und ihm gegen mich dieſelbe Geſinnung zutraue. Freilich findet man ſich zuerſt in univerſeller Gemeinſchaft, und an dem Wilden dieſer iſt das individuelle; aber wir haben das leztere hier aufzuſtellen für ſich als das, wodurch dann die univerſelle beſteht. Zuerſt finden wir uns in individueller Gemeinſchaft in der Familie. Eben ſo iſt jeder Staat den anderen gegenüber eine individuelle Gemeinſchaft, obgleich der Menſch von kleineren Gemeinſchaften aus betrachtet zu anderen Einzelweſen deſſelben Staates in univerſeller Gemeinſchaft iſt, weil er ſich mit allen anderen Bürgern in identiſchem Verhältniß zum Staate weiß. Mein Volk aber ſeze ich als individuelle Gemeinſchaft in Vergleich mit anderen als eigenthümlichen Theil der Gattung. So iſt das individuelle Bewußtſein immer mit dem univerſellen; ſonſt iſt das Sein des Einzelweſens im Staate nicht ſittlich. Die Feindſeligkeit zwiſchen Menſchen verſchiedener Völker entſpringt eben aus einem Volksbewußtſein ohne Gattungsbewußtſein.

**) in (c.) nicht gegeben.

***) Vorleſg. Weil die innere Anregung hier in der Eigenthümlichkeit iſt: ſo iſt die Sittlichkeit ſchwer zu beurtheilen von Seiten anderer. Daher ſie es erſt nach dem Erfolg der Handlung verſuchen können. Die Richtung auf individuelle Gemeinſchaft muß ſich auf einzelne Punkte überwiegend fixiren nach Wahlanziehung; ſonſt wären ſich alle Einzelweſen gleich nahe. Die Sittlichkeit ruht auf der Gewißheit, daß das Maximum von Verſtändigung in der Gemeinſchaft möglich ſei.

(c.) Randbemerk. Die Anregung liegt hier im Eindruff; und in der Naturverwandtschaft liegt die Aufforderung. Mesalliancen fehlt die Aufforderung. — Aufforderung ist das gemeinschaftliche Gebiet.

Daher die Beschränktheit der Verbindung mit fremden Stämmen. — Mißtrauen gegen die Anregung.

§. 355. (c. 5.) Dritte Formel. Alle individuelle Gemeinschaft muß Aneignung sein *).

Ist diese Voraussezung nicht wahr: so ist die innere Anregung willkührlich auf einer Seite oder auf beiden. Die äußere Aufforderung hingegen kann von allen beurtheilt werden. An ihr verificirt sich die innere Anregung, wenn nämlich hinreichendes Gebiet gegeben ist für identische Gemeinschaft, woraus die Verständigung sich entwikkeln kann. Entsteht individuelle Gemeinschaft ohne gegebene identische Vermittelung: so neigen sich andere zum Tadel; wenigstens muß die innere Ahndung specifischer Zusammengehörigkeit desto stärker sein. Freilich wo Wahlanziehung dominirt, ist weniger Abhängigkeit von Naturverhältnissen, weil Zwischenstufen zwischen den Racen entstehen sollen, doch nicht ohne gegebene äußere Bedingungen. In der Regel sollen die innigsten individuellen Gemeinschaften innerhalb der Naturgrenzen bleiben; aber vom sittlichen Verlauf aus gewollte Ausnahme ist das Hinübergreifen einzelner als Gleichgewicht gegen gänzliches Abschließen größerer Naturganzen.

*) Vorlesg. Wie jede eigenthümliche Aneignung auch Gemeinschaft sein muß, so umgekehrt jede eigenthümliche Gemeinschaft auch Aneignung; universelle in Beziehung auf das individuelle, und individuelle in Beziehung auf das universelle. Also keine Gemeinschaft, die nur Genuß, Anschauung, wäre. So muß Ehe zugleich Aneignung sein des Besizes in Bezug auf die Unveräußerlichkeit sowol als auf das allgemeine. Dasselbe in der Volksgemeinschaft. Allemal also ist es ein unsittlicher Standpunkt, wenn ein Volk den Bildungsproceß gar nicht anerkennen will. Es würde dann ein Raubstaat sein. Aber nicht nur muß ein Volk in einem eigenthümlichen Aneignungsproceß begriffen sein, sondern auch für das ganze muß es bilden auf das allgemeine Verkehr gerichtet. Also auch hier zwei verschiedene Richtungen zu combiniren. Der Antheil der Factoren aber wird in verschiedenen Fällen ein ganz verschiedener sein.

Kein bloßer Genuß.

Individuelle Gemeinschaft mit universeller Aneignung.

Keine Gastfreiheit ohne Besiz.

§. 356. (c. 6.) Vierte Formel. Tritt in individuelle Gemeinschaft mit deiner ganzen universellen
Richtung *).

Die Ehe muß im Staat sein, die Freundschaft ebenfalls.

Die Kirche ist im Staat, aber als ein darüber hinausgehendes. Aber auch die Gemeinschaft der Kirchenglieder afficirt
durch das Verhältniß der Staaten.

---

*) Vorlesg. Die Familie als individuelle Gemeinschaft soll zugleich Ele-
ment der universellen sein, d. h. Familien- und Volksinteresse dürfen
nicht wider einander treten. Die individuelle Gemeinschaft soll also
eine solche sein, daß sie in der universellen sein kann, sonst ist auf einer
Seite ein sittlicher Mangel; denn die universelle soll auch so sein, daß
die individuelle darin gewollt ist. Collisionen ruhen immer auf etwas
unsittlichem, welchem entgegenzuarbeiten in jedem Handeln jedes einzelnen die Tendenz mitgesezt sein muß. Je unsittlicher aber die größeren
Gebiete gestaltet sind, desto schwerer ist das sittliche Handeln des einzelnen zu beurtheilen. Doch ist deswegen die reine Theorie nicht un-
nüz für die Praxis. Jene bildet sich in Zeiten der Ruhe; wo aber
die Differenzen sich häufen, entstehen die großen Entwikkelungsknoten
in der Geschichte, wo Hebung des unbefriedigenden Zustandes gefordert
wird. Selten zwar wird die Theorie gehört im Sturm der Entscheidung; je mehr sie sich aber im Bewußtsein der einzelnen als klare
Anschauung der sittlichen Verhältnisse firirt hat, desto leichter lassen sich
immer die Schwierigkeiten lösen, ehe sie sich zum Zustande allgemeinen
Mißbehagens zusammenballen.

Seite 6 Zeile 7 von unten statt frühzeitig lies gleichzeitig

— 55 — 12 v. u. statt zu ihm l. zu ihm sich

— 276 — 10 v. o. statt frühzeitiger l. gleichzeitiger.

Lightning Source UK Ltd.
Milton Keynes UK
UKHW011811031218
333382UK00007B/372/P